피터 럭크만의 주석서

전 도 서

피터 럭크만 지음

편 집 부 옮김

말씀보존학회

The Bible Believer's Commentary Series

THE BOOK OF ECCLESIASTES

By

Peter S. Ruckman, Ph.D.

Bible Baptist Bookstore

Pensacola, Florida

2003 / Korean by Word of God Preservation Society

Seoul, Korea

피터 럭크만의 주석서

전 도 서

역자 서문

성경 66권 중 솔로몬왕이 기록한 세 권의 책이 있다. 젊은 시절의 아름다운 사랑을 노래한 〈솔로몬의 노래〉와, 지혜로운 훈계들을 격언 형식으로 가르치는 〈잠언〉과, 그리고 바로 "헛되고 헛되도다"라는 말씀으로 특징지어지는 말년의 위대한 설교인 〈전도서〉가 그것이다.

전도서의 저자인 솔로몬왕은 다윗 왕국의 보좌를 이어받아 세상에서 더 이상 누릴 것이 없을 정도로 온갖 복들을 향유해 보았다. 또 그는 그의 죄악으로 인해 하나님께서 그 왕국을 갈라놓으실 정도로 온갖 죄악에도 탐닉해 보았다. 그러나 그는 하나님께로부터 전무후무할 정도로 탁월한 지혜를 받은 사람이었다. 이 지혜를 가지고서 세상에서 벌어지는 수많은 일들을 알아보고 직접 목도하고 또 몸소 경험해왔던 그는 결국 "헛되고 헛되도다"라는 말씀으로 그의 설교를 온통 뒤덮고 있다(전 1:2,14; 2:1,11,15,17,19,21,23,26; 3:19; 4:4,7,8,16; 5:7,10; 6:2,4,9,11,12; 7:6,15; 8:10,14; 9:9; 11:8,10; 12:8).

이 설교에서 솔로몬왕은 사람들이 하나님을 망각하고 배제한 채로 몰두하고 누리고 가치를 두는 모든 일들이 헛되다는 사실, 그리고 사람들이 하나님을 제쳐두고서는 그 무엇도 제대로 알 수가 없고 아무것도 결코 해결할 수가 없다는 사실을, 수많은 실제의 사례들을 들어가면서 논증한다. 그리고 온갖 헛된 것들로 가득 차 있는 그 인생에 결국에는 죽음이 찾아옴으로써 아무런 가치도 더 이상 찾아볼 수 없게 되는 모습을 수차례 그려내고 있다(전 1:4,11; 2:14,15,16,18,19,21; 3:2,19,20; 5:15,16; 6:4,6; 8:8,10; 9:3,4,5,6,10,12; 12:3,4,5,6,7).

그러나 전도서는 일개 허무주의 철학서가 아니다. 전도서는 인류가 빠져드는 온갖 일들에 아주 정통해 있는 한 특별한 설교자의 유서와 같은 설교문인 것이다. 세상에서 벌어지는 온갖 일들과 사람들의 인생을 면밀히 검토하고 난 솔로몬왕이 진정으로 전해 주고자 했던 메시지는 이 설교문의 결론부에 등장한다. 바로 그러한 헛된 인생이 끝난 후에 모든 사람에게 닥치게 될 한 가지 일을 경고하고 있는 것이다. 모든 죄인은 자기들처럼 살아보았고 자기들처럼 생각해 보았던 이 설교자의 영감받은 말씀에 귀를 기울여 보는 것이 좋을 것이다. 자신이 살아 있는 시간의 마지막을 유념하는 것은 현명한 일이다(전 7:2,4).

럭크만 박사는 이 주석서에서도 성경으로 성경을 해석하면서 내용을 전개해나간다. 그리고 많은 성경 역본들과 주석가들이 구구절절 범해 놓은 오류들과, 성경에 대한 불신에서 비롯된 왜곡된 주장들을 〈킹제임스 성경〉으로 바로잡아 놓았다.

수많은 사람들이 스스로 지혜로운 줄로 알고 살아가지만, 전도서는 바로 참된 지혜를 얻을 수 있는 첫 관문이다. 이 관문을 통과하지 않고서 성경에서 말씀하는 참된 지혜를 얻을 수는 없다. 전도서의 논증 앞에서 인간의 온갖 자부심은 모두 허망한 것에 그 기반을 두고 있음이 적나라하게 드러나 버린다. 전도서의 결론부는 참된 지혜가 시작되는 곳이다. 주를 두려워함이 바로 지혜의 시작이기 때문이다(시 111:10).

이 책을 통해 삶과 죽음, 그리고 하나님을 배제해 놓은 모든 일들에 관해 올바른 시각을 지님으로써, 해 아래서 각자에게 주님께서 주신 기회와 시간을 지혜롭게 운용하는 독자 여러분이 되시기를 소망한다.

들어가는 말

성경 66권 중에서 특히 현대에 적용될 만한 두 권의 책을 꼽는다면, 그 두 권은 바로 신약의 골로새서와 구약의 전도서가 될 것이다. 오늘날 거듭나지 못한 일반 대중에게는(성경적인 용어로는 『**이방**』이다) 솔로몬이 『**해 아래서**』 했던 말씀이 필요하고, 배교한 근본주의자 집단, 특히 기독교 교육자들에게는 바울이 골로새인들에게 보낸 서신에서 했던 말씀이 필요할 것이다(골로새서 주석).

거듭나지 못한 일반인들에게는 텔레비전이라는 대중매체가 물질주의와 인본주의를 조장함으로써 저주가 임했고, 그리스도를 위한 일꾼들을 훈련시키는 임무를 맡은 기독교 교육자들에게는 철학과 전통이(골 2:8) 성경의 권위 위에 올라섬으로써 저주가 임했다(〈킹제임스 유일주의 대 학문 유일주의, *King James Onlyism versus Scholarship Onlyism*〉, 1992). 보수주의와 근본주의 대학, 기독대학, 신학교들은 『**모든 지혜와 지식의 보화**』(골 2:3)를 예수 그리스도 안에서 찾을 수 없다고 결론지어

버렸다. 그들은 그 "보화들"이 히브리어 헬라어 어휘사전 속에서 발견되는 것이라고 결정했기 때문에, 자연히 하루 24시간 내내 파괴적 성경 비평가들의 의견과 전통으로 〈킹제임스성경〉을 고쳐서 제거하는 일을 소명으로 삼게 되었다. 이 배교자들 대부분은 자기들 중 아무도 평생 본 적이 없는, 그러나 익살스럽게도 "원본"이라고 불리는 잃어버린 종이 뭉치에 대해서 충성을 맹세했다. 현재 살아 있는 사람이든 이미 죽은 사람이든 간에 1800년 동안 그 누구도 그것을 본 적이 없었다. 이 학교들의 교육과정은, 그 교수진이 〈킹제임스성경〉에서 단어나 구절을 고칠 때마다 그것은 성령님이 그들에게 "지혜와 지식의 보화를 계시"해 주신 것이라고 가르치기 위해서 만들어진 것이다. 이런 학교의 지도자와 교수들 모두는 자기의 선호 대상과 자기의 의견 가운데로 자기를 인도한 것이 성령님이셨다고 가장했다.

현대 사회는 텔레비전을 통해서 육신을 드높이고 물질주의로 주 예수 그리스도를 대신한다. 인본주의자들은 마치 이 퇴비더미에 무언가 종교적이 될 만한 것이 있는 것처럼 느끼게 만들어 주었지만, 인본주의란 무신론을 우아하게 표현한 것일 뿐이다. 자연주의는 그 두 가지 철학(물질주의와 인본주의)의 기본 토대이며, 또한 경험주의, 실용주의, 실증주의의 토대가 된다(〈과학과 철학, *The Christian's Handbook of Science and Philosophy*〉, 1985). 그것은 B.C. 800-100년 정글의 이교 신앙이 "그럴듯한 용어"로 옷 입은 것에 불과하다. 죽은 자가 실제로 부활한다는 사실을 거부한 것은 바로 아테네의 철학자들이었다(행 17:32). 옛적의 동성연애자 소크라테스도 부활을 거부했다. 그가 살았던 방식으로 판단하건대 그는 어떤 "신"에게든, 심지어 그가 자살하기 전에 수탉을 제물로 바쳤던 뱀 신에게조차도 개인적으로 해명할 의무를 느끼지 않았음이 분명하다. 아테네의 철학자들은 모두, 힌두교에서 말하는 것처럼 "혼들"이 동물이나 사람으로 윤회하는 것이 아닌 이상, 사람이 벌을 받는 것은 살아 있는 동안이지 "내세" 같은 것은 없다고 믿었다. 창조주께 죄에 대해 해명할 책임이란 것은 결코 고려해 보지 않았다. 그리스 철학자들 중에서 모든 상황을 완전히 고려했던 사람은 하나도 없었던 것이다.

초등학교 1학년부터 대학원에 이르기까지 모든 세속 교육의 배후에 깔린 기본 철학은 다음과 같다. 바로 "육체의 오감으로 감지될 수 없는 것은 실재하는 것이 아니며, 고로 거부할 수 있다"는 것이다.

전도서는 한 "이신론자(deist, 하나님이 인간 삶의 세부사항에 관여하지 않는다고 생각하는 사람 - 역자 주)"에 의해 기록되었는데, 그의 "삶의 방식"은 극단적 물질주의에 전적으로 자신을 내맡기는 것이었다. 이 사람은 자기가 성, 음악, 포도주, 음식, 취미, 일, 성찰, 육체적 쉼과 잠 등 육신에 속한 온갖 것들을 시험해 보는 일에 일생을 바쳤다고 실토했다. 하지만 그가 하나님을 섬기는 일을 전공해 본 적은 없다. 이와는 정반대로 그는 자기의 "성적 본능"을 만족시키고자 1,000명의 여인과 관계를 가짐으로써, 하나님께서 왕들에게 명하신 세 가지 명령에(신 17:16,17) 불순종하고 말았다. 그는 결국 성경에 나오는 사람들 가운데서 가장 물질주의적이고 성욕에 빠진 우상 숭배자 중 하나로 끝을 맺고 말았다(왕상 11:1-10).

솔로몬왕의 "일기장"이 유익한 이유는, 솔로몬이 바로 현대인들이 숭배하는 모든 것에 접근할 수 있었다는 사실 때문이다. 첫 번째 세 가지는 돈과 섹스와 교육이다. 솔로몬은 현대 뉴스미디어에 나오는 유명 인사들이 전혀 상대가 될 수 없을 정도로 그 세 가지 모두에 대해 엄청나게 잘 알고 있었다. 여러분이 직접적인 경험을 추구하는 사람일진대, 바람피우기, 고급 주택, 향락, 재산, 쾌락에 관한 한, 솔로몬이 "최고봉"임은 의심의 여지가 없는 사실이다. 현대 미국 사회에서는 구리가 너무도 귀하여 동전 속에 아연을 집어넣어야 할 정도였다. 은 역시 너무도 귀하여 25센트, 50센트 화폐를 구리로 주조해야 했다. 그러나 솔로몬 당시에는 이와는 달리 금이 아주 흔해서(왕상 10:21) 은은 모으는 것조차도 귀찮아할 정도였다. 오륙백 명의 남편을 둔 리즈 테일러 같은 일부 상당한 사람들도 솔로몬의 책 속에서는 비전문가로 기록될 것이다. 솔로몬은 수많은 여인들을 매년 자기 마음대로 상대했다. 다른 그 누구도 그 여인들에게 접근할 수 없었고, 그들을 농락한 것으로 인해 아무도 그를 고소할 수 없었으며, 그들 중 아무도 그를 떠나 다른 사람에게로 갈 수 없었고, 그는 산아제한이나 성병에 대해서도 걱정할 필요가 없었다. 현대의 풋내기들은 솔로몬과 동등한 범주 속에 들 수가 없다. 현대의 백만장자로서 "유행의 첨단을 걷는" 사람이라 할지라도 솔로몬과 비길 수는 없다.

전도서의 저자에 대한 주석가들의 반론은(본 서문 다음에 나오는 "개관" 부분 참조) "육신"에서 비롯된 것이다. 현대의 백만장자 그 누구도 하지 못한 온갖 일을 했고 또 월마트, 엑손, 제너럴 모터즈, AT&T 등의 초대형 기업 경영진들보다도 세 배는 부유했던 진짜 왕이 실제로 3,000년 전에 살았다는 사실을 사람들이 믿지 않았으면 하고 바라는 육신적인 비평가의 그 육신적인 본성 말이다. 그러나 솔로몬은 실제로 그랬고 또 그런 일을 했다.

여러분이 진화론자라면 B.C. 100년 이후로 교통과 통신에 있어서 진전이 있었다는 것을 믿는 데서 그치지 않고 더 나아가, 현대인들이 성과 육신에 관해서도 솔로몬이 알지 못했던 무언가 "새로운" 것을 정말로 알고 있다고 믿어야만 한다. 그 진화론 종교가 요구하는 것은 바로 이것이다.

그러나 또다시 틀렸다. 콜럼버스가 버뮤다 삼각 해역을 향해 출발하기 2,000년도 더 이전에 유럽, 아시아, 아프리카, 그리고 바다의 섬들로부터(왕상 11:1) 일천 명의 아내, 즉 왕비들과 후궁들을 취한(전 7:28) 솔로몬이 알지 못했으나 여러분은 알고 있는 그런 육신적 쾌락은 아무것도, 정말이지 결코 아무것도 없다. 문제가 되는 것은 솔로몬이 이 모든 일들을 경험한 후에 "잘못된 결론"에 도달했다는 사실 때문이다. 최소한 모든 무신론자들과 인본주의자들을 포함하여 모든 물질주의자들의 눈에는 "잘못된" 것이다. 여러분이 알듯이, 사회 고위층 인사들로부터 빈민가의 마약 중독자들에 이르기까지 (그리고 영화와 텔레비전 산업에 종사하는 자들도 포함하여) 모든 쾌락주의자들에 따르면 솔로몬은 다음과 같은 결론에 도달하는 것이 옳았다(그러나 그는 그러지 않았다).

"전체 일의 결론을 들을지니, 사람이 죽을 때는 개처럼 죽고(전 9:5) 그 뒤에 아무것도 없으므로(전 9:6) 먹고 마시고 즐거워하라(전 8:15). 멋대로 행동하라. '활기 넘치는' 인생에는 '운을 걸고 해보는' 것이 필요하기 때문이라!"

그러나 솔로몬은 그들의 기대를 완전히 무시한 채, 여러분이 아무도 모르게 어둠 속에서 행한 일로 인해 하나님께서 여러분을 심판하실 것이라고 결론을 내린다.

『하나님을 **두려워하고, 그의 계명들을 지키라... 이는** 하나님**께서 선이**

든 악이든 모든 행위와 모든 은밀한 것들을 심판하실 것임이라』(전 12:13,14).

"잘못된" 결론이다. 유치원에서 대학원에 이르기까지 소비에트식 학교 제도에 속한 교사들은 학생들에게, 죽은 후 전능하신 하나님께 개인적으로 해명할 책임이 있음을 말해 주어서는 안 되도록 되어 있다. 교사들은 그런 일이 일어날 가능성이 있다는 암시조차 주어서는 안 된다. 교사들은 혼이 소멸하여 의식이 없어지거나 영원한 물질 속에 화학적으로 흡수된다는 이야기가 아닌 이상, 학생들에게 무덤 이후의 삶에 대해 아무것도 말해주어서는 안 된다. 이것은 물질주의다.

미국의 경우, 모든 학교 구내에서는 그런 내용을 인쇄하거나 게시하는 것조차도 허락되지 않는다. 그런 것들을 가르친다면 "현대인들" 사이에 엄청난 감정적 혼란을 불러일으킬 것이고 교실 안에는 큰 소동이 벌어질 것이다. 그리하여 그런 내용들은 물러나 버렸고, 대신에 문자 그대로 록 음악과 마약, 콘돔, 낙태, 강간, 방탄조끼가 들어서게 되었다. 하나님께서 모든 남녀 학생들을 그들이 손과 발, 눈과 입, 생각과 시간을 가지고 했던 일들로 인해 심판하실 것이라는, 모질고 "남의 기분을 모르는" 가르침은 절대로 고려되어서는 안 되었다. 기원전 아테네인들 중 아무도 그 가르침을 믿지 않았고(행 17:31,32), 현대 교육제도는 이 기원전의 수준에(B.C. 500-100) 머물러 있는 것이다. 이 원시 이교적 신앙은 과학적 진보나 "인간 본성에 관한 지식의 거대한 진전," 또는 "성격 이해에 관한 돌파구"에 기인한 것이 아니라, 순전히 현대인들의 감정적 대혼란에 기인한 것이다.

그들은 하나님께서 사람이 행동하고 말하고 생각하는 것을 알지 못하신다고 가정한다. 사람은 오직 자기 자신에게만 해명할 의무를 가진다는 것이다. 그러나 성경은 하나님께서 모든 사람의 마음속에서 일어나는 생각들을 『**일일이**』 아신다고 말씀한다(겔 11:5). 솔로몬은 이 『**은밀한 것들**』이 심판받게 될 것이라고 하며, 바울은 그 은밀한 것들이 『예수 그리스**도를 통하여**』 심판받을 것이라고 한다(롬 2:16). 이것은 철학박사 학위를 얻기 위한 철학 논문의 관점에서는 잘못된 결론이다. 최소한 처세술이 능한 현대의 인도주의자에게는 그렇다. 솔로몬은 뉴스미디어와 국제연합과는 한패가 되지 못할 것이다. 그는 개인의 죄들을 다루는 개인에 대한 심판 자리에서 사람이 개인적으로 하나님께 해명할 의무가 있음을, 그리고 그 일이 죽은 후에 벌어질 것임을 주장하기 때문이다.

그러므로 전도서는 진정으로 진리를 추구하지만 거듭나지는 않은 현대인이 특히 공부해야 할 책이다. 『**주를 두려워함이 지혜의 시작**』이므로(시 111:10) 지혜는 전도서의 끝에서(전 12:13) 시작될 것이다. 그 다음 계속해서 진리를 추구한다면 결국 신약에서 『**모든 지혜와 지식의 보화**』(골 2:3)를 발견하게 될 것이다. 그 보화들은 백과사전이나 대학 교과과정, 과학 잡지, 또 심지어 1,200만 권이 넘는 책들을 소장한 미국 의회도서관에서도 발견되지 않으며, 오직 "한 사람" 안에서 발견된다. 『하나님**을 두려워하는 자가 이 모든 일에서 빠져나올 것임이라**』(전 7:18).

솔로몬왕은 말 그대로 "어떻게 다뤄야 할지 모를 정도로" 많은 돈을 가졌다. 그는 아를린 홀튼(펜사콜라 기독대학)과 마찬가지로 그 돈을 혼들을 이겨오는 데는 사용하지 않았고, 그저 빈둥거리면서 돈을 없애 버릴 묘수나 생각해 내야 했다.

현대인들은 섹스를 숭배한다. 솔로몬은 이성적으로는 남자들 백 명이라도 취할 수 없을 정도의 많은 아내를 두었다(백 명일 경우에도 각각 열 명씩이 된다). 그는 2년 반이 넘는 기간 동안 아침마다 새로운 아내를 얻었고, 그의 아내들은 아무도 그를 배반할 수 없었다. 그들 중 누군가가 임신했다면 그들이 낳은 아이는 분명히 다른 사람의 아이가 아닌 솔로몬의 아이였다.

현대인들은 지성적인 지혜를 숭배한다. 그들은 문자 그대로 교육 "광신자들"이다(〈반지성 선언, *The Anti-Intellectual Manifesto*〉, 1992). 솔로몬은 이제껏 살았던 사람들 중 가장 현명한 사람이었고, 아인슈타인, 클라렌스 다로우, 조지 버나드 쇼, 어니스트 헤밍웨이, 벤 프랭클린, 버트런드 러셀, 폴 틸리히를 합쳐 놓은 것보다 더 많은 "격언들"과 심오한 잠언들을 기록했다. 그것도 그냥 독서나 명상으로 얻은 것이 아니라 직접적인 경험으로 얻어 기록한 것이다. 거기에다 또 그는 합창단들, 특이한 악기들, 미술 작품들, 병거와 말들, 정치, 사육, 원예, 조경, 경작, 철학을 모두 향유했다. 무엇보다도 그는 그 이전이나 이후로 아무도 점유하지 못한 지위에 있었다. 그는 성경을 믿는 백성을 통치하는 백만장자 군주였다.

전도서는 인본주의자, 물질주의자, 또 "인간이 만물의 척도"라든지 "죽으면 그것으로 끝"이라고 생각할 정도로 우둔한 모든 현대인들을 위해 기록된 책이다. 전도서는 또 "성공이란 현금과 채권을 쌓아 두거나 인기 영화배우들과 직업 모델들을 많이 두는 것"이라고 생각하는 모든 부자들을 위해 기록된 책이다. 내가 알기로, 성경 66권 중 전도서만큼 현대인들이 숭배하는 것들을 대적하여 큰 소리로 분명하게(그리고 강력하고 끈질기게) 거리낌 없이 이야기하는 책은 없다. 이 책은, 거듭나지 못한 죄인의 본성 안에 들어 있는 온갖 육신적, 정신적 충동에 자신을 내맡김으로써 "자연인"이 해보고 싶어 하는 모든 일을 해보았던 한 사람의 경험을 기록한 것이다. 그는 그 후 최종 결론에 도달했는데 그 결론은 바로, 하나님을 제쳐놓고서는 인생을 이해할 수 없고, 초자연적인 계시를 제쳐 놓고서는 죽음 이후의 삶에 대해 알 수 없으며, 자연적인 추리로는 수고와 고통으로부터 무언가를 배울 수 없고, 무덤 이편에서는 모든 해답을 찾아낼 수 없다는 것이다.

이제껏 살았던 사람들 중 가장 현명한 사람인 솔로몬은, 그가 논의를 끝낸 뒤인 B.C. 600년에서 A.D.1990년까지(2590년간!) 오십 명의 철학자들이 다루고자 애썼던 분야를 미리 완전히 다루고서는 결국 "반지성주의자"로서 끝을 맺는다. 전도서 12:12을 보라. 그 전도자의 설교의 "결론"은 다음과 같다.

1. 진리의 말씀들을 찾으라(요 17:17).

2. 많은 책들로 쓸데없이 시간을 낭비하지 말라(골 2:3).

3. 사람이나 주위 환경을 두려워하지 말고 하나님을 두려워하라(마 10:28).

4. "갑자기 떠나간" 후에 하나님께 해명할(개인적으로 그렇게 하게 될 것이다 - 롬 14:12) 준비를 하라.

여러분이 "해 아래" 삶에 대한 이 공부를 즐겁게 하길 바란다.

전도서 개관

전도서는 12장, 222구절, 그리고 영어 성경의 경우 5,584 단어로 이루어져 있다. 그 책의 저자는 기독교 학자들 대다수의 의견과는 상관없이, 『**다윗의 아들**』 솔로몬이다(전 1:12,16). 그 책을 성명불명의 한 "코헬렛"이 쓴 것이라고 하며 저자를 가리려는 보수주의 학자들 대다수의 노력은 학자연합이 들어 있는 관에다가 못을 하나 더 박아 놓을 뿐이다. 그들은 오리겐 시대(A.D. 184-254) 이후로 줄곧 그런 노력을 해왔다. 바로 이 학자님들이 여러 해 전에는 이사야서의 마지막 스물일곱 장을(40-66장) "제2의 이사야"가 쓴 것이라고 함으로써 저자를 가리려고 했다. 바로 그 의심 많은 도마들은 계시록도 사도 요한이 아니라 성명불명의 한 장로가 기록했다고 결론지었다(아래에 논의한 것을 보라).

누군가가 적절하게 말했듯이 욥기에는 "불행한 사람," 시편에는 "복 있는 사람," 잠언에는 "현명한 사람," 전도서에는 "세속적인 사람," 솔로몬의 노래에는 "하늘에 속한 사람"이 나온다.

전도서의 주제는 『**해 아래**』의 삶이다. 이 표현은 열두 장 전체에 29번 등장한다. 『전도자』라는 단어는(코헬렛) 이 책에 7번 나오는데, 시작할 때 3번(1장), 끝날 때 3번(12장), 중간에 1번(7장) 나온다. 이 책의 영어 명칭인 "이클리지애스티즈(Ecclesiastes)"는 학자 연합의 의견과는 상관없이 올바른 명칭인데, 그 말은 "회중의 일원," 또는 "회중을 대표하여 집회에서 말하는 자"라는 뜻의 헬라어에서 나온 말이다. (교회에 해당하는 "에클레시아"라는 단어도 여기서 나온 것으로서, "불러냄을 받은 집회"를 말한다.) 이 책에 그 이름을 붙인 것은 시내 사본과 바티칸 사본(〈칠십인역〉 필사본들)이 만들어지기 200년 전에 기록된 〈구라틴성경〉이다. 여기서 제롬은 (신약 몇 군데에서 그랬듯이) 정확히 〈구라틴성경〉을 따랐다. A.D. 180년 이전에는 전혀 존재하지 않았던 신화적인 〈칠십인역〉에 대한 상세한 논의를 보려면 저자의 〈필사본 증거, *The Christian's Handbook of Manuscript Evidence*〉(1970) 제4장을 보라.

알렉산드리아 이단에 속한 보수주의, 자유주의 학자들은 전도서에서 3가지 이의를 제기했다(절대 진리와 절대 권위를 거부하는 데 있어서는 그 둘이 똑같은 부류다). 무엇보다도 알렉산드리아 이단은 모두 "교육 숭배자들" 또는 "사본 숭배자들"이므로 교육자들을 숭배한다. 그들 중에는 설교를 할 줄 아는 사람이 아무도 없고, 성경대로 믿는 설교자들의 권위에 복종한 적이 있는 사람 역시 아무도 없으므로, 그들이 "전도자(설교자)"라는 명칭에 어떻게 반응할 것인지를 충분히 예상할 수 있다. 그들은 자기들이 설교자들보다 훨씬 뛰어나다고 생각하며, 자기들의 일생을 바쳐서 지역 교회들을 대학과 기독대학과 신학교 교수진들에게 복종시키려고 애쓴다. 이 존엄한 신사양반들 중 "설교하도록" 부르심을 받은 사람들이 설사 있었을지라도, 그들은 학교로 떠나간 후 2년도 채 못 되어 그 부르심에서 완전히 쫓겨나 버린다. 이 일이 어떻게 이루어졌는지에 대한 상세한 설명은 우리의 책 〈어떻게 헬라어 "원문"을 가르칠 것인가, *How to Teach the "Original" Greek*〉(1992)에서 찾아볼 수 있다. 20세기 후반에 아주 교활한 파괴적 근본주의자들이 복음 전도자들의 방식을 모방하여 자기들이 "가르치는" 데에 그 방식을 적용한 게 사실이지만, 숙련된 복음 전도자라면 누구나 청중을 속이는 직업적인 연설가를 분별해낼 수 있다. 스윈돌, 맥아더, 스탠리, 슐러, 로버트슨 같은 사람들은 직업적인 연설가들이다. 설교는 전혀 그들의 분야가 아니다.

그러므로 웨인 피터슨(Wayne Peterson, 〈브로드만 성경주석, *Broadman Bible Commentary*〉, 1971, 100쪽)은 『전도자』가 적절치 못하며 "교사"가 더 적합하다고 말한다. 정확히 배교를 향한 이러한 움직임을 보강하기 위해 〈뉴킹제임스성경〉(NKJV)은 『**진리의 말씀**』(전 12:10)을 찾아내고 그것을 "못으로 고정시키는"(전 12:11) 일을 학자들의 역할로 돌렸다. NKJV가 문맥에서 『**한 목자**』(one shepherd, 전 12:11)를 대문자로 표기함으로써, 예수 그리스도께서 진리의 말씀을 설교자들 대신에 학자들에게 주시는 것으로 만들어 버린 것을 주목하라. 전형적이다. NKJV처럼 부패한 번역본들에서 늘 벌어지는 일이다. NKJV는 데살로니가후서 2:7에서도 "he"(『**막는 자**』, 『**그가**』)를 대문자로 표기함으로써, 성경에서 성경을 『**공부하라**』는 명령을 제거해 버린(딤후 2:15) 파괴적 비평가의 사적인 해석을 받아들이도록 강요하고 있다. 극히 전형적인 퇴화요, 배교이며, 부패요, 타락이다. 그것이 바로 알렉산드리아 이단이다.

그 이단은 전도서의 신학이 "선하고 경건한 학자들"에게 극히 혐오감을 준다는 것을 알고서는, 추가로 그 책이 솔로몬 시대보다 한참 후에 기록되었음이 분명하다고 주장한다. 그들 대부분은 전도서의 기록 연대를 솔로몬이 죽은 후 400년도 더 지난 때인 바빌론 포로기 이후로(B.C. 500) 억지로 밀어낸다. 이 자들은 또 바빌론, 페르시아, 그리스에 대한 다니엘의 예언들이 기록된 시점이 그 제국들이 세워진 이후라고 결론지어 버렸다. 이 혼란된 어릿광대들의 조상들은 신명기와 레위기를 다윗과 사울 시대 이후의 누군가가 기록했다고 가르쳤다. 〈브로드만 주석〉은 이런 기괴한 헛소리를 끝까지 따라서, 전도서 1:12의 『**나...는... 왕이었노라**(I was king)』를 "나는 왕인 적이 있노라(I have been king)"로 개역함으로써 솔로몬이 저자임을 완전히 부인해 버린다. 피터슨은 자기 책의 처음 두 쪽에서 이 말을 4번 인용함으로써, 이처럼 비뚤어지고 사적인 오역이 그 마음에 근원과 기초를 둔 것임을 확실히 보여 주고 있다. 그의 번역은, 솔로몬은 죽기까지 이스라엘을 다스리는 왕이었으므로(왕상 11:42) "나는 왕인 적이 있노라"라고 기록한 사람은 솔로몬이 될 수 없다고 생각하게 만들려는 것이다. 솔로몬이 자기가 죽은 후에 읽고 배우도록 "마지막 유언과 유서"를 기록하고 있다는 생각이, 이 혼란되고 머리가 모자라는 알렉산드리아인들에게는 도대체 일어나지 않는 것 같다. 그는 전도서 마지막 장에서 자기에게 다가오는 죽음과 그 뒤에 분명히 따라올 심판에 대해 언급한다.

솔로몬이 저자임을 부인하는 비평가들은, 성명불명의 어떤 보잘것없는 사람이 "자신이 솔로몬인 듯 가장한" 것이라고 말한다(피터슨, 〈브로드만 주석〉, 108쪽). 그러므로 전형적으로 부패한 한 주석서에서는(L.D. 존슨, 〈평신도 성경주석, *Layman's Bible Commentary*〉, 브로드만 출판사, 1982) "코헬렛"이라는 말이 아무런 관사도 붙지 않은 채 몇 번이고 거듭해서 나오는 것을 보게 된다. 이로써 그 말은 막연한 "어떤 코헬렛," 또는 "어떤 교사"가 되어 버린다. 그러나 현존하는 모든 히브리어 본문에서는 전도서 12:8의 그 단어에 관사가 붙어 있다(the preacher, "그 전도자"). 〈히브리어·헬라어·영어 행간대역성경, *Hebrew-Greek-English Interlinear*〉(연합출판사, 1978) 제3권에서는 전체에 걸쳐 관사를 사용한다. [거기서도 줄곧 "전도자"라는 단어를 사용하며, 심지어 관사가 없는 곳에서까지(전 1:1) 그렇게 한다.] 신원이 알려지지 않은 어떤 보잘것없는 사람이 자기 아버지와 자기의 소명에 대해 거짓말한 다음(전 1:1) 그 책에 나오는 내용을 생각해 낸 것이라는 주장은, 여기서 달의 뒤편까지 상상력을 뻗치도록 요구하는 가르침이다. 최초의 헬라 철학자가 나타나기 300년도 더 이전에 40쪽도 안 되는 분량으로 파시즘, 공산주의, 관념론, 실존주의, 자연주의, 실용주의, 회의론, 불가지론, 물질주의, 금욕주의, 운명론, 이신론, 경험론을 모두 망라한 사람이 신원도 밝혀지지 않고 또 아무에게도 눈에 띄지 않은 채 지나가 버릴 수는 없을 것이다. 여러분이 상상할 수 있다면, "교사"라고 불리는 알려지지 않은 한 철학자가 예루살렘에 있던 왕들 중 가장 위대한 왕이었고(전 2:9; 1:12) 또 그가 집들을 짓고 나무들을 심고 동산들을 만들고 수도관과 수영장들을 짓고 예루살렘에 있던 그 어떤 왕보다도 많은 가축을 소유하고 1,000명의 여인들과 동거했으나(전 2:4-9; 7:28) 전후 천 년간 아무도 그의 이름조차 몰랐고 여전히 익명으로 남아 있다고 상상해 보라!

이로써 알렉산드리아 이단이 전도서의 저작 연대를 A.D. 300년과 A.D. 400년까지 옮겨 놓기 원하는 이유를 알 수 있다. 그들은 자기들의 아테네인 동료들에게(행 17장) 경의를 표함으로써 『**지혜 있는 자들**』(고전 1,2장)이

"활동할 기회"를 얻을 수 있게 되길 원하는 것이다. 신약이 완성되고 나서 오랜 후에 〈칠십인역〉을 기록한 배교자들과 마찬가지로, 그들은 지혜를 헬라인들에게 돌리길 원했다. 이것은 또한 〈칠십인역〉에서 뒤늦게 외경 "집회서(Ecclesiasticus)"가 등장하는 이유를 설명해 준다. 가짜를 위조해낸 그 알렉산드리아 학자가 솔로몬을 흉내내려고 애쓴 이유는 그저, 여러분으로 하여금 그리스가 세계 강국이 된 후에 자기 같은 얼간이가 전도서를 기록했다고 생각하게 만들려는 것이었다. 알렉산드리아인들은 너무도 빤한 엄청난 사기죄를 저질렀다. 오직 히브리어 헬라어 학자들만이 그 현장을 덮치는 데 무척 고생하는 것 같다. 집회서는 완전히 가짜다.

그들은 전도서가 후대에 기록되었음을 입증하기 위해 "솔로몬 당시에 알려졌을 가능성이 없는" 페르시아 단어들에 호소한다(이런 헛소리를 더 보려면 로버트 앤더슨 경의 〈비평가 굴 속의 다니엘, *Daniel in the Critic's Den*〉을 참조하라). 그들은 전도서 3:11의 『**마지막**』에 해당하는 히브리어 단어가("쏘프") 솔로몬 당시에 알려지지 않은 그 후대의 단어들 중 하나라고 생각하지만, 그 단어는 에스더의 어머니가 태어나기도 전에 기록된 요엘 2:20에서 나온다(『**뒤**』 - 히브리어로 "쏘프"). 또 전도서 2:14에 나오는 『**일**』에 해당하는 히브리어 단어가("미크레") 후대의 것이라고 이야기하지만, 그 단어는 사무엘상 6:9과 룻기 2:3에서 나온다(『**우연한 일**』, 『**우연히**』 - 히브리어로 "미크레"). 또 전도서 3:1의 『**목적**』에 해당하는 히브리어 단어("헤페츠") 역시 솔로몬보다 훨씬 후대의 것이라는 이야기가 있으나, 아직 무슨 일이 진행 중인지 모르겠는가? 추측도 못하겠는가? 오 저런, 솔로몬이 저자라는 사실을 가리기 위해서는 룻기, 요엘, 사무엘상이 포로기 이후, 즉 에스라와 느헤미야가 예루살렘으로 돌아온 이후에 기록되었다고 말해야만 할 것이다. 이것은 성경을 자기의 무지의 수준으로 끌어내리려고 노력한 결과다.

피터슨은 말하기를, "위 증거는 그 시기가 역사상 페르시아 후기, 또는 그리스 초기 시대에 속함을 보여 준다"라고 한다(〈브로드만 주석〉, 103쪽). 그러나 "위 증거"는 전도서에 나오는 회의론이 포로기 이후 이스라엘의 경험에 근거한 민족적 회의론이라는 가설과 억측에 기반을 두고 있다. 그들은 이스라엘 민족이 이런 민족적 회의론으로 잠언서에 반감을 품었다고 생각한다.

그러나 전도서 전체에 민족적인 것은 아무것도 없다.

전도서에는 이스라엘의 세 가지 주요 명절들 중 단 하나도 언급되지 않는다.

전도서의 저자는 『**내 아들아**』라고 말하는데(전 12:12), 그 표현은 잠언서 도처에서 사용된다(잠 2:1; 3:1; 5:1; 6:1; 31:2).

히브리어 학자 델리취는, 이 책 속에 페니키아인의 영향이 들어 있으며, 이것은 "그 시기가 B.C. 7세기에서 3세기 사이임을 지적해 준다."라고 말한다. 헛소리다. 솔로몬은 페니키아 전역을 다스렸다(대하 2:11,14). 델리취는 교육받고 지성적이고 세상 물정에 밝은 한 사람의 개인적 표현 양식을 솔로몬 시대의 저작들에서 전반적으로 나타나는 양식으로 오해한 것이다. 이제껏 살았던 가장 현명한 사람으로서(대하 9:6), 당시 알려진 세계 도처에 무역로를 가졌고(대하 8:18) 철학자들과 외국 고관들의 방문을 받은 사람이(왕상 4:31 - 그 방문자들은 돌아가서 자기 백성들에게 자기들이 들은 것을 보고했다) 평생 동안 자기 나라에서 통용되던 언어의 단어들만 알고 있었을 것이라고 믿으라는 것이다. 이것은 기상천외의 우직함을 요하는 것이다.

스코트는 "아람어의 특징들"이 나타나는 것으로 보아 그 시기가 포로기 이후임을 알 수 있다고 말한다. 어째서 그런가? "아람어"는 창세기 31:47에도 나오며, 유대인들은 예루살렘에서 주 앞에 나올 때 야곱이 시리아인이었다고 고백해야 되지 않았던가?(신 26:5) 솔로몬의 왕국은 유프라테스 강 유역 시리아에 이르렀으며(삼하 8:3), 아람어는 거기서 유래한 것이다. 스코트가 한 말의 의미는, 자기가 다니엘서의 많은 부분이 아람어로 되어 있는 것을 보고서 (아무런 근거도 없이) 전도서를 다니엘서 이후에 기록된 책으로 추측했다는 것이다. 얼빠진 소리다.

"저자에 대해 알려져 있는 것은 전도서 12:9,10에 진술된 내용과 그 책 속에 암시된 것들로부터 추론할 수 있는 내용이 전부다"(피터슨, 〈브로드만 주석〉, 102쪽). 피터슨이 "암시된 것들"이라고 하는 것은 실로 "망상들"일 뿐이다. 실제로 전도서에 나오는 내용은 사실들이며, 그 사실들은 예루살렘에 있던 왕들 중 가장 부유하고 가장 현명한 왕이 그 저자임을 확인시켜준다. 예루살렘은 그 이전에 다윗과 멜기세덱과 아도니베섹이 다스렸으며, 그 저자는 자신을 『**다윗의 아들**』이라고 부른다. 비평적 주석가들에게는 이런 것들이 사실들이 아니고 환상이자 망상으로 보인다. 그러나 진실을 말하자면, 솔로몬은 그 이단이 "그 책은 이렇게 기록되었어야 한다"고 생각한 대로 기록하지 않았을 뿐이다. 솔로몬은 그가 알 수 없어야 했던 단어들을 사용했고, 그 때문에 그들이 "강요하는 기준들"을 충족시킬 수 없었다.

피터슨이 언급한 "암시된 것들"은 예를 들면 열왕기상 3:12; 4:27-32; 7:1-8; 10:24-29; 22:1-8에 나온다. 그 본문들은 모두 전도서에 "암시된 것들"과 어울리는 것이 아니라, 전도서에서 명백히 밝힌 내용과 잘 어울린다.

기록 연대에 관한 학문적인 주제는 이제 "인정받는 학자들" 대다수의 주장과 상반되게 여기서 결말짓고, 이제는 하나님께서 어째서 이 전도서를 기록하고 보존하기 원하셨는지, 또 샴마이의 랍비 학교 등의 반대에도 불구하고 어째서 이 책을 정경에 포함시키셨는지 알아보도록 하자.

문제의 진상은, 전도서 전체가(끝부분의 몇 구절만 예외이다) 두 부류의 사람들을 겨냥하고 있다는 점에 있다. 그 두 부류는 바로 하나님의 계시를 제쳐두고서 삶과 죽음의 문제를 이해하려고 애쓰는 지성적인 불가지론자들과 교육받은 인본주의자들이다. 솔로몬은 그들의 생각을 그의 신념으로 받아들이지 않았지만 그들처럼 사고할 수 있었고, 이것은 그 책이 끝나는 방식으로 보아 분명하다. 잘 속고 혼란된 주석가들은 전도서 전체를 "코헬렛의 신념들"이라고 해석하려 했다. 전도서 저자는 지금 자기를 실제로 괴롭히는 것들에 대한 의심을 떨쳐 버리려고 애쓰는 중이라는 것이다. 그러나 이와 반대로 솔로몬은, 모든 교육받은 철학자들이 성경의 계시를 제쳐놓고 했던 것과 동일한 방식으로 인생에 접근했을 때 그의 머릿속을 지나간 생각들을 기록하고 있을 뿐이다.

솔로몬에게는 시편의 반 이상과 욥기와, 그가 정리한 수백 편의 잠언이 있었다. 그가 전도서에서 욥기의 관점과 일치되지 않는 진술을 하고(예를 들어 전 9:5과 욥 19:26) 또 잠언과 일치되지 않는 진술을 할 때(예를 들어 전 8:14과 잠 10:3,24), 그는 전혀 자기의 종교적 신념들을 이야기하는 것이 아니다. 그는 단지 자연주의적이면서 이성적인 철학자가 삶과 죽음에 관한 거대한 신비를 풀려고 애쓰면서 생각할 만한 것들을 기록하고 있을 뿐이다. "코헬렛"을 어둠 속에서 비틀거리며 솔로몬을 흉내내는 어떤 알려지지 않은 인물로 바꾸려고 애쓰는 모든 주석가들은, 바로 그 자신들이 어둠 속에서 비틀거리고 있는 것이다.

하나님께서는 바로 거의 백 년 동안 불가지론, 감상주의, 인본주의, 환경론, 사회주의적인 쓰레기를 주입받은 현대인들을 위해서 이 책을 정경 속에 집어넣으신 것이다. 『**영의 고통**』이라는 말은 그 책에서 9번 나오며 (새로운 역본들은 그 표현을 완전히 제거해 버렸다), 10가지 헛된 것들이 열거되어 있다. 하나님의 임재와 승인과 복과 권능을 배제한 이것들은 모두 헛되다(쓸모없고 가치 없고 바람 같고 수증기 같다).

1. 이기적인 삶이 헛됨(전 4:7).
2. 쾌락에 몸을 바치는 것이 헛됨(전 7:6).
3. 갖지 못한 것을 탐내는 것이 헛됨(전 6:9).
4. 유명하게 되는 것이 헛됨(전 9:15).
5. 수고와 일이 헛됨(전 1:3).
6. 야망이 헛됨(전 4:4).
7. 미래를 위해 준비하는 것이 헛됨(전 2:26).
8. 돈을 축적하는 것이 헛됨(전 5:10).
9. 세상의 지혜가 헛됨(전 2:13).
10. 낙관주의가 헛됨(전 11:8).

프린스턴 대학의 조지 C. 헨드리는 이렇게 말한다. "전도서 저자에게 회의주의와 절망의 사도라는 오명을 씌우는 것은 실수다. '헛되고 헛되니 모든 것이 헛되도다.'라는 침울한 구문은 총체적인 삶에 대한 그의 판결이 아니라, 피조된 세계 자체가 전부인 것으로 취급하려는 미혹된 인간의 노력에 대한 판결일 뿐이다. 그는 삶 속에 항상 긍정적인 의미가 있음을 알고 있다... 세상은 그것이 하나님의 선하심과 지혜와 의로우심이 계시되는 '매개체'가 될 수 있다는 점에서 의미가 있다. 그는 우리가 믿음으로 행하고 보는 것으로 하지 않음을 알고 있다."

이것은 이해하지 못하는 책을 집어 들고 시작하다가, 설명을 계속함에 따라 점점 타락해가는 학자 연합의 전형적인 모습이다. 헨드리는 해 아래서든, 해 옆, 해 뒤, 해 앞, 해 위에서든 자기가 도대체 무엇에 대해 이야기하고 있는지 전혀 알지 못한다.

"삶에 대한 판결"은(위를 보라) 바로 삶이 헛되며, 사람이 죽는 날이 출생하는 날보다 낫다는 것이다(전 7:1). 『**살아 있는 개가 죽은 사자보다 나음**』(전 9:4), 또 『**때와 기회**』(전 9:11)에도 불구하고 (믿음으로 사는 자이건 아니건 간에) 사람이 세운 모든 계획은 뒤엎어질 수 있으며, 그러면 즉사하여 심판을 마주하게 될 것이다. 헨드리는 "지혜와 선하심," 그리고 믿음으로 행하는 신약 그리스도인들을 찾아다니느라고 이 책 전체의 주제를 완전히 놓쳐 버렸다. 이 세상에서 그 설명보다 더 가련한 것도 없을 것이다. "긍정적인 의미"는(위를 보라), 하나님께서 여러분의 은밀한 죄들을 심판하실 것이고 이에 앞서 여러분이 『**나에게는 즐거움이 없다.**』(전 12:1)라고 말할 재앙의 날이 이를 것이라는 점이다. 이것이 "믿음으로 사는" 것이고 세상에서 하나님의 선하심을 찾는 것이라면 요한 바오로 2세가 성경교사가 되겠다. 이런 철학이 "믿음으로 사는" 것이라면 바울은 그의 평생 동안 하나님의 뜻 밖에 있던 것이 되겠다. 『**믿음**』이라는 단어는 구약에서 단 두 번 나오는데, 그중 한 번은(신 32:20) 아무에게도 믿음이 없다는 진술 속에 나온다. 헨드리는 계속 전도서를 엉망으로 만들면서 W. 맥닐 딕슨의 말을 인용한다(〈뉴 바이블 주석, *New Bible Commentary*〉, 에드먼즈사, 1970, 571쪽). "믿음은... 항상 자연 현상의 배후에 있는, 자연 현상보다 신성한 '무언가를' 식별해 내는 내적 통찰력을 신뢰해 왔다." 전도서의 문맥에서 그것은 전혀 아무런 의미도 없다.

솔로몬은 "믿음과 행위" 체제하에 있으며, 그 이전과 이후 1,000년 동안 있었던 모든 유대인들도 그랬다. 하나님께서는 솔로몬의 귀에 들리도록 두 번 말씀하셨다(왕상 3:5). 그것은 그리스도의 상처들에 손가락을 대어 보는 도마와 마찬가지로, "믿음으로 행하는" 것이 아니다. 자연 현상 뒤에 숨겨진 "신성한" 무언가 같은 것은 전혀 없었다. 하나님께서는 그 저자에게 두 번 말씀하셨다(왕상 11:9). 엘리야와 엘리사의 기적들은 홍해를 건넌 것, 요단 강을 건넌 것, 히스키야의 해시계, 여호수아의 우박덩이들과 똑같이, 믿음이 아니라 보는 것으로 행한 것이었다. 아무도 "믿음으로 행하지" 않았다.

전도서는 "생각하는 사람"을 위해 기록한 것인데, 하나님께서는 그의 생각들을 아신다(겔 11:5). "철학을 올바로 공부하는 사람들은 '죽음'에 대해서만 연구한다."라고 누군가가 말했듯이, 솔로몬은 그 주제에 대해 많은 이야기를 한다(전 2:16,17,18; 3:19; 4:2; 5:16; 6:3; 7:1,15; 9:2-6 등). 솔로몬은 욥이 도달한 동일한 결론에 이르렀다. 그는 단지 다른 경로로 거기에 도달한 것이다. 파괴적 비평가들은 솔로몬이 잠언에 나오는 절대적인 것들에 대해 회의적이었다고 말하는 "경건한" 배교자들의 온갖 헛소리를 가지고서 전도서 2:3,26; 3:16,17; 4:13; 5:2,6,10,13; 6:9; 7:1,5, 11,18,26; 8:3,4,8,11 등을 마주 대한다. 그 구절들은 잠언에 나오는 절대적인 것들과 어울린다. 솔로몬은 성경 본문을 망가뜨리는 일에 착수한 1800-1990년의 미개한 히브리어 헬라어 학자들을 놀려댔다. 그는 창세기부터 욥기까지 읽고 나서 참되다고 알게 된 내용들을, 창세기부터 욥기까지 전혀 읽어 본 적이 없는 인본주의 불신자의 관점으로 상황을 해석하던 중 들었던 생각들과 함께 뒤섞었다. 솔로몬은 유사한 생각을 가질 독자들을 위해서 합리주의적, 인본주의적, 경험론적, 실존주의적인 관점으로 뛰어다녀 본 것이다(전 2-4장). 그가 생각을 기록한 내용이 모두 절대적인 성경 진리를 가르치려고 한 것은 아니다. 그는 사도 바울의 주장을 보강하기 위해(고전 3:19) 『**현명한 자들을 자신들의 꾀에 빠지게**』 했다. 이는 그가 그들의 생각이 "헛되다는" 것을 알았기 때문이다(고전 3:20).

솔로몬이 구원받지 못한 죄인이 다룰 만한 모든 분야를 다루기 위해서 서로 다른 사고방식을 시험해 보고 있음을 보여 주는 말이 그의 강론 중에 얼마나 많이 나오는지 살펴보라(주석가들은 그것을 모두 놓쳐 버렸다). 그런 말들은 전도서 1:13; 2:1,12; 3:1,16; 4:1,7,15; 5:13,18 등에 나온다. 전도서는 단숨에 기록된 책이 아니었다. 만일 그랬더라면 그것은 한 번도 조사하거나 고려한 적이 없는 내용들을 기록한 책이 되었을 것이다. 그러나 그 내용들은 족히 50년이 넘는 기간에 걸친 것이다. 여러분이 알렉산드리아인들의 말을 믿는다면, 그 50년 이상의 기간 동안 솔로몬이 페르시아어나 아람어 단어들을 듣거나 자기의 어휘로 삼았을 가능성이 전혀 없다고 믿어야 되는 것이다. 창세기 31장에서 인용된 아람어는 솔로몬보다 1,800년도 더 이전의 것이며, 페르시아인들은 솔로몬이 태어나기 400년도 더 이전에 그 땅에 정착한 아리안족이었다. 우리는 이처럼 방향을 설정함으로써 이 책이 『**예루살렘에 있는 왕, 다윗의 아들**』(전 1:1)의 저작이라는 것을 그대로 받아들이며, 다르게 생각하는 선하고 경건한 학자들 100%를 기꺼이 내버릴 것이다. 우리는 학자들이 성경을 혼잡케 하기 시작했을 때 하나님께서 그들의 정신을 혼잡케 하기 시작하셨다고 생각한다. 이 비평가들은, "고지 독일어"가 독일의 표준 통용어가 되기 여러 해 전에 루터가 실제로 그 독일어를 사용했다는 사실을 잊어버렸다(로이만 저, 〈성경 필사본들과 학자들의 로맨스, *The Romance of Bible Scripts and Scholars*〉, 프렌티스 홀, 1965). 그는 문학계와 학문계에 속하지 않고 개인적으로 빈틈없이 연구함으로써 이렇게 한 것이다. 그는 푸줏간 주인들, 생선 장수들, 농부들, 가정주부들, 뱃사람들, 상인들과 대화함으로써, 그 당시 저술가들이 아무도 사용하지 않던 어휘를 제시했다. "문학가들"은 그런 일을 하지 못했지만, 신약의 기록자들은 이와 거의 비슷한 일을 했다. 그들은 "아레테," "코레게오," "스칸달론," "파라클레토스" 등의 단어들을 B.C. 400년에서 A.D. 100년까지의 저술가들이 전혀 알지 못했던 것들에 적용했다. 여느 때처럼 20세기에 전도서에 대한 불신의 배후에는 "기독교인들"이 있었다. 항상 그래 왔고 앞으로도 항상 그럴 것이다. 이번에 그 주동자는 드라이버와 델리취다. 이 풋내기들은, 리 오스왈드가 1963년 7월 이전에 한 책을 기록했다 해도 그 책은 1963년 9월 이후에 기록되었음에 틀림없다고 히브리어 어휘사전 무더기를 두고 맹세했을 자들이다. 1963년 7월에 케네디 암살범 리 오스왈드는 마피아 비밀조직을 일컫는 "코자 노스트라(Cosa Nostra)"라는 말을 거리낌 없이 사용하며 다녔지만, 그해 9월에 조우 발라치가 마피아에 관해서 폭로하기까지는 신문잡지 기자, 저술가, 편집자, 방송인, 뉴스 해설자, 통신원들 중 한 사람도 그 말을 듣지 못했다. 이런 것이 바로 "활동하지" 않고 자기들의 일생을 서재 속에서 보낸 저 원어학자 풋내기들의 실상이다.

"원어 전문가들"은 후대의 단어들 운운하는 주장에 만족하지 않고 다음과 같은 것들을 생각해 보도록 제시했다.

1. "전도서에서 동사의 어법은 독특하다. 그 화자가 완료태 와우 계속법을 사용하기 때문에 미완료태 와우 계속법은 찾아보기가 어렵다(전 1:13; 2:11,12,14)." 이 모든 것이 무엇을 뜻한단 말인가? 아무것도 뜻하지 않는다.

그가 말한 내용은 단지, 저자가 "내 마음을 쓰고 있었으며"라고 말한 것으로 생각되는 때에 『**내 마음을 썼으며**』라고 말하는 경향이 있다는 것이다. 그것은 20세기의 보수주의 근본주의 신학교에서나 얻을 수 있는 쓰레기일 뿐이다. 도대체 솔로몬왕이 그 당시 혹은 그 이전에 있었던 모든 저술가들 사이에 통용되던 표현 방식을 채택했어야만 한다고 억지를 쓰는 이유가 무엇인가?

에리히 마리 레마르크가 토머스 울프나 싱클레어 루이스처럼 글을 썼는가? 존 톨랜드가 린델 하트처럼 글을 썼는가? 루디어드 키플링이 괴테나 테니슨의 방식을 따랐는가? 모옴과 헤밍웨이가 사용한 표현 방식이, 같은 언어를 사용한 포크너와 제임스 조이스의 그것과 일치한다고 생각하는 것인가? 일주일에 책 한 권씩 읽는 정말로 박식한 사람이라면, 어떻게 그런 우둔한 태도를 취하겠는가? 아마도 〈킹제임스성경〉을 고치는 자들만이 그런 엉뚱한 주장을 펼 수 있을 것이다.

2. "또 하나의 현저한 특색은 동사를 보통의 형태 대신 진보된 형태로 사용하는 습관이 있다는 것이다. 즉 『**내가**』(전 2:1,19)..." 이것이 무엇을 증명한다는 것인가? 해 아래든, 달 아래든, 별 아래든 아무것도 증명하지

않는다. 솔로몬이 이제껏 살았던 사람들 중 가장 현명한 사람이었다면(왕상 10장) 그가 왜 자기를 강조하지 않겠는가? 『**내가**』라고 여러 번 독자들의 주의를 불러일으킨 것이 뭐가 잘못되었는가? 동일한 저자가 기록한 잠언에서도 그렇게 강조되는 것을 보라. 『**나도 내 아버지의 아들이었으며... 내가... 너를 가르쳤으며 내가... 너를 인도하였느니라... 내가 너희에게 선한 교리를 주노니... 내가... 창살을 통해 내다보다가... 내가 너에게 이것을 알게 하였으니, 바로 너에게라... 내가... 그것을 쳐다보고 교훈을 받았느니라... 내가 주께 두 가지 것을 구하였사오니... 정녕, 내가 알지 못하는 네 가지가 있으니...**』 등. 이것은 그 저자와 또 "다른 사람들"의(잠 30,31장) 잠언들을 모아서 담아 놓은 책에서 인용한 것이다. 하물며 자기 자신의 생각을 기록한 자서전에서는 솔로몬이 『**내가**』라고 얼마나 더 많이 말하겠는가? 누군가는 어디가 좀 모자라는 것이다.

3. "관계대명사의 축약형이 완전한 형태를 대신해서 많이 사용되며, 또 종종 어울리지 않게 접속사로서 사용된다." 그러나 이렇게 말하는 그 저자 역시 동사(verb)를 "vb"로, 히브리어(Hebrew)를 약자로 "Heb"로 표현하면서 뒤에 약자를 나타내는 점을(Heb.) 찍지 않았다. 그는 또 페르시아인(Persian)을 "Pers"라고 약자로 쓰면서 역시 점을 찍지 않았다. 한마디로, 아무 증거도 아니며 쓸데없는 얘기일 뿐이다.

4. "'차만'이라는 어간을 가진 단어들은 전도서, 에스라, 느헤미야, 다니엘, 에스더에서만 사용된다." 이것이 전도서가 포로기 이후의 책이라는 "증거"란다. 그런가? 그것이, 다니엘과 에스라가 모두 전도서를 읽었고 그래서 때때로 솔로몬의 표현 방식을 사용했다는 증거는 어째서 되지 않는가?

5. "에스더와 전도서에서만 '카셰르(올바르게 되다)'라는 동사를 볼 수 있다." 그게 무엇을 의미하는가? 에스더서의 저자는 『**만일... 옳은 것이라...면**』(에 8:5) 등에서 (아마도) 페르시아어로 말한 것을 히브리어로 번역하고 있는 것이다. 솔로몬이 왕일진대, 에스더가 왕에게 이야기하는 대목에서 에스더서의 저자가 솔로몬이 사용했던 단어를 사용하지 못할 이유가 무엇인가? 더구나 그 문맥을 보라. 전도서 11:6은(『**잘 될지**』 - 히브리어로 "카셰르") 누군가가 일이 성공하건 못하건 간에 시험 삼아 해보는 것을 이야기하고 있는데, 그것은 정확히 에스더 8:5에서 에스더가 하고 있는 일이다. 거기를 읽어 보라. 신학교 교육을 깨끗이 치워 버리는 데 있어서 〈킹제임스성경〉만한 것은 아무것도 없다.

6. 또 다른 반론은 "파르데쓰"(과수원)라는 단어가(전 2:5) 느헤미야와(느 2:8, 『**산림**』) 솔로몬의 노래에(솔 4:13, 『**밭**』) 나오므로 세상에서 가장 현명했던 사람은 그것을 알았을 리가 없다는 것이다. 그 말을 주목하라. 배교한 알렉산드리아인들을 따른다면 솔로몬의 노래 역시 포로기 이후의 것으로 만들어야 한다. 이것은 솔로몬의 지혜를 피타고라스, 탈레스, 아낙사고라스, 파르메니데스, 제논, 엠페도클레스, 소크라테스 등의 시대로 끌고 감으로써, 거듭나지 못하고 타락한 헬라 동성연애자들과 병적인 자존심을 지닌 자들도 한몫 낄 수 있게 해주려는 학자 연합의 노력일 뿐이다. 오리겐, 어거스틴, 필로, 요세푸스, 아리스토텔레스, 소크라테스, 에픽테투스, 데모크리투스, 알렉산드리아의 클레멘트가 견딜 수 없는 것이 한 가지 있다면, 그것은 바로 하나님께서 인류에게 그분의 말씀들을 주시기로 결심하셨을 때 이제껏 살았던 모든 헬라 철학자들을 고의로 무시해 버리셨다는 사실이다(롬 3:2). 그분은 그 말씀들을 유대인들에게 주셨다. 이것은

근본주의자들과 보수주의자들이 어째서 그리스도 이전에 〈칠십인역〉이 있었다는 게걸스런 망상을 관철시키려 하는지 그 이유도 설명해 준다. 물론 〈칠십인역〉은 A.D. 150년 이전에는 존재한 적이 없다.

한 저술가는(윌리스 비처, 〈국제표준성경백과사전, *International Standard Bible Encyclopedia*〉, 제2권, 807쪽) 학문적 쓰레기의 오물과 진창을 통과한 후에 결론짓기를, "그 차이점들은 전도서가 다른 책들(다니엘, 에스더 등)과는 상이한 저술 양식을 지니고 있다는 사실로써 더 잘 설명된다." 라고 한다. 정확하다. 정확히 우리 모두가 〈킹제임스성경〉을 처음 읽었을 때 알았던 그대로다. 정확히 우리가 히브리어 헬라어를 공부하거나 히브리어 헬라어 학자의 의견을 참고하기 이전에 생각했던 그대로다.

"시락의 지혜"(외경 지혜서)는 헬라 철학을 숭배했던 배교한 유대인들이 그 철학을 솔로몬과 조화시키려고 했던 철학적인 저급한 시도에 불과하다. 『**헬라인들은 지혜를 찾지만**』(고전 1:22). 그들이 인류를 망쳐 놓은 가장 우둔한 돌머리들 중에 속하는 이유는, 바로 그들이 진짜 지혜를 찾으려 하지 않았기 때문이다(잠 18:1,2). 그들은 하나님의 말씀을(롬 3:2) 대신할 철학들을 고안해내고서 그 공로를 인정받으려고 애썼다. 현재 미국이 와해되고 있는 데에는 아이들을 국가에서 보호하는 플라토의 국가론이 그 배후에 놓여 있다. 현대의 미국 정부기관들과 대학 교육과정들의 배후에는 아리스토텔레스의 "중용"과 소크라테스의 "너 자신을 알라," 그리고 프로타고라스의 "만물의 척도" 사상이 깔려 있다. 인격적인 하나님도 없고, 하늘나라도 없고, 지옥도 없고, 죄도 없고, 구속도 없고, 타락도 없고, 새로운 출생의 필요성도 없고, 부활도 없고, 심판도 없고, 천년왕국도 없는 것이다. 솔로몬은 이제 이 미혹된 어릿광대들이 그들의 지성으로 어떻게 반성경적인 결론들에 도달하게 되었는지를 논증하려고 한다. 그는 그의 "마지막 유언을 담은 유서"에서 자신의 주특기, 곧 하나님께서 그에게 주신 지혜를 전공하기로 결심했다. 그렇게 하여 그 다음 스무 세대로 하여금 분별력 없는 "헬라인들"이 다가올 것을 준비하게 했다.

여기서 솔로몬은, 인간의 본성과 역사를 연구함으로써 삶과 죽음의 문제를 해석해보려는 교육받은 자들의 머릿속과 마음속에 지나가는 생각들을 종이 위에다 적어 놓았다. 솔로몬은 그가 가진 히브리 유산인 성경적 계시를 잊지 않은 채로 이런 과정을 거쳤으며, 이것은 전도서 2:9로 보아 분명하다. 솔로몬은 이것을 그의 일생이 거의 끝날 때 즈음에 기록해서 그 뒤에 올 바빌론인들과(단 1장) 페르시아인들과(단 6장) 헬라인들에게(요 12:20) 증거로 남겨 놓았다. 그들은 영감받은 계시(창세기-욥기)를 제거하려고 애쓰면서 결국 솔로몬이 했던 생각들을 하게 될 것이다. 자연인의 마음은 성경의 절대적인 것들을 허물어 버리려고 노력하는데, 그 모든 인본주의적 계략들이 전도서에서 발견된다. 인간은 상황을 운에 맡기길 원하고, 자신의 본능과 직관에 따라 살길 원하며, 힘이 곧 정의이고 성공은 세속적인 성취에 달려 있다고 믿고 싶어 한다. 그리고 인간은 무엇보다도, 먹고 마시고 즐거워하다가 개처럼 죽기를 원한다(전 9:5). 그리하여 하나님께 개인적으로 자기 죄들에 대해 해명할 의무를 회피할 수 있게 되기를 원한다.

이 주석서에서는 비교와 대조를 위해 다음의 부패된 성서들을 참고로 사용하게 될 것이다. 아마도 이제껏 출판된 성서들 중 가장 부패된 것들일 텐데, 바로 밥 존스 대학의 교수진과 간부들이 추천한 NASV, 기독교 서점들과 무디, 휘튼 신학교 등이 현재 가장 "마음에 들어" 하는 NIV, 상한 팬

케이크보다도 생명이 없는 테일러의 소위 〈"리빙" 바이블〉, 전미 교회협의회의 NRSV, 그리고 1901년 ASV에서 헬라어 본문만 다른 것을 사용하여 재발행한 것에 불과한 〈뉴킹제임스성경〉(NKJV)이다.

또 우리는 알렉산드리아 이단(킹제임스 권위역본을 고치는 모든 자들)의 무능함과 서투름과 불신을 예증해 보이기 위해서 〈리버티 성경 주석, *Liberty Bible Commentary*〉(로널드 호킨즈), 〈뉴 바이블 주석, *The New Bible Commentary*〉(조지 C. 헨드리), 〈비평 실험석 주석, *The Critical and Experimental Commentary*〉(포셋), 〈브로드만 주석, *The Broadman Commentary*〉(피터슨), 〈평신도 성경주석, *The Layman's Bible Commentary*〉(존슨), 그리고 최근 3세기 동안 가장 자격 있고 경건한 학자들 100명 이상이 〈킹제임스성경〉 본문을 변개하여 제시한 내용들을 담고 있는 유명한 작품(〈참조 구절 성경, *The Cross Reference Bible*〉)을 언급할 것이다.

그런 문제들에 대한 우리의 입장은 전국적으로, 그리고 국제적으로 잘 알려져 있다. 선하고 경건한 학자들 100%가 〈킹제임스성경〉 본문에 동의하지 않는 곳에서, 우리는 〈킹제임스성경〉 본문을 가지고 그들을 치워 버릴 것이다. 보수주의 학자들 대부분이 〈킹제임스성경〉이 틀렸다고 동의하는 곳에서, 우리는 그들이 "오류"를 찾았다는 그 성경으로 그들의 오류를 바로잡을 것이다. 우리는 성경을 가지고 있지만(딤후 3:16), 그들은 가지고 있지 않다. 우리는 성경을 믿지만, 그들은 믿지 않는다. 우리는 성경을 그들 아래에 두지 않는다. 우리는 그들을 성경 아래에 둔다. 우리는 우리의 감정뿐만 아니라 우리의 신념에 있어서도 성경을 첫째로 둔다. 『**하나님은 참되시나 사람은 모두 거짓말쟁이라**』(롬 3:4).

전도서에 관해서 수많은 주석서들이 쓰여졌지만, 그중 널리 알려진 것들은 19세기에 쓰여진 것들로서 모지스 스튜어트(1864), H. 그라츠(1871), 윌버보어(1898), 플럼트리(1881), F. 델리취(1878)의 저작들이다. 이 주석서들은 모두 라오디케아 교회 시대를 여는 선구자들로서 찰스 다윈(1809-1882), 웨스트코트, 홀트, 엘리콧, 브릭스, 아인슈타인 등과 같은 시대에 생겨났다. 그것들 속에 뭐가 들어 있는지 알기 위해 그중 한 권이라도 사볼 필요는 없다. 그것들은 처음부터 끝까지 〈킹제임스성경〉 본문에 대한 파괴적 비평들뿐이다. 그 뒤를 이은 G.A. 바튼(1908), 랭킨과 앳킨즈(1956), 윌리엄즈(1922), H.L. 긴즈버그(1950), 게눅(1901, 1904, 1906), 노스와 토머스(1955) 등의 주석서들도 부패한 것은 마찬가지며, 어쩌면 더 심하다. 현대의 모든 알렉산드리아인들은 1901년 ASV, 1952년 RSV와 더불어 완전히 부패해 버렸다. 알렉산드리아의 찌르레기들은 생물복제장치 속에서 계속해서 복제되고 있다. 자유주의자, 불가지론자, 근본주의자, 보수주의자, 배교자, 복음주의자들로 이루어진 이 잡종 혼합물은 그리스도의 몸에 효과적이고도 완전하게 영적인 손상을 끼쳤다. 그들은 모두 똑같은 분위기에서, 즉 똑같은 마구간에서 똑같은 사료로 길러졌다. 그들은 철학적인 "허풍"이라는 토대 위에서 자라났다.

그러므로 그들의 주석서들을 〈킹제임스성경〉 곁에 놓고서 그들이 성경 본문에서 고친 모든 사항을 바로잡는 것이 현명한 일이다. 하나님의 성경을(〈킹제임스성경〉) 그들의 학문을 판단할 표준 척도로 사용하여, 그 말씀과 일치되지 않게 그들이 쓴 것은 모두 거부하라. 우리는 이제 전도서 본문 내용을 다루면서 바로 그러한 일을 할 것이다.

『**가서 너도 그와 같이 하라**』(눅 10:37).

차 례

이 책에 인용된 성경구절은 〈한글킹제임스성경〉입니다.

전도서 1장

1:1 예루살렘에 있는 왕, 다윗의 아들 전도자의 말씀이라.
2 전도자가 말하노라. 헛되고 헛되며 헛되고 헛되니 모든 것이 헛되도다.
3 사람이 해 아래서 하는 그의 모든 수고에서 무슨 유익을 갖겠는가?
4 한 세대가 지나가고 또 다른 세대가 오나 땅은 영원히 남아 있으며
5 또한 해도 뜨고 지며 그 떴던 자리로 급히 돌아가는도다.
6 바람은 남으로 불다가 북으로 돌이키며, 계속해서 돌며 불다가 그
순환을 따라 다시 돌아가는도다.
7 모든 강물은 바다로 흘러가나 바다는 여전히 채워지지 않으며, 강
물들은 발원한 곳으로 다시 돌아가는도다.
8 만물은 수고로 가득 찼으나 사람이 그것을 표현할 수 없으니, 눈은
보는 것으로 만족하지 못하며 귀는 듣는 것으로 채워지지 않는도
다.

첫 구절은 분명하게 저자의 신원을 밝혀 준다(약 1:1과 롬 1:1이 그 서사들의 신원을 밝혀 주는 것과 정확히 똑같다). "코헬렛"이라는 단어는 "여성형" 단어이지만 남성인 "집회들을 모으는 자"에게도 적용할 수 있다. 그 단어는 "이름"이 아니라 "직책"을 나타내는 말이다. 그것은 "카할"이라는 동사에서 나온 여성형 분사이며, 그 여성형은 집회를 소집하는 사람이 남자냐 여자냐와는 아무런 상관이 없다. 스페인어와 독일어의 많은 단어들이 문법적인 성을 가지면서도(칼, 포크, 말 등) 그 사물은 성이 없는 것과 마찬가지다. 마틴 루터가 태양("die Sonne," 여성형)을 신랑("Bräutigam," 남성)인 그리스도의 모형이 되게 만들어 놓은 것을 주목하라(시 19:6). 여성형인 "태양(die Sonne)"을 말하면서 "그의(seiner) 신랑방"이라고 기록했다.

이스라엘의 장로들을 소집해 놓고(왕상 8:1) 그들에게 설교한 사람은 솔로몬왕이다. 그러므로 그 저자는 어떤 성명불명의 "코헬렛"이 아니라 『**다윗의 아들**』인 왕이다(마 1:1; 22:45 비교). 이 뚜렷하고 명확하고 아무도 오해할 수 없고 아무것도 갱신할 필요가 없는 정보를 가졌음에도 학자들 대다수는, 보잘것없는 어떤 사람이 자기 이름을 말해 줄 정도의 배짱도 없어서 신분을 밝히지 않고 솔로몬이라는 가명을 사용하여 기록한 것이라고 주장한다. 이 가공의 알렉산드리아 백치가, 자신이 다윗의 아들이며 또 예루살렘에서 다스렸다고 주장했다는 것이다. 이렇게 하면 그가 뻔뻔스러운 거짓말쟁이가 되어 버린다는 사실이, "선하고 경건하고 헌신된 학자들"에게는 아무런 문제도 되지 않는다. 여러분이 이것을 믿지 않고 그것을 럭크만의 심술궂은 본성이나 "빈정거리는 태도"의 탓으로 돌리려 한다면 그들이 디모데전후서의 저자에 대해 분석한 것을 읽어 보라(저자의 〈목회서신〉 주석서 참조).

전도서의 저자는 솔로몬왕이다. 히브리 역사에서(열왕기상·하) 전도서에 설정된 자격요건들 중 절반이라도 충족시킬 수 있는 사람은 오직 그 밖에 없다. 그 분야에서 거기에 근접할 경쟁상대는 아무도 없다. 최소한 여러분이 정직한 사람이고 성경을 하나님의 말씀으로 믿는 사람이라면, 그 저자가 될 수 있는 사람은 솔로몬밖에 없다.

전도서의 주제가 여기 제시되어 있다. 그 주제는 시편 39:5이며, 그 시는 솔로몬의 아버지인 다윗의 시다. 다윗은 솔로몬 이전에 살았고, 분명히 B.C. 598-586년의 바빌론 포로기 이후가 아니었다.

『**헛되도다**(vanity, "헛됨")』라는 단어는 "숨, 증발, 증기"를 의미하는("하발"에서 유래한) "헤벨"을 번역한 것이다. 그 단어는 안개나 어둠을 뜻하기도 하며, 고로 "헛되고" "무의미한" 것을 나타낸다. 그러므로 『**헛되도다**』라는 〈킹제임스성경〉의 표현은 "쓸데없다(futility)"라는 NASV의 표현보다(전 8:14) 훨씬 탁월하다. "왕의 영어"는 NASV가 담고 있지 않은 두 가지 의미를 담고 있기 때문이다. 〈킹제임스성경〉의 『**헛되도다**』라는 말은 두 가지 것을 나타낸다. 첫째로는 쓸모없고 무익한 것을 나타내며, 둘째로는 자기를 사랑하는 것(딤후 3:1-2), 즉 "허영심"과 관련된다. 신약적인 의미에서, 자기를 위해 행한 일들은 시체를 위해 한 일들이므로(골 3:3) 그리스도의 심판석에서 다 타버릴 것이다(고전 3장). 경험으로 얻은 법칙이 있는데, 바로 1611년에서 1982년까지 〈킹제임스성경〉의 모든 판본은 기독대학의 모든 교수들과 졸업자들이 추천한 온갖 현대 역본의 모든 판본보다 훨씬 탁월하다는 것이다. 이 경우에는 NASV와 비교하여 그러하다.

2절은 솔로몬이 다루게 될 첫 번째 철학을 알리는 신호다. 그것은 바로 "비관론"이다(숙명론은 나중에 이 장 15절에서 나타날 것이다). 『**모든 것이 헛되**』고 또 『**가장 좋은 상태에 있는 모든 사람도 다 헛될 뿐**』이라면(시 39:5), 최대한 비관적이 된 것이다. 현대의 설교자들 모두는 이런 부정적인 생각의 힘에 관해서 아무것도 모른다. 로버트 슐러는 자기가 사역자로서 성공한(1천만 달러를 버는 사역을 하게 된) 비결이 그저, 자기 메시지 속에 "죄인"이나 "죄인들"이란 말을 사용하지 않은 것 뿐이라고 공개적으로 말했다. 슐러는, 돈을 긁어모으는 비결은 "사람들이 자기들을 좋게 여기도록 해주는" 것이라고 말하는 것이다(딤후 3:1,2). 그렇다. 바로 로마서 1,2,3장, 데살로니가후서 1,2장, 스파냐 3장, 이사야 41-48장, 예레미야 23장, 마태복음 23장, 요한복음 8장, 디모데후서 3장, 디모데전서 4장, 유다서 1장, 베드로후서 2장, 마태복음 24장, 누가복음 17장, 시편 52편에서 하나님이 사람들에 관해 말씀하신 것을 부정하기만 하면 "형편이 좋아질" 거라는 얘기다. 유다가 했던 것보다 더 효과적으로 거금을 모을 수 있는 것이다.

밥 존스 대학의 배교자들이 ASV, NASV, RSV, NRSV와 함께 타락한 인류의 썩은 악취를 덮어 가리기 위해 시편과 전도서의 본문을 둘 다 조심스럽게 고쳐 버렸음을 주목하라. 밥 존스 대학은 양날 선 칼이 예민하고 나약한 벼락부자 알렉산드리아 이단의 신경에 정신적 타격을 주는 것을 약화시키고자, 전도서 7:20을 "계속해서 선을 행하고..."라고 고쳐 읽도록 권한다. 〈"리빙" 바이블〉은 그 배교자들을 따라서 그것을 "항상 선하고..."라고 변개시켰으며, NIV는 그 뒤를 좇아서 "옳은 것을 행하고..." 라고 한다. 그들은 그것을 읽는 독자가 "자신을 좋게 여기도록" 도와주

길 원한다.

솔로몬은 돌풍을 일으키며 거기서 빠져나온다. 모든 것이 쓸데없고, 희망을 걸 만한 것도 전혀 없고, 삶 속에서 정말로 의미 있는 것은 아무것도 없다. 솔로몬은 어떤 불운한 밤에 키에르케고르가 했던 것처럼 시작한다. 솔로몬은 바로 그렇게 시작한다. 그는 클라렌스 다로우와 영화배우 조지 샌드가 끝나 버린 곳에서 시작한다(그중 한 사람은 자살을 권했고, 다른 한 사람은 그 권고를 받아들였다).

조지 버나드 쇼(1856-1950)는 "당신은 왜 계속 살고 있는가?"라는 질문을 받고서 이렇게 대답했다. "대체 왜 내가 계속 살고 있는 이유를 알아야 하지? 나는 내가 계속 살고 있는 이유가 닭이 계속 달걀을 낳는 이유와 똑같다고 생각하네!"

정말로 생각을 하는 사람이라면, 성경이 사실이 아닐 경우 최선의 삶의 방식은 술 취하고(마약을 먹고) 술로 버티거나 아니면 즉석에서 삶을 끝내는 것이라는 결론에 도달하게 될 것이다. 잭 런던, 스티븐 포스터, 엘비스 프레슬리, 어니스트 헤밍웨이, 소크라테스, 제니스 조플린, 마릴린 먼로, 데모스테네스, 쥬디 갈런드, 아리스토텔레스, 레오나드 번스타인, 존 레논, 지미 헨드릭스, 윌리엄 포크너 등은 이것을 깨달았다. 이 목록에 속한 모든 남녀는 술병으로 버티거나 마약으로 버티거나 자살했다. 만성 알코올 중독자들과 상습적 마약 중독자들이 현재(미국에만 알코올 중독자가 4천만 명, 마약 중독자가 2천만 명)보다 더 많이 있지 않은 유일한 이유는, 진정으로 생각을 하는 사람들이 매년 더 적게 생겨나기 때문이다. 하나님도, 그리스도도, 다가오는 하늘의 영광도 없이 인생에 대해서 정말로 생각을 한 사람이라면 솔로몬과 동일한 결론에 도달했을 것이다. 여러분이 정말로 뜨거운 용암이나 해조류나 아메바에서 우연히 나왔고, 아무런 목적도 없고, 아무 데도 향하고 있지 않다면(아무 데도 가지 않는 우연하고 비인격적인 "전자기력장"의 변덕에 따라 사는 사람이라면), 분별력 있는 선택은 두 가지뿐이다. 바로 끝을 내버리든지 아니면 자신을 망가뜨리는 것이다. "현명한" 사람이 현재 미국의 모든 연방 학교의 교육상황 하에 놓여 있다면, 술 취하며 술로 버티든지 아니면 자기 머리를 총으로 날려버릴 것이다. 현재 유치원에서 대학원까지 가르치는 교과과정 속에 세 번째 선택이 있다고 생각한다면, 그것은 어떤 바보가 여러분의 머리를 걷어차서 그 속에 있던 두뇌를 해치워 버렸기 때문이다. 진정한 다른 선택이 있다면, 그것은 오직 성경과 또 성경이 자연인의 상태에 대해 말씀하신 바를 믿고서, 그 상태를 해결할 치유책을 받아들이는 것뿐이다. 그 내용은 로마서 1-10장에 나온다. 하지만 그것을 믿는다면 필연적으로 현재 미국 교육의 기반이 되는 4가지 종교적 교리들을 완전히 부정하고 거부하게 될 것이다. 미국은 연방 학교제도에 속한 학생들에게 뿐만 아니라 모든 텔레비전 시청자들과 모든 라디오 청취자들에게도 그 교리들을 가르치고 있다. 그 4가지 거짓말은 다음과 같다.

1. 물질은 영원하다.

2. 인류는 우연히 자연발생했다.

3. 새로운 출생을 하거나, 또는 심판하실 하나님을 만날 준비를 할 필요가 없다.

4. 모든 세계 종교에 순응할 수 있는 "중성 신"만이 있다.

제1차 세계대전 당시 스코틀랜드의 코미디 배우였던 해리 로더가 프랑스에서 군인들을 즐겁게 해주고 있었을 때, 그는 자기의 외아들 존이 전투 중에 죽었다는 전보를 받게 되었다. 그가 이 소식을 알게 된 것은 어떤 장교들을 즐겁게 해주기 위해 무대에 오르기 약 15분쯤 전이었다. 해리는 텐트 속 간이 침대 위에 앉아서 45구경 권총을 꺼냈다. 그때 그는 스스로에게 말했다. “이봐, 해리! 이제 세 가지 길 중 하나를 택해라. 자살하는 길을 택해서 총으로 머리를 날려 버리든지, 위스키 술병으로 버티는 길을 택해서 남은 여생을 술에 취하여 지내든지, 아니면 갈보리로 가는 길을 택해서(수년 전에 그랬어야 했는데) 구원을 받든지.” 15분 후에 해리는 일어나서 청중을 마주 대하러 나갔다. 그는 텐트 속에서 혼자 했던 말을 청중 앞에서 되풀이했다. 그리고는 이렇게 말을 마쳤다. “여러분, 그 마지막 길을 저는 선택했습니다!” 해리는 생각을 하는 사람이었다. 사람이 만일 예수 그리스도를 거부한다면 두 가지 선택만이 남아 있음을 그는 보았던 것이다. 아인슈타인, 다윈, 틸리히, 바쿠닌, 스탈린, 레닌, 프랭클린 루즈벨트, 잭 케네디, 마하트마 간디는 그 사실을 보지 못했다. 머리가 없는 자들이다.

『**사람이 해 아래서 하는 그의 모든 수고에서 무슨 유익을 갖겠는가?**』(3절)

한 가지 대답이 함축되어 있다. 그 수고의 배경과 상황을 실제로 숙고해본다면 그 대답은, “사람의 수고는 그에게 아무 유익도 주지 못한다.” 임이 분명하다(그 상황은 4-7절에 나와 있다). 모든 것이 지나가고 모든 것이 일시적이며, 영속하는 것은 아무것도 없다. 그러므로 진정한 “유익”을 내다보는 것은 불가능하다.

『**한 세대가 지나가고 또 다른 세대가 오나 땅은 영원히 남아있으며**』(4절).

다음에 나오는 내용은 현대의 대학 교과서에서 나온 것이 아니다. 다음은 그리스도께서 탄생하시기 200년도 더 이전에 살며 성경을 거부했던 한 이교도의 펜에서 나온 것이다(에피쿠로스, B.C. 341-270). 그리스도 이전에 있었던 이 정글의 동물은 자기가 어디서 나왔는지, 자기가 왜 땅 위에 있는지, 자기가 어디로 가고 있는지, 또 어떻게 해야 거기에 갈 것인지를 전혀 알지 못했다. 요컨대 그는 현대의 모든 교육, 과학, 철학 분야의 인도주의적 지도자들과 완벽하게 잘 어울리는 사람이었다.

"단 한 가지도 머물지 않고 모든 사물이 흘러가도다.

파편이 파편에 들러붙어, 이처럼 사물이 자라나니 우리가 알고 이름을 지으나,

그것들은 점차로 녹아서 사라져 버리는도다.

우리가 아는 사물은 느리게 빠르게 떨어지는 원자들이 뭉쳐진 것이며, 내가 해들을 보는데,

천체들의 형태가 해체되는 것을 내가 보니, 천체들과 그 해들이 되돌아가되,

천천히 '영원한 표류물'이 되리라. 오 땅아, 너도 왕국들과 육지와 바다들을 생각해 보라.

은하계의 모든 별은 그 표류물에서 뭉쳐진 것으로, 이들처럼, 이들처럼,

너 또한 가리라. 이들처럼 너 역시 매 시간 가고 있으니, 아무것도 머물지 않는구나.

네 바다들이 고운 아지랑이 속에 사라지고, 정처 없는 바다의 모래들도 제자리를 떠나며,

그곳에서는 교대로 다른 바다들이 제 흰 낫으로 또 다른 만(灣)들을 베어 내는도다."

주목하라! 시작도 없고, 근원도 없고, 목표도 없고, 목적도 없고, 여기 존재할 이유도 없고, 사는 목적도 없고, 도우시는 창조주도 없고, 살아남아 있을 이유도 없고, 성취되어야 할 하나님의 뜻도 없다. 요컨대 조종키 없는 배와, 안정장치 없는 비행기와, 수직 안정판 없는 로켓과, 운전대 없는 자동차가 모두, 시속 200마일로 몰아치는 폭풍의 눈 가운데 내던져져 있는 모습이다. 이것은 현대의 각계 지도자들의 입장이고, 현대 학교에서 가르치는 모든 교과과정 지식 전체의 완전한 한계이며, "과학적 진보"의 최고 절정이다. 그 입장은 이미 B.C. 100년 이전에 요약된 것이다. 미국과 유럽의 교육자들은 그 먼 옛날의 이교적인 무지 속에 들러붙어 있으려고 2,800년 동안의 계시를 거부한 것이다.

『또한 해도 뜨고 지며 그 떴던 자리로 급히 돌아가는도다. 바람은 남으로 불다가 북으로 돌이키며, 계속해서 돌며 불다가 그 순환을 따라 다시 돌아가는도다. 모든 강물은 바다로 흘러가나 바다는 여전히 채워지지 않으며, 강물들은 발원한 곳으로 다시 돌아가는도다』(5-7절).

이야기를 시작하면서 솔로몬이, 이전과 현 시대에 땅에 사는 사람이 모두 볼 수 있다는 의미에서 『**영원히**』란 말을 사용한 것을 주목하라(4절). 전도서 3:11을 해석하려고 할 때 이것을 기억하는 것이 매우 중요하다. 실제의 물질적인 땅은 파괴되고 나서 새롭게 회복될 것이다(벧후 3:6-10). 이것은 각종 신문, 방송, 잡지를 만드는 자들과 교육자들을 제외하고는 누구에게나 아주 분명하다. "대학은 온갖 능력을 발휘하게 하는데, 거기에는 무능도 포함된다"(안톤 체호프). 버트런드 러셀은 말하기를, "전문가들이 모두 동의할 때조차도 그들이 틀리는 것이 충분히 가능하다"라고 했다. 정확히 맞는 말이다. "바보 같은 말은 5천만 명의 사람들이 한다 해도 여전히 바보 같은 것이다"(B. 러셀). 확실히 그렇다. 사람이 진화에 의해 우연히 여기까지 왔다고 5천만 명의 대학 졸업자들이 말한다 해도 그것은 전혀 아무런 의미도 없다. 죄에 대해 변명할 구실을 찾는 죄인들이 궁여지책으로 거기에 의지하려 드는 것일 뿐이다. 진화와 자연발생에 대한 믿음은 감정적인 혼란에 근거를 두고 있다. 〈킹제임스성경〉이 오역으로 가득 차 있다고 5천만 명의 히브리어 헬라어 학자들이 선언한다 해도 그것 역시 아무런 의미도 없다. 5천만 명의 자만심 가득한 번역자들이 하나님께 심판받는 대신 하나님을 심판하고 싶어 하는 것일 뿐이다. (과언이 아니다. 히브리서 4:12,13을 보라.)

또 이 땅은 불로 새롭게 되기 오래전인 대환란 때에 『**완전히 헐리고... 깨끗이 해체되며... 심하게 움직**』이고 『**술 취한 사람같이 비틀거리**』게 될 것인데(사 24:19,20), 이 사실 역시 현대인들이 세운 모든 기관과 단체에게는 숨겨져 있다. 솔로몬은 현대인들이 생각할 만한 내용을 3,000년이나 앞서 기록하고 있는 것이다. 구원받지 못한 지성인들은 마치 자기들이 여기 아래에서 영원히 살 것처럼 생각하며 살지만, 그러지 못할 것이다. 그들은 이 행성이 항상 여기에 있을 것처럼 살지만, 그렇게 되지 않을 것이다. 솔로몬은 지금 무신론자들과 불가지론자들과 인본주의자들을 그들의 무대 위에서 상대하고 있다.

오늘날 일간신문들이 일출과 일몰을 기록하듯이 솔로몬 당시에도 태양은 "뜨고" "졌다"(5절). 티코의 "지구중심" 체계로는 그 구절이 문자 그대로일 것이다. 지구중심설이 틀렸다 해도 그 구절은 여전히 유효한데, 이는 그것이 바로 20세기의 언어이기 때문이다. 6절에서 바람도 마찬가지로 끊임없이 움직이고, 끊임없이 되풀이되고, 끊임없이 순환한다.

물에 대해서도 같은 이야기를 할 수 있어서(7절), 솔로몬은 (그 뒤에 나타난 모든 헬라 철학자들을 500년이나 앞질러) 비가 바다로부터 생긴다고(7절), 즉 바다의 물이 그것이 나온 육지의 원천으로 되돌아간다고 말한다.

이 구절들이 가르치고 있는 솔로몬의 에피쿠로스식 철학 뒤에는, 하나님께서 계시기에 우주의 구성 요소들이 그분께 복종하여 정해진 법칙들을 따르는 것이라는 암시가 교묘하게 감추어져 있다(욥 38:8-11). 여기 1장에서는 다음을 보여 주는 4가지 실례가 제시되어 있다.

1. 현재의 체제는 궁극적일 수 없다.

2. 사람의 지식은 불완전하다.

3. (하나님께서 계시다면) 사람은 우주의 구성 요소들이 그러하듯이 하나님께 복종해야 한다.

느부캇넷살 이후의 모든 시대에 과학자들이 얼마나 우둔했는지를 보여 주는 좋은 예가 있는데, 그것은 바로 누가복음 17장이 기록된 후 1,000년 이상의 기간이 지날 동안 지식층이 그 내용을 거부한 것이다. 누가복음 17:31-34은 낮과 밤이 동시에 땅 위에 존재함을 이야기하고 있다. 신약성경이 1,000년 동안 유럽 전역에 있었건만, 1490년에 살았던 그 누구도 이 사실을 모르고 있었다. 콜럼버스 시대의 과학자들은 분명히 지금의 과학자들처럼 미개했던 것이다.

『**만물은 수고로 가득 찼으나 사람이 그것을 표현할 수 없으니, 눈은 보는 것으로 만족하지 못하며 귀는 듣는 것으로 채워지지 않는도다**』(8절).

이 구절의 모든 진술은 서로 다른 다섯 대륙에서 매일 10,000,000,000번도 넘게 입증되는 절대적인 진리다. 이생에서 완전한 만족은 찾을 수 없으며, 죽을 때 숨을 내쉬며 “만족합니다! 만족합니다!”라고 했던 조지 휫필드 같은 사람의 경우에도 그것은 마찬가지다. 영원히 완전한 만족은 오직 로마서 8:29과 요한일서 3:1-3의 사건을 통해서만 얻을 수 있다. 다윗은 다가오는 이 사건에 대해 전부는 아니지만 조금은 알고 있었다(시 17:15). 사도 바울은 그가 이 행성을 떠날 때까지는 달성할 수 없는 것을 (딤후 4:6-9, 고후 5:1-6) 평생 동안 간절히 바랐다(빌 1:23).

사람들이 하루에 4시간 내지 7시간을 바보상자를 보는 데 쓰는 이유는, 아무리 많은 그림으로도(그 무엇에 관한 그림이든) 눈을 만족시켜서 더 이상 무언가를 보고 싶지 않게 만들 수가 없기 때문이다. 미국은 1960년 이후로, 그때까지는 세상에 없던 최대의 범죄 인구를 양산해 냈다. 텔레비전이라는 수단으로 이 일을 간단히 이루어 낸 것이다. 1년 365일 매일 밤낮으로 나체, 반나체의 백인 여자 모델들의 몸이 4천만 명이 넘는 구원받지 못한 흑인 남자들의 눈 앞에 전시되고 있다. 그런 상황에서 어떤 일이 벌어지겠는가? 또 텔레비전 속에서 매일(1년 365일) 흑인 여자 판사들이 백인 남자들에게 형을 선고하고, 흑인 경찰서장들이 우둔한 백인 경찰관들을 혼내 주고, 또 매년 5백만 달러 내지 7천만 달러의 돈이 조롱받고 해고당하는 흑인들에게 주어진다. 여자들 중 90%가 집안의 가장이고 최고 임금이 시간당 3달러인 문맹 빈민가의 주민들 가운데서 그로 인해 무슨 일이 벌어질 것이라고 생각하는가?

미국 담배포장지에 써 있는 “They Satisfy(그것들은 만족을 준다)”라는 말은 예수회 사제가 기록한 교회사처럼 전혀 사실이 아니다. 돈이나 우표, 자동차, 책, 여자, 약, 음식, 골동품 등 그 무엇이든 모으는 일을 시작해보면(전 2:6-8), 갈증을 해소하려다가 소금물을 마시는 격의 일에 말려들었음을 알게 될 것이다. "문명이란 쓸데없는 필요들을 무한정 증가시키는 것이다"(마크 트웨인). 아무것도 끝나지 않는다. 아무것도 채워지지 않는다. 『**사람의 모든 수고는 자기 입을 위한 것이지만 식욕은 채워지지 않는도다**』(전 6:7).

사람들은 우주의 구성 요소들과 마찬가지로 수고하고 있다(8절). 육체적으로 수고하지 않으면 정신적, 감정적으로 수고한다. 『**사람이 그것을 표현할 수 없으니**』. 시간당 3달러를 받는 쓰레기 줍는 일로부터 시간당 20달러를 받는 기중기 작동하는 일에 이르기까지 모두 수고를 들이게 되어 있다. "우리가 사는 세상에서는, 자신이 원하는 바가 무엇인지도 모르는 사람들이 그것을 얻기 위해 기꺼이 지옥을 통과해가려 하고 있다"(돈 마르퀴스). 그것이 바로 현재 이 사회의 모습이다. 머피의 법칙은 이렇게 말한다. "만일 당신이 어디로 가고 있는지 알지 못한다면, 아마도 어떤 다른 곳에서 끝을 맺게 될 것이다." 현대인들은 자기들이 어디로 가고 있는지, 또 그 도중에 무엇을 해야 할지를 알지 못한다. 사람의 마음은 새로움과 변화를 갈망한다(잠 27:20). 대부분의 사람들은 아테네에 있던 그들의 조상들처럼(행 17:21) 무언가 "새로운" 것을 찾는다. 이 때문에 "새로운(new)"이라는 단어가 매일 뉴스미디어에서 셀 수 없이 많이 나오는 것이다. "새로운" 윤리, "새" 시대, 〈"새"미국표준역본〉 (NASV), 〈"새"개역표준역본〉(NRSV), "새로운" 패션, 〈"뉴"킹제임스성경〉 (NKJV), 〈"새"국제역본〉 (NIV) 등... 이런 구식의 낡은 것들을 모아 놓고서는 그것을 "뉴스"라고 부른다. 현재 텔레비전은 무언가 "새로운" 것으로 사람들의 생각을 전체주의적으로 통제하고 있다. "모두가 똑같이 생각한다는 것은 아무도 제대로 생각을 하고 있지 않다는 것이다"(월터 리프만). 텔레비전은 여러분으로 하여금 다른 사람들의 일에 계속 흥미를 갖게 해서, 벌어지는 사건에 대해 전문가가 되게 하려고 고안된 물건이다. 모든 "새로운 것들"이 밝혀져야만 한다는 것이다. 이것은 알려지지 않은 무언가를 찾아내기 위해, 땅 위에서 벌어지는 모든 일과 관련된 모든 단서를 수색하고 조사해야 한다는 뜻이다. 사실 모든 사람들이 정말로 알 필요가 있는 정말로 중요한 기사는 일 년치를 모은다 해도 가로 8인치 세로 11인치짜리 종이 4장이면 다 인쇄할 수 있을 것이다. 뉴스미디어는 "대중에게도 알 권리가 있다"라는 위선적인 변명을 하면서, 자기들이 대중에게 알게 하고 싶은 것만을 대중에게 제공한다. 그들은 청취자, 독자, 시청자들이 진정으로 알 필요 있는 것을 찾아내지 못하게 하기 위해서 뉴스를 만들어 내는 것이다.

1:9 이미 있었던 것이 앞으로 있을 것이며 이미 된 것이 앞으로도 될 것이니, 해 아래 새 것이 없도다.
10 어떤 것을 가리켜 "보라, 새 것이라!"고 할 만한 것이 있느냐? 그것은 우리 앞에 있었던 옛 시대에 이미 있었던 것이라.
11 이전 것들을 기억함이 없으니 장래 일들도 후에 올 사람들에게 아무것도 기억되지 않으리라.

"보십시오! 새로운 것입니다!" 아니, 그렇지 않다. 『**해 아래 새 것이 없도다.**』 독일에는 이런 속담이 있다. "새로운 것은 진실하지 않고, 진실한 것은 새롭지 않다." 텔레비전이 하루 24시간 내내 하는 일은, 여러분으로 하여금 무언가 새로운 일이 벌어지고 있으므로 그것에 대해 알아야 된다고 생각하게 만드는 것이다. "놓치지 마십시오!" 걱정 말라. 새로운 것이 아니므로 놓칠 것도 없다. 〈"뉴"킹제임스성경〉, 〈새미국표준역본〉(NASV), 〈새개역표준역본〉(NRSV) 가운데 새로운 것은 아무것도 없다. "신"복음주의나 "신"정통주의 가운데에도 새로운 것은 전혀 없다. 〈"새" 영어성경〉(NEB)은 거의 RV(1884)와 예수회 림즈 성경(1582)만큼 새롭다.

무언가 새로운 것이 있기는 있는데, 그것은 『**해 아래**』에서 나오는 것이 아니다. 예를 들면, 『하나님**께로부터 하늘에서 내려오는**』 『**새 예루살렘**』이 있으며, 천년왕국 이후에는 『**새 하늘**』과 『**새 땅**』이 있게 될 것이다. 바울이 전파한 복음은(갈 1장) 아주 새로운 것이었다. 그 복음은 마차에 탄 한 흑인에게 우연히 전해진 것을(행 8:35) 제외하고는 이전에 전파된 적이 결코 없었다. 그리고 그때조차도 거기에 담긴 완전한 의미는 알려지지 않았다. 『**해 아래**』서 정말로 『**새 것**』은 두 가지뿐이며, 그 둘은 모두 "해 위에" 있는 근원에서 나왔다. 바로 『**새 노래**』(시 40:3)와 『**새로운 피조물**』(고후 5:17)이다.

역사가 반복되는 것을 눈여겨보라. 현재는 과거와 미래 속에서 발견되고(9절), 미래와 현재는 과거 속에서 발견된다. "사람이 역사로부터 배우는 유일한 것은 바로, 사람은 역사로부터 아무것도 배우지 못한다는 사실뿐이다." 전능하신 하나님께서는 재판관기(그리고 열왕기상·하)에서 그분이 민족들을 다루시는 방법을 기록해 놓으셨다. 그 기록은 분명해서 오독하거나 오해할 수가 없다. 그것은 3천 년도 더 이전에 정확하게 기록되었고 오늘날까지 보존되었다. 땅 위의 모든 민족들은 마치 그것이 기록되지 않았다는 듯이 그 이야기에 주의를 기울이지 않았다(렘 18:1-7).

만일 재판관기에서 읽은 내용을 믿었더라면, 1945년 이후로 미국의 적 중 첫 번째가 바로 하나님이셨다는 사실을 깨달았을 것이다.

예루살렘 도성은 A.D. 70년 이전에 느부캇넷살에게 약탈당했는데, 그 도성은 1994년 이후에 다시 약탈당할 것이다(계 11장). 누가 이 일을 위해 예비되었는가? 어째서 그들이어야 하는가? 성경이 부정적인 내용을 말씀하시는 곳에서 누가 성경을 진지하게 받아들였는가? 느부캇넷살과 산헤립은 성경에서 『**멸망의 아들**』을 나타내는 가장 중대한 두 모형이다. 그래서 성경은 그들이 예루살렘을 약탈한 사건을 세 번씩(과거, 현재, 미래) 설명한다. 산헤립에 대해서는 열왕기하, 역대기하, 이사야에서, 느부캇넷살에 대해서는 열왕기하, 역대기하, 예레미야에서 설명한다. 과거, 현재, 미래다.

성경의 모든 구절은 세 가지로 적용된다.

1. 과거: 이것은 역사적인 적용이다.
2. 현재: 이것은 경건에 관한, 즉 영적인 적용이다.
3. 미래: 이것은 교리적, 또는 예언적인 적용이다.

현재를 이해하기 원하면 과거를 공부하라. 미래를 알기 원한다면 현재를 보라. 그런 공부를 통해 절대로 아무것도 배울 수 없는 사람들이 있는데, 바로 모든 변화는 진보요 이전 것의 회복은 모두 "퇴보"라고 생각하는 진화론자들이다. 모든 자유주의자들, 진보주의자들, 운동가들, 환경보호론자들은 지나간 과거 일을 재빨리 내버리고는, 거기서 배울 것이 아무것도 없는 것처럼 가장한다. 이 사람들은 무언가 "새롭거나" 다른 것, 즉 동성연애자들에 대한 관용, 인종 혼합, 여자 군장성들, 아기 보는 남자들, 성도착을 결혼으로 인정하는 것, 자기 방어 시도로 인해 경찰관을 체포하는 것, 아이를 유괴해서 부모에게 아이의 "비명 소리"를 들려주는 것, 어떻게든 생계 수입을 보장해주는 것, 소송으로 5천만 달러를 끌어 모으는 것 등이 모두 "진보"라고 생각한다. 미술과 음악 분야에서도 이런 광적인 판단을 내리고 있다. 무엇이든 "새롭거나" "다른" 것이라면 그것은 바흐, 베토벤, 모차르트, 비발디, 헨델, 슈만, 슈베르트, 브람스보다 향상된 것이란다. 또 한 가지도 이해할 수 없는 전위예술 작품이면 그것은 루벤스, 렘브란트, 모네, 벨라스케스, 파일, 패리쉬, 부게로보다 향상된 것이란다. 현대의 자유주의적 진보주의자들은 정신병적 집착을 가지고 있다.

『**해 아래 새 것이 없도다.**』

10절에 관해 조사해 본다면 역사의 어느 시대, 어느 곳의 그 어떤 남녀를 보아도 인간의 열망, 희망, 걱정, 염원, 슬픔, 기쁨, 목표, 죄, 유혹, 실망, 자신을 정당화하려는 노력, 칭송과 찬사를 얻으려는 노력, 두려움, 사랑 등 그 모든 것이 6천 년 동안 완전히 한결같았음을 알게 될 것이다. 오직 자연 풍경, 소득 수준, 주위환경, 문화 등 얼마 안 되는 예외들에만 그나마 변화가 생기는데, 그 변화 역시 아주 적다.

사람들은 모세가 태어나기 훨씬 전부터 악한 기질과 전쟁과 서로 죽이는 일과 서로 미워함과 반란과 혁명들로 인해서 괴로움을 겪어 오고 있다. "신과 같이" 되어 스스로 삶을 운영하고자 하는 인간의 욕망은 기록된 역사만큼이나 오래된 것이다(B.C. 4000년까지 거슬러 올라간다). 이 땅 위 도처에서 사람들은 남자든 여자든 간에 모두가 사랑하고, 미워하고, 먹고, 자고, 싸우고, 빌고, 바라고, 저주하고, 소리치고, 슬퍼하고, 웃고, 결혼하고, 이혼하고, 건축하고, 사고, 판다. 사람들은 그리스도께서 돌아오실 때에도 그렇게 하고 있을 것이다(눅 17장, 마 24장). 20세기의 자본주의 사회에서 대학 교육을 받은 음행하는 얼간이와 B.C. 2000년에 음행하고 바알을 숭배하던 얼간이(계 2:14) 사이에 차이가 있다면 그것은 단지, 20세기의 음행하는 자가 거의 50배나 더 많은 수고를 하며 살지만 대개는 인간 본성에 대해 더 적은 분별력을 갖고 있다는 점뿐이다.

헤롯이 아기들을 살해했을 때 비명을 지르며 울던 어머니들처럼, 일본인들이 1937년에 중국 상하이를 침략하여 한 살짜리 아기들을 공중에 던져 올린 후 총검으로 받아 꽂았을 때 그 어머니들도 똑같이 비명을 지르며 울었다. 소돔에서 불에 타 죽는 사람들이 소리 지르고 저주하고 빌었던 것처럼, 28세기 이상이 지난 후 함부르크와 도쿄가 폭파될 때 그 불 속에 있던 사람들도 똑같이 그렇게 했다. B.C. 1050년에 다윗이 암몬인들의 손발을 잘랐던 것처럼, 만델라와 이디 아민도 죄수들을 똑같이 고문하여 죽였다(1970-1990). 현대인들이 자기가 가공의 "네안데르탈인"보다 "1인치만큼"이라도 수준이 높다고 생각하는 것은 현대인 스스로의 과대평가일 뿐이다. 라이스의 아들 팔티엘이 자기 아내를 빼앗겼을 때 아기처럼 울었듯이(삼하 3장), 1700년에서 1900년 사이의 수많은 미국인들도 똑같이 그랬다. B.C. 1100년경에 다윗은 자기 아들이 전투 중에 죽었다는 소식을 듣고 정신없이 울었다. 제1,2차 세계대전 동안에 자식이 "교전 중에 죽은" 그 아버지들의 경우와 어떤 차이가 있었으리라고 생각하는가? 먼 옛날 B.C. 1800년의 야곱은 곰이나 사자가 요셉을 죽인 줄로 생각했던 것만 제외하고는 다윗보다 더 심했다(창 37장). 그저 누군가가 자신의 경우는 다르다고 생각하는 것일 뿐, B.C. 4000년부터 현재에 이르기까지 우리는 "한 콩깍지 속의 콩들"처럼 꼭 닮았다.

문제는 사람이 지금 뉴스미디어의 지원을 받아서, 십자군 시대 이후로 통신 수단이 4배로 늘어난 것이다. 그 때문에 현대인은 정신없이 빨리 서두르게 되어("내밀리게 되었다"고 하는 것이 더 정확한 표현이 되겠다), 실제로 『**이전 것들을 기억**』하기를 완전히 거부하게 되었다. 뉴스미디어가 이전 것들을 다룰 때는, 변화나 진보가 필요하다는 것을 입증하는 데 도움이 될 만한 기사들만 되살릴 뿐이다. 그 변화나 진보란 저돌적이고 맹렬한 속도로 나아가는 좌익 급진주의로서, 사탄이 지배하는 전체주의 국가로 인도하는 것이다(계 6-19장). 30년 동안 텔레비전에서 제2차 세계대전을 재방송해 보여 주면서도, 히틀러가 평생에 운영한 것보다 5배나 많은 강제 수용소들이 스탈린과 흐루시초프에게 있었다는 사실은 언급조차 하지 않는다. 크로아티아인들이 로마카톨릭 독재자(히틀러와 그의 친구인 스테피낙 대주교, 1942) 휘하에서 25만 명의 세르비아인들을 살해한 것에 대해서도 "침묵"이고, 금주법 폐지로 인한 결과에 대해서도 "침묵"이다. 즉 암흑가에 대한 영화들은 만들어도 좋지만(〈언터처블〉, 〈대부〉 등), 미국에서 금주법이 있었던 14년 동안(1919-1933)에 죽임당한 것보다 더 많은 사람들이 매년 술 취한 운전자들로 인해 죽고 있다는(1960년 이후로 매년 2만 명) 사실을 뉴스에서 지적하는 사회정세분석가들에게는 화가 있으리라는 식이다.

여러분은 하루 동안 정말로 과거 뉴스미디어에서 잘 팔렸던 인물들에 대해 생각하면서 많은 시간을 보내는가? 왜 안 그러는가? 오늘 여러분은 바탄 제도에서의 죽음의 행군을 겪은 그 미국인 전쟁 포로들에 대해 정말로 걱정했는가? 왜 안 그랬는가? 어째서 사건이 벌어질 때는 온갖 야단법석을 떨며 관심을 보이다가도, 40년도 못 되어 그 일을 완전히 잊어

버리는 것인가? 그런 사건이 다시 벌어져도 정치, 종교, 교육계의 모든 지도자들은 40년 동안 그 일로부터 배운 교훈을 단 한 가지도 말하지 못할 것이다. 오늘 여러분은 과거 뉴스미디어가 소란 피웠던 일들에 대해 염려했는가? 그렇다면 현재 뉴스미디어에 귀를 기울임으로써 두통이 생기는 것 외에, 영적으로나 육체적으로나 정신적으로 무언가 유익을 얻을 수 있으리라고 생각하는 까닭은 무엇인가?

『**이전 것들을 기억함이 없으니**』.

지난 50년 동안 세상에서 드높였던 "잊혀진 챔피언들"이 얼마나 많은지 아는가? 기록을 깬 사람들이 얼마나 빨리 잊혀지고 그들의 기록들이 망각의 구렁 속에 갇혀 버리는지 아는가? 예를 들어보겠다. 1980년의 양파껍질 벗기기 대회 우승자의 이름을 기억하는가? 저런! 5분 안에 양파 52개의 껍질을 벗긴 뉴욕 사람 알퐁소 살보를 15년도 못 되어 잊어버렸단 말인가? 어떻게 그럴 수가 있는가? 1984년 로스앤젤레스 올림픽 경기에서 8,847점을 기록한 달리 톰슨(영국)을 누가 잊을 수 있었겠는가? 맨 밑을 한 개의 도미노로 지지해 놓고 그 위에 291개의 도미노를 쌓아올린 데이비드 코번을 생각해 보라!(1988년 8월 19일) 어떻게 그를 그처럼 빨리 잊어버릴 수가 있는가? 롤링 핀 던지기 세계 기록을 보유한 아이오와 주의 로리 딘 애덤즈는 어떤가?(1979년 8월 21일) 그녀가 던진 기록은 175피트 $2\frac{1}{2}$인치였다.

무슨 일이 벌어진 것인지 아는가? "뉴스"는 쓸데없는 내용들을 무수히 퍼부었고, 하루 24시간 내내 사소한 일과 선전들로 폭격을 해대고 있는 것이다. 사람들은 무슨 일이 진행 중인지 전혀 알아차리지 못하고 있다. 일 년 동안 세계기록 3개를 깬 스티브 크램, 1968년 올림픽에서 29피트

$2\frac{1}{2}$인치의 역사적인 멀리뛰기 기록을 세운 밥 비몬, 한 번 숨을 들이마시고 355개의 연속적인 연기 고리들을 내뿜어서 세계기록을 세운 챔피언 중의 챔피언, 덴마크 코펜하겐의 얀 반 두르스 프로만(1979년 8월) 등.

『**이전 것들을 기억함이 없으니**』. 단 몇 년 동안도 기억되지 않는다.

놀런 라이언은 20명 이상 삼진 아웃을 시켰다. 로저 클레멘츠는(1986년 4월 29일) 더 뛰어났다. 보스턴 레드 삭스 팀에 있던 이 투수는 한 경기에서 20명의 타자를 삼진 아웃시켰다. 하지만 오늘 누가 로저 클레멘츠에 대해 생각했는가? 제임스 "디콘" 맥가이어(1865-1936)는 세 군데 메이저리그의 선수로서 가장 긴 경력을 보유했었다. 그러나 나는 현재 미국 사람 중 "디콘"이 누구인지, 그가 어디 출신인지, 그가 언제 살았는지, 그가 사는 동안 무슨 일을 했는지 아는 사람을 아무도 만나보지 못했다. 또 내가 50년 동안 미국 50개 주에서 같이 이야기해 본 사람 중 1905년에 마빈 하트가(그리고 1959년에는 잉게마르 요한슨, 1979년에는 존 테이트, 1984년에는 팀 위더스푼이) 헤비급 권투선수 세계챔피언이었다는 사실을 아는 사람은 아무도 없었다. 그들은 (1980년 6월 28일에) 수박 씨 멀리 뱉기 대회에서 65피트 4인치의 세계기록을 세운 텍사스 주 룰링 사람 존 윌킨슨과 마찬가지로 기억되지 못했다. 이 글을 읽고 있는 사람들 중 어느 축구 선수가 패스를 가장 많이 완성시켰는지, 어느 선수가 공을 가장 많이 차단했는지, 어느 선수가 킥오프리턴이나 펀트리턴으로 가장 멀리 달렸는지, 어느 선수가 한 경기에서 가장 많이 공을 터치다운시켰는지 말해 줄 수 있는 사람은 아무도 없을 것이다. 1970년 슈퍼볼 왕좌결정전에서는 누가 우승했는가? 1974년의 경우는 어떤가? 제정신을 가진 사람으로서 도대체 누가 그런 일에 관심을 쏟겠는가?

앞의 두 문단에서 언급한 사항들 중 이 땅 위에 사는 사람에게 있어서 조금이라도 중요한 것은 하나도 없으며, 그것들은 40억 명의 사람들에게 일생 동안 벌어지는 일들과는 아무 관련도 없다. 뉴스미디어의 하찮은 내용들은 모두 1986년 7월 29일에서 8월 8일 사이에 텍사스 주 브라이언의 존 D. 조이스가 세운 세계기록만큼이나 의미가 없다. 그는 240시간 동안 계속 그물침대 속에서 흔들렸다. 여러분은 다섯 대륙에서 밀어닥치는 쓸데없는 내용과 하찮은 일들의 홍수 속에 빠져 익사할 지경이다. 어떤 "연감"이든지 찾아보면 제1차 세계대전 이후로 미국에 무슨 일이 벌어졌는지 알게 될 것이다. 거기서 (아주 전형적인 1982년 연감을 보면) 과거 미국의 유명 인사들의 목록을 2쪽 정도, 흑인 공산주의자들과 백인에게 교육받은 흑인들의 목록을 1쪽 반 정도, 유명 정치지도자들의 목록을 3쪽 정도, 군인 지도자들의 목록을 1쪽 정도, 유명 저술가들의 목록을 3쪽 정도, 예술가들의 목록을 2쪽 정도, 철학자들과 교육자들의 목록을 2쪽 정도 찾아낼 수 있을 것이다. 저명한 과학자들은 1$\frac{1}{2}$쪽 분량밖에 안 될 것이다. 작곡가들, 실업가들, 역사가들, 경제학자들은 5쪽 이내에 모두 집어넣을 수 있을 것이다. 그 다음 연예인들은 13쪽 정도 분량이 될 것이다.

그것이 바로 뉴스미디어식 접근법이다.

여러분은 1942년 덩케르크에서 무슨 일이 있었는지 기억하는가? 캘커타의 토굴 속에서 질식하여 죽은 여인들과 아이들에 대한 사람들의 관심은 모두 어디로 갔는가? 저런! 1970년 이후로는 러시아의 강제 수용소 속에서 13년을 보낸 하랄란 포포프의 일로 한 번도 마음에 동요가 일어나지 않았단 말인가? 어떻게 그처럼 무감각하고 냉담하게 될 수 있단 말인가? "영국 사우스 시 회사 주식사기사건"의 경우는 어떤가? 여러분은 "그런 일들은 나와는 상관없어."라고 말한다. 그러면 여러분과 관계있는 일은 무엇인가? 은사주의자 로버트 틸톤은 1억 명의 젖먹이들에게서 매년 4백만 달러씩을 등쳐먹었다. 그것은 지미 스웨거트, 지미 배커, 오럴 로버츠, 에이미 셈플 맥퍼슨이 이미 그렇게 하고 난 후의 일이다. 해긴, 고어만, 히키 등은 지금도 그런 일을 하고 있다. 은사주의 기독교인들은 80년 동안 도대체 무엇을 배운 것인가?

『**이전 것들을 기억함이 없으니**』.

뒤에 올 세대의 사람들도(11절) 그 세대에 그들에게 일어난 일들을 기억하지 않을 것이다. 각 세대는 사는 동안 얻은 역사적 교훈들을 지워서 없애 버린다. 그리하여 세대가 계속됨에 따라 각 세대는 인간의 실책을 늘려나간다. 솔로몬의 논제를 입증하는 한 가지 예를 들고서 설명을 마치겠다.

바로 A.D. 500년 이후의 바티칸 정치다.

타락한 로마카톨릭 성직계급제도의 과거 역사를 실제로 공부해 보고(〈스스로를 대적하는 카톨릭주의, *Catholicism Against Itself*〉, 램버트, Ⅰ·Ⅱ권, 1963) 제정신을 가진 사람이라면 아무도 로마카톨릭교도인 시장, 보안관, 시의회 의원, 주지사, 상하원 의원, 대통령에게 투표하는 실수를 범하지 않을 것이다. 그러나 사람들은 그렇게 하고 있으며, 앞으로도 그렇게 할 것이다. 『**장래 일들도... 아무것도 기억되지 않으리라**』("장래 일들"에 대해서는 요한계시록 13,17,18장을 보라).

"진지한 성경학도"라면 다음을 주목하라.

1. NASV는 강물들의 근원을(강우) 단지 한 강의 "흐름"으로 고침으로

써 7절의 과학적 계시를 지워 버리려고 시도했다. NASV에서는 바람이 그 무엇에든 매여 있지 않으므로 "그 순환을 따라"라는 표현은 제거되었다.

2. 부패한 NIV는(그리고 〈리빙 바이블〉은) 11절을 고쳐서 다른 두 가지 내용을 언급하는 것으로 만들었다. 둘 다 본문에 나오지 않은 내용이다. 하나는 "앞으로 있을 자들"이 기억되지 않으리라는 것이고, 또 하나는 미래의 세대들이 "'우리'가 여기서 해놓은 일"을 기억하지 않으리라는 것이다. 어느 표현도 온전한 진리가 아니다.

3. 〈위클리프 주석, *Wycliffe Commentary*〉은 8절에서 『**수고**』라는 말을 지워 버리고서 "피곤"을 "지치게 하는"으로 대체시켰다. RSV에서는 이것이 "피로"라고 되어 있다. NRSV도 "지치게 하는"을 제시한다(NRSV). 〈리빙 바이블〉은 "피로하고 지루한"이라고 말하여 세 배교자 모두를 함께 하나로 묶어 버린다(마 13:30). 그것은 "모든 것이 피로하고 지루하나"라고 주장하지만, 사실은 『**만물**』이 수고로 가득 찬 것이다(〈킹제임스성경〉).

바람이 순환하고 해가 뜨고 지는 것에 대한 이야기는 해와 달이(또는 바람과 비가) 지치고 지루하게 느끼는 것과는 아무 상관도 없다. 그 히브리어 단어는 『**수고**』(3절)에 해당하는 단어가 아니라는 변명은 전혀 도움이 안 된다. 히브리어 본문은 모두, "만물"도 아니고 "모든 것"도 아니고 바로 "모든 말들"이라고(8절) 되어 있기 때문이다. 일관되지 않은 번역에 관해서는 1800년 이후로 나온 그 어떤 영역본도 1611년에 지어진 집에 돌을 던질 수 없을 것이다.

1:12 나 전도자는 **예루살렘에서 이스라엘을 다스리는 왕이었노라.**

13 내가 하늘 아래서 행해지는 모든 일들에 관하여 내 마음을 다하여 지혜로 찾고 탐구하였는데, 이 심한 노고는 하나님**께서 사람의 아들들에게 주사 더불어 수고하게 하신 것이라.**

14 내가 해 아래서 행해지는 모든 일들을 보았는데, 보라, 모든 것이 헛되며 영의 고통이라.

15 구부러진 것을 반듯하게 할 수 없고 부족한 것은 셀 수도 없도다.

밥 존스 대학은 12절을 고쳤다. 그들은 피터슨, 델리취 등이 전도서의 기록 연대에 관해 적어 놓은 쓰레기를 보강하기 위해, "나는 왕인 적이 있노라"라고 표현한 NASV를 추천했다. 솔로몬이 그 저자라는 가장 확실한 증거는, 솔로몬이 죽은 후에는 이스라엘을 다스리면서 예루살렘에 거할 수 있는 왕이 한 사람도 없었다는 점이다. 솔로몬이 죽은 후에는 왕국이 분열되었고, 예루살렘에 있는 왕은 유다를 다스리는 왕일 뿐이었다.

5-8절은 형이상학과 우주론과 연관되어 있다. 이제 우리는 인생의 가치를 연구하는 "가치론" 쪽에 발을 들여 놓는다. 솔로몬은 하나님께서 사람들을 다루시는 것에 관해 아주 완전한 지식을 얻으려고 시도한다. 『**하늘 아래서 행해지는 모든 일들**』. 그는 이 조사에 몰두하고 거기에 전념하고 나서는, 결국 자기가 했던 모든 것을 완전히 "파기해 버린다"(전 2:18,19). 감리교 복음전도자인 샘 존스는 자식들에게 많은 돈을 물려줄 것인지 질문을 받았을 때 이렇게 대답했다. "물론 안 그럴 겁니다. 그 애들이 올바른 아이들이라면 많은 돈이 필요치 않을 것이고, 바르지 못한

아이들이라면 그 많은 돈이 해가 될 뿐일 테니까요." 그 19세기의 복음 전도자는 조셉 P. 케네디와 안호이저-부쉬 왕가의 구시 부쉬보다 더 많은 분별력과 지혜를 지닌 것이다.

『**구부러진 것을**』(15절). 이것은 첫째로 사람 자체에 대한 언급이다(욥 14:4; 15:14). 사람은 그 첫 번째 출생이 선하지 않기 때문에, 즉 불결한 출생이기 때문에 "거듭나야" 한다. 둘째로 그것은 늘 비뚤어진 채로 있어온 이 세상 제도("코스모스")에 대한 언급이다. 이 세상의 신은 사도 바울에 따르면 꼬부라진 뱀이다(사 27:1, 고후 4:4). 그 어떤 사람도, 그 어떤 인간 집단도, 그 어떤 국가 연합도 이 세상을 똑바르게 만들 수 없었고, 그들은 다음 50년 동안에도 결코 그렇게 하지 못할 것이다.

한 꼬마가 초등학교에서 세상이 둥글다는 말을 들었다. 꼬마는 자기 아빠가 다르게 가르쳐 주셨다고 말하면서 그 말을 인정하지 않았다. 선생님이 "세상이 평평하지 않다는 것은 입증된 사실이란다. 세상은 둥글지."라고 말씀하시자, 꼬마는 머리를 가로 저으며 단호하게 말했다. "우리 아빠는 세상이 '비뚤어졌다'고 말씀하셨어요."

어떤 목사는 정치·교육·경제 단체들에 대해 냉혹하고도 호된 공격을 해댄 후에, 다음과 같이 메시지를 결론지었다. "이 세상은 더러움 속에 있으며, 앞으로도 그대로 더러움 속에 있을 것입니다." 그 예배 후에 나는 교회 관리인이 그 목사와 이야기하는 것을 들었는데, 그 관리인은 이렇게 말했다. "목사님, 틀리셨어요. 이 세상은 더러움 '속에' 있지 않아요. 저는 평생 더러운 것들을 청소해왔지만, 이 세상을 청소할 수는 없거든요. 아무도 세상을 똑바로 정돈할 수가 없어요!"

『**구부러진 것을 반듯하게 할 수 없고**』.

솔로몬은 더 나아가, 필요하고 부족한 것들은 무수히 많아서 아무도 셀 수가 없다고 말한다. 『**저울에 달았더니 부족함이 나타났다**』, 이것은 어떤 한 사람에 대한 간략하고도 유일한 설명이다(단 5장). 어떤 사람들은 발이 없고, 어떤 사람들은 팔다리가 없고, 어떤 사람들은 손가락 발가락이 없고, 어떤 사람들은 눈과 귀가 없다. 수백만 명이 이와 머리카락이 없다. 사하라 사막에는 항상 물이 부족했고, 앞으로도 항상 그럴 것이다. 모자브 사막을 밀밭으로 만들기에는 비가 셀 수 없이 많이 부족하다. 우리 음식에는 비타민이 부족하고, 우리 땅에는 광물이 부족하고, 뉴스미디어는 정직성이 부족하고, 하원 의원들에게는 상식과 용기가 부족하고, 연예인들에게는 도덕성과 예절이 부족하고, 선교사들에게는 돈이 부족하고, 상원 의원들에게는 성실성이 부족하고, 운동선수들에게는 두뇌가 부족하고, 도시 빈민가에는 안전이 부족하고, 경찰관들에게는 힘과 권한이 부족하고, 정부에는 자금이 부족하고, 로마카톨릭 국가들은 모두 주방 설비, 자동차, 라디오, 에어컨, 세탁기, 위생 시설, 병원, 의사, 난방 장치가 부족하고, 많은 경우에 음식과 의복이 부족하다.

『**부족한 것은 셀 수도 없도다.**』

B.C. 1000년에 한 히브리 왕이, 상황이 변해도 변함없는 절대적 사실 두 가지를 기록한 것이다. 그 두 가지는 해가 "뜨고 지는" 것만큼이나 굳게 세워진 우주적인 진리다.

1:16 내가 내 마음에 숙고하여 말하기를 "보라, 내가 위대하게 되어 나보다 먼저 예루살렘에 있었던 모든 자들보다 더 많은 지혜를 얻

었노라." 하였나니, 정녕, 내 마음이 지혜와 지식의 큰 경험을 하
였도다.
17 내가 지혜를 알고 미친 것과 어리석은 것을 알기 위하여 내 마음
을 썼으나, 이것 역시 영의 고통임을 알았도다.
18 지혜가 많으면 슬픔도 많으니, 지식을 늘리는 사람은 슬픔을 늘
리는 것이라.

앞서 개관 부분에서 언급했듯이 내용의 "전환"을 나타내는 표현 중 하나가 여기 나온다. 이 부분은 첫 부분의 내용과는 5년 정도 떨어진 경험을 이야기하는 것이다. 전도서는 끊임없는 "생각의 흐름"을 다루고 있지 않다. 솔로몬은 이전에 이 세상의 사고방식과 일치하는 생각들을 메모해 두었었고, 지금 그것들을 가지런히 합쳐 놓고 있는 것이다. 16절에서 그는 시편 13:2에서처럼 혼자서 의논하고 있다. 상황에 대해서 자기 자신과 의논하는 것이다. 열왕기상 3:13에 따르면 여기 16절은 사실이다. 포로기 이후의 어떤 성명 불명의 "코헬렛"은, 골리앗의 칼을 자기 것으로 주장할 수 없는 것과 마찬가지로 본문의 어떤 구절도 자기 것으로 주장할 수 없을 것이다. 16절은 경험론이라고 하는 철학을 나타내고 있다. 실험을 하고서 실제 경험을 통해 배우는 것이다. 그보다 먼저 예루살렘에 있었던 자들은(전 2:9) 아도니베섹, 멜기세덱, 다윗, 그리고 사무엘하 5:6의 여부스인들 등이다. 13절에서 말했던 욕구를 충족시킨(17절) 그는 결국 2절, 14절의 진술과 동일한 결론에 도달했다. (13절과 17절 사이에 긴 시간 간격이 있음을 주목하라.) 그는 그 문제에 착수하여 수 년간의 연구로 거기에 몰두한 후에, 지혜를 늘리면 "슬픔"이 늘어난다고 결론지었다. 지식을 늘리면(단 12:4) 슬픔을 늘리게 된다.

NASV는 즉시 히브리어와 영어를 틀리게 읽고서 『**슬픔**』을 "통증(pain)"이라고 오역한다. 이것은 그 두 언어 모두로 요점을 완전히 놓쳐 버린 것이다. 통증은 신체적인 것이며, 본문은 마음의 비탄과 마음의 우울함에 대해 언급하는 것이지 "통증"을 말하는 게 아니다. NASV는 말하자면 "엉뚱한" 소리를 한 것이다. 제미에슨 역시 본문을 다루지 못한다. 그는 "지혜는 일반적으로" 좋은 것이며, 나쁜 것은 단지 "사색적인 지혜"뿐이라고 결론지으면서 전도서 2:3과 어긋난 소리를 한다. 그는 지적으로 주석하고 번역할 만큼 성경에 대해 잘 알지 못한 것이다.

성경은 두 종류의 지혜가 있다고 말씀하신다. 일반적인 지혜나 사색적인 지혜 같은 것은 없다. 그 두 종류의 지혜는 야고보서 3:15-17에 나와 있다. 한 지혜는 『**순수하고... 화평**』한 반면, 다른 한 지혜는 『**땅에 속한 것이요, 정욕적이며 마귀적인**』 것이다. 어떻게 해서 제미에슨은 솔로몬의 지혜에 대한 신약의 주석을 놓쳐 버린 것인가? 순수하고 화평한 지혜는 괴롭게 하지도 않고 슬픔을 가져오지도 않는다. 전도서 1:18의 지혜는 전도서 1:13,15,16의 지혜다(잠언 1장 주석에서 지혜, 지식, 명철에 대한 정의를 보라).

〈킹제임스성경〉은 NASV가 덮어 가리려 했고 제미에슨이 교묘히 빠져나가려고 했던 그 진리를 제시해 주고 있다. 『**해 아래서**』 벌어지는 지상 삶에 대해(그것이 전도서의 주제다) 더 많이 알면 알수록 더 많은 슬픔을 얻게 된다. 그 삶에 대해 곰곰이 숙고해 보면 볼수록, 이 슬픔은 진짜 비통함이 된다. 바울은 자기 동족의 진정한 상태를 알았기 때문에(롬 9:2), 『**기뻐하라... 기뻐하라**』(빌 4:4)고 하는 중에도 그의 마음에는 『**그**

치지 않는 슬픔』이 있었다.

지식을 늘리면 슬픔을 늘리게 된다는 사실을 입증하는 데는 전도서에서 한 가지 사례만 들어도 충분할 것이다. 그 사례는 전도서 4:1이다. 추가로, "해 아래 삶"에 대한 안목을 열어줄 몇 가지 현실주의적인(목격자들이 기록한) 읽을거리들을 추천할 수 있겠다. 이 책들은 여러분에게 주님이 빨리 돌아오셔야 한다는 생각을 갖게 해줄 것이고, 하루에 두 번씩 『**그러하옵니다.** 주 예수**여, 오시옵소서.**』 하고 기도하게 만들 것이다. 글랫서의 〈365일, *365Days*〉(한 군의관이 본 베트남 전쟁 기록), 〈수용소 군도, *The Gulag Archipelago*〉(솔제니친), 〈폭스의 순교사, *Foxe's Book of Martyrs*〉를 읽어 보라. 또 〈공산주의 감옥 속의 고문과 승리, *Torture and Triumph in a Communist Prison*〉(하랄란 포포프), 〈서부 전선 이상 없다, *All Quiet on the Western Front*〉(에리히 M. 레마르크), 〈감옥벽보다 더 강하게, *Stronger Than Prison Walls*〉(리처드 웜브란트), 유진 코곤의 〈지옥의 이론과 실제, *The Theory and Practice of Hell*〉를 읽어 보라. 스테이너의 〈트레블링카, *Treblinka*〉와 데오도르 플리버의 〈스탈린그라드, *Stalingrad*〉도 한몫을 할 것이다. 이 문헌들이 영향을 주지 못한다면, 내가 방문했던 곳들을 가 보라. 가서 사형수 감방에서 족쇄로 묶이고 사슬로 침상에 매인 포로들을 보라. 가서 암과 에이즈와 3도 화상과 신장염, 호지킨병, 백혈병으로 죽어가는 사람들을 보라. 소아병원에 가서, 산소 텐트 속에 누워 인공신장을 부착하고 정맥주사를 맞고 있는 4살 내지 10살 정도의 남녀 아이들을 지켜보라. 경련환자 진료소에 가 보라. 그곳 아이들의 발은 무릎 부위에서 생겨났고, 손은 팔꿈치 자리에서 뻗어 나왔다. 또 어떤 아이들은 3도 화상 때문에 눈,

코, 입만 뚫려 있는 플라스틱 얼굴 덮개를 쓰고 있어야만 한다. 또 예쁘장한 십대 소녀가 휠체어에 타고 있는데, 나머지 여생을 그 상태로 있게 될 것이다. 자전거를 몰던 그 친구 소년도 그럴 것이다.

『**지식을 늘리는 사람은 슬픔을 늘리는 것이라.**』 이보다 더 참된 말은 없었으므로, 당연히 알렉산드리아 이단은 그것을 제거해야만 했다(위를 보라). "무지가 곧 행복이다"라는 옛 속담이 있다.

계속해서 2장으로 들어가기에 앞서 잠시 멈추어, 지금까지 공부한 자연철학을 바울 서신에 나오는 신약 계시와 비교해 보자. 주목해 보라. 너무도 극단적인 대조인지라, "믿음"이나 "믿음으로 행하는 것" 등의 이야기는 모두가 거의 이교적인 횡설수설로 보일 지경이다.

『**헛되고 헛되니 모든 것이 헛되도다.**』와, 『**각 사람은 자기의 수고에 따라 자기의 상을 받을 것이니라.**』

『**사람이... 그의 모든 수고에서 무슨 유익을 갖겠는가?**』와, 『**너희의 수고가 주 안에서 헛되지 아니한 줄을 너희가 앎이니라.**』

『**이 심한 노고는** 하나님**께서 사람의 아들들에게 주사**』와, 『**우리가 잠시 받는 가벼운 환난이 우리를 위하여 훨씬 뛰어난 영원한 영광의 비중을 이루어가기 때문이라.**』

『**부족한 것은 셀 수도 없도다.**』와, 『**나의** 하나님**께서** 그리스도 예수**를 통하여 영광 가운데서 그의 풍요함을 따라 너희의 모든 필요를 채워주실 것이라... 모든 것을 언제나 너희가 필요한 대로 가질 수 있게 하심으로 모든 선한 일에 넘치게 하시려는 것이라.**』

『**지식을 늘리는 사람은 슬픔을 늘리는 것이라.**』와, 『**실로 모든 것을 손실로 여김은** 그리스도 예수 **나의 주를 아는 지식이 가장 고상하기 때문**

이며... 그의 안에는 모든 지혜와 지식의 보화가 감추어져 있느니라.』

솔로몬이 비그리스도인의 견지에서 인생에 접근하고 있다는 점은 너무도 분명하다. 그는 세속적인 관점을 취하고 있으며, 그 관점은 성경적 기독교와는 아무런 관계도, 아무런 공통점도 없다. 여기에는 엄청난 의미가 담겨 있는데, 바로 현대인들이 성경적 기독교를 발 아래 짓밟고 3,000년 동안 계시된 진리를 고의적으로 거부함으로써 결국에는 그리스도 이전인 B.C. 1000년의 이교 신앙으로 퇴보해 버렸다는 것이다. 이것은 달러 지폐의 국새 도장에 예언된 바, 다가오는 새 세계 질서, 즉 "뉴에이지"다. 그 도장은 "노부스 오르도 세클로룸(Novus Ordo Seclorum)"이라고 되어 있는데, 그 말은 "새로운 세속 질서"라는 뜻이다. 이 "새로운" 시대를 위한 "새" 질서는(10절 주석) 세속화되어 하나님의 권위를 완전히 제거해 버릴 것이다. 하나님께는 아무 권리도 없게 될 것이다. 모든 권리는 시민의 차지가 될 것이다[라오디케아는 "세속인의 권리들"이라는 뜻이다].

솔로몬은 삶의 문제들을 지적하면서 진정한 해결책은 전혀 제공하지 않고 있다. 지금까지 그 어떤 구절에도 안주할 수가 없다. 하나님과 하나님의 계시를 제쳐놓은 삶은 그냥 헛되기만 한 것이 아니다. 그런 삶은 하나의 대참사다. 하지만 기운을 내라! 최악의 것은 아직 오지 않았다!(전 2:17,18; 3:19; 5:6,15; 7:1,10; 8:14 등) 미국의 모든 교육, 텔레비전과 라디오 방송국, 신문과 잡지의 궁극적인 목표는 다음과 같다.

1. 성경대로 믿는 목사와 거리설교자를 모두 체포하여 투옥하는 것.

2. 회사 경영진, 정치인, 연방 판사들을 제외하고는 사람들의 "사유재산"을 완전히 폐지하는 것(러시아, 1930-1990).

3. 모든 어머니들이 정통 유대교나 정통 기독교 같은 무언가를 자녀에게 가르치지 못하도록 금하고, "국가"가 아이들을 훈련시키는 것.

4. 모든 일에 국가에 복종한다는 전제로 요람에서 무덤까지 뒷받침해주는 "사회복지국가."

5. 정치인, 신문 잡지 기자, 연방 판사, 경찰관들을 제외하고는 모든 사람들이 가진 무기를 몰수하는 것.

6. 낙태, 음란물, 마약, 성도착을 합법화하는 것.

7. 일부일처제와 혼인 서약을 폐지하는 것.

이것이 바로 문명사회가 3,000년 동안의 계시를 거부한 것으로 인해 치러야 하는 대가이다.

전도서 2장

2:1 내가 내 마음에 말하기를 "이제 가라. 내가 너를 환락으로 시험하
리라. 그러므로 쾌락을 즐기라." 하였으나, 보라, 이것도 헛되도다.
2 내가 웃음에 관하여 말하기를 "미친 것이라." 하였고, 환락에 관하
여 말하기를 "그것이 무엇을 하는가?" 하였도다.
3 내 마음이 지혜를 알고 있으면서도 나는 내 마음속에 나 자신을
포도주에 내어 주기를 구하였으며, 사람들의 아들들에게 무엇이
그처럼 좋은가를 알기까지 어리석음을 쥐고 있었으니, 이는 그들
생애의 모든 날 동안 그들이 하늘 아래서 행해야 하는 것이로다.

전도서 1:16에서 그랬듯이 또 하나의 간격이 나와 있는 것을 주목하라. 본문은 그가 오랫동안 『**슬픔**』에 휩쓸린 후에(전 1:18) 생각한 것이다. 그는 이제 "쾌락주의"를 시험해 볼 것이다(그것은 〈플레이보이〉 따위 잡지의 철학이다). 그는 『**쾌락을 즐기**』려 한다. 그는 "현대인"이 빠져들고 싶어 하는(딤후 3:1,2) 다음 네 가지 것들에 빠져들려고 한다.

1. 환락
2. 쾌락
3. 웃음
4. 어리석음

『**환락**』에 해당하는 히브리어는 "심카"이며, 창세기 31:27과(『**기쁨**』) 느헤미야 8:12에(『**즐거워하였으니**』) 나온다. 그 단어는 "경축하는 것"을 뜻한다("건배! 위하여!" 따위). 『**쾌락**』에는 마사지, 증기욕, 음행, 간음, 마약 도취, 맛있는 음식, 값비싼 포도주, 운동 경기, 내기, 음악 감상, 사냥, 낚시, 경우에 따라서는 성도착, 가학성 변태성욕, 피학대 음란행위가 포함된다. 『**사탄의 깊은 것들**』(계 2:24)은 고통당하는 누군가를 지켜보며 즐기는 일과 관계된다(에스겔 32:31에서는 이것이 바로 지옥에서 사탄이 받을 유일한 "위로"라고 말한다).

『**웃음**』은 너무도 명백하다. 장난스런 내용의 "레코드 판"(또는 카세트 테이프)을 듣고, 코미디 "비디오테이프"를 보고, "캘빈과 홉스" 같은 우스꽝스러운 연재만화를 읽는 것이다.

이 웃음이 결국에는 어떻게 될 것인가? 바로 『**솥 밑에 가시나무 타는 소리**』처럼 된다(전 7:6).

성경적 견지에서 숙고해볼 때, 이 땅 위에서 진짜로 웃을 만한 사람은 오직 구원받은 죄인 또는 어린이뿐일 것이다. 구원받지 않은 사람이 크게 웃다가 발작을 일으켜 심장마비로 죽거나, 배를 움켜잡고 웃다가 배에 총알을 맞고 죽으면 지옥에서 깨어나게 된다. 어느 경우든 구원받지 않은 사람이 영원한 불못에서 빠져나올 방법은 전혀 없다.

그러나 웃음은 인간 본성의 일부분이다. 이것은 직업 코미디언들이(예를 들어 빙 크로스비) 세상에서 가장 높은 보수를 받는 사람들 중에 속하는 이유를 설명해 준다. 밥 호프와 빙 크로스비는 무언가를 "기한 내에 지불하는 일"로 인해서는 전혀 걱정할 필요가 없었다. 『**슬픔이 웃음보다 나으니**』(전 7:3)라고 기록한 바로 그 사람이 『**즐거운 마음은 약과 같이 좋으나**』(잠 17:22)라고 기록했다. 그러나 그 책에서조차 잠언 15:13과 14:13과 같은 말을 써 놓았다. 거기를 보라.

어째서 웃음이 『**미친**』 것인가?

1. 웃음이 종종 파멸로 끝나기 때문이다(시 2편, 대하 30:10). "최후에 웃는 자가(시 2:4) 가장 잘 웃는 자다."

2. 웃음이 아무것도 해결해 주지 못하기 때문이다. 그것은 일시적인 "증기 밸브"에 불과하다. (보병들은 이것을 완벽하게 이해한다. 과거 1917년에 독일의 "돌격대원"이었던 파울 바우머는 말하기를 "우리는 미쳐 버리지 않기 위해서 농담을 한다."라고 했다.)

3. 때때로 웃음은 제어가 되지 않고(약 3:8), "마음이 더러운" 자들의 특징을 드러내기 때문이다.

4. 결과적으로 웃음은 종종 아무도 교화시키지 못하고, 안 좋을 때는 사람을 격노케 하여 살인을 하게까지 만들 수 있기 때문이다.

5. 때때로 웃음은 발작이나 완전한 정신적 손상의 징후이기 때문이다. 징기스칸이 거대한 솥 안에 넣고 산 채로 끓여 버린 죄수들은 30분 동안 비명을 지른 후에 종종 발작을 일으키며 "웃었다." 독일 강제수용소에서 도망쳤다가 수용소로 다시 끌려온 "탈옥수들"에게도 똑같은 일이 일어났다. 그들은 가로 3피트, 세로 2피트, 높이 4피트의 나무 상자 속에

갇혔는데, 그 상자 앞면은 철망으로 되어 있었고, 그 상자 꼭대기와 바닥을 통해서는 바깥으로부터 대못들을 약 20개씩 10줄로 박아 넣었다. 나치스 비밀경찰 게슈타포에게 붙잡힌 포로들은 10인치 길이의 못들이 직장을 통과해 내장에 박혔을 때 종종 발작을 일으켜 "웃으면서" 죽었다. 베트남에서도 소년들을 2,3일 동안 개미나 쥐들에게 산 채로 먹히게 했을 때 그런 일이 벌어졌다. 『**지혜가 많으면 슬픔도 많으니**』. 여기 "해 아래서" 실제로 일어나는 일에 대해 더 많이 알면 알수록 더욱더 비탄에 잠기게 될 것이다.

웃음은 (울음처럼) 아담에게서 물려받은 유산의 일부이다. 샘 존스는 사람들로 하여금 자지러지게 웃다가 바닥에 납작 엎드러지게(보다 정확히 말해서, "간증자석"에 납작 엎드러지게) 만들곤 했다. 빌리 선데이는 거룩한 유머를 사용하여, 그 시대 교회의 무표정하고 신앙심 깊은 고위 성직자들을 "머리끝까지" 화나게 만들었다. 스펄전의 설교는 고상한 풍자와 약간의 해학으로 장식되어 있었다. 그는 사역하려는 학생들에게 이렇게 말하곤 했다. "여러분이 하늘나라에 대해 설교할 때는 미소를 지으며 얼굴을 밝게 하고 눈을 반짝반짝 빛나게 하십시오. 지옥에 대해 설교할 때는 여러분의 평상시 표정으로도 충분할 것입니다."

『**농담**』에 관련해서 내가 빠지기 쉬운 죄는(엡 5:4, "웃다"나 "웃음"과 같은 단어는 13권의 바울 서신 가운데서 한 번도 나오지 않는다) 노래를 개작하는 것이다. 그 어떤 시트콤이나 법석 떠는 코미디보다도 내게 더 영향을 많이 끼친 것은 과거 1958년경에 만들어진 "생각 없는 사람들을 위한 음악"이라는 제목의 옛 음반이었다. 이 음반은 "구텐하이머 밴드"라는 5명의 독일계 미국인들이 아이오와 주에서 만들어 낸 것이다. 나는

30년이 넘게 매년 10번씩 그것을 들었지만, 지금도 여전히 그것을 들으면 거의 심장 발작을 일으킬 정도다. 그 작품은 5명의 유명한 전문가들이 리스트의 헝가리언 광시곡(제2번), "성조기여 영원하라," 베버의 "무도에의 권유" 그리고 일부 독일 민요 선율들을 고의로 "과장되게" 연주한 것이다. 내가 어떤 때는 웃다가 바닥에 완전히 엎드러져서 의자를 마구 발로 찼던 적도 있다. (불행한 일이지만, 밥 존스 대학과 펜사콜라 기독학교들의 여자 같은 남자들과 얼간이들 일부가 기독교 음악을 "공연"하는 것을 들을 때도 거의 동일한 경험을 했다. "공연" 말이다. "사역"과는 상관이 없다.)

솔로몬은 『**쾌락**』으로 가는 길에 당연하게도 술에 빠졌다(3절). 마약중독자가 "마약주사"에 자신을 내어주듯이, 그는 자신을 "술에 내어주었고" 거기 사로잡혔다(잠 20:1; 23:20 주석 참조). 성경에서 과음으로 술 취한 자들(노아, 롯, 벤하닷, 벨사살 등)과는 달리, 솔로몬은 하나님의 은혜로 자기의 "음주"에 대해 냉정한 객관성을 유지할 수 있었다. 그는 그것에 대해 설명했고, 9절에서는 그가 거기서 헤어 나왔음을 듣게 된다. 경우에 따라 사람이 그렇게 헤어 나오기도 하지만, 알코올 중독자들을 대상으로 일한 경험, 특히 구조 선교 사역의 경험이 있는 사람은 누구나 알듯이, 그것은 규칙이 아니라 예외다.

3절은 "인식론"적인 소견이다. 철학에서 인식론이란 "지식을 어떻게 얻는가," "진정한 진리를 얻는 방법은 무엇인가" 하는 문제를 다루는 것을 뜻한다. 솔로몬은 지식을 얻기 위해 자신을 거기에 내어주어 알아보고서 그것을 손에 넣었다. 인식론은 "진실과 오류를 평가하는 기준들"을 다룬다. 어떤 사람들은 직관이나 어림짐작으로 자기들이 "진실"이라고 부르는 것에 도달하고, 어떤 사람들은 종교적인 권위에 따르거나 “대다수”의 의견에 따라 판단한다. 많은 사람들이 관습과 전통을 최종권위로 사용하며, 또 어떤 사람들은 드러난 것에 따라 판단한다. 그릇된 인식론의 산물로는 모호한 것과 비유적 표현, 추상적인 내용, 감정, 선전하는 주장, 애매한 문구, 고의적인 곡해로부터 얻어 낸 지식들이 있을 것이다. 기독 대학의 교수진과 간부들은 “대다수의 의견”을 존중하고 전통을 따라 판단함으로써 끊임없이 거짓의 올가미에 걸려든다. 텔레비전과 라디오 방송, 신문 잡지들은 진실을 고의적으로 왜곡하고 철저하게 거짓말을 하는 일에 종사한다. 그들은 “이중적인 말”이라는 것으로 그런 일을 한다. 용어 자체는 “이중적인 말”이지만, 그것은 “명백하고 뻔뻔스러운 거짓말”과 동의어다. 일구이언을 하기 위해서는 두 얼굴을(이중적) 지녀야 한다. 주요 뉴스 방송들 중 어떤 형태로든 진실을 널리 알리는 데 종사하는 곳은 하나도 없다.

『**어리석음**』(3절)은 죽어서 지옥으로 가는 것과 관련되며(잠 5:23), 또 솔로몬에 따르면(잠 14:8) “속고 속이는”(딤후 3:13) 것과 관련된다. 현대의 교육받은 부류 가운데서 잠언 15:21이 성취되는 것을 볼 수 있다. 그 구절을 보라. 그들은 더러움과 부패를 묵인하는 것을 “진보”라고 생각한다. 또 그 단어가 토한 것과 관계되는 것을 살펴보라(잠 26:11). 시몬 베드로는 그것을 구원받지 않은 남자 설교자들에게 적용한다(벧후 2:22). 지금 솔로몬은 사람으로 하여금 토하고 속고 지옥으로 가게 만드는 것들을 받아들임으로써 자신을 위험에 내맡기려고 하는 것이다(일종의 “논리 실증주의”적인 실험이다).

솔로몬은 이 모든 것 가운데서 “좋은 것”을 찾아내 보려고 하면서 스물한 구절을 진행한 후에 24절에서 진정으로 좋은 유일한 것을 말한다. 그러나 이 "좋은 것"을 얻는 데에는 제한이 있다. 그 "좋은 것"을 얻는 사람은 오직 선한 사람뿐이다(26절). 이 문단 전체의 분위기가 바울 서신이나 신약과 반대되는 것을 주목하라. 특히 『**죄인**』이란 말이 어떻게 사용되었는지를 주목하라(26절). 이것은 그리스도 당시 정통파 랍비들이 그 말을 사용한 방식과 같다(요 9:16, 눅 7:37). 바울은 그 말을 갈라디아서 2:15에서 한 번만 그런 식으로 사용한다.

2:4 내가 나를 위하여 큰 일들을 하였노라. 내가 나를 위하여 집들을 지었으며 내가 나를 위하여 포도원들을 만들고,

5 내가 나를 위하여 동산들과 과수원들을 일구어 그것들 안에 온갖 종류의 과실수를 심었으며

6 나를 위하여 물웅덩이들을 만들어 그것들로 나무들을 내는 삼림에 물을 주게 하였고

7 남종들과 여종들을 사기도 했으며 내 집에서 종들이 태어나게도 했고, 또한 나보다 앞서 예루살렘에 있었던 모든 사람보다도 크고 작은 소떼를 많이 가졌도다.

8 나는 또한 은과 금과, 왕들의 독특한 보물과 여러 지방의 독특한 보물도 모았으며, 노래하는 남자들과 노래하는 여자들과 악기들과 그런 종류의 모든 것들, 즉 사람들의 아들들의 즐거움들을 가졌도다.

9 그러므로 나는 위대하였고, 예루살렘에 나보다 앞서 있었던 모든

사람들보다 더 창성하였으며 내 지혜도 여전히 내게 있었도다.

쾌락과 환락에 대한 이 실험은 아주 "철저해서," 어느 것 한 가지라도 그냥 놔둔 것이 없다. 많은 쾌락들이 합법적이고 타당한 것임을 눈여겨 보라. 나무를 심고, 동산을 가꾸고, 수로를 만들고, 과수원을 만들고, 좋은 음악을 듣는 것은 죄가 아니다. 그러나 바로 이 사람이 『**악인의 쟁기질은 죄**』라고 말했다. 쟁기질은 "합법적인" 것이지만, 『**너희는 먼저** 하나님**의 나라와 그분의 의를 구하라.**』는 말씀보다 그것을 우선하면, 금지된 쾌락에 탐닉하는 것만큼이나 빨리 지옥으로 가게 될 것이다. 죄인을 해치워 버리는 것은 바로 예수 그리스도를 거부하는 것이므로(요 16:9), 여러분을 그분에게서 계속해서 떼어두는 것은 무엇이든지 여러분을 영원히 저주받게 하는 것이다.

본문의 대부분은 설명이 필요 없다. 6절의 『**삼림**』에 해당하는 영어 "wood"는 요즈음으로서는 복수형으로 "woods"라고 해도 좋을 것이다. [현재 영어에서 "wood"는 주로 나무를, "woods"는 숲을 가리킨다.] 언젠가 내가 텍사스 주 휴스턴에 사는 잭 우드(Wood)에게 "이름이 우드인가요, 우즈(Woods)인가요?" 하고 묻자, 그는 "나무 한 그루요" 하고 대답했다. (구약성경에서 그 단수형의 용법은 사무엘상 14:25,26에 정의되어 있다.) 그 합법적인 『**물웅덩이들**』은 길이 582피트, 너비 107피트, 깊이가 거의 50피트인 수로들이다. 과실수가 있는 동산들은 "공원들"로서("과수원들," 파르데씸), 일종의 세속적인 에덴이다("낙원," 파라다이스). 7절은 또다시, 우둔하고 보잘것없는 성명 불명의 "코헬렛"이 포로기 이후에 이 책을 쓴 것이 아님을 나타낸다. 이 책을 기록한 사람은 다윗이나 멜키세덱보다도 더 많은 소떼를 가진 왕이어야 했다. 솔로몬은 은과 금을 마치 흙처럼 모았으며(8절), 그의 소득은 현재의 아르메니아, 그리스, 이라크, 이란, 아라비아, 시리아, 사우디아라비아, 이집트, 인도, 코르시카 섬, 크레테 섬, 키프로스 섬, 시칠리아 섬으로부터 공급되었고, 아마 모로코, 스페인, 가나의 황금해안 등의 지역에서도 공급되었을 것이다.

솔로몬은 노래하는 남자들과 여자들과 악기들을 모았고 악기들을 수집했다. 세계에서 가장 작은 바이올린은 5인치 반 크기다. 가장 거대한 기타는 8피트 10인치 크기로서, 무게는 80파운드나 된다. 현존하는 최대의 금관악기는 7피트 반 크기의 튜바로서, 39피트 길이의 관 조직을 포함하고 있다.

1970년까지 가장 보수가 높았던 고전 음악가는 폴란드의 피아노 연주자인 이그나치 얀 파데레프스키(1860-1941)였는데, 그는 단 한 번의 밤 공연으로 33,000달러를 벌었고, 1940년 이전에 일생 동안 거의 5백만 달러를 그러모았다(이것은 현재로서는 거의 2천만 달러에 상당하는 액수다). 현대의 음악 수요는 단정한 고전 음악가들의 편이 아니라, 죄 많고 음란한 마약 중독자들의 편이다. 노골적인 성적 표현에 대한 수요로 인해 엘비스 프레슬리, 존 레논, 마돈나, 마이클 잭슨과 같은 사람들의 수입은 파데레프스키를 빈민처럼 보이게 만들 정도가 되었다. 프린스, 믹 재거, 비틀즈, 그리고 롤링 스톤즈는 섹스에 미쳐 울부짖는 십대들의 거대한 군중 앞에서 공연을 했고, 돈을 벌기 위해 뭐든지 노래하면서 갈 데까지 갔으며, 많은 돈을 벌었다.

뉴욕 주에서 열린 왓킨즈 글렌의 록 음악회에는(1973년 7월 28일)

60만 명이 참석하는 바람에, 거의 역사상 최악의 교통체증이 벌어졌다. 그 공연이 끝났을 때 1명이 죽고 150명이 병원에 실려 갔으며, 그 공연장 도처에는 마약이 발견되었다.

(성형수술로 "인종통합"을 달성한 불분명한 중성의) 마이클 잭슨은 한 아이의 소리를 음향 효과와 더불어 녹음한 음반을 전 세계적으로 4천만 개나 팔았다(1988). 음반 표지와 음반 제목 때문에 그렇게 많이 팔린 것이다. 그 제목은 "스릴러"였는데, 그 속에는 시작부터 끝까지 음악적으로 "오싹한" 것이 하나도 없었다. 반쯤 백인이고 반쯤 흑인이며, 반쯤 남성이고 반쯤 여성이며, 또 반쯤 종교적이고 반쯤 무신론적인 이 중성 인간은, 평범하고 지겨운 것으로 사상 최고의 판매기록을 낸 것으로 인해 1984년에 8개 부문에서 그래미상을 받았다. "스릴러"에는 독창적인 음악이 한 소절도 나오지 않았다. 단지 풋내기 젊은이들이 흠칫할 만한 표지 그림을 실어 놓음으로써 4천만 장이나 판 것이다. 그 음반에 실린 팝 음악을 한 곡이라도 원한 사람은 아무도 없었다. 그 곡을 익히거나 연주하는 데 흥미를 가진 음악가도 전혀 없었다.

반대로 가장 수요가 많은 팝 음악은, 즉 집에서 익히고 연주할 수 있는 음악은 다음과 같은 것들로서, "푸른 다뉴브 강," "앵무새에게 귀를 기울여," "그대를 연인이라 부르도록," "다시 만나는 날까지" 등이다. 엘비스 프레슬리, 비틀즈, 프린스, 보이 조지, 행크 윌리엄즈, 마이클 잭슨, 스프링스턴, 스티브 원더, 엘튼 존, "라이브 크루," 마돈나, 롤링 스톤즈, 제퍼슨 에어플레인이 녹음한 음반은 음악으로서는 별 볼일이 없었다. 40년 동안의 록 음악 중에(밤낮으로 200개가 넘는 그룹들이 음반을 취입하고 있건만) 누구나 배우기 원하는 영구적인 노래를 하나라도 만들어 낸 사람은 아무도 없었다. 지난 60년 동안 지구상에서 가장 많이 불린 노래는 미국의 팝 그룹이 녹음한 음악이 아니다. 첫째는 "Happy Birthday to You(생일 축하합니다)"였고, 둘째는 "For He's a Jolly Good Fellow (그는 아주 괜찮은 친구니까)"였다(음반 기네스북).

마이클 잭슨과 엘비스 프레슬리는 그 왕좌의 변두리에도 이르지 못했다. 해리 릴리스(빙) 크로스비는 1942년에 "화이트 크리스마스"를 녹음하여 미국 내에서 음반 170,884,207장을 팔았고, 해외 여러 나라에서 4백만 장을 팔았다. 빙도 그 "중성 인간"을 400%만큼 능가한 것이다.

"그래미상"은 고전 음악가들에게도 주어지는데, 그중 한 명은 마이클 잭슨이 받은 것보다 세 배나 더 많은 상을 받았다. 바로 부다페스트에서 태어난 게오르그 솔티 경이었는데, 그는 25개 부문에서 그래미상을 수상했다.

이제껏 살았던 드럼 연주자 중 가장 보수가 높았던 사람은 버디 리치(1917-1990)였는데, 그는 1941년에 아르티 쇼우의 관현악단과 더불어 정상에 올랐고, 그 다음 해리 제임스의 관현악단, 그 후 타미 도르시의 관현악단으로 옮겨갔다. 그는 일 년에 75,000달러를 벌었는데, 그것은 오늘날로 말하면 매년 거의 125,000달러를 받을 정도였다는 말이다.

솔로몬은 수집가였다. 그는 예술 작품들을 모았을 뿐만 아니라(8절) 『**크고 작은 소떼**』를 가졌다(7절). 여러분이 옥수수가루 한 봉지를 손에 넣는 식으로, 그는 130만 달러에 팔린 홀스타인 젖소를(1985년 7월 13일) 손에 넣었다. 6,000달러짜리 돼지를 사더라도(1985년 3월 5일) 그의 예금 계좌에는 아무런 영향도 생기지 않았고, 1916년 10월 16일에 47,000달러에 팔린 벨기에 짐수레 말을 구입해도 솔로몬의 돈지갑에는 아무런 문제도 없었다.

오하이오 주 크로턴에는 병아리 사육장이 있는데, 누군가가 그곳에 알 낳는 닭 480만 마리를 소유하고 있다. 영국 노퍽 주에는 칠면조 농장이 있는데, 거기 도처에서는 850만 마리의 칠면조들이 울고 있다. 또 오스트레일리아 남부에는 양 목장이 있는데, 6,7만 마리의 양떼와 7만 마리의 소떼와 54,000마리의 캥거루들을 방목하고 있다. 그 목장의 크기는 4,084평방마일이다. 하지만 그 정도의 가축으로는 솔로몬이 하나님께 바친 하루의 희생제도 감당하지 못했다(왕상 8:63). 여러분이 보듯이, 현대인은 전도서 2:7,8에 관한 한 경쟁상대가 되지 못한다. 일 년에 3백만 마리의 돼지들을 가공 처리하는 유고슬라비아의 돼지 사육장도 상대가 되지 못한다. 재산과 소유물과 성과 타락에 관해 말한다면 현대인은 농담, 그것도 유치한 농담에 불과하다.

『**독특한 보물**』 중에는 오늘날의 수백만 달러짜리 품목들이 포함되었을 것이다. 1721년에 있었던 경매에서 스트라디바리우스 바이올린의 낙찰 가격은 1,148,000달러였는데, 오늘날로 보면 거의 1,400만 달러에 상당하는 액수다(1985년 11월 14일 런던에서 서더비스는 그것을 1백만 달러도 안 되는 값에 팔았다). "키타라 바텐테"라고 하는 독일 기타는 25,000달러에 팔렸다. 그것은 1634년에 제작된 것이었다. 5,300만 달러에 팔린(1987년 11월 11일) 반 고흐의 작품 〈아이리스 꽃밭〉 같은 품목들에서 현대에 솔로몬을 흉내내려는 시도들을 볼 수 있다. 반 고흐와 피카소는 뉴스미디어의 신들이었다. 신문 · 잡지가 그들을 창조해낸 것이다. 피카소는 파리 한 마리도 그릴 줄 몰랐고, 반 고흐는 헛간에 페인트칠도 하지 못했다. 피카소는 카톨릭 공산주의 "만화 도안가," 즉 "뒤틀어진 낙서꾼"이었고, 반 고흐는 자신이 평생에 힘을 다할 것이라고 공언한 단 한 가지 목표도 달성하지 못한 실패자였다. 그는 복음전도자 사역을 위해 훈련받는 데 실패했을 뿐만 아니라, 예술가와 인간으로서도 실패했다. 반 고흐는 피카소와 마찬가지로 훌륭한 잡지에 팔렸지만, 죽을 때까지는 그러지도 못했다. 반 고흐가 죽어 지옥으로 간 후, 기회주의자들은 좌절과 치매를 화판 위에 쏟아부은 한 정신병적 방랑자에게 무언가 예술적인 것이 있었다고 가장함으로써 더러운 부를 축적했다. 그것이 바로 현대인이 예술을 바라보는 방식이다. 스페인의 카톨릭 공산주의자였던 파블로 피카소(1881-1973)는 13,000점의 채색화와 소묘, 34가지 잡지 삽화들, 그리고 300개의 조각 작품을 만들었다. 그의 작품 속에서는 재능이 전혀 눈에 띄지 않는다. 그의 작품은 순전히 왜곡과 남용과 훌륭한 잡지에 기반을 두고 있다. 그의 필생의 작품은 저술가들(예술 비평가들, 선정적 싸구려 잡지 기자들, AP 연합통신사, 〈타임〉과 〈라이프〉지, 그리고 로마카톨릭 교회) 덕택에 7억 5천만 달러 어치가 되었다. 피카소는 "손님 끄는 전시물" 하나도 제대로 그리지 못했다.

솔로몬은 『**안목의 정욕**』 때문에(전 2:10) 1,000명의 아내를 두었다. 옛 태국의 몽구트 왕은 900명을 두었다.

솔로몬은 "쾌락에 탐닉한" 사람이었다. 그의 부동산 소유는 현대의 거물급 인사들 대여섯 명이 가로챈 토지를 다 합쳐 놓은 것과 맞먹었을 것이다. 그는 수입과 지출, 담보, 보관금, 소요 경비, 보험금, 투자액을 누군가에게 보고할 필요도 없었다. 아무도 그에 대해 회계 감사를 할 수 없었다. 게다가 그가 평생에 하루라도 병에 걸렸다는 기록이 없다. 게다가 또 그는 16세부터 60세까지의 금발을 하고 피부가 흰 여인들, 머리와 피부가 거무스름한 여인들, 붉은 머리의 여인들, 또 그 사이의 온갖 빛깔의 머리와 피부를 한 여인들에게 모두 접근할 수 있었고, 또 술 취하고 싶을 때는 언제든지 음주 운전이나 풍기 문란 행위로 체포될 염려 없이 취할 수 있었다. 더구나 그는 당시의 최고법원 판사였다. 그 어떤 신문도 그를 조사할 수 없었고, 그 어떤 형사도 그의 전화를 도청할 수 없었으며, 마약 단속반의 그 어떤 수사관도 그를 감시할 수 없었다. 파울 카스텔라노, 카를로스 마르첼로 등의 마피아 "대부들"도 솔로몬과 견줄 수는 없었다.

지금쯤이면 그 교훈은 분명할 것이다. 현재 이 세상 모든 대륙에 사는 사람들 중에, 역사상 가장 현명했던 그 사람보다 세속적인 삶에 대해 더 많이 아는 사람은 한 명도 없다. 현대인들이 이 사실을 깨달을 수만 있다면 모래로 새끼줄 꼬는 일을 그만둘 것이다. 왜냐하면 그것은 아인슈타인, 플랑크, 윌리엄 글랫서, 사르트르, 헨리 제임스, 버트런드 러셀, 존 듀이, 할리우드, 전미 교육협회, 흑인지위향상협회, 국제연합, 자유인권협회, 대법원, 뉴스미디어가 제시한 온갖 충고들이 단지 비전문가들의 조언일 뿐임을 뜻하기 때문이다. 그들은 그저 추측을 하고 있는 것이다. 솔로몬은 그들이 인생을 향유하는 방법에 관해서 내놓은 의견들을 판단할 자격이 있는 사람이다.

2:10 내 눈이 원하는 것은 무엇이든지 멀리하지 아니하였고 내 마음이 즐거워하는 것은 아무것도 억제하지 않았으니, 이는 내 마음이 나의 모든 수고를 기뻐하였고 이것은 또한 내 모든 수고에서 나

온 나의 몫이었음이라.

11 **그후에 내 손이 했던 모든 일들과 내가 수고했던 수고를 내가 보**
았더니, 보라, 모든 것이 헛되었고 영의 고통이었으며 해 아래서
아무 유익이 없었도다.

10절은 솔로몬의 실험적이고 논리적이고 실증적인 경험론이 도달한 범주가 어디까지인지를 보여 준다. 그는 조금이라도 고삐를 늦추지 않았다. 그는 "미친 듯이 페달을 밟았다." 『**내 눈이 원하는 것은 무엇이든지 멀리하지 아니하였고**』. 설탕을 입히고 호두가루를 흩뿌리고 초콜릿을 바르고 과일과 시럽을 얹은 아이스크림을 먹고 싶으면 그것을 먹었다. 자기의 열 살짜리 딸한테 280만 달러를 물려준 코넬리우스 반더빌트는 "바로 저런 식사만 먹을 수 있게 하기 위해서 내가 가진 재산의 반을 주고자 하는 것이네!" 하고 말했다. (그는 한 젊은 대학생이 비프스테이크와 구운 감자와 크림 바른 버섯과 따끈따끈한 버터 롤케이크와 초콜릿 케이크를 해치우는 모습을 지켜보면서 자기의 비서관에게 이 말을 한 것이었다. 반더빌트는 그저 묵은 빵 구운 것을 씹으면서 소스 없는 야채를 먹고 있었다.)

솔로몬은 아름답고 젊은 소녀를 보면 그녀를 취했다. 침실 5개에 욕실 3개인 농장 주택의 모양이 마음에 들면 그것을 샀고, 수공으로 만든 원조 포르셰 혹은 메르세데스 벤츠 자동차가 마음에 들면 50만 달러짜리 수표를 써 주고서는 그 즉시 주차장에서 몰고 나갔다. 또 에이커 당 50만 달러인 어떤 땅이 마음에 들면 4에이커의 대금을 현금으로 지불하고서 샀다. 『**내 눈이 원하는 것은 무엇이든지... 내 마음이 즐거워하는 것은**

아무것도 억제하지 않았으니』.

아무런 구속도, 아무런 제한도, 아무런 법규와 규정도, 아무런 규제도 없었다. 솔로몬은 40년 이상을 완전히 자기가 마음에 원하는 대로 행동했다. 루키 루치아노, 알 카포네, 살바토르 레기오, 프랑크 코스텔로 같은 마피아 두목들도 결코 그처럼 잘 갖지는 못했다. 평생 동안 원하는 대로 행동하는 데 있어서 그들은 결코 솔로몬과 맞먹을 수가 없었다. 아무도 솔로몬에게 접촉하여 해치거나 체포하거나 심문할 수 없었다. 그는 원한다면 누구든지 해치워버릴 권세가 있었고, 원한다면 언제든지 그렇게 할 수 있었다. 열왕기상 2-4장을 보라. 쾌락과 사치와 죄에 관한 최고 권위자는 콘스탄틴이 황제가 되기 1,000년도 더 이전에 죽은 것이다. 그는 우리에게 유언을 남겨 놓아서 "자신이 알고 있는 바"를 증언했다. 지식인 엘리트 집단이 헉슬리, 플랑크, 마르크스, 프로이트, 아인슈타인, 호킹, 라이니쉬, 드리슈, 베이트슨, 드브리스, 크레펠린, 프롬, 틸리히, 폰린네, 몰러, 부처, 포이어바흐, 헤겔, 다윈, 쇼펜하우어, 호일, 플라톤, 애들러, 니체 따위로 시간을 낭비하는 이유는 그들의 정서불안 때문이다. 그들은 죄에 관해서 자기에게 해명을 하도록 요구하시는 하나님에 대해 감히 생각해보려 하지 않는다. 그들이 과학적인 연구를 하려고 하는 그 동기를 과학적으로 살펴보면, 그것은 바로 "감정적 대혼란" 때문임이 밝혀진다.

한창 환락과 어리석음과 쾌락과 웃음을 즐기던 중에(1-3절) 이제 갑자기 우울함이 그 바람둥이에게 엄습한다. 그는 『**모든 것이 헛되었고 영의 고통이었으며... 아무 유익이 없었도다.**』라고 말한다. 그가 방금 전에는 『**내 마음이 나의 모든 수고를 기뻐하였고**』라고 말했지만(10절), 전도서가 "단번에 기록된" 것이 아닌 만큼 11절에서는 몇 년, 최소한 몇 달 후에 솔로몬이 앉아서 자신의 쾌락적인 생활을 돌이켜보던 모습을 보여 준다. 그렇다면 그 우울함은 즐기던 중에 닥친 것이 아니라, 객관적으로 회고하던 중에 생긴 것이다. 한마디로 "숙취"와 같은 것이다.

쾌락과 웃음과 환락과 어리석음에 관한 실존주의적 여행을 끝마친 후 여러 달이 지나서, 솔로몬은 자신이 결코 "어리석음을 벗지" 못한 우둔한 자일 뿐이라는 결론을 내린다. 11절은 분명하다. 4-9절에 나오는 엄청난 일들을 솔로몬 자신이 기록한 잠언 5:11의 교훈으로 비추어 보고 있는 것이다. 50피트 깊이의 물탱크 3개를 가지고 뭘 할 것인가? 앞서 말한 대부호 반더빌트의 저택 속에서는 뭘 할 것인가? 17개의 침실이 있는데, 저녁 10시부터 아침 6시 반까지 침대마다 30분씩 잠을 자겠는가? 도대체 뭘 해야 되겠는가? 할 수 있는 일은 아를린 홀튼, 밥 존스 3세, 느부캇넷살이 할 수 있었던 일밖에는 없을 것이다. 바로 자신의 광대한 왕국을 내려다보면서 "하나님께 영광과 감사를 돌리는" 경건한 말을 하는 가운데, 마음속으로는 『**이것이 내가 내 권세의 힘으로 내 위엄의 영예를 위하여 왕국의 집을 건설한 위대한 ...이 아니냐?**』 하고 말하는 것이다(단 4:30).

물론 그런 말을 큰소리로 내뱉지는 않을 것이다. 겉으로는 "하나님께서는 우리를 이렇게 선대해 주셨습니다!", "오, 하나님께서 우리에게 얼마나 복을 주셨는지" 등의 말을 해야 될 것이다. 토지를 횡령하고, 시 공무원들을 타락시키고, 여러 가지 성경 역본들과 타협하고, 돈 거래를 하고, 법적으로 사기를 치고, 선교사들에게서 취한 돈을 낭비하고, 자기 왕국의 부패상을 폭로하는 보고서를 검열하고, 공개되지 않는 비밀 편지로 그리스도인들을 공격하는 따위의 일들을 덮어 가리기 위해서는 무언가 "종교적인" 말을 해야만 한다. 그렇다! 20세기의 기독교 "근본주의"에게는 교육가들의 경우보다도 사람들로 하여금 믿게 만들어야만 할 내용들이 훨씬 더 많다. "탐심"은 질병과도 같아서(전 1:8), 1평방마일의 토지와 집 50채를 사들이고, 지역 교회들을 통제하려고 애쓰며, 여러 가정의 재산을 빼앗음으로써 치유되는 것이 아니다. 선교사들에게 전해져야 하는 돈을 취하여 욕실 타일, 물탱크, 발전소, 지하 배선, 모텔, 조경 공사, 아파트, 종탑, 운동경기장 등을 위해 쓰고 또 고액의 변호사 비용을 지불한다 해도, 돈과 토지에 대한 기독교 교육가의 탐욕은 충족시킬 수가 없다. 『**돈을 사랑하는 것이 모든 악의 뿌리니**』(딤후 6:10).

마음껏 쾌락에 탐닉하고 난 후에 솔로몬은, 자신이 할 수 있는 일이란 단지 자기가 해놓은 일을 바라보고 그 일에 대해 생각하는 것밖에는 없다는 사실을 알게 되었다.

『**그후에 내 손이 했던 모든 일들과... 수고를 내가 보았더니**』.

그의 배는 그가 얼마나 식욕을 잘 채웠는지를 보여 주었고, 그의 옷가지와 보석류는 그가 얼마나 재산을 많이 몰수했는지를 보여 주었으며, 그의 은행 계좌는 그가 이후 여러 해 동안 쓸 것을 얼마나 많이 쌓아 두었는지를(눅 12장) 보여 주었고, 그의 매력적인 후궁들은 그의 정욕이 얼마나 만족할 줄 몰랐는지를 보여 주었다. 그리고 바로 그것이 있었다. 무엇 말인가?

다름이 아니라 그의 앞에는 죽음이 있었던 것이다(12-19절).

그가 수고하여 쌓아 올린 것은 다른 누군가의 소유가 될 것이다. 그는 그의 아내들과 첩들을 다른 사람과 동거하도록 내어주고, 그의 금과 은을 다른 사람이 쓰도록 내어주고, 과수원과 동산들을 내어주고, 수영장과 포도원들을 내어주고, CD와 비디오를 경매에 붙이게 될 것이며, 누군가가 그를 흙 속에 묻을 것이다. 그가 죽을 때 얼마나 많이 남겨두고 갔는가?

그는 소유를 전부 남겨두고 갔다.

록펠러 가, 케네디 가, 부르봉 왕가, 합스부르크 왕가, 로마노프 왕조, 카롤링거 왕조, 튜더 왕조, 홀렌졸레른즈 왕조, AT&T사, 월마트, 페니즈, 맥도널드, 코카콜라, KFC, 피자헛, IBM, 엑손사 역시 마찬가지다.

여러분 역시 소유를 가져갈 수 없다. 『**우리가 세상에 아무것도 가지고 온 것이 없으며 아무것도 가지고 갈 수 없는 것이 분명하니**』(딤전 6:7).

2:12 내가 지혜와 미친 짓과 어리석음을 보려고 나 자신을 돌이켰도다. 왕 뒤에 오는 자가 무엇을 할 수 있는가? 그것은 이미 행해진 것이라.

13 그때 나는 지혜가 어리석음보다 뛰어남이 빛이 어두움을 뛰어넘는 것과 같음을 보았도다.

14 현명한 사람의 눈은 그의 머릿속에 있고 어리석은 자는 어두움 속에 다니거니와, 이들 모두에게 한 가지 일이 일어남을 또한 내 자신이 깨달았도다.

15 그때 내가 내 마음속에 말하기를 "어리석은 자에게 일어나는 일이 내게도 일어나는도다. 어찌하여 그때 내가 더 현명했던가?" 그리하여 내가 마음속에 말하기를 "이것 역시 헛되도다." 하였도다.

16 이는 현명한 자에 대한 기억이 어리석은 자에 대한 기억보다 영원히 더 남아 있지 못하며 지금 있는 것이 장차 올 날들에는 모두 잊혀지게 됨을 볼 것임이라. 또한 현명한 자가 어떻게 죽는가? 어리석은 자와 같도다.

17 그러므로 내가 삶을 미워하였나니, 이는 해 아래서 행해지는 일이 내게 슬픔이기 때문이라. 모든 것이 헛되고 영의 고통이라.

또 시간이 경과되었다(12절). 그는 지혜가 어리석음과 미친 짓과 관련될 수 있는지를 보기 위해 이전으로 돌아가서 다시 살펴본다. 웃음은 『**미친 것**』이었고(2절) 환락과 어리석음이 거기에 동반되었지만, 『**지혜**』는 어떤가? 그것은 그의 본래 계획이었다(전 1:13,16).

그의 뒤에 왕이 될 사람이(그 사람은 결국 르호보암이었는데) 할 수 있는 일은 기껏해야 그가 이미 했던 일밖에 없다. 그 사람은 결코 그를 "능가할" 수 없을 것이다. 확실히 르호보암은 그러지 못했다. 르호보암은 자기 아버지가 자기에게 남겨준 금을 지켜내지도 못했다(왕상 10:17; 14:26). 솔로몬은 18절과 19절에서 이 주제를 다루며, 지금은 지혜와 어리석음을 비교한다(13절). 지혜가 비록 슬픔을 늘리는 것이라 해도, 여전히 『**어리석음보다 뛰어**』나다. 그 이유는 슬픔이 성화된 삶을 가져올 수 있기 때문이다(전 7:3). "쾌락과 웃음과 환락과 어리석음"의 한가운데서 갑자기 도덕적 가치들이 쓸데없이 머리를 들어올린다! (이 사람이 바로 잠언 1:20-23; 2:2-5; 3:13; 4:5,7; 5:1; 7:4; 8:1,5,11,12,14을 기록한 그 사람인 것이다.) 본문은 눈이 머릿속에 있지 않은 채로 다니는 사람을 이야기한다(14절). 『**눈이 있어도 보지 못하고**』(시 115:5). 그러나 이 생각이 그의 머릿속으로

들어가기가 무섭게, 그 옛날의 이성적인 아담의 지성이 나서서 반격을 한다. "글쎄, 죽음에 관한 한, 현명한 사람과 어리석은 자 사이에 무슨 차이가 있는가? 한 사람이 다른 사람보다 현명하다 한들, 무슨 차이가 있겠는가?" 아무 차이도 없다. 『**어리석은 자에게 일어나는 일이 내게도 일어나는도다... 현명한 자가 어떻게 죽는가? 어리석은 자와 같도다**』(15,16절). 그 시제를 눈여겨보라(『**내게도 일어나는도다**』). 그는 아직 죽지 않았다. 그러므로 NASV 등이 "나는 왕인 적이 있노라"고 한 것이 설사 옳았다 치더라도(앞의 개관 부분 참조) 그것은 여전히 아무 의미도 없는데, 이는 솔로몬이 그것을 기록했을 당시에도 왕이었을 것이기 때문이다. 어리석은 자가 죽은 후에 잊혀지듯이 현명한 사람도 잊혀질 것인데, 이는 『**지금 있는 것이 장차 올 날들에는 모두 잊혀지게**』 될 것이기 때문이다(전 1:11 주석 비교).

옛날에 한 왕이 현자를 불러서, 미래에 일어나게 될 모든 사건에 적용할 수 있는 어떤 격언을 그의 왕궁 벽에 새겨 달라고 요청했다. 그러자 그 현자는 이렇게 새겨 놓았다. "이것도 역시 없어지리라."

『**현명한 자가 어떻게 죽는가?**』 정확히 짐 존스와 아돌프 히틀러, 스탈린처럼 죽는다. 죽음이 현명한 자들의 심장을 한 번, 폐를 한 번 만지자, 그들은 그대로 뻗었다. 죽음이 어리석은 자들의 호흡과 심장 고동을 멈추게 하자, 그들도 그대로 떠나 버렸다. 피의 메리와 잭 케네디는 프랭클린 루즈벨트와 스탈린이 죽은 것처럼 죽었다. 폐를 한 번, 심장을 한 번 만지자 그것으로 끝난 것이다. 이것이 전도서 3:19의 의미이다. 거기를 보라. 번디가 "전기의자에 앉았을" 때 그는 "번개를 타고 가버렸고," 사람들은 조지 패튼, 어윈 롬멜, 존 퍼싱 장군들의 시체를 장사하듯이 그의 시체를 장사했다. 사람들은 유다 이스카리옷이나 하인리히 히믈러를 장사하듯이 알베르트 아인슈타인과 알베르트 슈바이처를 장사했다. 사람들은 땅에 구멍을 파고, 거기에 그들을 떨어뜨리고, 덮어 가린 다음, 그 위에 흙을 채워 넣었다.

『**그러므로 내가 삶을 미워하였나니**』(17절). 이는 그가 간직할 수 없는 것, 즉 그가 떠날 때 가지고 갈 수 없는 것을 성취하려고 개처럼 일했기 때문이다. 그러나 그 불길하고도 되풀이해서 나타나는 주제를 주목하라(『**해 아래서**』). 신약에 따르면(계 14:13, 딤전 5:24) 사람의 행위는 "그 사람을 뒤따르게" 될 것이다. 『**해 아래서**』 사람은 이것을 알아차리지 못한다. 하나님의 지시 하에, 그분의 영광을 위해서 행한 일들은 『**헛되고 영의 고통**』이 아니다. 여러분은 『**해 아래서**』가 아니라 무덤 저편에서 그것들을 마주 대할 것이며, 그것들은 여러분보다 더 늦게까지 땅 위에 살아남은 누군가의 평가와는 아무런 상관이 없을 것이다.

이 점에 있어서, 성경대로 믿으며 혼을 구령하는 설교자는 교황, 의사, 변호사, 대주교, 판사, 자선가, 사제, 과학자 등의 직업을 포함하여 이생의 모든 다른 소명이나 직업보다 유리한 입장에 있다. 과학자나 자선가의 선행이 2-3대까지는 유익을 줄지도 모른다. 물론 정부가 돈을 횡령하지 않고, 또 그 세대들이 과학적 진보로 등장한 의료 사치품들을 사용할 만한 돈이 있을 경우에 말이다(전 세계 인구의 4분의 3가량은 마취주사나 특효약, 진통제를 사용할 여유도 없다). 또, 어떤 가족이나 한 개인에게 베푼 변호사와 의사의 선행이 손자들까지는 느껴질지도 모른다. 그러나 영원을 생각해볼 때 그 선행은 아무 가치도 없다. 그러나 조지 휫필드, 이그나티우스, 존 웨슬리, 바울, 마틴 루터, B.B. 크림, 존 라이스, 잭 하일스, 밥 존스 시니어, 드와이트 무디, J. 프랭크 노리스의 수고는 그렇지 않다. 올리비 그린과 M.R. 디한 박사는 둘 다 지금부터 15년도 더 이전에 죽었으나, 하나님께서는 여전히 그들을 사용하고 계신다. 여러분이 오늘밤 나를 죽인다 해도(실제로 기독학교 교수들 5,000명은 그런 일이 일어나기를 바라고 있다) 나는 다음 주에 텔레비전으로 7백만 명이 넘는 시청자들 앞에 나타날 것이다. 나는 사역을 하는 가운데 영적인 "후손들"을 여러 대까지 얻었다. 이들은 내가 그리스도께로 인도한 사람들이 다시 그리스도께로 인도한 사람들, 바로 그들을 통해 회심한 자들이 다시 그리스도께로 인도한 구령하는 설교자들이다. 이 지구상 해외의 어딘가에는 매일 한 명 이상의 혼을 그리스도께로 인도하는 34명의 청년들이 있다. 이 인도된 혼들은 영원히 살 것이며(요일 5:11,20), 여러분은 『**우리가 세상에 아무것도 가지고 온 것이 없으며 아무것도 가지고 갈 수 없는 것이 분명하니**』라는 규칙을 어기고 그들을 본향으로 데려가서 함께 기뻐할 수 있다. 여러분은 "여기서" 사람들의 혼을 데리고 가서 "해 위에서" 그들을 만날 수 있다. 의사, 변호사, 사제, 교황, 판사, 교육가들 중 누구도, 구령하는 설교자가 행할 수 있는 그런 영속적인 선을 행하지 못한다. 내 과거의 사례를 살펴보면, 내 사역을 통해 한 어머니가 구원받고서 칠판 그림 전도를 시작했다. 그녀는 칠판 그림 전도로 그 딸을 주님께로 인도했고, 지금은 그 딸이(이제는 이 딸도 어머니가 되었다) 칠판 그림 전도로 사람들을 인도하고 있다. 나를 그리스도께로 인도한 분은(휴 파일) 나를 그리스도께로 인도함으로써 사역 중에 "현손"을 두게 되었다. 나는 (베트남 출신의 카톨릭 신자인 보병) 세실 포드를 그리스도께 인도했고, 세실은 (베트남에 있었던 일본인 군의관) 바니 이하를 그리스도께 인도했고, 바니는 잭 하일스의 버스 운전기사로 일하면서 200명 이상의 아이들을 그리스도께로 인도했다.

이 세상 어디에도 그 일에 비길 만한 소명이나 직업은 결코 없다. 『**전도자의 일을 하고 네 직무를 완수하라**』(딤후 4:5).

2:18 정녕, 내가 해 아래서 했던 나의 모든 수고를 미워하였도다. 이는 내가 내 뒤에 있을 자에게 그것을 남겨 주어야 하기 때문이라.

19 또한 그가 현명한 자일지 어리석은 자일지 누가 알랴? 그런데 내가 수고했던 것과 해 아래서 나 자신이 지혜로움을 보여 주었던 나의 모든 수고를 그가 치리하리니 이것도 또한 헛되도다.

20 그러므로 해 아래서 내가 한 모든 수고에 대하여 내 마음이 거의 절망하였도다.

21 이는 어떤 사람의 수고는 지혜와 지식과 공평 안에 있으면서도 그것을 그 속에서 수고하지 않았던 사람에게 그의 몫으로 남겨 주어야 하기 때문이니, 이것도 헛된 것이며 큰 악이로다.

22 사람이 해 아래서 수고한 그의 모든 수고와 그의 마음의 고통으로 얻는 것이 무엇이냐?

23 이는 그의 모든 날들이 슬픔이며 그의 수고로운 비탄이요, 정녕, 그의 마음이 밤에도 쉬지 못함이니 이것도 또한 헛되도다.

시편 39:6은 18절과 완전히 일치한다. 아버지가 죽으면 아들이 그것을 이어받는다. 리처드 디한은 아버지인 M.R. 디한 박사의 사역을 유지하지 못했다. 밥 존스 시니어의 사역과 그 아들 밥 존스 주니어의 사역 사이에는 전혀 닮은 데가 없다. 찰스 풀러는 〈킹제임스성경〉을 지지하는 일을 게을리함으로써 그의 복음주의적 열정마저 쓸모가 없게 되었다. 그의 아들 댄 풀러가 그의 사역에서 복음주의와 구령하는 일을 완전히 치워버린 것이다. 빌리 선데이의 아들들 중 아무도 그가 했던 일을 계속하지 못했다. 댈러스 빌링턴과 오스왈드 스미스 왕국의 상속자들인 찰스 빌링턴과 폴 스미스는 비탈길을 내리달려 어둠 속으로 들어가 버렸다. 마틴 루터와 존 웨슬리에게는 후계자가 없었고, 그 점에 있어서는 조지 휫필드나 드와이트 무디 역시 마찬가지였다. 데이비드 하일스는 그의 아버지 잭에게 도움이 되지 못했다. 화가인 빈센트 반 고흐가 성경을 설교하던 그의 아버지 데오도르 반 고흐를 대신하지 못했듯이, 조지 노리스는 J. 프랭크 노리스를 대신하지 못했다. 레스터 롤로프나 빌리 그래함에게도 그들을 대신하여 『**수고**』할(19절) 수 있는 아들이 없었다.

솔로몬은 진정한 현실을 제시하고 있다. 바로 비관론자의 부정적인 관점 말이다. 그가 만들어 낸 것을 만드는 데에는 고통과 수고가 필요하지만, 그것을 물려받는 사람은 손가락 하나 까딱할 필요도 없을 것이다. 그리하여 솔로몬은 그의 지혜로 인간의 비참함을 익히 알게 되었다. 그의 시대 이후로 모든 새로운 발견에도 불구하고 무지는 증가할 것이다. 게다가 사람이 축적한 세속적인 지혜는(단 12:4) 매 십 년마다 자신과 타인들을 더욱 효율적으로 파멸시킬 수 있도록 할 뿐이다. "특효약"이 있는 곳에는(암이나 에이즈는 고치지도 못하지만) 거의 강탈하는 것이나 다름없는 "엄청난 병원비 청구서"가 있다. 아름다운 병실이 있는 곳에는 보통 사람이라면 넉 달도 못 되어 파산할 정도의 부담금이 있다. 빠른 속도를 내는 자동차가 있는 곳에는 매년 도로에서 50,000명의 사상자가 생긴다. "산아제한"이 있는 곳에는 낙태가 동반된다. 냉난방 시설이 있는 곳에는 암과 심장발작이 생긴다. 쓸모없는 바위덩어리들을 얻으려고 달로 여행하는 곳에는 250억 달러의 비용 청구서가 있다.

『**그러므로 해 아래서 내가 한 모든 수고에 대하여 내 마음이 거의 절망하였도다**』.

여러분이 일단 하나님이 계심을 부정하고 초자연적인 계시를 거부하면, 상대적이고 변덕스럽고 "무엇이든 괜찮다"는 식의 무정부주의자들로 가득 찬, 황폐하고 황량한 광야에 내버려지게 된다. 진보주의자(환경보호론자)가 발걸음을 내딛을 때마다 그곳에는 더욱더 커다란 재난이 일어난다. 솔로몬은 지혜를 얻으려고 수고했지만(21절), 어리석은 그 아들이(왕상 12:3-15) 솔로몬의 『**몫**』을 받았다(21절).

교훈은 다음과 같다. 현명하고 훌륭한 아들을 길러낼 수 있는 어머니는 솔로몬보다 더 많은 지혜를 가졌음에 틀림없다. 솔로몬은 어리석은 자를 길러냈기 때문이다. 유다의 가장 위대한 왕들 중 하나였던 히스키야는 므낫세를 낳았는데, 므낫세는 유다 최악의 왕이었다(렘 15:4). 솔로몬은 마침내 결론을 내리는데, 사람이 개처럼 수고하더라도(22,23절) 거기서 얻는 것이라고는 단지 잠 못 이루는 밤과(23절) 슬픔뿐이라는 것이다. 그것은 그가 "즐기며 지내는" 생활을 시작하기 전에 생각했던 바 그대로였다(전 1:16,17). 그는 지혜가 어리석음과 웃음, 환락, 쾌락과 어떤 관련이 있는지 연구하던 중에 빙 돌아 제자리로 왔다. 『**이것도 또한 헛되도다**』(23절).

솔로몬이 수고하던 동안 NIV는 여느 때와 같이 진리를 변개시켰다.

NIV는 전도서 2:1에서 솔로몬의 말을 억지로 바꾸어 "내가 너를 쾌락으로 시험하여 좋은 것을 찾아내리라."고 만들지만, 그것은 전혀 그 의미가 아니다. 전도서 2:11에서는 『**헛되었고 영의 고통이었으며**』라는 말을 제거하여, 사람 안에 있는 『**사람의 영**』(고전 2:11)이 전혀 고통받지 않게 했다. NIV에서는 고민과 수고가 사람의 영에 영향을 미치지 않는다. (NIV는 읽기 쉽다는 명목으로 기독교 서점에서 팔리는 번역본들 중 진리를 가장 심하게 변개한 것 가운데 하나다.) 언제나처럼 NIV는 15절에서 『**일어나는도다**』를 없애고서 "일어나리라"로 대체시킨다. 〈"리빙" 바이블〉과 RSV는 솔로몬이 "바람을 좇고," "바람을 잡으려고 애쓰는" 것으로 만들며(전 2:17), 그리하여 또다시 사람의 영이 "고통받지" 않게 한다. 반복해서 말하지만, 이것도 역시 이제껏 출판된 번역본 중 성경의 진리를 가장 악하게 변개시킨 것 가운데 하나다. 〈새영어성경〉(NEB)은 "헤벨"을 "공허함"이라고 번역하는데, 이것은 자아도취(허영), 그리고 쓸데없이 한 일(허무)이라는 『**헛되도다**(vanity)』의 두 가지 의미를 지워 버린 것이다.

2:24 사람이 먹고 마시며 수고하는 가운데 자기 혼으로 낙을 누리게 하는 것보다 더 좋은 것은 없도다. 내가 이것도 보니 하나님의 **손으로부터 나온 것이라.**

25 누가 나보다 더 먹고 이 일에 관해서 더 분주할 수 있으랴?

26 이는 하나님**께서 그가 보시기에 선한 자에게 지혜와 지식과 기쁨을 주시나, 죄인에게는 노고를 주시어, 모아서 쌓게 하셔서** 하나

님 **앞에 선한 자에게 주려 하심이니, 이것도 헛되어 영의 고통이 로다.**

솔로몬은 인생의 헛됨과 슬픔, 비탄에 대한 생각을 삭인 후에, 공리주의와 자기중심주의로 돌이킨다. 그는 사람의 모든 날들이 슬픔과 수고와 비탄으로 가득 차 있다고 방금 전에 말한 것을(22,23절) 부정하고서, 이제는 어떤 사람들이 자기들의 수고에서 기쁨을 얻고 『**낙을 누리게**』 된다고 말한다(24절). 그러나 이렇게 하기 위해서 그는 『하나님』을 끌어들여야 했다. 『**내가 이것도 보니** 하나님**의 손으로부터 나온 것이라**』(24절). 그러나 그 추론은 기본적으로 다음과 같다. 『**누가 나보다 더 먹고 이 일에 관해서 더 분주할 수 있으랴**』, 그러니 가장 좋은 것은 먹고 마시고 자기 일을 즐기는 것이다. 바로 내 기준이 가장 훌륭하고, 고로 그것이 모든 사람들에게 절대적인 것이라는 자기중심주의다. 내게 좋은 것은(실용주의) 다른 모든 사람에게도 좋아야 한다는 것이다. 이것을 앞부분과 하나의 문맥으로 취급하면 우연하게도 22절과 23절에 약간의 조명을 주게 된다. 그것은 모든 사람이 슬픔과 수고와 영의 고통을 발견하는 것이 아님을 의미한다(26절). 26절에 따르면 하나님이 보시기에 『**선한 자**』는 다른 방식으로 다루어지는 것이다. 이것은 인본주의적인 교향곡 속에 불협화음을 끼워 넣는 일이다. 하나님은 이미 1장 13절에서 제쳐둔 터였고, 그 이후로는 하나님을 결코 언급조차 하지 않았는데, 지금 갑자기 하나님께서 사람들에게 "베푸시는" 것을 나타내는 말로서 『하나님**의 손**』이라는 표현이 등장한다. 그분의 허용하시는 뜻 가운데 다소간의 기쁨과 쾌락을 허락하신다는 것이다. 지금 선한 자와 죄인이 대조되면서 키에르케고르의 실존주의가 선한 것에 대한 보상이라는 입장으로 대체되고 있다. 이는 잠언 전체에서 솔로몬의 입장이었고(잠 1:10; 13:21; 23:17), 그 죄인이란 용어는 그리스도 당시처럼 사용된 것이다(요 9:24, 눅 7:37).

여기서 우리는 솔로몬의 본성 중 다른 면을 보게 된다. 그 면은 그의 아버지 다윗이 그에게 가르친 것이다(삼하 3:39). 다윗은 그가 올바를 때(대상 29:28) 솔로몬처럼 자기 수고의 열매를 즐겼고, 죄짓는 동안에는(삼상 27:1) 진정한 평안이나 안식을 얻지 못하여(삼하 12,13장) 모든 것이 『**헛되고 영의 고통**』이었다(삼상 30:4-6). 솔로몬 역시 경험으로 이것을 알아냈다. 24-26절에서 솔로몬은 전도서 2:10대로 쾌락에 탐닉하는 가운데 있지 않다. 그는 『**앉아 있고, 옷을 입고 있으며, 또 정신이 온전한**』(막 5:15) 상태에 있다.

전도서 가운데 이런 "설교"가 몇 번이고 거듭해서 나오는 것을 주목하라(전 3:17; 5:6; 7:8,18,20,26 등). 그것은 죽은 정통주의 배교자들의 주장과는 달리, 바로 설교다. 〈새영어성경〉(NEB)은 전도자를 교사로 바꾸고 난 후, (그 성경 용어를 두려워하여) "코헬렛"을 뜯어고쳐서 "연설자"의 수준으로 끌어내렸다. 그러나 전도서 2:26에서 솔로몬은 "설교"를 하고 있는 것이다. 전도서 2:26을 이사야 23:18, 욥기 27:16,17과 비교하라. (교리적으로, 그 본문은 적그리스도가 쌓은 문명의 이기를 천년왕국 성도들이 물려받는 것에 대한 언급이다 - 마 5:5, 약 2:5.)

솔로몬은 쾌락과 환락, 웃음, 어리석음에 대해서 시험을 시작하기 전에, 정말로 훌륭한 삶을 한 입 맛본 적이 있다. 지금 그는 그때를 회고하면서, "그 삶이 가장 훌륭한 삶이야."라고 말한다. 70년 동안의 삶 속에서 이러한 생각이 그의 머릿속을 일곱 번 가로지른다. 그런 내용이 전도서 5:18,19에서 다시 튀어나오고, 전도서 9:7에서 또다시 튀어나오는 것을 주목하라.

주석가 L.D. 존슨은 말하기를 "솔로몬이 저자라는 암시를 주고 있지만, 이것은 분명히 사실이 아니다"라고 한다(〈평신도 주석〉, 98쪽). 그런데, 그것은 분명히 사실이다. 존슨은 지금 더그 커틸렉과 로버트 섬너처럼 전형적인 알렉산드리아식 허풍을 떨고 있는 중이다. 그는 ("분명히"라고) 진리를 거슬러 오만하고 독단적인 자세를 취하여, 순진하고 잘 속는 자들에게 깊은 인상을 주려고 하고 있는 것이다. "코헬렛은 자신을 왕처럼 보고 있다"(101쪽). 물론 그는 자신을 그런 식으로 바라보아야 했다. 그는 왕이었기 때문이다.

자, 이런 이단적이고 독단적인 태도를 접하게 되는 곳에서는 항상, 그들의 생각 속에 『**심한 헌데**』(계 16장)가 있음을 발견하게 된다. 그것은 그들이 성경을 혼잡케 하기 시작했을 때 하나님께서 그들의 정신을 혼잡케 하셨음을 보여 준다. 예를 들면, 바로 이곳에서 존슨이 자기가 신학교에서 배운 쓰레기를 전해 주려고 애쓰며 다음과 같이 말하는 것을 보게 된다. "(코헬렛에 따르면) 하나님께서 어떤 사람들을 다른 사람들보다 더 좋아하시는 것처럼 보이지만, 예수께서는 동의하지 않으셨을 것이다"(102쪽).

침대 커버에 흘린 썩은 달걀 같은 소리다.

이것은 스튜어트 커스터를(밥 존스 대학, 〈킹제임스성경 논쟁에 관한 진실, *The Truth About the King James Version Controversy*〉) 재탕한 것이며, "축자적으로 영감받은 원본"에 미쳐 있는 사람들을 통해 종교적 자유주의가 만발한 것이다.

정말로 예수님께서는 "어떤 사람들을 다른 사람들보다 더 좋아하시지" 않는가?

『**내가 야곱은 사랑하였고 에서는 미워하였노라**』(롬 9:13).

『그리스도**께서 교회를 사랑하셔서 교회를 위하여 자신을 주신 것같이... 나는 세상을 위하여는 기도하지 아니하고**』(엡 5:25, 요 17:9).

『**그러자** 예수**께서 그를 쳐다보시고 사랑하시며...** 예수**께서... 사랑하시는 제자가**』(막 10:21, 요 19:26).

『**너희 뱀들아, 독사들의 세대야**』(마 23:33).

『**먼저 독보리를 모아서 불사르기 위하여 단으로 묶고**』(마 13:30).

『예수**께서... 자기 사람들을 사랑하시되 그들을 끝까지 사랑하시니라**』(요 13:1).

무슨 일이 벌어진 것인지 알겠는가? "부정적인" 설교의 사례가 등장하자, "호전적인 근본주의자"라는 자들이 현대주의자와 자유주의자로 둔갑해 버린 것이다. 그들은 자기 학교에 돈을 기부하는 교육받은 기독교인들의 압력을 맞서지 못했다. 이 미지근하고 타락해 버린 "보수주의자들"은 자기의 생계비를 지급해 주는 지역 사회를 "화나게" 만들 수 없었다. 불신자 위에는 하나님의 진노가 머물러 있다(요 3:36). "그들을 좋아하신다"는 것은 절대로 불가능하다. 예수님께서 베드로와 야고보와 요한을 좋아하셨듯이 헤롯과 빌라도를 좋아하셨다면, 어째서 그들이 묻는 말에 아무런 대꾸도 하지 않으신 것인가?(요 19:10, 눅 23:9) 다섯 명의 남자와 어울리며 간음했던 여인과는 대화를 해주셨던 분인데 말이다(요 4장).

그는 자기를 구원하신 분의 성격도 알지 못하는 것이다. 그가 구원받기라도 했다면 말이다. 밥 존스 대학의 성서학과장 역시 마찬가지다.

"더 낫게 번역을 하면 '바람을 먹고사는 것'이 된다"(〈위클리프 주석〉, 586쪽). 아니다. 사실 그것은 그 구절을 아주 열등하게 번역한 것이다. 또 전도서 2:20은 "'돌이켰도다'라고 되어야 한다"(같은 쪽)고 했지만, 물론 그렇게 되어서는 안 된다. "전도서 2:24을 가장 잘 해석하는 방법은 〈칠십인역〉과 같이 '하나님을 제쳐둔'이라고 하는 것이다." 역시 또 틀렸다. 하나님의 말씀들은(구약) 헬라어로 알렉산드리아 이단에게 주어진 것이 아니라, 히브리어로 유대인들에게 주어졌다(롬 3:2). 〈리버티 주석〉(로널드 호킨즈)은 전도서 2:24에서 전미교회협의회의 RSV를 추천한다. 호킨즈는 넌지시 말하기를 "먹고 마시고 인생을 즐길 수 있다는 것은 사람에게 좋은 것이 아니다"라고 한다. 그는 류폴드에게서 이런 혼잡한 생각을 얻어낸 것이다. 이렇게 하여 본문과 전도서 5:18; 9:7과의 연계를 끊어 버린다. 제리 폴웰의 주석가 호킨즈는 류폴드를 바로잡는 대신 그가 고쳐놓은 것을 받아들이고서는 류폴드의 해석에 대해 주석한다. 성경 본문을 주석한 것이 아니다.

제미에슨은 전도서 2:21을 "성공과 함께"로 고치고 싶어 하며, 그 부분에 대해서 NIV와 RSV는 NKJV나 〈"리빙" 바이블〉과 마찬가지로 『**공평**』을 "기술"이라고 고친다. 이것은 그 말의 도덕적 의미를 없애 버린 것이다. 공평은 "균등하게 조정하는 것," 또는 "올바르게 분배하는 것"을 의미한다. 솔로몬은 이 부분에 있어서도 그의 앞서 있던 어떤 왕보다도 더 많이 수고했다. NIV, RSV, NASV, NKJV 번역자들은 열왕기상 3:8,9에 나오는 분명한 성경적 증거를 내버린 것이다.

힛직, 에왈드, 델리취, 쿠에넨, 케일, 클라이너트, 하우프트만, 조클러 등은 전도서 1,2장에 대해서도 늘 하던 식의 말을 한다. 『전도자』는 "설교하는 여자"가 되었어야 하고, 『**수고**』는 "고생"이 되어야 하고, 『**세대**』는 "사람들"이 되어야 하고, 『**지혜**』는 "지혜와 추리력"이 되어야 하고, 『**심한 노고**』는 "비참한 일"이 되어야 하고, 『**내 마음이 지혜를 알고 있으면서도**』는 "내 마음이 여느 때와 같이 움직이면서도"나 "내 영이 활동하고 있었지만," 또는 "내 마음이 나를 이끌던 동안"이 되어야 한다. 아니면 또...

그 이단적인 쓰레기더미를 창밖으로 내던져 버리라. 그 연합에 속한 모든 사람을 〈킹제임스성경〉 본문으로 바로잡으라. 『**만일 그들이 이 말씀에 따라 말하지 아니하면 이는 그들 안에 빛이 없기 때문이라**』(사 8:20).

전도서 3장

3:1 하늘 아래 모든 것에는 시기가 있고, 모든 목적에는 때가 있으니,

2 태어날 때와 죽을 때, 심을 때와 심긴 것을 뽑을 때며

3 죽일 때와 치유시켜 줄 때, 헐 때와 지을 때요

4 울 때와 웃을 때, 애도할 때와 춤출 때며

5 돌들을 던져 버릴 때와 돌들을 함께 모을 때, 안을 때와 안는 것을 그만둘 때요

6 얻을 때와 잃을 때, 간수할 때와 버릴 때며

7 찢을 때와 꿰맬 때, 침묵을 지킬 때와 말할 때요

8 사랑할 때와 미워할 때, 전쟁의 때와 평화의 때라.

이 유명한 본문은 달의 공전주기 날수대로 28가지 항목을 나열하고 있다. 달은 『**징조와 계절**』을 위해 놓였다(창 1:14). 분명히 이 부분은 방금 전까지 기록한 내용의 흐름에서(전 2:24-26) 완전히 벗어나 있다. 이

전 장을 기록한 이후로 한 달이나 일 년(혹은 십 년)의 시간이 흘렀을 수 있다. 어떤 일들은 『**때를 얻든지 못 얻든지**』(딤후 4:2) 수행해야 하지만, 또한 『**시대의 표적들**』(마 16:3)을 분별할 줄 알아야 한다. 어떤 시기들은 계시되지 않지만(행 1:7), 또 어떤 것들은 "정확히 알려진다"(살전 5:1). 다음의 모든 내용은 절대적인 진리이며, "상대적인" 것은 아무것도 없다.

1. 『**태어날 때**』. 사람의 경우에는 임신 후 아홉 달째다. 모든 동물은 새끼를 배는 시간이 정해져 있다. 점성학에서는 사람의 출생 시기에 따른 예측들을 제시하고 있다.

2. 『**죽을 때**』. 다윗도 솔로몬에게 그것을 말했고(왕상 2:2), 야곱도 『**보라, 나는 죽으나**』라고 말했으며(창 48:21), 이삭은 자신의 죽을 날을 몰랐고(창 27:2), 다윗은 자기의 "때"를 수십 년만큼 빗맞혔지만(삼상 20:3), 그들 모두에게는 마침내 『**죽을 때**』가 이르렀다.

3. 『**심을 때**』. 구식 농부들은 모두 "징조"에 따라 농작물을 심는다. 그들은 달이 차고 이지러지는 것에 따라 수확을 한다. 노스·사우스 캐롤라이나 주의 산골 주민들은 모두 수확이 잘되기를 바라면서 물병자리, 전갈자리, 처녀자리 같은 황도 12궁의 징조를 깊이 신뢰한다. 이 문제에 대해 여러분이 어떻게 생각하든지 간에, 어느 정도는 분명히 옳다. 땅이 따뜻해지기 전에 오크라를 심으면 수확이 잘되지 못하며, 캐나다 매니토바 주와 서스캐처원 주에서는 피칸 호두나무를 기를 수 없다. 캔자스 주의 10월은 밀을 심기에 안 좋은 때이며, 앨라배마 주(조지아 주)의 5월은 감자를 심기에 안 좋은 때다. 『**심을 때**』는 또한 어떤 영토에 한 민족을 심을 때가 있다는 의미이기도 하다(렘 18:9; 31:2).

4. 『**심긴 것을 뽑을 때**』. 그것은 일차적으로 이방 민족들에 대한 언급이지만(렘 1:10, 대하 7:20), 분명히 농작물에도 적용된다. 농작물을 수확할 때가 있는 것이다. 그 때가 지나면 과수원은 엉망이 되어 버린다. 토마토, 호박, 수박, 포도는 덩굴에 달린 채 썩어 버리고, 오크라는 옥수수 속처럼 딱딱해지며, 옥수수는 갈색으로 변하여 가축의 먹이로밖에는 쓸 수 없게 된다. 사과와 오렌지는 썩어서 떨어져 버리고, 콩은 너무 딱딱해져서 조리할 수조차 없게 된다.

5. 『**죽일 때**』. 전쟁 중에 그렇게 하도록 명령받을 때(삼상 15장, 롬 13장), 사회의 유익을 위해 살인자를 벌할 때(민 35장), 절뚝거리는 말과 가망 없는 병에 걸린 개나 고양이를 처분할 때, 파리와 모기, 쥐, 바퀴벌레, 방울뱀을 상대할 때, 그리고 (구약에서) 하나님을 모독하는 자들과(레 24장), 안식일을 어기는 자들과(민 15장), 부모를 학대하는 자들과(출 21:15), 성도착자들을(레 18:22,29) 벌할 때가 바로 죽일 때이다.

6. 『**치유시켜 줄 때**』. 이사야 39장과 열왕기하 5장이 그 예가 된다. 때때로 어떤 민족이 영적으로 병들어서(사 1:5,6) "치유"가 필요한 경우가 있다(렘 14:19). 때때로 어떤 성읍이 병들기도 한다(렘 51:8,9).

7. 『**헐 때**』. 역대기하 26:6; 36:19, 마태복음 24:2에서와 같다. 오래된 건물은 때때로 부수어야 하고, 죄인의 정신적인 요새들도 무너뜨려야 하며, 오래된 자동차도 박살내야 한다. 『**헐 때**』가 있는 것이다. 주목하라! 부정적 사고에다 긍정적 사고와 동일한 지위를 주고 있다. 매 쌍마다(1-8절) 『**죽일... 울... 애도할... 잃을... 미워할...**』 그리고 『**전쟁**』과 같은 부정적인 내용으로 진술을 완성시키고 있다. 자동차 배터리에 음극이 없으면 자동차는 아무데도 가지 못한다. 죄와 술 취함, 성도착, 사기, 강탈,

공갈, 음란물, 변개된 성경 번역본들, 도덕적 불결함을 미워하지 못하는 사람은 그가 사는 사회에 위험한 인물이다.

8. 『**지을 때**』. 이것은 에스라와 느헤미야에서 훌륭하게 설명된다. 신약에서도 영적인 성장과(행 20:32) 그리스도의 몸과(엡 4:12-16) 관련해서 그 사례가 나온다.

9. 『**울 때**』. 베들레헴 여인들이 울고(마 2:18), 사무엘하 18:33에서 다윗이 울고, 사무엘상 30:4에서 그의 사람들이 울었던 것과 같다. 어떤 경우에 눈물을 흘리는 것은 절대로 잘못된 것이 아니다(롬 12:15, 약 4:9). 비록 우리가 『**소망이 없는 다른 사람들과 같이 슬퍼하지**』는 않지만(살전 4:13), 우리 사역의 모범이 되는 사람도 그의 생애 가운데 여러 번 아기처럼 울었다(행 20:19,31, 고후 2:4). 눈물 없는 사역은 능력도 없고 열매도 없는 사역이다. 『예수**께서 우시더라.**』

10. 『**웃을 때**』. 이 문제에 대해서는 전도서 2:1,2에서 이미 주석했다. 거기를 보라. 영적으로 이것은 우리의 구원이 완성되고(욥 8:20,21) 이스라엘이 회복될 때(시 126:2) 이루어질 것이다. 『**하늘들에 앉으신 분이 웃으실 것이요**』(시 2:4, 잠 1:26 주석).

11. 『**애도할 때**』. 예루살렘의 멸망을 두고 예레미야가 그랬고(예레미야 애가), 같은 문제를 두고 예수 그리스도께서 그러셨다(눅 19:41). 자신의 타락한 상태, 그리스도와 성경에 대한 사랑의 부족, 사람들의 혼에 대한 사랑의 부족을 두고 애도할 수도 있고, 또 영적인 흑암 속에 갇혀 있는 사랑하는 사람들과 문자 그대로 수십만 명의 외국 사람들의 잃어버린 바 된 상태를 두고 애곡할 수도 있고, 자신의 더럽고 부패한 죄들을 두고 애도할 수도 있다.

울고 애도하는 것이 웃고 춤추는 것보다 앞에 나와 있음을 주목하라. 섹스와 돈에 미친 현대의 인본주의자들은 모두 웃고 춤추는 것은 원하지만, 울고 애도하는 것은 좋아하지 않는다. 그리스도께서는 요한복음 16:20에서 이처럼 한쪽으로 치우친 긍정적 사고방식을 지닌 자들을 바로잡아 주려고 하셨지만, 그들은 그것을 결코 이해하지 못했다. "현대인"은 심지어 주 예수 그리스도께로부터도 영적인 교훈을 받지 못한다.

12. 『**춤출 때**』. 성경에서 말하는 이 춤은 남자들끼리, 또는 여자들끼리 추는 "단성"의 춤이며(출 15:20, 삼하 6:14), 몸을 서로 접촉하지도 않는다.

성경에서 춤은 한 죄인이 하나님과 더불어 바르게 될 때(눅 15:25), 한 백성이 아프리카인들에게서 구출될 때(출 15장), 예배의 회복으로 인하여 하나님께 영광을 돌릴 때(삼하 6장) 같은 상황에서 등장한다. 이 춤들은 분명히 출애굽기 32장에 나오는 아프리카의 "예술 양식"과는 아무런 상관도 없다. 현대의 춤은(저자의 〈출애굽기〉 주석 참조) 아프리카의 춤이다. 그 춤은 주로 음란함에 강조를 둔다. 재즈 춤, 배꼽 춤, 하복부를 내밀고 비트는 춤, "최신" 춤은 모두 함족에게서 나온 것이다. 거기에 동반되는 음악은 "로큰롤"인데, 진짜 현대음악 전문가라면 누구나 알듯이 그 용어는 문자 그대로 육체적 음행을 언급하는 말이다. 그것을 몰랐다면 이제 알라. 모른다고 더 이상 무죄가 아니다. 현대의 춤들은(림보 댄스, 트위스트, 브레이크 댄스, 지르박, 폭스 트로트, 맘보 춤, 삼바, 룸바, 탱고) 모두 "더러운 춤"이며, 모두 아프리카의 춤이다.

13. 『**돌들을 던져 버릴 때**』. 성벽과 요새를 파괴하고(왕하 3:19) 돌을 물매로 던지는 때다. 〈평신도 주석〉을 쓴 어리석은 주석가는 이전 구절

에 자극을 받은 것 같다. 그는 말하기를 『**돌들을 던져**』 버리는 것이 "성 행위를 억제하는" 것을 뜻한다고 한다. 그는 〈유대 미드라쉬 주석, *Jewish Midrashic Commentary*〉을 쓴, 성적 강박관념을 지닌 신경증 환자에게서 이런 잘못된 정보를 얻어 냈다(그 책, 103쪽). 돌로 경계를 표시한 곳에서 돌들을 옮기고 던져 버릴 수가 있지만(전 10:9), 그것은 오직 열왕기하 3:25에서처럼 하나님께서 그 계획의 배후에 계신 경우에만 그렇다. 하나님께서는 경계를 세우시는 분이다(행 17:26).

14. 『**돌들을 함께 모을 때**』. 제단을 쌓거나 기념비를 세울 때다(수 7:26, 창 31:46, 수 4:9,20). 〈평신도 주석〉 주석가에 따르면 『**돌들을 함께**』 모으는 것은 누군가와 성관계를 갖는 것을 뜻할 것이다. 모든 광대가 서커스 장 속에 있는 것은 아니다.

15. 『**안을 때**』. 새로 태어난 아들이나 딸, 부모나(창 46:29) 형제나(창 33:4) 아내의 경우다(고전 7:2-5). 의분을 품을 때가 있고, 심지어 바위를 품을 때도 있다(욥 24:8). 잠언 4:8에 따르면 사람은 지혜를 품어야 한다. 어떤 불운한 자들은 퇴비더미를 안았다(애 4:5).

16. 『**안는 것을 그만둘 때**』. 예를 들어 창녀나 다른 사람의 아내를 안거나(잠 5:20), 거짓 종교의 가르침을 품는 경우에 그렇다. 사람이 전쟁터로 떠나야 할 때 바로 『**안는 것을 그만둘**』 때가 온 것이다(삼하 11:8-12).

17. 『**얻을 때**』. 행군 중에 10분간 휴식을 얻을 때, 일을 완성한 것으로 인해 졸업장이나 학위를 얻을 때가 있고, 벌을 받을 때, 식탁에 앉아서 음식을 먹을 때, 아내를 얻을 때, 살 곳을 얻을 때가 있으며, 가족에게 줄 음식과 옷을 얻을 때가 있다. 또한 구원을 받을 때가 있는데, 그것은 『**기뻐 받아들여진 때**』라고 불린다(고후 6:2). 또 그리스도의 심판석

에서 상을 받을 때가 있다(고전 3장, 고후 5장).

18. 『**잃을 때**』. 체중을 잃을 때가 있고, 건강이나 가정이나 아내나 토지나 자녀를 잃을 때가 있다. 직업을 잃을 수도 있고, 결국에는 생명을 잃게 된다. 『**그는 손해를 당하리라**』(고전 3:15). 증거나 기쁨이나 상을 잃을 수도 있다. 『**너희 자신을 돌아보라. 이는 우리가 이루어놓은 것들을 잃지 아니하...려는 것이라**』(요이 1:8). 『**너희 안에 계신 분이 세상에 있는 자보다 더 크시**』다는 말씀이 카톨릭의 로자리오 묵주기도라도 되는 것처럼 그것만 계속해서 중얼거리는 거듭나고 구원받은 은사주의자는 그의 증거와 인격, 평판, 사역, 건강, 유업, 기쁨, 지성, 생명을 잃을 수 있다. 그는 "사탄을 결박"한다고 끊임없이 말하면서 완전히 바보처럼 행동함으로써, 그의 혼만 제외하고 그가 가진 모든 것을 잃어버릴 수 있다. 나는 금세기의 은사주의자들 중, 시계태엽을 감는 시간만큼이라도 사탄을 결박한 사람을 본 적이 없다.

19. 『**간수할 때**』. 『**성도들에게 단번에 전해 주신 믿음**』과(유 1:3) 바울이 디모데에게 지키라고 했던 많은 것들을(『**네 자신을 정결하게 지키라... 이 명령을 지키라... 성령을 힘입어... 지키라... 네게 맡겨진 것을 지키고...**』 등) 간직할 때가 있다. 바울은 그의 모든 행로에서 『**믿음을 지켰**』다고 말했다(딤후 4장). 필라델피아 교회는 하나님의 말씀을 지켰다고 칭찬받았다(계 3:8). 야고보는 우리가 자신을 『**세상으로부터 흠 없이**』 지켜야 한다고 말한다.

은행에 돈을 저금해 둘 때가 있고, 입을 다물고 있을 때가 있으며, 집에다 장전한 총을 몇 자루 간직해 둘 때가 있다.

20. 『**버릴 때**』. 돌들을 던져 버리는 것에 대해서는 이미 언급했으므로

(5절) 이것은 어떤 민족을 버리는 것과 같은(렘 7:15; 14:16; 15:1 등) 다른 어떤 일에 대한 언급일 것이다. 『**조롱하는 자**』는 지역 모임에서 쫓아내야 하며(잠 22:10), 하나님의 말씀은 『**물 위에 던**』져야 한다(전 11:1). 전도서 5:13에서 솔로몬이 이 구절에 대해 주석해 놓은 것을 주목하라. 어떤 재물은 내버려졌어야 했는데 간수되었다. "얻을 수 있는 대로 모두 얻어서 그것을 통조림으로 만든 다음 그 뚜껑 위에 앉아서 그것을 떠맡을 사람이 오기를 기다리는" 사람은 『**때와 시기**』를 분별하는 데 실패한 사람이다. 무언가를 기증할 때와 누군가를 도울 때와 기쁨으로 드릴 때가 있다(고후 8,9장).

21. 『**찢을 때**』. 오래된 옷을 여러 개의 헝겊 조각들로 만들 수 있다. 문둥병이나 방사성 물질로 오염된 옷은 찢어야 한다(레 13,14장). 구약에서 유대인은 애도할 때와(삼상 4:12) 예언할 때(왕상 11:30) 자기 옷을 찢었다. 가장 눈에 띄는 사례는 휘장이 찢어진 때다(마 27:51).

22. 『**꿰맬 때**』. 사무엘상 2:19과 창세기 37:3에서와 같다. 어떤 의미에서 모든 그리스도인은 일종의 재봉사다. 『**세마포는 성도들의 의**』이기 때문이다(계 19:8). 요한계시록 3:18과 16:15이 어느 정도 그리스도인에게 적용된다면, 이것은 여러분이 그리스도의 심판석에서 입을 옷이다(시 45:8과 계 3:4도 보라).

23. 『**침묵을 지킬 때**』. 헤롯과 빌라도 앞에 서신 그리스도의 경우처럼 (사 53:7) 『**악인**』이 앞에 있을 때가 그렇다. 어리석은 자일지라도 자기 입을 다물고 있으면 실수를 하지 않게 된다(잠 17:28). 하나님께서도 어떤 경우에는 침묵을 지키고 있기로 결심하신다(잠 1:28, 계 10:4). 예를 들어 말라키에서 마태복음 사이의 389년 기간처럼 하나님께서 말씀하지

않기로 결심하시면, 사람은 암흑 속에 남게 된다. 침묵이 항상 동의의 표시인 것은 아니다(잠 21:28; 12:17; 14:5; 31:8 주석).

24. 『**말할 때**』. 사도행전 7장에서 스테판이 한 것처럼, 사도행전 26장에서 바울이 한 것처럼, 마태복음 23장에서 그리스도께서 하신 것처럼, 예레미야 26:15에서 예레미야가 한 것처럼 목소리를 높여 말하라. 필요하다면 소리 높여 말하고, 거리낌 없이 말하고, 변호하여 말하고, 대적하여 말하라. 『**너희가... 내게 증인이 되리라... 마음에 가득한 것을 입이 말하기 때문이라.**』

25. 『**사랑할 때**』. 에스겔 16:8에서 이 때가 이야기되고 있는데 육체적, 감정적 사랑이 연관되어 있다. 그리스도께서는 요한복음 11:36에서 인간적인 사랑을 나타내시며, 마가복음 10:21에서 또다시 나타내신다. 하나님과 하나님의 말씀에 대한 사랑은 "때때로"가 아니라 영구불변이어야 한다(마 22:37, 요 14,15장). 목사는 대접하기를 좋아하고(딛 1:8), 성도착자나 동성연애자들이 아닌 선한 사람들을 좋아하는(딛 1:8) 사람이어야 한다.

26. 『**미워할 때**』. "증오"는 지난 60년 동안 미국의 라디오나 텔레비전으로 공공연히 전해진 거의 모든 설교에서 빠져 있다. 증오는 기독교 서점의 책꽂이에서도 완전히 결여되어 있고, 기독교 출판사들이 펴낸 주요 베스트셀러에서도 사라져 있다. 어떤 개인이나 집단이나 신앙이나 종교에 관한 진실이라 할지라도 부정적인 것이라면 출판해서도 안 되고 심지어는 말해서도 안 된다. 거짓이나 위선, 또는 범죄 행위를 폭로시키는 것은 "증오" 문학이요, "증오"를 전파하는 것이 된다. 물론 뉴스미디어가 성경이나 성경을 믿는 지역 교회들을 다루는 경우에는 이 기준을 뒤엎어

버린다. 이 경우에는 파괴적인 내용이 얼마든지 인쇄되어 출판되고 있으며, 비평과 고소도 얼마든지 "합법적"이다. 하지만 성도착자들, 음주 운전자들, 폭력배들, 흑인 강간범들, 흑인 강도들, 흑인 노상강도들의 행위와 마약 중독자들, 음란물 제작자들의 행위는 뉴스미디어에서 "민감하게" 처리된다. 성경에서는 이러한 행위들을 미워해야 한다고 말씀한다(시 101:3). 그리스도인은 헛된 생각들과(시 119:113) 『**모든 거짓된 길**』을 (시 119:104) 미워해야 한다. 여기에는 바티칸 성직계급제도와 부도덕한 카톨릭 교황들의 공식적인 가르침, 그리고 몰몬교와 마호메트의 가르침이 포함된다. 거짓말을 미워하지 않는 그리스도인은(시 119:163) 『**거짓을 버리**』라는(엡 4:25) 말씀을 들은 후에도 결국 개처럼 거짓말을 할 것이다. 여러분이 만일 원어학자들이 "원어"와 "원본," "헬라어 원문"을 다루며 했던 거짓말을 묵인할 수 있는 사람이라면(저자의 〈어떻게 헬라어 "원문"을 가르칠 것인가, *How to Teach the "Original" Greek*〉를 보라), 여러분은 성경과 일치하지 않는 것이고(시 97:10), 정직한 사람이 아니며, 학자는 고사하고 "경건한" 그 무엇도 아닌 것이다. 다윗은 육신적이거나 이기적인 증오가 아닌 철저한 증오로 미워하노라고 말했다(시 139:21,22). 여러분에게 『**주를 두려워하는 것**』이 있다면(잠 8:13) 악을 미워하게 된다(시 101:3). 바울의 증거를 믿는다면 그는 이제껏 살았던 가장 잘 미워하는 사람들 중 하나였다(롬 7:15). 예수 그리스도께서는 성직자와 평신도 사이에 차별을 두는 지역 교회 제도를 미워한다고 말씀하신다(계 2:6).

여러분도 그것을 미워하고 있는가?

27. 『**전쟁의 때**』. 독일 속담에 "비가 오면 전쟁은 체육관에서 열릴 것

이다"라는 말이 있다. "해 아래서" 전쟁은 "만물의 척도"다. 먹고 마시는 것을 제외하고는 인간이 하는 다른 그 어떤 일보다도 더 인기 있고 더 끊임없이 지속되는 것이 바로 전쟁이었다. 다음 1,000년 동안도 세 차례의 세계대전이 "예비되어" 있다. 그중 처음 두 번의 전쟁은 머지않아 벌어질 것이다. 전쟁은 자기가 "만물의 척도"(프로타고라스, B.C. 481-411)라고 생각하는 구더기의(시 22:6) 척도다. 죽이는 일은 1793년이나 1893년에 그랬던 것처럼 1993년에도 끊임없이 인기가 있다. 오히려 더 심하다. 국제연합이 "지속적인 평화를 보장하기 위해" 창설된 이후로(참을 수가 없다. 웃다가 배가 터질 지경이다) 54차례의 전쟁이 터졌다! 내가 이 글을 쓰고 있는 동안에도 세 군데에서 전쟁이 활발히 진행 중이며, 두 군데에서 전쟁이 예행연습 단계에 있다. 제2차 세계대전 때는 이 땅 위의 통계학자들끼리도 사상자수 목록에 관해 전혀 일치하지 못할 정도로 많은 사람이 살해당했다. 가장 높은 추정치에 따르면 군인들 16,933,000명이 교전 중에 사망했고, 1,100만 명이 부상당했으며, 민간인들 3,430만 명이 폭격과 게릴라 활동과 살인부대와 강제수용소로 인해, 또 내버려짐과 굶주림으로 인해 사망했다.

28. 『**평화의 때**』. 예루살렘이라는 단어는 "화평의 성읍"이라는 뜻인데, 그 성읍은 1960년 이전에 27차례의 전쟁을 겪었고, 그중 10가지가 성경에 기록되어 있다. 한 회의론자는 "평화란 전쟁과 전쟁 사이에 재무장하는 기간이다"라고 썼다. 그럼에도 불구하고 솔로몬의 통치로 예표된(왕상 4:25) 1,000년간의 『**평화의 때**』가 다가오고 있다(계 20:1-4). 그 밖에도 하나님의 자녀가 얻을 수 있는(빌 4:7) 개인적인 화평이 있다(요 14:1-5).

전도서 3장에서 출생으로 시작한 것이(2절) 평화로 끝난다(8절). 『**헛**

되고 영의 고통』이 아니다. 여기서 솔로몬은 멈춘다. 다음 부분은 이 생각의 흐름이 계속되는 것이 아니다. 앞서 전도서 2:1,12,24에서 보았듯이 여기에는 간격이 있는 것이다.

3:9 일하는 사람이 자기의 수고하는 것에서 무슨 이익을 얻으리요?
10 나는 하나님**께서 사람들의 아들들에게 주사 그 속에서 애쓰게 하신**
노고를 보았노라.
11 그는 모든 것을 그의 때에 아름답게 지으시고 또한 그 세상을 그
들의 마음속에 두시어, 하나님**께서 지으신 일을 처음부터 마지막까**
지 사람이 찾아낼 수 없게 하셨도다.
12 사람이 기뻐하는 것과 그의 생애 속에서 선을 행하는 것말고는 그
것들 중에 선이 없음을 내가 아노라.
13 모든 사람이 먹고 마시며 자기의 모든 수고의 유익을 누려야 함을
또한 아노니 이것은 하나님**의 선물이라.**
14 내가 아는 것은 하나님**께서 하신 것은 무엇이나 영원히 있을 것이**
라는 것이라. 아무것도 거기에 첨가될 수 없고 또 아무것도 거기
서 뺄 수도 없으니 하나님**께서 그것을 행하심은 사람들이 그분 앞**
에서 두려워하게 하려 하심이라.
15 전에 있었던 것이 지금 있고 앞으로 있을 것이 이미 있었으니, 하
나님**께서는 지난 것을 요구하시는도다.**

처음 두 구절은 전도서 1:3과 1:13을 고쳐 쓴 것이다. 11절은 번역자

들, 주석가들, 파괴적 비평가들, 성경 개정자들을 완전히 욱하게 만든다. 11절은 불가지론 식의 내용으로서, 사실상 하나님께서 세상을 "사람의 때에" 아주 아름다운 곳으로 만드셔서 사람이 제때에 그 너머를 볼 수 없게 하셨다고 말한 것이다. 하나님께서는 사람이 이 세상을(그리고 그 안에 있는 것들을) 인식하도록 만드셨는데, 하나님은 물질이 아니시므로 사람들은 하나님이 무엇을 하고 계신지를 알아낼 수가 없다는 것이다. 『하나님**은 한** 영**이시니**』(요 4:24).

〈킹제임스성경〉 본문을 비평하는 모든 자들은 11절과 마주칠 때 발작을 일으킨다. 그들은 즉시로 거기서 영적인 적용을 찾아내어 신약 기독교와 조화시키려고 애쓴다. 그러나 사실은 그 구절의 앞뒤 두 구절 모두가 신약 기독교와는 반대된다. 19세기나 20세기의 이 주석가들은 자신의 무지가 요구하는 바를 충족시키기 위해서 그 구절을 고치며, 그렇게 하여 여러분을 자기의 무지의 수준으로 끌어내리려 한다.

1. NASV: 『**아름답게**』라는 단어를 없애고 "적절하게"를 집어넣는다. 그 다음에 『**세상**』이라는 단어를 없애고 "영원"을 집어넣는다.

2. NEB: 『**아름답게**』를 없애고 "그것의 때에 어울리게"를 집어넣으며, 『**세상**』을 없애고 "과거와 미래라는 시간에 대한 관념"을 집어넣는다.

3. NKJV: 『**세상**』을 없애고 "영원"을 집어넣는다.

4. NIV와 RSV: 『**세상**』을 없애고 "영원"을 집어넣는다.

5. 리버티 대학: (RSV와 NRSV의 지시를 따라서) "그는 영원을 사람들의 마음속에 심어 놓으셨다," "하나님께서 모든 일이 합력하여 그분의 선을 이루게 하고 계시다." (전도서 전체 중 어디에든 그런 내용을 암시하는 곳은 한 군데도 없음에도 불구하고 로마서 8:28 속으로 곧바로 들

어가 버린 것이다.)

6. 〈평신도 주석〉: "그가 말하고 있는 바는 아마도, 하나님께서 사람 안에 영생을 갈망하는 꺼지지 않는 열망을 창조해 놓으시고서도 이것을 이루기 위해 하나님께서 사용하시는 '전략'은 사람의 눈으로부터 감추어 놓으셨다는 것이다"(104쪽). 그 저자는 그 후에 자기가 측량할 수 없는 혼란 속에 빠졌다는 사실을 알고서 이렇게 설명한다. "그의 말을 거기에 담기지 않은 의미로 해석해서는 안 된다... 코헬렛은 창조의 질서의 아름다움을 보았다."

그것이 바로 〈킹제임스성경〉 본문에서 말하는 내용이다. 영원 운운하는 그 모든 헛소리는 어디서 유래된 것인가? "전략"이라니! 솔로몬이 구원에 대해 조금이라도 논의하고 있는가? 세 장 가운데 구원에 대해서는 한 번도 암시조차 하지 않았다.

7. 〈위클리프 주석〉을 쓴 파괴적 비평가들: "〈킹제임스성경〉의 표현은 문맥에 다소 거슬린다." 그리하여 그들은 ASV, RV, NASV, RSV, NRSV, NIV, NKJV의 부패된 표현들에 동의한다.

이렇게 한 다음에 무슨 일이 일어났는지 여러분은 알 것이다. 이 모든 파괴적 비평가들은 본문을 고친 후에 단 한 사람도 그것을 해설하지 못했다. 그 변개는 다음과 같은 지독한 혼돈을 만들어 냈다. "하나님께서는 땅 위의 모든 것을 그것의 때에 아름답게 만드시고 영원을 사람의 마음속에 두셔서 진행 중인 일을 사람이 제때에 찾아낼 수 없게 하셨도다." 혼수상태다. 『**모든 것을 그의 때에 아름답게**』가 방금 이야기한 때를 말하는 것이라면 증오와 전쟁과 살인도 그것들의 "때"에 아름답다는 것이다(학자들이 본문을 "문맥"에 맞추려고 애쓰다가 지성적인 해석에서 벗어나는 것을 보라).

8. 〈브로드만 주석〉(마빈 테이츠)은 머리에 뇌가 있다면 수긍할 수 없는 그 문제를 알아차리고서, 『**마음**』을 "생각"으로 고쳐서 또 여러분을 자기의 무지의 수준으로 끌어내리려고 한다. NKJV 번역자들 역시, 세상적이고 육신적이고 돈을 사랑하고 명성을 숭배하는 아담에 속한 그들의 성품이 골로새서 3:1-3과 마주쳤을 때 똑같은 일을 한 것을 보라. 그들은 『**마음**』을 "생각"으로 고쳐서 마음의 문제를 머리의 문제로 바꾸어 버린다. 전형적이다. 테이츠는 본문을 고치고서도 방향이 잡히지 않자, 성경을 더 심하게 변개하여 "두셨으나... 그가 찾아낼 수 없게 하셨도다." 라고 말해야만 했다. 물론 그것은 마치 은행을 털다가 현장에서 붙잡힌 도둑이, 그 일이 일어났을 때에 다른 일을 하고 있었다고 꾸며대는 것과 같은 것이다.

자, 따져 보자! 하나님께서 어째서 영원을 말씀하시겠는가? "영원"은 그분이 거하시는 곳이다(사 57:15). 그 단어는 성경 전체에 단 한 번 나온다. 전도서에서 그 표현은 어찌되었든 "영원"이 아니었다. 그 표현은 ("세상"이 아니면) "영원한 것"이라고 번역되어야 할 것이다. 성경을 변개하는 이들 수많은 노상강도들은 자기들이 정직한 사람들인 척하면서 그 히브리어 단어가(올람) "영원"을 뜻한다고 말했다. 그러나 그들이 이렇게 하면서 잊어버리고 말하지 않은 것이 있는데, 바로 그들 모두가 시편 73:12에서는 똑같은 단어를(올람) 영원으로 번역하지 않았다는 것이다. 일관되게 하려면 "하나님께서 '항상' 그들의 마음속에 두시어"라고 말했어야 할 것이다. 이것을 본 그들이 어째서 한 사람도 "그 생략된 곳을 채워서" "그가 세상을 항상 그들의 마음속에 두시어"라고 표현할 생각을 하지 않았을까? 벌링거는 그 구절로 인해 너무도 정신을 잃는 바람에, 『**아름답게**』를 재정의해 말하면서도 『**세상**』이나 "영원"에 대해서는 언급하려 하지 않는다.

자, 사실대로 말해 보자! 사람들은 영원에 관심을 갖지 않는다. 내가 칠십 평생 동안 만나서 이야기해 본 사람들 중(그리스도께로 회심하기 직전에 성령님께서 직접적으로 죄의 찔림을 주시는 경우를 제외하고는) 영원에 관심을 가진 사람은 아무도 없었다. 거듭나지 않은 사람이 가장 마음속에 두지 않는 것이 바로 영원이다. 성경을 고치는 학자들은 자기들이 말하는 바를 알지 못한다. 그들은 허풍을 떨었을 뿐이다. 아담으로부터 사도행전 1장까지(B.C. 4000년에서 A.D. 33년까지) 거듭나지 않은 사람이 영원에 관심을 가졌던 경우는 한 번도 없었다. 저 우둔한 자들은 그리스도인의 경험을 전도서에 거꾸로 집어넣어 해석을 하고 있다. 이 성경의 저자는 영원(또는 영생)에 대해 "생각"조차 하지 않고 있으며, 심지어 『**영원히**』라는 말도(전 1:4) 영원이라는 의미로 사용하고 있지 않다(여호와의 증인들이 즐겨 사용하는 구절인 전도서 9:6을 보라). 이 저자는 "시작"과 "끝"에 관해서 논의하고 있다(그 본문을 보라). 영원에는 시작이나 끝이 없다. 주석가들을 저리 치워 버리라.

세상으로 들어오는 모든 사람의 마음속에 있는 것은 분명히 『**세상**』이다. 참으로 그러하기 때문에 회심하는 사람들에게 세상을 벗어 버리라고 명령하는 것이다(딤후 4:18, 요일 2:15, 고전 7:31). 문제는 알렉산드리아 이단이 너무도 "거룩하고 경건"해서, 인간이 세상과 결합하는 것을 하나님의 탓으로 생각지 않으려 하는 데에 있다. 솔로몬이 다음 구절에서(12절) 설명하는 대상은 바로 『**세상**』과 세상에 있는 모든 것들이다.

어느 나라에서든지 인구의 단 10%라도 현세에서의 일상생활(또는 이 행성 위에서의 자기들의 미래)보다 저 영원에 더 흥미를 가질 수 있게 된다면 (『**그가 마음에 생각하는 대로 그도 그러한즉**』), 나는 내 성경을 NIV나 NKJV 같은 "신뢰할 만한 번역본"으로 교환하겠다.

나는 오스트리아, 러시아, 캐나다, 멕시코, 독일, 필리핀, 일본, 중국, 인도, 파키스탄, 이스라엘, 모로코, 이집트, 스웨덴에서 사람들이 하는 일을 알고 있다. 사람들은 어떻게 생계를 꾸려나가고 어떻게 생활을 즐길까 하는 데에 마음이 사로잡혀 있다. 하늘 아래서(『**해 아래서**』) 사람이 가장 걱정하지 않고 가장 관심을 갖지 않는 것이 바로 영원이다.

주석가들은 성경을 제거하려고 노력하다 보니, 남아 있던 쥐꼬리만한 성실성마저 다 잃어버린 것이다. 그들은 만장일치로 그처럼 극악한 태만함을 보였다. 그 젖먹이들 각자가 자기 앞에 있는 얼간이를 따라갔고, 그 얼간이들도 각자 자기 앞에서 잘난 척하는 자를 따라갔으며, 그리하여 그 이단에 속한 모든 자들이 그 이단의 정책노선을 추종함으로써 불신의 벼랑에까지 이르렀고 더 나아간 것이다.

12절과 13절은, 11절의 상황이 사실이기 때문에(세 구절 모두 영원과는 아무 관련도 없다) 사람이 긴장을 풀고서 대부분의 사람들이 "필수품"이라고 생각하는 일반적인 생활의 사치품들을 향유하는 편이 낫다고 말하고 있는 것이다. 먹고 마시고 수고하고 기뻐하고 선을 행하는 능력은 사치품이다. 여러분이 그것을 알지 못한다면 지혜를 얻지 못하며, 이 지상에 있는 슬픔을 깨닫지 못한다(전 1:18 주석).

14절의 『**영원히**』는 또다시, 칼빈이 말하는 바 창세기 1장 이전의 "영원한 칙령들"을 말하는 것이 아니다. 하나님께서 이 땅 위에 세워 놓으신 것은 변할 수 없다. 그분이 아담에게 땀과 고생의 삶을 선고하셨더니 6천 년 동안 그런 상태가 계속되었다. 그분이 함더러 셈과 야펫을 섬기리라고 말씀하셨더니 그렇게 되었고, 그렇게 하고 있으며, 이후에도 그렇게 할 것이다. 그분이 실제적이고 문자적인 아브라함의 씨들을 복주시겠다고 하셨더니, 실제로 그렇게 되었다. 하나님께서 태양과 달과 행성들의 궤도를 만들어 놓으셨더니 물과 바람과 마찬가지로 그것들 역시 그 행로를 따라 움직이고 있다. 인간은 지진에 대해서 해결책이 없고, 폭풍과 회오리바람에 대해서도 해결책이 없으며, 해일과 화산에 대해서도 해결책이 없다. 하나님께서 세워두신 이런 일들에 대해서는 해결책이 결코 없으며, 앞으로도 그럴 것이다. 이 시합에서 과학(그리고 "만물의 척도인 인간")의 타율은 0.0000이다. 현대인은 현대의 개, 고양이, 주머니쥐, 스컹크가 그렇듯이 자연 현상을 전혀 제어하지 못한다.

하나님께서 어떤 사람을 죽이시면 그는 죽으며, 하나님께서 죽은 사람을 소생시키시면(왕하 13:21) 그는 도로 살아난다. 그 누구도 하나님께서 죽이길 원치 않으시는 사람을 죽일 수 없으며(욥 2:6), 하나님께서 죽이길 원하시는 사람을 구조할 수도 없다(왕상 22:35). 이 문제들은 또한 1-8절과 어울리므로, 하나님께서 때를 결정하심을 암시하고 있는 것이다. 그렇게 되면 아무도 그것을 어떻게든 바꿀 수가 없다(전 9:11). 『하나님**께서 그것을 행하심은 사람들이 그분 앞에서 두려워하게 하려 하심이라**』(14절).

솔로몬은 가르치는 일을 그만두고 설교하러 간 것이다!

〈평신도 주석〉에 따르면 15절은 전체가 잘못되었고, "하나님께서는 몰려 가버린 것을 찾으시는도다."가 되어야 한다. NEB는 이것이 "각각의 사건을 차례차례 도로 불러내신다."는 뜻이라고 하며, NASV는 "하나님께서는 지나가 버린 것을 찾으시는도다."라고 한다(이것은 아무런 의미도 없다). NIV는 "하나님께서는 과거에 대해 해명을 요구하시리로다."라고 소리친다. RSV는 "하나님께서는 몰려가는 것을 찾으시는도다."라고 외치며, 테일러는(〈"리빙" 바이블〉) "하나님께서는 먼 과거에 있었던 일을 다시 일으키시는도다."라고 한다. NKJV는 "해명"이라는 단어를 삽입하여 전도서 12:14을 흉내낸다. 그들 모두는 문맥을 놓쳐 버렸다. 그 배교자 무리는 모두 그 구절을 전도서 12:14로 끌고 가서 거기서 무슨 의미를 얻어내려고 애썼다. 그들이 만든 우회로는 쓸모가 없을 뿐만 아니라, 위험하기까지 하다.

이사야 42:9; 44:7; 46:10은 14절의 주제가 성경임을 보여 준다. 『**영원히 하늘에 세워**』진 것은 말씀이며, 아무도 빼거나(신 4:2) 더하지(잠 30:6) 못하는 것은 말씀들이다. 하나님께서는 그분이 기록하신 것을 요구하신다. 그분은 아무것도 "찾으실" 필요가 없으시고, 과거에 대해 해명을 요구하실 필요도 없으시며, "몰려가는" 무언가를 찾아내실 필요도 없으시다. 하나님께서는 RV, ASV, NRSV, RSV, NASV, NIV, NKJV 속에 영적인 생명을 불어넣으실 필요가 없으신 것처럼, "각각의 사건을 차례차례 도로 불러내실" 필요도 없으시다. 여기서 하나님께서 『**요구하시는**』 대상은 바로 그분이 친히 행하시고 말씀하신 것들이다. 『**전에 있었던 것이 지금 있고 앞으로 있을 것이 이미 있었으니**』가 삽입된 것을 보고서 독자들은 전도서 1:9로 갔어야 했다. 거기를 보라. 성경에 기록된 사건들은 과거를 보여 주고 현재를 묘사하며 미래를 예언한다.

〈킹제임스성경〉 본문은 흠잡을 데 없이 완벽했으며, 불신에 차서 그것을 혼잡케 한 그들은 무슨 일이 진행 중인지를 도무지 모른다. 신명기 18:19과 그 문맥을 보고 나서, 도대체 누구든지 어떻게 해서 전도서 3:15을 오해할 수가 있는지 무표정한 얼굴로 내게 말해 보라. 알렉산드리아 이단은 솔로몬이 율법의 복사본을 가지고 있었다는 사실을 잊어버렸다. 솔로몬은 그가 전도서를 기록할 때 책상 위에 신명기 18:19을 가지고 있었다. 이상은 우리가 최소한 500가지 다른 사례들을 다루며 지적했던 사실을 다시 강조해 준 것일 뿐이다(저자의 주석서 시리즈를 보라). 즉 〈킹제임스성경〉 비평가들이 성경을 주석해달라고 부탁을 받고서도 가장 쳐다보지 않는 것이 바로 성경이라는 사실 말이다.

3:16 내가 해 아래서 또 보았는데 재판의 자리에 사악함이 있고 의의 자리에 죄악이 있도다.

17 내가 내 마음속에 말하기를 "하나님께서 의인과 악인을 심판하시리라. 이는 모든 목적과 모든 일의 때가 거기 있음이라." 하였도다.

18 내가 사람들의 아들들의 지위에 관하여 내 마음속에 말하기를 "하나님께서 그들을 드러내사, 그들로 자신들이 짐승들이라는 것을 보게 하소서." 하였도다.

19 이는 사람들의 아들들에게 닥치는 일이 짐승들에게도 닥침이니, 곧 한 가지 일이 그들에게 닥치는도다. 하나가 죽는 것처럼 다른 것도 죽으니, 정녕, 그들 모두가 한 호흡을 가졌도다. 그러므로 사람이 짐승보다 월등함이 없으니, 이는 모든 것이 헛됨이라.

20 모두가 한곳으로 가나니, 모두가 흙에서 왔고 모두가 흙으로 다시 돌아가도다.

21 사람의 영은 위로 올라가고 짐승의 영은 땅 아래로 내려가는 것을 누가 알리요?

22 그러므로 사람이 자기 자신의 일을 기뻐하는 것보다 더 좋은 일이 없음을 내가 알았나니, 이는 그것이 그의 몫임이라. 그의 뒤에 있을 일을 보게 하려고 누가 그를 데려오리요?

16절 전반부는 레위인들이 재판관 노릇을 했던 구약 율법의 법정에 관한 언급이다(신 17:8-12). 이 전반부에 대한 완벽한 사례는 "아합 부인"이 열왕기상 21장에서 자기 남편 아합을 위해 토지를 횡령할 때 벌어졌던 재판에서 볼 수 있다. 예수께서 한밤중에 심문을 받으시던 인민재판에서도 그랬듯이(마 26장) 그 자리에는 거짓 증인들이 참석했다.

16절 후반부에서는 『하나님**의 천사와 같**』고(삼하 14:17) 하나님의 『**마음에 맞는 사람**』으로서 보좌에 앉은 다윗을 만나게 된다. 다윗이 성경에서 예수 그리스도의 가장 중대한 모형인 세 사람 중 하나이기는 했지만, 그 "보좌 위에" 무엇이 있었던가? 거짓말과 간음과 사람을 술 취하도록 유혹하는 것과 음모와 살인이 있었다. 예언적으로 말하자면, 백보좌 심판과(계 20장) 그리스도의 심판석에서는(롬 14장, 고후 5장) 수많은 악들이 드러나는 모습을 보게 될 것이다. 이 진리는 17절과 어울린다. 하나님께서는 그리스도의 심판석에서 『**의인**』을 심판하실 것인데, 이 『**의의 자리**』에서는 성도의 악한 행실들을 보게 될 것이다(고후 5:10). 하나님께서는 또 백보좌 심판에서 『**악인**』을 심판하실 것이다. 솔로몬이 앞의

28가지 목록에서는(1-8절) "심판받을 때"를 빠뜨렸지만, 그것은 지금 나온다(17절). 『**한 번 죽는 것은 사람들에게 정해진 것이고 그 뒤에 심판이 정해진 것같이**』(히 9:27). 모든 일의 『**때**』와 『**목적**』은 하나님께서 이미 결정해 놓으셨다.

다윈과 그 외의 원숭이 인간들은(레닌, 스탈린, 히틀러, 헉슬리, 아인슈타인, 그리고 미국과 유럽의 모든 대학 교수들 중 90% 정도) 18절만 문자 그대로 받아들여서, 유전과 혈통에 있어서 사람들과 짐승들을 함께 연결시켜 놓았다. 그러한 신념은 기원전 시대의 신념으로서, "자연주의"라고 불리는 것이다. 그것은 B.C. 600년부터 그리스도 당시까지 망상에 사로잡힌 이교도 철학자들의 주된 신념이었다. 자연주의를 계속 따라가면 허무주의가 된다(20절). 처음부터 끝까지 무가치한 것뿐이다. 이 세상에 있는 것이 아무런 의미도 없다면, 분명히 이 세상을 떠나는 것도 아무런 의미가 없게 된다.

여기서 솔로몬의 생각은 물질적인 것들에 기반을 두고 있다. 그가 말하고 있는 것은 육체적인 삶과 죽음뿐이다(19절). 그는 영들의 도착지가 이와는 다르다는 것을 넌지시 이야기하지만, 사실이 그렇다 해도 확실히 안다고 고백하지는 않는다. 그가 방금 하나님께서 『**의인과 악인을 심판**』하실 것이라고 진술했기 때문에 차이가 있는 것은 분명하다. 그렇다면 그 심판하시는 때는 언제인가? 그가 말하는 심판은(전 12:14) 죽음 이후에 있는 것이다.

그러나 그 안에는 주목할 만한 내용이 있다. 사람들도 수십 가지 면에서는 짐승들과 같아서 그 둘 사이에는 전혀 차이가 없다. 사실 그 둘이 공유하는 사항들은 너무도 많고 너무도 현저하기 때문에, 성경 도처에서 하나님께서는 사람을 말씀하실 때 계속 동물들을 가지고 말씀하신다.

1. 그들은 개들이다(빌 3:2, 계 22:15).
2. 그들은 이리들이다(마 7:15, 행 20:29).
3. 그들은 뱀들이다(마 10:16; 23:33).
4. 그들은 독수리들이다(사 40:31).
5. 그들은 비둘기들과 같다(사 59:11).
6. 그들은 황소들과 같다(시 22:12).
7. 그들은 용들과 같다(욥 30:29, 미 1:8).
8. 그들은 양과 염소들과 같다(마 25장).
9. 그들은 물고기들이다(마 13:47; 4:19).
10. 그들은 소들이다(고전 9:9).
11. 그리스도는 사자이시다(계 5:5).
12. 그러나 그분은 어린양이시다(계 5:12).
13. 사탄은 표범이며(계 13:1-3) 사자다(벧전 5:8).
14. 남자들은 곰들과 같다(사 59:11, 잠 28:15).
15. 여자들은 돼지들에 비유된다(벧후 2:22, 잠 11:22).

『**사람이 들나귀 새끼같이 태어나도**』(욥 11:12).

새로운 출생에 관한 성경적 견지에서 이 문제들을 숙고해 보자면, 거듭나지 않은 사람을 스컹크나 방울뱀과 구별 지어 주는 점은 단지, 그 영이 서로 다르다는 것과(고전 2:11,12) 사람은 말로 의사소통을 할 수 있다는 것뿐이다. 그것 말고는 아무런 차이도 없다. 모든 구원받지 않은 사람은 모든 짐승들이 공통으로 가지고 있는 세 가지 기본적인 동물적 본능에 의해 이끌리고 좌우된다. 무장을 갖추고 전투하고 살인하는 것부터 과부들을 위해 빌고 자선을 베푸는 것에 이르기까지 사람이 하는 모든 일은 다음 세 가지 항목의 영향을 받는다. 바로 자기 보존, 자기 번식, 자기만족이다.

쉽게 말해서 자기 보존은 "내가 먼저, 너는 그 다음"이라는 뜻이다. 『**사람이 자기 생명을 위하여 자기의 모든 소유를 주리이다**』(욥 2:4). 자기 번식은 "일종의 성행위"를 뜻하며, 자기만족은 즐거움, 즉 "하고 싶은 대로 하고, 느끼고 싶은 대로 느끼는 것"을 뜻한다. 모든 동물들은 동일하게 이 세 가지 기본 원리에 따라 움직인다. 동물들은 가족을 이루고 안락하게 되려고 애쓰는데, 그것은 이 땅에 사는 구원받지 않은 모든 사람도 마찬가지다. 가족을 이루지 않는 사람에 대해서는 전도서 4:8-11에서 설명하고 있다. 사람과 짐승은 "동일한 호흡"을 가졌을 뿐만 아니라(19절) 그들이 살아가는 데 사용하는 본능들 역시 동일하게 지니고 있다.

『**그러므로 사람이 짐승보다 월등함이 없으니**』.

다윈과 원숭이 인간들인 그의 추종자들이(미국의 대학 교수들과 고등학교 교사들 중 98% 정도) 혼란케 된 것은 놀랄 일이 아니다.

사람과 동물은 둘 다 홍수 속에서 익사했다. 이집트에서 둘 다 유월절에 죽임을 당했고, 이스라엘과 유다가 멸망할 때도 둘 다 죽임을 당했다. 율법 하에서는 단지 죽은 사람의 시체를 만지는 것만으로도 더럽혀질 수 있었다. 어떤 사람은 말하기를 "민족들의 운명은 그들이 자신들을 동물들에 견주느냐, 아니면 동물들과 대조시키느냐에 따라 결정된다."라고 했다. 히틀러는 "화려한 금발의 맹수들"을 필요로 했고, 그들을 얻었다. 학교들은 아이들에게 그들이 동물들에게서 나온 동물들이라고 가르친다. 이것은 아이들이 배우는 내용이 그들의 가치를 정글의 두 발 동물 수준으로 떨어뜨리고 있음을 의미한다. 동물적 본능에 이끌린 동물들이 내놓는 산물은 바로 정글에서와 같은 싸움이다.

『**사람들의 아들들에게 닥치는 일이...**』. 사람과 개가 도로에서 차에 치이면 둘 다 호흡이 끊어지며, 둘 다 심장 기능이 멈추고, 둘 다 뻗어 있게 된다. 그 다음에 어떻게 되는가? 누군가가 사람도 집어 들고 개도 집어 들고서 그 둘을 다 도로 밖으로 운반해간 다음, 땅에다 개를 위해서 구멍을 하나 파고, 사람을 위해서도 구멍을 하나 판다. 그러고 나서 개를 묻고 사람을 묻으면, 둘 다 흙 속에서 썩어 버린다. 『**모두가 흙에서 왔고 모두가 흙으로 다시 돌아가도다**』(20절).

이 모든 것은 무엇을 의미하는가? 바로 "인간은 만물의 척도"라는 표현을 만들어 낸 사람의 머리와 또 그 표현을 빌려다 쓴 사람들의 머리는 자유의 종처럼 손상된 것임을 의미한다. 벌레들이 사람을 먹어치운다. 그 시체가 들판에 열두 달 동안 누워 있기도 전에 "만물의 척도"는 진공 청소기로 빨아들일 수 있는 상태가 된다. 『**사람의 영은 위로 올라가...는 것을 누가 알리요?**』 많은 사람이 알지 못한다. 진화론자, 인도주의자(또 불가지론자, 허무주의자) 중에서는 단 한 사람도 알지 못한다. 이 책은 말하기를, 『**그때에... 영은 그것을 주셨던** 하나님**께로 돌아가**』지만(전 12:7) 동물의 영은 그 육체와 함께 흙으로 돌아간다고 한다. 신약에서 그리스도인은 영과(『성령**으로 난 것은 영이니라**』) 혼이 모두 『**몸에서 떠나** 주**와 함께 있**』게 되지만(고후 5:1-8), 구원받지 않은 사람의 경우는 그 영이 『**그것을 주셨던** 하나님**께로**』 돌아갈 때 그 혼은 지옥으로 내려가게 된다.

솔로몬은 이러한 신약의 진리들 중 어느 것도 분명하게 알지 못했으므로 자기가 말한 것이 올바르다고 추측한다. 그러므로 그는 또 사람에게 있어서 "최고의 선"은(앞서 12,13절) "먹고 마시는 일" 등이라고 자기가 말한 것이 옳다고 생각한다. 그는 이 생각을 22절에서도 되풀이해서 말한 다음, 『**그의 뒤에 있을 일을 보게 하려고 누가 그를 데려오리요?**』라고 덧붙인다(11절 주석). 신약성경을 가지고 있다면 뒤에 있을 일을 보기는 쉽다. 주목하라. 『**그분이 오시면 너희를 모든 진리로 인도하시리라... 또 너희에게 다가올 일들을 알려주시리라...** 하나님**께서 이것들을 우리에게 그의** 영**으로 나타내셨으니...** 예수**의 증거가 예언의 영이기 때문이라.**』 그러나 여기서 솔로몬은 (신약에서 계시된 것과 같은) 성경의 위대한 예언적 주제들에 대해 많이 언급하고 있지 않으며, 오히려 "우리가 죽고 나면 여기서 무슨 일이 계속될 것인가?" 같은 문제들에 대해 언급한다(전 1:11). 과부가 된 아내와 아이들이 어떻게 살아갈 것인가? 불황이 닥치지는 않을까? 아이들 중 누가 감옥에서 끝을 맺지는 않을까? 재산은 누가 차지할 것인가? 솔로몬은 자신의 질문에 대해 아무런 답변도 없이 내버려둔다. 이 질문과 다음의 이야기 사이에는 다시 한 번 기다란 시간적 간격이 존재한다.

전도서 4장

4:1 그러므로 내가 돌이켜 해 아래서 행해진 모든 압제를 생각해 보았
도다. 압제받았던 자들의 눈물을 보라. 그들에게는 위로자가 없었
도다. 그들을 압제하는 자들 편에는 권세가 있었으나, 그들에게는
위로자가 없었도다.
2 그러므로 내가 아직 살아 있는 산 자들보다 이미 죽은 자들을 칭
찬하였으며
3 정녕, 아직 출생하지 아니하여 해 아래서 행해지는 악한 일을 보지 못
한 자가 그 둘 다보다 더 낫다 하였도다.

첫 번째 구절은 파시즘, 공산주의, 나치즘의 본질을 설명하고 있다(그것들 모두는 "뉴에이지"처럼 전체주의 체제들이다). 더 넓게 보면 거기에는 10세기 이상(A.D. 500-1700) 유럽을 지배한 로마카톨릭 교황들의 통치도 포함된다. 『**압제**』는 식량이나 물과 같이 인간 역사 속에서 흔한 것이다. 이스라엘은 파라오에게 압제당했고, 그 다음 모압인들과 암몬인들에게 압제당했고, 그 다음 또 시리아와 바빌론과 로마에게 압제당했다. 우리 주 예수 그리스도께서도 억압을 당하셨다(사 53:7). 그러나 완전한 잔혹함, 야만적 행위, 혐오스러움, 가학성 변태성욕에 관한 한, 로마카톨릭 압제자들은 모든 이교도 압제자들을 능가한다. 이러한 로마카톨릭 압제자들은 바로 아돌프 히틀러, 또르께마다, 헤르만 괴링, 율리스 슈트라이허, 프란츠 슈탕글(트레블링카), 루돌프 회스(아우슈비츠), 아돌프 아이흐만, 하인리히 히믈러, (나치 비밀경찰) 게슈타포, (미국 비밀범죄조직) 코사 노스트라, 마피아, 그리고 나치 강제수용소들의 압제자들이었다.

헝가리의 한 잔인한 백작 부인은(에르체베트 바토리, 1560-1614) 문자 그대로 피로 목욕하면 자신의 아름다운 젊음을 계속 유지할 수 있을 것이라는 망상을 지니고서 사람의 피를 모아 욕조들을 가득 채웠다. 사람들이 결국 그녀를 투옥했지만, 그때까지 그녀는 욕조들을 채우기 위해서 젊은 소녀들 40-50명가량을 죽였다. 브루네 뤼드케는 1928년에서 1943년 사이에 85명의 여자들을 죽였다. (일명 H.H. 홀름즈인) 헤르만 머드젯은 시카고에서 열린 세계 박람회 기간 동안에(1893) 200명의 여자들을 죽였다. 그는 그들을 클로로포름으로 마취시키고 단단히 결박한 다음, 임시변통으로 만든 가스실에 집어넣고서는, 그들이 정신이 들게 되면 가스를 주입하고서 유리창을 통해 그들이 사투를 벌이는 모습을 지켜보았다. 그러고 나서 그는 그들의 시체를 토막 내어 생석회와 산에다 용해시켰다. 『**그들을 압제하는 자들 편에는 권세가 있었으나 그들에게는 위로자가 없었도다.**』 성도착자인 헨리 루카스와 오티스 툴은 1970년에서 1985년 사이에 200명이 넘는 사람들을 죽였다. 그들의 희생자들은 남색이나 강간을 당한 뒤에 교살 또는 총살을 당하고 몸이 절단되었다. 딘 콜은(1973년) 30명의 소년들을 대상으로 남색을 하고 나서, 시끄러운 록 음악 소리에 맞춰 그들을 천천히 고문하여 죽였다.

『**지식을 늘리는 사람은 슬픔을 늘리는 것이라.**』

하나님께서 그런 일들을 보거나 들으시면 개입하셔서 그 압제받는 자들을 위해 행동하신다고 여러분이 믿을지는 모르지만, 이 희생자들의 『**눈물**』과 비명소리는 천상의 주목도 얻지 못한 채로 사라져갔다. 그분은 개입하지 않으셨다. 『**그들에게는 위로자가 없었도다.**』 솔로몬은 "인본주의자"가 아니라 현실주의자다. 인본주의자들은 이상 세계에 살고 있는 과도한 이상주의자들이다.

중국의 산적 두목 장 시엔 충은 1643년에서 1648년 사이에 3,800만 명의 사람들을 죽였다고 알려져 있다. 그는 그 행동을 일컬어, "바로잡는 것"이라고 말했다(쓰촨 지방). 그 "바로잡힌" 사람들 가운데 32,000명은 학도들이었고, 2,000명은 군인, 27,000명은 불교 수도승, 280명은 자신의 아내들, 그리고 40만 명은 자기 수하에 있는 자들의 딸, 아내, 누이들이었다. 마오쩌뚱은 자기네 국민 2,630만 명을 살해하여 대량학살에 관한 한, 아돌프 히틀러를 완전히 무색하게 만들었다. 압제에 관한 한, 조우 스탈린은 마치 아돌프 히틀러가 아무 일도 하지 않은 것처럼 그 총통을 능가할 수 있었다. "조우 아저씨"는(루즈벨트가 그 살인자를 지칭하며 사용한 상냥한 말임) 레닌이 자기네 국민 2천만 명을 도살한 직후에 자기가 그들 1천만 명을 죽였노라고 공언했다. 미국은 제2차 세계대전 기간 동안과 그 이후에(1992년) 바로 이런 사람들에게 재정적인 원조를 해주었던 것이다. 짐 존스는 900명의 사람들이 자살을 하게 했고, 피의 메리는 600명의 "반카톨릭 고집쟁이들"을 화형시켰다.

『그러므로 내가... 이미 죽은 자들을 칭찬하였으며』(2절). 욥과 예레미야는 차라리 자기들이 전혀 태어나지 않았더라면 좋았겠다고 말했다(렘 20:18, 욥 3:3-11). 살아서 천천히 굶어죽는 유대인들은(애 4:9) 칼에 죽임을 당한 자들보다 못하다. (세속적 인본주의자들은 항상 "환경을 보호하고" "세상을 보다 살기 좋은 곳으로 만드는" 것에 대해 이야기하면서 사실을 직시하는 척만 할 뿐이지만) 여러분은 사실을 직시하라. 죽겠는가, 아니면 천천히 고문을 당하면서 살아 있겠는가? 솔로몬은 좀처럼 이론적이지 않다. 그는 뉴에이지나 새 세계, 또 계급차별과 성차별과 인종차별의 타파와 같은 뉴스미디어의 꾸며낸 이야기들은 취급하지 않는다. 솔로몬은 험악하고도 냉혹한 역사적 현실을 다룬다. 그는 죽은 사람이 아직 태어나지 않은 사람과(**『아직 출생하지 아니하여』**) 지금 살아 있는 사람보다(**『둘 다보다』**, 3절) 더 낫다고 말하면서 논제를 발전시켜 나간다. 그 의미는 바로, 태어나지 않은 사람은 세상에 태어날 때 **『해 아래서 행해지는 악한 일』**을 보게 될 것이지만, 죽은 사람은 그 일과 영원히 관계를 끊었다는 것이다.

여기서 알렉산드리아 이단은 또다시 완전히 산산조각나 버린다. 소위 〈뉴킹제임스성경〉(NKJV)은 그 구절의 전체 의미를 바꾸려고 이탤릭체로 두 단어를 삽입하여, 태어나지 않은 사람은 "결코 태어나지 않을" 것이기 때문에 그가 살아 있는 자나 죽은 자보다 더 낫다는 뜻이 되게 해버린다. 이렇게 하기 위해서는 전체 구문을 창작해 내고 이탤릭체로 덧붙여야만 했다. "결코 존재하지 아니하며." 이것은 완전히 사적인 해석이다. 〈리버티 주석, *The Liberty Commentary*〉은 〈킹제임스성경〉 본문을 인쇄해 놓고서는 이 잘못된 해석을 그 본문의 의미로서 받아들인다. 사기다. 당연하게도 NKJV는 NIV, RSV, NASV처럼 해석한다. NKJV는 죄짓기 위한 변명거리로 다른 헬라어 본문을 사용했을 뿐, 1901년 ASV를 재발행한 것에 불과하다. 모든 히브리어 본문은 『**아직 출생하지 아니하여**』, 즉 나중에 출생할 것이라고 되어 있다. 배교한 "성서들"을 번역한 알렉산드리아인들은 "결코 존재하지 아니하며"라는 문구를 창작해 냈다. 하지만 이 알렉산드리아인들이 대체시킨 것을 받아들인다 해도 여전히 안전하지는 못하다. 아직 결코 존재하지 않은 사람은(본문은 『**아직 출생하지 아니하여**』였다) 후에 "출생할" 수 있고, "존재할" 수 있다. 반면에 죽은 사람은 그것이 이미 완전히 끝난 것이다. 항상 〈킹제임스성경〉으로 ASV, NRSV, RSV, NASV, NIV, NKJV, RV, NEB를 바로잡으라.

4:4 내가 다시 모든 고초와 모든 옳은 일을 생각하였더니, 이로 인하여 사람이 자기 이웃의 시기를 받은 것이라. 이것 또한 헛되며 영의 고통이라.
5 어리석은 자는 자기 손을 모으고 자기 살을 먹는도다.
6 한 손에만 가득하고 평온한 것이 양손에 가득하고 노고와 영의 고통을 가진 것보다 낫도다.

『**내가 다시... 생각하였더니**』는 1-3절을 기록했을 당시 생각했던 것 그 이상의 내용을 보여 준다. 『**옳은 일**』이라는 표현으로 알 수 있듯이 그 전도자는 또다시 설교를 하고 있는 중이다. 미국의 젊은 사람들에게는 옳고 그름이라는 것은 전혀 없고, 오로지 다양한 문화, 남녀평등, "각자가 선택해야 할 삶의 방식들" 같은 것만이 있다. 『**옳은 일**』에 대해서, 위선적인 인본주의자들과 환경운동가들은 우선 "당신을 위한 것이라면 무엇이든지 옳은 일이다"라고 말한 뒤, 완전히 방향을 바꾸어 말하기를, 리 오스왈드가 J.F. 케네디를 살해한 것은 잘못된 일이었다고 한다. 그 일은 리 오스왈드를 위한 것이었는데 말이다. 마하트마 간디와 킹 주니어가 폭동을 일으켜 1만 군데 업소를 파괴하고 수천 명의 사람들을 죽게 만든 것을 칭송하는 그 인본주의자들이, 아돌프 히틀러가 자기를 위한 일을 실행에 옮긴 것에 대해서는 힐난하려고 한다. 여러분이 알듯이, 그들은 유연한 도덕적 기준을 지니고 있기에 무슨 일을 하도록 조장하고 싶으냐에 따라서 옳은 것이 그르게, 또 그른 것이 옳게 될 수가 있다. 유연하고 일구이언하고 표리부동하고 둘러대기 잘하고 사람들을 현혹시키는 이 눈먼 안내자들은, 아이들에게서 십계명이 옳고 바람둥이의 향락적 생활이 그르다는 신념을 파괴시켜 버리는 일에 종사하고 있다. 그들은 이렇게 하기 위해서 "도덕"을 "가치 기준"이라는 단어로 대체시킨다.

사람이 옳게 행한 것으로 인해 시기를 받는데(요일 3:12), 그것이 바로 카인이 자기 아우를 살해한 이유이고, 사울이 다윗을 죽이려고 애쓴 이유이며, 형이 아버지에게 그렇게도 화가 난 이유이다(눅 15장). 『**어리석은 자는 자기 손을 모으고 자기 살을 먹는도다**』(5절). 이사야 9:20과 아모스 4:6을 보라. 이 과장된 말은, 일하지 않는다면 자기 몸밖에는 먹을 것이 아무것도 없게 된다는 뜻이다. 손을 모으고서는 아무 일도 할 수가 없다(잠 12:24,27; 18:9; 19:24; 21:25; 22:13 주석). 세 종류의 손을 유의해 보라. 첫 번째 사람은 양손으로 일하고(6절), 두 번째 사람은 어느 손으로도 일하지 않으며(5절), 세 번째 사람은 『**한 손에만 가득**』하다. 과로하는 것은 일하지 않는 것과 마찬가지로 책망받고 있다. 『**한 손에만 가득하고 평온한 것이 양손에 가득하고 노고와 영의 고통을 가진 것보다 낫도다.**』

NKJV를 포함하여 부패한 모든 성서들은 또다시 사람의 영이 무언가에 의해 "고통받는다는" 모든 언급을 지워 버렸다. RV, ASV, NASV, NRSV, NIV, NKJV, NEB라고 불리는 성서들의 혼란된 글귀에 따른다면, 사람이 슬픔과 노고와 비탄을 겪으며 살더라도 그의 『**영**』은 전혀 해로운 영향을 받지 않는다. (여러분은 어떻게 처신해야 할지 알고 있을 것이다.)

동일한 저자가(솔로몬) 기록하기를 『**마른 빵 한 조각을 가지고 화목하는 것이 희생제물이 가득한 집에서 다투는 것보다 나으니라.**』고 했고(잠 17:1), 또다시 바로 그 저자가 말하기를 『**소유가 적어도 주를 두려워하는 것이 큰 재물로 인하여 고뇌하는 것보다 나으니라.**』고 했으며(잠 15:16), 또다시 바로 그 저자가 기록하기를 『**나물로 마련한 저녁에** [바로 "한 손에만 가득한" 것이다] **사랑이 있는 것이 살진 수소가 있으나 미워하는 것보다 나으니라.**』고 했다(잠 15:17).

나는 그 두 가지 유형의 가정에 모두 있어 보았다. 나는 부유하고 대단하고 유복하고 풍요한 사람들과 함께 식사를 해 보았다. 보니까 마룻바닥에는 곰 가죽 양탄자들이 깔려 있고, 3층에는 미술 작업장이 있었으며, 접시마다 구운 꿩고기들이 놓여 있고, 식당으로 웨이터를 부를 때에는 탁자 아래 바닥에 있는 단추를 누르게 되어 있었다. 개인용 활주로 위에 지어진 개인용 음식점들로 이동할 때에는 개인용 비행기들로 날아서 갔고, 거기서 제일 값싼 간이식사가 12달러였다(1970). 그리스발트, 마리오트, 홀리데이 인과 같은 호화스런 모텔들에서 여러 번 식사를 하다 보니 나는 웨이터들과 웨이트리스들을 잘 아는 전문가가 되어 버렸다. 나는 지난 40년 동안 일 년에 평균 100번꼴로 "외식"을 했다.

나는 앨라배마, 노스캐롤라이나, 미시시피 주에 있는 나무로 된 판잣집에서도 식사를 해 보았는데, 그중 어떤 집들은 가리는 문이나 창문도 없었다. 많은 집들이 문에 자물쇠도 없었고, 또 많은 경우에 마루에 구멍들이 나 있어서 구멍을 통해 그 집 아래서 닭들이 흙바닥을 긁고 있는 모습을 볼 수 있기도 했다. 감옥 식당, 군대 식당, 군대 야외 취사장에서도 식사를 해 보았고, 소풍용 간이 탁자에서 식사를 하기도 했다. 나는 긴 여행을 떠나는 젊은 그리스도인 부부들과 함께 점심을 먹었는데, 그들 중 일부는 동쪽이든 서쪽이든 남쪽이든 창문이 전혀 없는 하층민 공동주택에서 암굴 거주민처럼 살고 있었다.

나는 로스앤젤레스와 필라델피아의 조그맣고 비좁은 아파트에서도 식사를 해 보았는데, 그 건물의 "앞마당"은 가로가 8피트, 세로가 15피트의 넓이도 채 안 되었으며, 뒷마당은 전혀 없었다. 나는 이 "빈민가"와 판잣집들에서 마치 천성의 현관 속으로 발을 한 걸음 들여 놓은 듯한 하나님의 임재를 느꼈다. 또 이와 반대로 오늘날 40만 달러에 팔릴 만한 어떤 집들에서는 내가 끝없이 깊은 구렁으로 떨어지는 듯한 사탄의 권세를 느꼈다. 돈은 성공을 의미하지도 않고 영성을 의미하지도 않는다(딤전 6:5,10 - 이 구절은 ASV, NASV, RSV, NRSV, RV, NIV, NKJV에서 변개되었다).

4:7 그때 내가 돌이켜 해 아래 헛된 것을 보았는데
8 어떤 사람이 혼자 있고 다른 이가 없으며, 정녕, 자식도 형제도 없
도다. 그러나 그의 모든 수고에는 끝이 없으며 그의 눈은 재물로
도 만족하지 못하고, "내가 누구를 위하여 수고하며 내 혼이 낙을
빼앗기는가?"라고 말하지도 아니하니, 이것도 역시 헛되며, 정녕,
심한 고초로다.
9 둘이 하나보다 더 나으니, 이는 그들이 그들의 수고에 대한 좋은
상을 가짐이라.
10 이는 그들이 넘어지면 하나가 그의 동료를 일으켜 세울 것임이라.
그러나 혼자 있는 자가 넘어지면 그에게 화로다. 이는 그를 도와
일으켜 줄 다른 사람이 없음이라.
11 또한 둘이 함께 누우면 따뜻하지만 혼자서는 어찌 따뜻할 수 있으
리요?
12 만일 누군가가 그를 압도하면, 두 사람이 그 자를 저항하리니 삼겹
줄은 쉬 끊어지지 아니하는도다.

이어지는 내용은 혼자 살거나 아니면 결혼하여 가정을 이루는 것의 상대적인 장점들에 대해 생각해 본 것이다. 12절은 결혼 이외에도 단결된 친구들이나 친척들의 경우에 적용할 수 있다. 그러나 본문에 대한 최상의 주석은 시편 127:5에서 찾아볼 수 있는데, 그곳에서는 직계 가족을 주제로 다루고 있다.

"외로운 늑대"는(8절) 자기 자신을 위해 일한다. 그가 자선가나 발명가로서 인류를 위해 그 일을 한 것이라고 공로를 인정받는다 해도, 자기

만족은 동물적인 본능이라는 사실을 결코 잊지 말아야 한다. 어떤 사람들은 성적으로 탐닉할 때나 또는 외팔이 신적에게서 거금을 가로챌 때처럼 "세상을 더욱 살기 좋은 곳으로 만드는" 일을 하면서 자기만족을 얻는다. 사실 "좋은 세상 만드는 자들" 대다수는 자기의 죄들을 정당화시키기 위해서 또는 그 죄들을 속죄하기 위해서 선을 행한다. 그들은 돼지우리의 온도를 조절하고(눅 15장) 그 악취를 제거하는 일을 함으로써 하늘나라에 갈 통행료를 벌어냈다고 상상한다.

사람이 가족을 부양할 책임이 없다면 아주 쉽게 만족할 수 있으리라고 생각할지 모르지만, 사실은 그렇지 않다. 『**그의 눈은 재물로도 만족하지 못하고**』. 부유하고 외톨이인 독신의 늙은 구두쇠로서, 가까운 친구들이라고는 그가 유서로 무언가를 자기들에게 남겨주기를 기다리는 기회주의자들밖에 없는 그런 사람보다 더 처량한 것은 이 세상에 아무것도 없다. 누군가가 올바르게 말했듯이 "늙고 초췌해진 죄인이, 세상이 자기를 거부해 버린 후 오랜 시간이 지나서도 여전히 이 세상의 환심을 사고자 애쓰는 것보다 더 꼴 보기 싫은 모습은 세상에 아무것도 없다." 독신인 사람이 명성과 재산을 얻기 위해 온갖 희생을 감수하고 그의 『**혼이 낙을 빼앗기**』더라도 모든 것은 여전히 『**헛되며 영의 고통**』이다. 전도서 2:21과 2:15이 그를 해치워 버릴 것이다.

『**둘이 하나보다 더 나으니**』. 나는 그렇게 믿는다. 나는 잠언 21:9과 21:19을 직접 경험했지만 그렇게 믿는다. 나는 독신으로 살아 보았고(1921-1944년, 1959-1972년, 1987-1989년), 결혼하여 살아 보았는데(1944-1959년, 1972-1987년, 1989년 이후), 자녀를 둔 결혼한 사람의 삶이 가장 낫다고 생각한다. 내가 (구원받은 후) 결혼한 여인이 나를 버렸을 때 나는 우거진 나무로 완전히 울타리가 쳐진 1에이커의 땅에 살고 있었다. 거기에는 창고가 3개나 있었고, 과일나무들과 어린이 물놀이터와 정원으로 사용할 공터가 있었다. 그 집은 일부분이 벽돌로 되어 있었고, 침실이 3개, 욕실이 2개 있었으며, 식당, 부엌, 거실, 서재, 사우나 시설이 있었다. 나는 이제 막 두 가족 부양하기를 끝마쳤다. 첫 번째 가족은 아들이 셋, 딸이 둘이었고, 두 번째 가족은 딸이 둘이었다. 그러므로 나는 아들 셋을 더 데려다가 키웠다. 나는 그것에 대해 결코 후회해 본 적이 없다. 나는 1에이커의 땅에 침실 3개, 욕실 2개인 집에 나 말고는 거기에 아무도 살지 않는 채로 죽게 되지 않을 것이다. 나는 웃음소리와 음악과 시끌벅적한 소리와 소란함과 장난과 허둥대는 것과 기도와 성경과 아이들과 개들로 가득한 집을 좋아한다. 『**둘이 하나보다 더 나으니**』(9절). 『**좋은 상**』은 한 사람이 할 수 있는 것보다 더 많은 일을 할 수 있기 때문만이 아니다. 하나님께서는 각자가 다른 사람을(자기의 배우자를) 위해서 감수했던 희생에 대해서 보상하실 것이다. 솔로몬의 주장이, 수고에 대한 보상이 없다던 데서(전 2:11,12) 보상이 있다는 쪽으로 바뀌었음을 주목하라. 자연인이 하나님의 초자연적인 계시를 제쳐두고서 『**해 아래서**』 경험한 대로 끌어낸 자연적인 추론은 결국 자신의 주장을 가로지르며 자기모순에 빠지게 된다.

10절은 설명이 필요 없다. 11절도 설명이 필요 없으며, 열왕기상 1:1-4에서 다윗의 경우로 증명된다. 12절은 부가적인 진술이다. 『**삼겹줄**』은, "이 대 일"로 대결하는 것이 유리하듯이 "삼 대 일"로 대결하면 가공할 만한 힘을 내게 됨을 뜻한다. "수가 많은 편이 안전하다"라는 현대의 격언이 있다.

4:13 가난하나 명철한 소년은 더 이상 권고를 받아들이지 않는 나이 많고 어리석은 왕보다 더 나으니
14 이는 그는 감옥에서 나와 치리하는 반면에 그의 왕국에서 태어난 자는 또한 가난하게 됨이라.
15 내가 그를 대신하여 서게 될 두 번째 아이와 함께 해 아래서 행하는 모든 사람에 대해 숙고하였으니
16 모든 백성들, 곧 그들 앞에 있었던 모든 사람들의 끝이 없도다. 뒤에 오는 자들 또한 그를 기뻐하지 않으리니, 실로 이것도 헛되어 영의 고통이라.

처음 두 구절은 여기에 기록되어 있기에는 좀 어색한 내용들이다. 두 구절 모두 방금 전에 이야기한 내용과 잘 연결이 되지 않기 때문이다. 이 부분과 앞부분은 분리된 내용이다. 14절은 요셉의 경우에 훌륭하게 성취된다. (7년 동안 기근이 있었으므로 그 구절의 두 문장 모두 요셉에게 잘 적용된다). 그러나 『**더 이상 권고를 받아들이지 않는 나이 많고 어리석은 왕**』은 요셉을 회복시킨 파라오가 아니다. 그 파라오는 하나님 아버지의 모형이다(창세기 41장 주석).

어떤 아이는 가난해도 나중에 결국 새 예루살렘에 있게 되고, 어떤 아이는 부유해도(눅 16장) 결국에는 지옥에서 물을 구걸하게 될 수 있다.

그 『**나이 많고 어리석은 왕**』의 신원은 밝혀져 있지 않지만, 성경은 바로 솔로몬을(왕상 11:3-8) 그런 사람으로서 지적한다(욥 32:9). 감옥에서 나온 자가 『**나이 많고 어리석은 왕**』인 것으로 본문을 읽는다면 정말로 혼란 상태에 빠지게 된다. 감옥에서 나와 치리하는 『**나이 많고 어리석은**』

왕은 성경 어디에도 없다. 므낫세는 감옥에서 나왔지만(대하 33:13) 그는 나이 들었을 때 어리석지 않았다. 역대기하 33:12-15을 보라. 여호야킨은 열왕기하 25:27에서 감옥에서 나왔지만 나와서 통치하지 않았으며 아무도 『**그의 왕국에서 태어**』나지 않았다. 그에게는 왕국이 없었기 때문이다. 틀림없이 본문에는 아직껏 아무도 알아내지 못한 예언적인 언급이 나와 있는 것이다(전 12:11).

15절에서 『**두 번째 아이**』는 보좌의 첫 번째 상속자가 죽은 후에 『**서게 될**』 보좌의 계승자일 것이다. 제미에슨은 그것이 르호보암에 대한 언급일 것으로 추측한다. 그는 『**나이 많고 어리석은 왕**』을 여로보암이라고 간주하면서, 여로보암이 비록 『**감옥**』에서 나오지는 않았지만 감옥에 가지 않기 위해 이집트로 도망한 것이라고 이유를 댄다(왕상 11:40). 그러나 한 번만 힐끗 보아도 알 수 있듯이, 이것은 정말 엉망으로 확대 적용한 것이다.

『**모든 백성들...의 끝이 없도다.**』 인류는 마치 개미떼 같다. 오늘날 이 땅 위에는 5,600,000,000명이 넘는 사람들이 살고 있다(저자는 1994년에 이 책을 썼다 - 역자 주). 그들은 하루에 2,000명꼴로 사람들을 없애 버리기로 마음먹으면서도(낙태), 거기서 죽지 않은 생존자들은 얼룩올빼미, 붉은 망고, 열대 다우림, 아기 고래, 흰머리독수리들을 보존하려 한다.

1992년 미국에는 300,000,000명의 사람들이 있었고, 앨라배마 주 전체에 있는 인구의 두 배 이상이 한 도시(뉴욕)에 있었다. 아프리카에서 가장 큰 도시(요하네스버그)보다도 뉴욕에 아프리카인들이 더 많이 있다. 매일 17만 명의 사람들이 태어나고 있으며, A.D. 2000년이면 인구가 약 6,000,000,000명이 될 것으로 예상된다.

현재 중국은 인구가 1,000,000,000명인데, 이것은 러시아와 미국의 인구를 합쳐 놓은 것보다 더 많은 수다. 현재 인구가 250,000명 이상인 미국의 모든 도시 시민들에게 주택을 공급하려면 A.D. 2000년까지 두 달마다 집 2,000채를(하루에 33채를) 지어야만 한다.

여러분이 오늘 죽는다면, 그 죽음에 대해 전혀 모르고 심지어 여러분의 이름이 무엇인지도 전혀 모르는 사람들이 최소한 5,000,000,000명이 있을 것임을 장담할 수 있다. 그들은 여러분이 언제 어디서 태어났는지, 또 10년 내지 70년간의 일생 동안 한 번이라도 여러분이 어디서 살았고 무슨 일을 했는지를 전혀 알지 못할 것이다. 여러분이 죽고 나서 1년만 지나도 아마 여러분이 언제 죽었는지 기억할 사람들이 이 세상에 100명도 채 되지 않을 것이다. 이 지구는 마치 개미집과 같다.

『**모든 백성들...의 끝이 없도다.**』 지금 뉴욕에는 16,207,000명, 도쿄에는 11,324,000명, 상하이에는 11,000,000명, 베이징에는 10,000,000명의 인구가 살고 있다. 또 파리, 부에노스아이레스, 로스앤젤레스에 각각 7,000,000명 내지 9,000,000명 정도가 살고 있다. 6.2평방마일 넓이의 포르투갈 식민지 마카오에는(중국 남쪽 해변) 1986년에 392,000명이 살고 있었다. 그것은 평방마일 당 63,225명이 사는 꼴이었다. 55,126평방마일 넓이의 방글라데시에는 103,200,000명의 인구가 살고 있는데, 그것은 평방마일 당 1,872명꼴로서, 가로 120피트, 세로 120피트인 공간마다 한 사람이 살고 있는 것이다.

『**모든 백성들...의 끝이 없도다.**』

나는 애틀랜타, 시카고, 포트워스, 로스앤젤레스, 마이애미, 뉴욕, 뮌헨, 모스크바, 멤피스, 캔자스시티의 공항 터미널에서 솔로몬이 말한 이 사실을 정말이지 아주 여러 번 목격해 왔다. 5,000명 내지 50,000명이나 되는 군중들을 아주 여러 번 눈여겨보았지만, 그중에 내가 그 이름을 아는 사람은 단 한 명도 없었다. 필리핀의 고기 시장들, 도쿄 긴자의 거리들, 독일 프랑크푸르트와 뉘른베르크의 상점가들, 일본 도쿄와 카추라와 니코의 지하철역들에서도 낯선 얼굴들만이 들끓었다. 나는 러시아인, 멕시코인, 일본인, 필리핀인, 독일인 군중 속을 힘들여 지나갔다. 나는 또 하키장, 축구경기장, 야구장, 서커스장의 관객석과 교회 회중석 가운데 앉아 보았다.

오 하나님이여! 『**사람이 무엇이기에 주께서 그를 마음에 두시**』나이까?(시 8:4)

내가 보기에 성경의 가장 위대한 신비들 중 하나는, 하나님께서 어째서 시간을 내셔서 여기 이 아래 개미집에 있는 나와 다른 사람들을 구원하려 하시는가 하는 점이다(〈썩지 않을 면류관, *The Full Cup*〉, 말씀보존학회). 나는 성경의 모든 구절을 135번 잘 살펴본 후에도 이 신비를 해명하지 못했다.

『**뒤에 오는 자들 또한 그를 기뻐하지 않으리니**』(16절). 이것은 보좌를 이어받는 『**두 번째 아이**』인 것으로 생각된다(15절). 일반적인 진리는 분명하다.

1. 『**나이 많고 어리석은 왕**』이 그의 신하들에게 거부당한다.

2. 『**가난하나 명철한 소년**』이 왕이 되는데, 그도 그의 신하들에게 거부당한다.

3. 『**두 번째 아이**』가 그 다음에 보좌를 차지하는데, 동일한 신하들에게 후에 거부당한다.

이런 경향은 사울을 시작으로 하면 가장 잘 시작될 것이지만, 다윗은 『**감옥에서**』 나오지 않는다. 최소한 실제 감옥은 아니다. 다음 세대는 "나중" 왕의 통치를 기뻐한다는 의미에서 그 어떤 통치도 성공적이지 못하다.

전도서 5장

5:1 네가 하나님**의 전에 들어갈 때 네 발을 조심하라. 가까이 다가가**
듣는 것이 어리석은 자들의 희생제를 드리는 것보다 나으니, 이는
그들은 악을 행한다고 생각하지 않음이라.
2 너는 함부로 입을 열지 말며 하나님 **앞에서 마음이 조급하게 되어**
말을 내지 말라. 하나님은 **하늘에 계시고 너는 땅에 있음이라. 그**
러므로 네 말수를 거의 없게 할지어다.
3 꿈은 일의 많음으로 인하여 오나니 어리석은 자의 음성도 말이 많
음으로 알려지느니라.

"단락"이 지어져 있는 것을 보라(8,9,18절). 1절과 2절은 모세의 율법과 관련이 있다(신 23:21). 입다는 4절을 지키지 않으면 안 될 것 같은 생각이 들어서 자기의 서원을 갚았다. 그 서원은 그에게 하나밖에 없는 자식인 외동딸의 생명을 잃게 하는 것이었다. 이 경우에 입다는 율법에 대한 무지 때문에 그 일을 수행한 것이다. 율법에서는 무지로 한 서원에 대해 참작해 주기 때문이다. 레위기 5:4를 보라. 레위기 5:5,6은 입다가 자기 딸 대신에 무엇을 바칠 수 있었는지를 보여 준다.

1절에 관해서 솔로몬은 기록하기를, 『**악인의 희생제는 주께 가증한 것**』이라고 했다(잠 15:8). 틀림없이 솔로몬은 사울에게 있었던 일을 알고 있었을 것이다(삼상 13:12). 예레미야 6:20과 이사야 1:11,12도 이와 동일한 문제를 다룬다. 성경에서 가장 눈에 띄는 "우연의 일치" 가운데 하나가 여기서 벌어지는데, 솔로몬은 아마도 자기가 기록하면서도 그것을 미처 깨닫지 못했을 것이다. 여러분이 알듯이, 카톨릭의 미사는 희생제라고 불리며("미사 희생제"), 그것을 드리는 어리석은 자들은 자기들이 『**악을 행한다고 생각하지 않**』는다. 이 시대에 모든 그리스도인에게는 매일이든, 매주든, 매월이든, 매년이든 간에 그 어떤 종류의 물질적인 희생제도 없다(히 10:8-12). 만약에 누군가가 희생제를 거행한다면 그것은, 신약에 계시된 하나님의 뜻에서(히 9,10장) 전적으로 완전히 이탈한 니콜라파 사람들이 스스로 임명하여 이교적인 바알 숭배 의식을 거행하는 것이다. 2,4,6,7절에 들어 있는 철학은 이신론 혹은 유신론이다. 신약 시대 그리스도인은 아프리카 중심부에서 유래한 식인 희생제 의식을 지켜보는 것이 아니라, 『**가까이 다가가**』 하나님의 말씀들을 들어야 한다(살전 2:13, 갈 3:1-5, 롬 10:14). 2절에 나오는 사람은 솔로몬이 잠언 29:20에서 준 경고를 무시했다. 잠언 18:13 또한 경고로서 적절하다. 『**네 말수를 거의 없게 할지어다.**』 이 모든 것이 야고보서 2장, 베드로전서 3:10, 잠언 21:23; 10:18; 17:27; 29:20과 어울림을 눈여겨보라(잠언 주석 참조).

『**꿈은... 오나니**』. (악몽이라는 의미에서 꿈은 온다.) 꿈은 "거짓되이 꿀" 수도 있다(렘 29:8). 빌라도의 아내는 꿈으로 고통을 받았다. 파라오는 두 번 꿈을 꾸며, 느부갓넷살은 약 20년 간격으로 두 번 꿈을 꾼다. 이 네 번의 꿈 모두, 헬라어 학자나 칼데아인 과학자가 아니라 히브리 선지자가 올바른 해석을 찾아낸다. 하나님께서는 밤에 꿈속에서 아비멜렉에게 나타나셨는데, 성경이 완성되기 전에는 하나님께서 종종 이런 식으로 자신을 계시하셨다. 특히 민수기 12:6을 주목하라. 야곱도 꿈을 꾸고(창 28:12), 그의 아들 요셉도 꿈을 꾸며(창 37장), 미디안 군사 한 사람도 자기 편 군대 전체가 전멸하기 전날 밤에 꿈을 꾼다(판 7:13). 전도서의 저자인 솔로몬 자신에게도 하나님께서 꿈속에서 말씀하신다(왕상 3:5). 주의 천사가 꿈속에서 요셉에게 나타나셨고(마 1:20), 그 다음에는 요셉의 집에 찾아온 현자들에게 말씀하셨다(마 2:12). 성경에서 꿈은 가볍게 취급되지 않는다.

그러나 문맥으로 볼 때(『**일이 많음으로 인하여 오나니**』), 솔로몬은 아마도 사람들이 영감이라고 취급하는 머릿속 공상에 대해 이야기하고 있는 것이다. 20세기에 있던 가장 적절한 사례는 "내겐 꿈이 있습니다."라고 한 마이클 루터 킹인데, 미국 곳곳의 학교들에 악몽을 일으켰다. 미국 법무성과 주 방위군들이 마이클의 "꿈"을 실현하려고 만들어 낸 제도로 인해서, 매년 교사와 학생들에 대한 폭행사건이 4,000번씩 일어나고, 공립 학교들에서 성경과 기도가 없어지고, 매년 2,000군데 고등학교에서 20만 명의 문맹자들이 생겨나고 있다. 마이클 루터 킹의 꿈은 "나는 하와이로 가는 꿈을 꾼다"라든지, "나는 복권에 당첨될 날을 꿈꾼다" 따위와 같은 것이었다. 전능하신 하나님과 그런 꿈들은 아무 관계도 없다.

여기서 『**꿈**』은 서원하는 자(혹은 희생제를 드리는 자)가 마음에 품은 어떤 것으로서, 그가 실현되기를 바라는 것이다(렘 23:25). 그는 야망을 가지고 있다(7절). 문자적인 의미에서 현대인의 꿈들은 종일 끊임없이 활동함으로써 생긴다. 특히 육체노동을 하지 않는 사람들의 경우에 그렇다(12절). 정신적이고 감정적인 노동은 악몽의 원인이 된다. 성경적으로 말해서, 현대의 꿈에 대한 해석은 무엇이든지 성경과 일치하는 해석이 되어야 할 것이다.

5:4 네가 하나님**께 서원하면 갚는 것을 미루지 말라. 그는 어리석은 자**
들을 기뻐하지 않으시나니 네가 서원한 것을 갚으라.
5 네가 서원하고 갚지 않는 것보다 서원하지 않는 것이 더 나으니라.
6 네 입으로 네 육체를 죄짓게 하지 말며, 너는 그 천사 앞에서 그것
은 실수였다고 말하지 말라. 어찌하여 하나님**께서 네 음성에 화내**
셔야 하며 네 손으로 한 일을 멸하셔야 하겠느냐?
7 꿈이 많고 말이 많은 데는 헛된 것들 또한 많도다. 그러나 너는 하
나님**을 두려워하라.**

4절과 5절에 대해서는 이미 주석했다. 여자들의 서원에 관한 법은 민수기 30:3-5에 나오며, 사무엘상 1,2장에서 예증된다.

헤롯은 배꼽춤을 춘 소녀에게 맹세함으로써(막 6:26) 그의 입으로 그의 육체를 죄짓게 했다(6절). 6절의 『**천사**』는 출애굽기 23:20의 천사이든지, 아니면 인간적으로 말해서 주의 천사의 "현현"인 레위 지파 제사

장을(삼상 1장) 나타내는 것일 수도 있다(출 22:28, 요 10:35).

7절은 설명이 필요 없다. 자, 이제 숭고한 곳을 떠나 우스꽝스러운 곳으로 가서, 〈킹제임스성경〉의 파괴적 비평가들이 시간을 들여서 이루어 놓은 것을 보도록 하자. 그들은 아무도 자기들이 주석하고 있는 책을 믿지 않았다. 〈위클리프 주석〉의 저자는 전도서 4:15의 〈킹제임스성경〉 표현이 부정확하며, 전도서 4:21은 RSV처럼 표현해야 한다고 주장한다. 그는 또 "돌들을 모으는 것"이 결혼하는 행위를 뜻하는 것이라고 말한다(전 3:5). (그 말을 이해해 보라. 창세기 1장 이후로 아직 아무도 그것을 이해할 수 없었다.)

NEB는 3:21을 "...가는지 안 그런지를 누가 알리요?"라고 번역하여, 사람의 영이 위로 올라간다는 것에 대해서 독자들의 마음속에 의심을 심어 놓는다. 또 4:5에서도 아무도 『**자기 살을 먹**』지 않고, 단지 "야위고 쇠약해질" 뿐이다. NIV에서는 그 사람이 "자기 몸을 망친다."

〈브로드만 주석〉은 사람의 영이 위로 올라가는지 증명될 수 없음을 전도서 3:21이 말해 준다고 하면서, "그러므로 스올의 존재에 대한 어렴풋한 믿음을 제외하고는(전 9:10) 코헬렛이 사후의 삶에 대해 아무런 믿음도 가지고 있지 않은 것이 분명하다."라고 한다. 그렇다면 사람이 죽은 후에 심판받을 것이라는 말씀은 어떻게 된 것인가?(전 12:14) "코헬렛"이 시편 73:24이나 욥기 19:25이나 창세기 50장을 어찌 읽지 않았겠는가? 야곱은 장사되기 몇 달 전에 "그의 조상들에게로 합쳐졌다." 코헬렛이 사후의 삶에 대해 믿지 않는다면 솔로몬의 책꽂이(즉 "코헬렛의" 서재)에 있는 시편 16:11은 어찌된 것인가?

〈리빙 바이블〉은 로마카톨릭의 미사 희생제를 성경의 공격으로부터 보호하기 위해서 전도서 5:1에서 『**희생제**』라는 단어를 제거한다(베드로 전서 5:13에서는 베드로를 바빌론에서 로마로 이동시킨 것을 주목하라). 그 단어는 모든 히브리어 본문에 들어 있다. 힛직, 바우어, 페로운, 델리취, 하우프트만, 조클러, 에왈드, 맥닐, 게세니우스는(그 이단에 속한 동료들과 함께) 전도서 3:1부터 5:6 사이에서 하나님께서 존중하신 본문의 120군데를 고칠 것을 제안한다. 이것은 알렉산드리아 이단이 절제를 보인 세계기록이다. 그들이 이번에는 한 구절 당 대략 3개씩만 고쳤다(44구절 중 120군데). 그런 것들은 다 쓰레기통에 던져 버리라.

5:8 네가 어느 지역에서 가난한 자들을 압제함과 공의와 정의를 심하게 왜곡시키는 것을 볼지라도 그 일을 이상히 여기지 말라. 가장 높은 자보다 더 높은 이가 지켜보시며 그들보다 더 높은 이가 있음이라.

8절이 1절과 동시에 기록된 것이라면 서로 조화를 이루었을 것이지만, 동시에 기록된 것이 아니므로 8절이 홀로 두드러져 있다. 이 구절은 이 땅 위에서 흔히 벌어지는 세 가지 일들을 말하고 있다. 우리가 전도서 1:18을 주석하며 언급했던 종류의 문헌들을(거기를 보라) 많이 읽어 보지 않은 사람에게는, 매 세기마다 이 땅 위의 모든 나라에서 이 세 가지 잔혹한 일들이 일상적으로 벌어진다는 사실이 믿기지 않을 것이다.

그 세 가지 일은 다음과 같다.

1. 지속적으로 『**가난한 자들을 압제함**』.

2. 『**재판**』을 『**심하게 왜곡시키는 것**』.

3. 『**정의를 심하게 왜곡시키는 것**』.

이 세 가지 범죄는 모두 비나 바람처럼 일상적이고도 지속적이다. 매일 아침 신문은 이 일들 중 한 가지를 보도하고 있든지, 또는 그 일들을 조장하며 실행하고 있다.

첫 번째 경우에 대한 격언으로 "부익부 빈익빈"이라는 말이 있다. 성경에는 『**부자와 가난한 자가 함께 만나거니와 그들 모두를 지으신 분은 주시니라.**』는 말씀이 나온다(잠 22:2). 돈이 곧 힘이므로, 사람들은 돈이 없으면 무력해진다(잠 19:4,7; 10:15 주석). 사람이 때로는 일하지 않으려 하기 때문에 가난하고, 또 때로는 일할 수 없기 때문에 가난하다. 많은 경우에 만성적인 질병이나 장애, 또는 백만장자라도 파산시킬 정도의 병원비 청구서 뭉치로 인해 가난하고, 또 때로는 재무성 내국세국이나 마피아가(그 둘은 동일한 집단이다) 여리코로 가는 길에서 그 사람이 저축한 것을 다 빼앗고서 그를 『**반쯤 죽은 채로**』 버려두기 때문에 가난하다.

때로는 탕자처럼 돈을 헤프게 쓰고 하나님께서 주신 재산을 허비하기 때문에 가난하고, 많은 경우에 변호사가(또는 판사의 "판결"이) 사람을 빈털터리로 만들기 때문에 가난하다. (불법적으로 빼앗긴 20,000달러를 돌려받으려던) 순진한 사람이 소송 비용과 변호사 비용으로 18,000달러를 지불하고서 결국 도둑맞은 돈 2,000달러를 돌려받는 식의 사례들은 무수하다. 때로는 사람이 자기가 번 돈을 다룰 줄 모르고 "예산을 짤" 줄 모르기 때문에 가난하고, 때로는 위에 열거한 이유들이 한데 결합되기도 한다. 또 때로는 "인색하여" "기쁨으로" 드리지 않기 때문에 가난하다(고후 9:6, 눅 6:38).

하지만 가난과 "극빈 수준" 생활의 가장 보편적인 원인은 이런 것들과는 거의 상관이 없다. 어떤 사들은 사람이 당하는 모든 재난의 원인을 칼 마르크스의 "재산 분배" 이론에서 찾으려 하지만, "제3세계 국가들"이라고 부르는 그런 나라들이 생기는 이유는, 인류가 보편적으로 십계명의 두 번째 계명을(출 20:4,5) 거부해 버리기 때문이다. 땅 위의 모든 로마카톨릭 국가에 있는 모든 로마카톨릭 교회들의 모든 로마카톨릭 교리문답책에서는 그 계명이 십계명 중에서 완전히 제거되었다. 빈털터리가 되었고 계속 빈털터리로 남아 있는 모든 나라는 다음과 같은 것들에 찬동한 나라였다.

1. 로마카톨릭 : 조각상들과 형상들을 숭배함.

2. 힌두교 : 문자 그대로 수백 개의 각종 신들과, 그것들을 나타내는 받침대 달린 조각상들을 숭배함.

3. 애니미즘 : 밀림 부두교의 주술사들. 숭배 도구로 조각상과 "인형들"을 사용함.

4. 공산주의 : 이 사상에서는 하나님이 완전히 제거되었고, 영적인 신이 전혀 존재하지 않으며, 모든 신들은 물질적인 것, 곧 우상들이 된다. 하나님 대신에 정부가 최종권위로 서며(1964년 이후 미국처럼), "민중(무산계급)의 독재"를 가장하여 소수(법정 "판결"을 좌우하는 상류계급 음모자 집단) 독재정치가 대신 들어서서 결국 국가를 파산지경으로 만든다(미국, 1992).

미국이 이미 제3세계 국가가 되지 않은 이유는 (하늘의 여왕을 숭배하는) 교황의 유럽공동체가 아직 의회를 지배하지 못했기 때문이며, 두 번째 이유는 미국에 아직도 성경을 믿고 기도에 시간을 쏟는 수천 명의 사람들이 있기 때문이다(특히 테네시, 노스캐롤라이나, 텍사스 주). 미국이 지금까지 민주주의 비슷한 것을 유지하는 요인은 오직 그 두 가지뿐이다. 하나님께서는 그분을 팔아서 우상들을 사고 우상을 숭배하는 그런 민족들을 파산시키신다.

5:9 더군다나 땅의 이익은 모두를 위한 것이니 왕 자신도 밭의 소산을 받느니라.

10 은을 사랑하는 자는 은으로 만족하지 못하며 풍요를 사랑하는 자는 증식으로 만족하지 못하리니 이것도 헛되도다.

11 재산이 늘어나면 그것들을 먹는 자들도 늘어나나니 그러므로 그 소유자들이 자기들의 눈으로 먹는 자들을 보는 것 외에 그들에게 무엇이 유익하리요?

12 노동자의 잠은 그가 적게 먹든지 많이 먹든지 간에 달지만 부자의 풍부함은 그로 하여금 자지 못하게 하리라.

13 내가 해 아래서 심한 악이 있음을 보았나니, 곧 소유주들을 위해 간수된 재물이 그들에게 해가 되는 것이라.

14 그러한 재물이 악한 수고로 말미암아 망하나니 그가 아들을 낳아도 그의 손에 아무것도 없느니라.

15 그가 모태에서 나올 때 벌거벗었으니 그가 왔던 그대로 돌아가며 수고하여 얻은 것은 아무것도 손에 가지고 가지 못하리라.

16 이것 역시 심한 악이라. 모든 점에서 그가 왔던 그대로 가리니 바람을 위해 수고한 그에게 무슨 이익이 있으랴?

17 그가 또한 평생을 어두움 속에서 먹으며, 많은 슬픔과 분노가 그의 병과 더불어 있노라.

NASV는 자유주의 성서 RSV와 한패를 이루어 말하기를 "밭을 경작하는 왕은 그 땅에 이익이 되느니라."고 하는데, 그것은 헛소리요 또 부패한 번역이다. 왕들 중에 트렉터나 경운기 등을 모는 사람은 아무도 없다. 심지어 『**농사를 좋아하였**』던(대하 26:10) 왕마저도 그랬다. 웃시야는 포도원 가꾸는 자들과 농부들을 두었고 가축들을 가졌다. 그는 포도나무를 "가꾸거나" 젖소에게서 젖을 짜는 일을 하지 않았고, 아무것도 경작하지 않았다.

(부패한 카톨릭 은사주의 역본) 〈리빙 바이블〉은 "오, 자기 나라에 충실한 왕이 있다면!"이라고 말한다. 히브리어를 문자 그대로 번역하면 "왕이 경작되고 있는 밭을 가지고 있을 때"가 되겠지만, 이것은 분명히 "원저자의 의도"가 아니다. 그렇게 번역되면 그 구절의 첫 문장과 전혀 어울리지 않게 되기 때문이다. 왕이 경작되는 밭을 가지고 있다 해도 땅의 이익은 "모두"를 위한 것이 아니다. 그는 자신을 위해 그것을 경작하고 있을 것이며, 경작한 후에도 그것은 아무에게도 이익을 주지 않을 것이다(아모스 4:6-12를 보라). 모든 사람에게 소산을 내는 것은 밭이며 "모든 사람" 중에는 날품팔이 노동자와 노예들뿐만 아니라 왕들도 포함된다. 인간의 삶은 동산에서 시작했고 모든 왕은 동산에 신세를 지고 있다(옥수수, 토마토, 밀, 보리, 콩, 완두콩, 배추, 양파, 당근, 후추, 감자, 무, 상추 등). 동산을 떠나면 음식을 떠나는 것이며, 음식을 떠나면 죽게 된다(애 4:9,10). 굶어죽는 데 있어서는 왕이라는 사실도 결코 특별한 유익

이 되지 못한다.

어떤 나라든지 아스팔트와 시멘트로 된 상점들과 콘크리트로 된 아파트를 짓는 것으로는 살아남을 수가 없다. 일단 모두가 완전히 문명화되고 도시화되면 정부는 농부들을 파산시키고 그들의 땅을 몰수할 것이며, 그러면 모두가 굶어죽게 될 것이다. 시멘트를 먹을 수는 없는 노릇이기 때문이다. 〈킹제임스성경〉을 고수하고 폐물들은(NASV, NIV, NKJV, RSV, NRSV 등) 내다 버리라.

10절은 설명이 필요 없다. 재산은 마치 더 많이 마실수록 더욱 갈증이 심해지는 소금물과 같다. 팔레르모 마피아의 살바토르 인체릴로는 헤로인과 코카인을 팔아서 매년 2천만 달러를 벌었는데(1981년), 그 수입에 만족하지 못하여(10절) 두목인 살바토르 레기오의 "부정 자금" 3백만 달러를 훔치고서는, 미국의 마약 판매상들이 값을 지불하지 않아서 결손이 생긴 것으로 가장했다. 레기오의 패거리들이 빈틈없이 무장하고 나서자 인체릴로의 패거리들도 그렇게 했고, 그리하여 1980년대의 거대한 마피아 전쟁이 벌어졌다. 문자 그대로 팔, 다리, 머리들이 날아다녔고, 절단된 시체들이 자동차 속에 들어차고, 선박 밖으로 떨어져 나오고, 부엌 쓰레기통에 버려졌다. 2명의 경찰관, 1명의 시장, 2명의 판사, 그리고 42명의 마피아 구성원들이 암살당한 후에 342명이 체포되었다.

『**은을 사랑하는 자는 은으로 만족하지 못하며**』.

솔로몬은 상대적인 진리들로는 시간을 낭비하지 않는다. 그는 현실을 다루는 현실주의자다.

11절은 우리가 전도서 2:11에서 써놓은 주석들과 어울린다. 사람이 볼 수 있어도 눈은 보는 것으로 만족하지 못한다(전 1:8). 돈을 더 많이 벌수록 그 재정을 관리해줄 더 많은 사람들을 필요로 하게 된다. 백만장자 하워드 휴즈가 죽었을 때 사람들은 그의 시신이 온통 주사바늘 구멍으로 가득한 것을 발견했다. 심지어는 그 구멍들 속에 부러진 바늘도 몇 개 박혀 있었다. 의학박사 한 사람이 이 일을 보도하려 하자, 어떤 정체 모를 고인의 "친구들" 무리가 그 박사를 은밀하게 국외로 납치해가서 하워드의 재산 상속이 마무리되기까지 있다가 그 후에 돌아오게 했다. 하워드 휴즈는 죽기 전 몇 달 동안, 그의 재산을 어떻게 분할할지를 이미 결정해 버린 친구들과 친척들에게 포로가 되었던 것이다. 그들은 약으로 그의 의식을 흐리게 했다.

나는 텍사스 주 아마릴로 근처에 사는 어떤 백만장자가 대로에 인접한 자기 소유지에 캐딜락 승용차 다섯 대를 파묻은 것을 알고 있다. 캐딜락 승용차가 일 년이 되면 그는 그것을 파묻었는데, 후미를 먼저 땅속으로 집어넣고 몸통의 3분의 2가량을 파묻어 그 엔진 덮개와 앞바퀴가 약 30도 각도로 튀어나와 있게 했다. 왜 그랬을까 싶겠지만 이유는 없었다. 단지 과시하기 위해서였다. 그는 그저 여봐란 듯이 행동한 것뿐이다. 사람들이 그것을 보고서 "엄마! 저 차들 좀 보세요. 어디가 고장난 거죠?" 하는 것이다.

나는 또 텍사스 주 컴포트 근처에 사는 한 텍사스 사람에 대해 알고 있는데, 그는 대로에서 약 3마일 떨어진 커다란 언덕 위에 있는 땅 100에이커를 사서, 거기에다 (자신과 아내를 위해) 침실이 5개, 욕실이 3개이며 고풍스런 벽들로 되어 있고 각층이 8천 평방피트가 넘는 3층짜리 저택을 지었다. 그는 자신과 아내를 보호하기 위해서 그 20에이커의 저택 둘레에 6피트 높이의 금속 담장을 세우고, 또 그가 축적한 잡동사니들을 보호하기 위해서 경비원들을 고용하여 24시간 내내 8시간씩 교대로 근무하게 했다. 사람들은 5마일 길이의 그 대로를 양쪽에서 위아래로 오가며 그의 저택을 볼 수 있다. 사람들의 반응은 어떤가? 사람들은 차를 타고 지나가면서, "와, 저것 좀 봐! 저기 위에 좀 봐!" 하고 외친다. 나는 펜사콜라에서 매년 3만 달러도 벌지 못하면서도 그 가련한 바보보다 더 즐겁게 사는 흑인들을 알고 있다.

『**은을 사랑하는 자**』. 코넬리우스 반더빌트(1794-1877)는 1억 달러의 돈을 남기고 죽었다. 그는 그리스도인이었던 자기 아내와 그리스도인이었던 의사(딤즈 박사)에게 죽어가는 자기의 침대로 와서 그 차가워지는 손을 붙잡고 자기를 위해 이 노래를 불러달라고 부탁했다. "가난하고 궁핍한 자여, 약하고 상처입은 자여, 병들고 고통받는 너희 죄인들아 오라." 나는 2만 달러를 가지고서도 반더빌트가 1억 달러를 가지고 누렸던 것보다 더 많은 것을 누렸고, 억만장자 존 D. 록펠러(1839-1937), 로스 페럿(억만장자), 헨리 포드(1863-1947), 앤드류 멜런(1855-1937)보다도 더 많은 것을 누렸다.

반더빌트와 멜런이 축적한 재산은 오늘날의 물가상승에 따라 계산하면 당시 액수의 8배가량이 될 것이다. 오늘날 세상에서 가장 부유한 사람은 요시사키 추추미라는 이름의 44세 일본인 실업가인데, 그의 재산은 189억 달러이다. 그러나 그는 한 번에 침대 하나에서밖에는 잘 수 없으며, 밤낮으로 변호사들과 정부 관리들이 그를 귀찮게 하고, 친척들이 도움을 받으려고 몹시도 그를 괴롭힌다. 그에게는 사생활이 없다. 그는 내가 72살에도 하는 라켓볼이나 하키를 즐길 수도 없으며, 죽어서는 심판과 지옥을 맞이하게 될 것이다. 『**재물은 진노의 날에 유익하지 않으나**』

(잠 11:4).

샘 무어 월든은 샘 클럽과 월마트를 세운 후에도 재산이 65억 달러였고, "아주 가난한" 로스 페럿은 30억 달러짜리 "빈약한 조직망"으로 억만장자 목록에 들었다. 그러나 그는 고추 같은 채소를 먹지도 못하고, 숭어잡이 망을 사용하는 법도 모른다. 쓰러지지 않고서 3마일도 달리지 못하며, 하나님과 성경에 대해서는 거의 아무것도 알지 못한다.

아주 부유한 사업가인 뉴저지 출신의 앤토니오 드 앤젤레스는 "식물성원유 정제회사"를 운영했는데, 8년 동안 그는 거대한 샐러드기름 탱크를 바다의 소금물로 채움으로써 일반 국민들로부터 1억 7500만 달러를 사취했다. 그는 감옥에서 8년을 보낸 후에 풀려났다. 그가 체포되기 전에 "만일을 대비하여" 1천만 달러 이상을 은닉했다는 것은 좀 지나치게 어림한 것 같다. 20-30년 동안 사는데 1천만 달러 이상이 필요한 사람이 누가 있겠는가? 그것은 일 년에 대략 30만 달러 내지 50만 달러 정도를 쓴다는 말이 된다. 8년 동안을 감옥에서 보내면 재산은 그 반 정도면 된다.

성공적인 사업가였던 앤토니 모레노는(그는 전혀 붙잡히지 않았다) 복지기금을 타기 위해 출생증명서들을 위조하여 프랑스에서 640만 달러를 긁어모은 후 1968년에 은퇴하여 호사스럽게 스페인으로 갔다.

『**노동자의 잠은... 달지만**』(12절). 두 가지 이유로 그러하다(그의 식사량은 그것과는 무관하다 - 『**그가 적게 먹든지 많이 먹든지 간에**』). 첫째로 그는 고된 일로 몹시 지쳐 있어서 몸이 누우면 곧바로 정신을 잃는다. 둘째로 그에게는 같은 구절의 『**부자**』처럼 『**풍부함**』이 없으므로, 정부의 회계감사, 은행들의 부도, 저축대부조합의 파산, 주식 시세, 다우존스 평균주가, 달러 가치, 탐욕스런 친척들, 유괴범들, 투자된 자본에 대해 걱정하면서 밤을 반쯤 새우는 일 따위는 없다. 『**부자의 풍부함은 그로 하여금 자지 못하게 하리라.**』 부유한 사람들은 마약과 술을 사용하기로 이름이 나 있다. 노동자는 깊고도 곤하게 잠든다.

13절도 마찬가지 내용이다. 나는 여기서 이에 해당하는 백만장자들의 일대기들을 다 써줄 시간이 없다. 사례들은 많이 있지만 여기서는 뉴잉글랜드 마피아에 있던 빈센트 테레사의 이야기 하나만 하겠다.

빈센트는 일 년에 2백만 달러 이상을 그러모았다. 그는 도박장을 운영하여 비밀 포커게임으로 풋내기들의 돈을 빼앗고, 훔친 보석을 매매하고 (또 판 후에 다시 훔치고), 고리대금업을 했으며, 의사들과 변호사들에게서 3만 달러 내지 5만 달러씩을 털었다. 빈센트는 경마에 출전하는 말들에게 약물 주사를 놓았고, 자동차 면허증과 신용카드를 훔쳤고, 부도 수표로 한 번에 1만 내지 2만 달러씩을 은행에서 빼내었고, 가짜 여권과 신분증을 만들었고, 정부 증권을 훔쳐다 팔았고, 상점 주인들을 협박하여 돈을 뜯어냈다. 20년 동안 그가 취한 돈은 4천만 달러가 넘었다.

현재 빈센트는 파산하고 망가져 버렸다. 그가 교도소에 있을 동안 그의 가족을 돌봐주기로 약속했던 한 친구가 빈센트의 저축한 돈 3백만 달러를 가지고 시칠리아로 떠나 버렸다. 20년 동안 빈센트 테레사는 아무에게도 자선을 베푼 적이 없었다. 그는 4천만 달러를 낭비했고, 지금은 수감 기록밖에는 아무것도 남기지 않은 채, 밤낮으로 자신과 가족의 생계를 염려하며 살고 있다.

『**그러한 재물이 악한 수고로 말미암아 망하나니**』.

그런 사람들의 이름을 열거하자면 조우 콜럼보(암살당함), 알 카포네

(매독으로 죽음), 비토 제노비스(감옥에서 죽음), 앨버트 아나스타샤(암살당함), 존 고티(투옥됨), 파울 카스텔론(암살당함), 샘 지안카나(암살당함), 앤젤 브루노(암살당함), 벅시 지겔(암살당함), 루키 루치아노(망명생활 중에 죽음) 등으로 끝이 없다. 방금 열거한 모든 사람은 일 년에 최소 2백만 달러를 벌었다. 그들 대부분은 일 년에 1천만 달러 이상을 벌었다.

모든 주석가들은 13절과 14절을 주석하면서, 재물이 도둑맞음으로써 "망할" 수 있다는 것을 잊었다. "잘못된 투자"는 여러 요인 중 하나일 뿐이다. 경험 없고 잘 속는 헬라어 히브리어 학자들은, 돈이 그 소유주에게 해가 될 수 있는 경우는 오직 지혜롭지 못하게 돈을 투자하는 경우밖에 없다고 생각한다. 이것은 삶의 경험이 있는 사람으로서는 전혀 이해하기가 불가능한 일이다. 돈을 은행에 맡겨두는 일은 투자가 아니지만 그것 역시 여러분에게 해가 될 수 있다. 이불 속이나 깡통 속에 돈을 숨긴다 해도 해를 입을 수 있다. 어디에든 아무것도 투자하지 않아도 적군이 여러분의 나라에 쳐들어와서 여러분이 간수한 모든 것을 약탈함으로써 "여러분에게 해가 될" 수 있다. 비엔나에 있던 부유한 유대인들은 그들의 재산이 많다는 것을 알아낸 나치 독일 비밀경찰 게슈타포에게 고문을 당해 죽었고, 재물이 『**그들에게 해가 되**』었지만 그것은 투자로 인한 것이 전혀 아니었다.

은행에 예금한 돈이 강도당하는 수도 있고, 적군이나 강도들이 부수고 들어가서 돈을 터는 수도 있으며, 사재기당하는 경우도 있다. 여러 요인 중 한 가지만이 "잘못된 투자"였다.

헨리타 H. 그린(1835-1916)은 3,100만 달러의 은행 예금 잔고를 오직

한 은행에 보유해 두고 있었다. 그녀가 공짜 진료소를 찾으려고 시일을 낭비한 것으로 인해 그 아들이 다리를 절단해야 했을 정도로 그녀는 아주 인색했다. 헨리타는 값싼 오트밀 죽, 그것도 차가운 오트밀 죽을 먹으며 살았고, 너무 검소해서 음식을 데워 먹지도 못할 정도였다. 그녀는 죽었을 때 9,500만 달러를 뒤에 남겼지만, 이 땅 위에 사는 누군가를 위해서 좋은 일을 한 가지도 해보지 못했다. 그녀는 자신의 배만 채우느라 83년을 보냈다. 전도서 12:13,14이 진리를 말하고 있는 것이라면, 헨리타 그린은 여러분이 살면서 이제껏 만났던 모든 멍청한 백치들을 능가하는 바보였던 것이다.

독일 국립은행에 비축되어 있던 모든 돈은 제2차 세계대전이 끝날 무렵 도둑맞았는데, 그것은 9,878,000달러어치의 금괴들과(지금으로 치면 대략 36억 달러) 자루 여섯 개에 담긴 408,840달러어치의 지폐들이었다. 뉴욕에 있는 국립 시중은행의 부지점장은 금고에서 883,660달러를 털었다. 그 돈 중에 "투자한" 돈은 전혀 없었다. 그 은행은 거기서 거래하는 사람이 수표를 사용할 수 있으려면 금고에 각자 최소 2,000달러를 보유해 두어야 한다고 (완전히 불법적으로) 요구했다. 그랬더니 그 금고는 가득 찼던 것이다. 뉴욕 경찰청은 시중 가격으로 7,300만 달러인 헤로인과 코카인 398파운드를 몰수했다가 즉시로 "도둑맞았다." 1986년 4월에 로마카톨릭교도였던 필리핀 대통령(마르코스 대통령)이 로마카톨릭교도들인 자기 동포들에게서 40억 달러 이상을 착복했다는 보도가 있었다. 그 영부인에게는 그 돈 일부를 가지고 구입한 1,600켤레의 구두가 있었다. 도둑맞는 경우에는 모두 잘못된 투자가 되므로 투자가 잘 되고 잘못되고 하는 것은 사소한 문제다.

13-17절에서는 자신을 위해 사는 사람을 묘사하고 있다. 이런 사람은 『**올무와 여러 가지 어리석고 해로운 정욕에**』 빠진다(딤전 6:9). 그는 돈을 자기 신으로 삼는다.

1. 그는 벌거벗은 채로 와서 벌거벗은 채로 간다(15절). 디모데전서 6:9을 보라.

2. 그는 모든 것을 뒤에 버려두고 가게 되므로 그에게 "유익"은 전혀 없다. 『**사람이 온 세상을 얻고도 자신의 혼을 잃는다면 무슨 유익이 있겠느냐?**』 격심하고 무의미한 경쟁이 끝나고 나면 그는 자신이 그것을 얻은 게 아님을 알게 된다.

3. 그는 영적인 어두움 속에서 먹으며(17절), 십중팔구는 『**많은 슬픔과 분노가 그의 병과 더불어 있**』다(욥 6:6,7). 부자들은 만성적인 병들과 개인 주치의와 간호사들, 그리고 약병으로 뒤덮인 탁자들을 지닌 것으로 유명하다. 『**부유하게 되고자 하는**』 자들은 100와트짜리 전구 50개가 켜진 샹들리에 밑에 앉아 있더라도 그 마음에 어두움이 있다. 열왕기상 21:1-4의 아합은 7월의 구름 없는 날 대낮에 비치는 태양도 볼 수 없었다.

이 장 4,5절은 가치론(가치들, 특히 도덕적 가치들에 관한 연구)이라고 알려져 있는 철학의 분야에 속한다. 13절은 자본주의의 원리다. 돈을 벌려면 돈을 써야 한다. 돈을 쌓아두는 것보다는 돈을 쓸 때 더 많이 벌게 된다.

5:18 내가 보았던 것을 보라. 사람이 먹고 마시며 그가 평생 동안 해 아래서 얻은 그의 모든 수고의 유익을 누리는 것이 선하고 온당하도다. 이는 하나님**께서 그에게 주신 것이니 그의 몫이라.**

19 하나님**께서는 또한 모든 사람에게 재산과 부요를 주셨으며 능력**
을 주시어 먹게 하시고 그의 몫을 갖게 하시고 그의 수고 가운데
즐거워하게 하셨으니 이것이 하나님**의 선물이라.**
20 **그가 자기 생애의 날들을 많이 기억하지 못하리니, 이는** 하나님**께**
서 그의 마음의 기쁨으로 그에게 응답하시기 때문이라.

앞에서도 이 결론에 도달했었다. 전도서 2:23과 3:12,13을 보라(전 2:25의 주관주의를 주목하라).

『전도자』는 여기서 그의 뒤에 올 헬라의 얼간이 무리를 위해(플라토, 아리스토텔레스, 제논, 에피쿠로스, 엠페도클레스, 탈레스 등) 보폭을 조정하고 있다. 그는 헬라의 허풍쟁이들이 스토아(회랑)에서 자신의 무지를 공공연히 드러냈을 때 중심주제로 다뤘던 것, 바로 "최고 선"을 찾고 있는 중이다. 알렉산드리아 이단은 아직도 이 "곰팡내 나는 헬라 철학 부스러기"를 너무도 신봉하기 때문에 성경에 그것을 좀 끼워 넣어 보려고 ASV, NASV의 마태복음 19:17에서 그리스도의 신성을 공격했다.

이 부분에서 솔로몬왕은 결론짓기를, 부자든 가난한 자든 사람은 하나님께서 이생에서 그에게 주시는 것을 누려야 한다고 말한다. 솔로몬왕은 또 부자를 『**부요**』하게 만드시는 분이 하나님이시라고 말한다(19절). (솔로몬이 계속 이런 말을 한다면 그는 인본주의자들, 무신론자들, 불가지론자들, 범신론자들 모임의 "흥을 깨게" 될 것이다. 솔로몬은 이런 부류의 고집쟁이들이 얼마나 민감한지를 알고 있기 때문에 스물네 구절의 강론 중에 전도서 6:2에서만 그분에 대해 언급하고서는 "하나님" 이야기를 빼버리고, 그 대신 "해 아래"에 관한 논의로 다시 돌아간다.) 여기서 솔로몬은 얻은 재물을 향유할 능력뿐만 아니라 그 재물을 손에 넣는 동안 수고 가운데서 즐거워할 능력도 하나님께서 주시는 것이라고 말한다. 적절한 예들로는 자기 수입의 90%를 바친 R.G. 르투르노, 새로운 출생을 경험한 J.C. 페니, 그리고 댈러스 카우보이 출신의 탐 랜드리가 있으며, 그 밖에도 많은 사람이 있다.

『**그가 자기 생애의 날들을 많이 기억하지 못하리니**』(20절). 즉 불행한 날들, 슬픈 날들, 우울하고 비통했던 시간들을 말이다. 그는 두 가지 이유로 인해 그 날들을 기억하지 못할 것이다.

1. 여러분이 하나님과의 교제를 즐기고 있을 때 시간은 빨리 지나가므로, 과거에 있던 무언가에 매여 있기보다는 『**뒤에 있는 것을 잊어버리**』는 것이 훨씬 쉽다.

2. 여러분이 하나님과의 교제 속에 있을 때 현재는 과거보다 더 실제적이므로, 여러분이 어딘가 눈을 돌린다면 과거가 아니라 미래로 돌리기가 쉽다. 여러분은 "앞을 향해 떠밀린다." 18절은 쾌락주의지만, 하나님이 주신 즐거움이 아니라면 그 쾌락은 만족을 주지 못할 것이다.

전도서 6장

6:1 내가 해 아래서 한 가지 악을 보았는데, 이는 사람들 사이에 흔한 것이라.

2 하나님**께서 어떤 사람에게 재산과 부요와 존귀를 주셔서 그가 바라는 모든 것에 그의 혼을 위해 아무것도 부족함이 없게 하셨도다. 그러나** 하나님**께서 그에게 그것을 향유할 능력을 주지 않으시므로 타인이 그것을 향유하니, 이것도 헛되고 악한 병이니라.**

여기서 말하고 있는 흔한 악은, 명성과 영예와 재산과 채권과 계약서들과 영향력을 잔뜩 지니고 있는 백만장자가 그것들을 향유하지 못하는 것이다. 전도서 6:2은 5:19의 예외다. 전도서 5:19의 『**모든 사람**』은 여기 2절에 나와 있는 사람을 제외한 것이다. 식당에서 매번 훌륭한 식사를 주문하여 25달러씩 지불할 만큼 충분한 돈이 사람에게 있으면서도, 그 음식을 주문한 후 그것을 먹을 만한 건강한 소화기관이 없을 수가 있다.

『**타인이 그것을 향유하니**』. 사람이 돈 잘 벌리는 직업을 가지고 잘 꾸민 의상을 입으며 넓은 집을 가지고 있더라도, 누군가가 그의 재산을 털고 침략군들이 그의 생명을 포함해서 그가 가진 모든 것을 빼앗을 수가 있다. 백만장자가 5년 동안 변호사 비용을 지불함으로써 그의 은행계좌가 돼지 저금통 하나로 전락해 버릴 수도 있다. 때로는 변호사들이 25년에 걸쳐 그 돈을 빼내기도 할 것이다. 이합은 보좌 위에서 "명예가 훼손"되고 있었고, 하만은 그가 권력에 있어서 왕 바로 다음가는 사람임에도 불구하고 "발작적 히스테리"를 지니고 있었다. 느부캇넷살은 꿈 하나에 당황하여 자기 신하들을 죽이려고 했다. "세상 영광의 산들은 항상 만년설로 덮여 있다." 프랭크 시나트라는 그의 인생의 마지막 십 년을, 이런저런 칵테일파티 자리에서 어슬렁거리며 손에 유리잔을 들고 허공을 응시한 채, 공원 벤치에 앉아 있는 부랑자 마냥 혼자 중얼거리면서 보냈다. 그는 일 년에 1,500만 달러를 벌었다. 나는 앨라배마와 조지아 주에서 하찮은 일을 하고 하찮은 것을 먹고 마시면서도 삶에서 보다 많은 것을 얻어내는 흑인들을 알고 있다.

삶을 향유할 능력은 하나님께로부터 온다(딤전 6:17).

개인적인 이야기를 하자면, 나는 하나님께서 내게 보통의 백만장자가 할 수 있는 것 이상으로 삶을 향유할 능력을 주셨다고 믿으며, 몸을 굽혀 그들과 제휴하는 따위의 일은 생각조차 하지 않았다(저자의 자서전 〈썩지 않을 면류관, *The Full Cup*〉을 보라). 나는 조니 카슨이나 딘 마틴이 유명한 공연에서 얻은 것보다 더 많은 것을, 가을 밤 바닷속에 숭어잡이 망을 던지는 데서 얻었다. 나는 71살에 스케이트를 타고 하키 경기장에 나가서 "골문을 지키는" 즐거움을 누렸다. 60살까지는 스케이트를 타본 적이 없었다. 스케이트를 처음 탄 다음 12년 동안 800번이 넘게 경기를 하며 나는 결국 골키퍼 역할을 맡게 되었다. 즐거운 삶을 누리는 것에 대해 한 번 내게 말해 보라! 집 세 채와 교회 건물 세 채와 자동차 17대의 대금을 치렀으며, 자녀 10명을 길렀는데 그중에는 술이나 마약을 하는 애가 하나도 없고 그들 모두 성경을 앞표지부터 뒤표지까지 다 믿는다. 삶을 향유하는 것에 대해 한 번 말해 보라! 그러는 중에 주님께서는 내게 8,000명의 혼들을 주셨고, 200명이 넘는 젊은이들을 설교하도록 부르셨고, 43년 동안 매년 약 250일씩을 실제로 아무런 세상 걱정도 괴로움도 불평도 없이 지내게 하셨다. 두 번 예외인 해가 있었지만(1960, 1988) 나는 내 일생 중 단 한 주도 고쳐 쓰고 싶지 않다. 내가 단언하건대, 이 세상에서 정직하게 이처럼 말할 수 있는 백만장자는 아무도 없다. 또 내가 단언하건대, 나는 거무칙칙한 완두콩죽 한 그릇과 검은 호밀빵 한 조각을 가지고서도 그들이 거대한 바닷가재 요리를 가지고 누린 것보다 더 많은 것들을 누렸다. 『**이는 주를 기뻐함이 너희의 힘이기 때문이라**』(느 8:10).

6:3 만일 사람이 일백 자녀를 낳고 여러 해를 살며 그의 연수가 많을지라도 그의 혼이 낙으로 채워지지 못하고 또 그가 장사되지 못한다면, 내가 말하노니 낙태된 자가 그보다 나으니라.

4 이는 그가 헛되이 왔다가 어두움 속에서 떠나니 그의 이름이 어두움에 덮일 것임이라.

5 더군다나 그는 해를 보지 못하였고 아무것도 알지 못했으니, 이 자

가 다른 이보다 더 편안하니라.

6 정녕, 그가 천 년의 두 배를 산다 해도 그가 아무런 낙을 누리지 못하였으니 모두가 한곳으로 가지 않느냐?

7 사람의 모든 수고는 자기 입을 위한 것이지만 식욕은 채워지지 않는도다.

8 현명한 사람이 어리석은 사람보다 더 가진 것이 무엇이냐? 산 사람 앞에서 행할 줄 아는 가난한 사람은 무엇을 갖겠느냐?

3절은 전도서 5:17과 같다. 내부 사정이 좋지 않으면 외부 사정도 모두 좋지 않게 된다(렘 22:19). 장사되는 문제가 이사야 53:9, 예레미야 8:2; 22:19에 나오는데, 구약의 유대인들은 명예롭게 장사되는 것을 최고로 중요시했다(삼상 31:13, 삼하 4:12; 21:12-14 등). 이 구절은 『**그의 혼이 낙으로 채워지지... 못한다면**』 장수하고 자녀를 많이 낳는 것까지도 행복이나 성공을 보장해 주지 않는다고 말해 준다. 그렇다면 다음 두 가지가 분명해진다.

1. 혼이 악으로 가득한 악인이라면 그의 지위는 무가치한 것이다(전 2:26; 3:12).

2. 하나님께서 몸을 위해 주신 것을 "혼"이 향유할 수 없다면(2절, 눅 12:20) 역시 그의 지위는 무가치한 것이다. 그러므로 그런 사람을 아무것도 아니게 된 『**낙태된 자**』에 견주고 있는 것이다. 4절의 『**그**』는 욥기 3:16-20에서도 묘사되었듯이 낙태된 자다. 그 죽은 아기는 햇빛을 보지 못했고 또 『**아무것도 알지**』 못했으므로 "다른 이," 즉 2절과 3절에서 묘사된 그 사람보다 "더 편안한" 것이다. 6절에서도 여전히 그 사람에 대

해 논의하고 있다. 『**그가 천 년의 두 배를 산다 해도**(3절, "여러 해를 살며") **그가 아무런 낙을 누리지 못하였으니**』. 그의 혼이 낙으로 채워지지 못하므로 아무런 낙을 누리지 못한다. 이것이 전도서 5:17에서 말한 그 『**어두움**』이다. 본문 전체에서 논의되고 있는 그 부자는 재물을 자기 신으로 삼았으나 축적한 후에 그것을 향유할 수가 없었다. 그는 낙태된 자가 가는 바로 그곳으로 간다. 바로 어두움이다(욥 3:16-20 비교).

7절은 이 땅 위 모든 사람의 인생에 관한 아주 기본적인 사실을 진술하고 있다. 입은 삶과 죽음의 수단이다. 이것은 절대적인 진리이며, 전혀 상대적이 아니다. 인간의 고생은 입으로 인해 시작되었다(창 3장). 입이 바로 이브의 고생이 시작된 곳이다(창 3:2). "먹는다"는 단어는 성경의 세 번째 장에서 17번 나오는데, 다른 모든 종교들의 소위 "경전"이라는 것들 가운데서는 완전히 유례가 없는 일이다. 성경적 기독교가 이 땅 위에 있는 다른 모든 종교들과는 전적으로 다르다는 증거가 창세기 3장뿐이었다 해도 그것으로 충분했을 것이다. 어째서 종교적인 책이 입 속에 넣는 것에 대해 논의하는 것으로 시작한단 말인가? 〈샤스트라〉, 〈푸라나〉, 〈트리피타카〉, 〈탈무드〉는 그렇지 않다. 메리 베이커 에디의 〈열쇠〉도 분명히 그렇지 않다. 악마적인 것이든 그렇지 않은 것이든 마술에 관한 모든 책들 역시 마찬가지이고(〈카발라〉, 카드 마술 등), 〈몰몬경〉도 마찬가지다. 이런, 성경은 참으로 이상한 책이 아닌가! "먹지, 먹을, 먹지도, 먹는, 먹고, 먹더라, 먹지, 먹었느냐... 등등". 『**사람의 모든 수고는 자기 입을 위한 것이지만**』. 여러분은 살아 있기 위해 일하며, 먹음으로써 살게 된다. 이해가 되었는가? 『**죽는 것과 사는 것이 혀의 권세에 있나니, 혀를 사랑하는 자는 그 열매를 먹으리라**』(잠 18:21).

입과 혀는(약 3:5,6) 여러분이 살거나(롬 10:9,10) 죽는 수단이다. 여러분이 죽는 이유는, 여러분이 입에 넣는 모든 것이 땅에서 나오는데 창세기 3장에서 하나님이 땅을 저주하셨기 때문이다(창 3:17). 이제 이해가 되었는가? 이것은 남자든 여자든 이 땅 위에 있는 모든 무신론자, 과학자, 불가지론자, 정신의학자, 인본주의자, 다신론자, 범신론자, 유대교인, 카톨릭교도, 마호메트교도, 무정부주의자, 허무주의자, 불교도들을 속박하고 있는 절대적인 진리다. 6천 년 동안의 "과학적 진보"는 그들 중 누구에게든 아무 영향도 주지 못했다. 모든 과학자들도 살기 위해서는 먹어야 한다. 그들 모두는 죽으며, 그들이 먹은 것이 땅에서 나왔기 때문에 죽는다(창 3:17). 수세기 동안 모든 문맹 야만인들이 그랬던 것처럼 그들도 입을 위해 수고한다. 그러나 그들은 여전히 『**식욕**』을 가지고 있다. 이것은 사람의 눈과 귀만 만족을 모르는 것이 아니라(전 1:8) 사람의 배도 마찬가지임을 뜻한다. 여러분이 지금 막 음식을 먹었다 해도 이 글을 읽은 후 스무 시간도 못 되어 다시 배가 고파질 것이다. (아마 열 시간도 못 되어서 그렇게 될 것이다!)

『**식욕**』이 얼마나 그칠 줄 모르는지 보려면 남아프리카에 살았던 한 흑인의 위장을 생각해보라. 그 속에는 53개의 칫솔 부스러기와 두 개의 면도날, 두 개의 길이조절 안테나, 150개의 일회용 면도기 손잡이가 있었다(〈기네스북〉). 프랑스 그르노블 출신의 미카엘 로티토는 먹는 분야에 있어서 모든 사람을 능가했다(1950년). 그가 1959년에는 유리와 금속을 먹기 시작했고, 그 후 20년 동안 10대의 자전거, 1대의 슈퍼마켓용 손수레, 7대의 텔레비전, 6개의 샹들리에, 그리고 (베네수엘라의 카라카스에서) 1대의 세스너 경비행기를 먹어치웠다. 미카엘은 병에 걸리지도 않고서 매일 2파운드의 금속을 섭취할 수 있었던 것이다.

로널드 앨커너는 커다란 바나나 17개를 2분 안에 먹어버림으로써 엄청난 식욕을 보여 주었다(1973년 12월 7일, 캘리포니아 대학). 영국 번트우드의 레그 모리스는(1986년 12월 10일) 프랑크푸르트 소시지 30개를 64초 안에 삼켜 버림으로써 그의 경쟁상대가 되었다. 타미 그린은(1985년 7월 6일, 아나폴리스) 굴 288마리를 1분 33초 내에 꿀떡꿀떡 삼켜 버렸다(그 굴 무게는 6파운드에 달하는 것이었다).

또 대식가들에게 음식을 장만해 주었던 세계 챔피언 요리사들이 있었다(잠 23:21). 플로리다 주 코럴 스프링즈에서는(1988년 7월 9일) 거대한 음식을 좋아하는 사람들을 위해서 5,100파운드 무게의 햄버거를 차려 냈다. 그때 거기에는 폴 버니언을 위해 주문한 팬케이크가 있었는데, 온타리오 주 르파이버에서 만든 것으로(1988년 6월 26일) 무게가 2,000파운드(즉 1톤), 지름이 30피트나 되었다. 플로리다 주 탈라하시에서는 피자를 좋아하는 사람들을 위해 지름이 100피트나 되는 피자를 요리했다. 영국 월버햄턴에서는 역사상 제일 긴 소시지를 뽑아냈다(1988년 6월 18일). 그 소시지를 뽑아내는 데 15시간 33분이 걸렸고, 그 길이는(믿거나 말거나) 13,125마일이나 되었다(〈기네스북〉).

제미에슨은 (다음 구절의) 현명한 사람은 자기의 『**식욕**』을 만족시킨다고 잘못 가정하여, "현명한 사람이 어리석은 자보다 더 유리한 점이 무엇이며, 경건하고 가난한 사람이 그보다 더 유리한 점이 무엇인가..." 식으로 읽는다. 그러나 그 어떤 현명한 사람도 자기 식욕을 단번에 12시간 이상 채우지는 못한다. 사흘 동안만 그에게서 음식을 제거하면 그는 곰의 식욕과 같은 식욕을 갖게 될 것이다. 본문이 말하는 바는, 음식에 대한 식욕을 만족시키는 문제에 있어서는 현명한 사람도 『**어리석은 사람보다 더 가진 것이**』 아무것도 없다는 것이다. 그 둘은 앞서 전도서 2:15,19에서도 그랬듯이, 둘 다 똑같은 상태에 처해 있는 것이다. 『**가난한 사람**』은 경우에 따라서는 평생 동안 적절하게 처신할 수 있을지 모르지만("나는 주당 50달러밖에 못 벌지만 훌륭한 그리스도인의 삶을 살고 있다네!" "음, 정말이지 내 생각에는 그것이 그 봉급으로 살 수 있는 거의 유일한 삶의 방식인 것 같군.") 그 역시 보편적인 문제를 지니고 있다.

1. 모든 불경건한 부자와 마찬가지로 그도 죽어서 흙으로 돌아간다.
2. 그도 여기서 만족되지 못할 식욕을 만족시키려고 평생 동안 수고한다.

6:9 눈으로 보는 것이 마음의 공상보다 나으나, 이것도 헛되어 영의 고통이라.

10 지금까지 존재했던 것은 이미 이름이 지어져 있으며, 그가 사람이란 것도 이미 알려진 것이라. 아무도 자기보다 더 강한 자와는 다툴 수 없느니라.

11 헛된 것을 증대시키는 많은 것이 있음을 보나니 사람이 더 나은 것이 무엇이냐?

12 그림자처럼 허비한 헛된 인생의 모든 날인 이 생애에서 인간에게 무엇이 좋은지 누가 알며, 해 아래서 사람의 뒤에 무슨 일이 있을지 누가 그에게 말해 줄 수 있으리요?

"손 안에 든 한 마리 새는 숲속의 새 두 마리만큼의 가치가 있다."라는 속담이 있다. 이것은 "손 안에 든 참새가 지붕 위의 참새보다 더 낫다"라는 독일 속담에서 기원한 것이다. 솔로몬은 방금 전에 "눈으로 보는 것"의 가치를 낮추었지만(전 5:11) 지금은 그것을 추천하고 있다. 최소한 그것은 가지지 못한 것을 공상하고 탐내는 것보다 낫기 때문이다. 이것은 합리주의다.

『**마음의 공상**』은 1950년 이후로 100배는 더 늘어나 있다. 오늘날 이 땅 위 어디든지 문명화된 곳에는, 탐욕을 일으키고 부추기고 조장하는 텔레비전이 구석에 놓여 있다. 그것이 바로 텔레비전이 스스로를 재정적으로 지탱하는 방법이다. 아침과 밤낮으로 하는 민간 텔레비전 방송의 목적은 아주 분명하다. 사람들로 하여금 갖지 못한 것들을 탐내게 만드는 것이다. 텔레비전 방송을 통해 사람들은 자기가 갖지 못한 것들을 사진으로 보게 되고, 결국 원하게 된다. 여기에는 반나체로 목욕하는 미인들과 할리우드의 직업 모델들, 잘생긴 청년들, 부유한 젊은이들, 새로운 상표의 자동차(또 집과 요트), 복권 당첨, 새로운 상표의 기기들, 값비싼 보석류와 옷들, "일확천금 계획들"이 포함된다. 아침부터 밤까지 마음을 끄는 음식과 음료들, 살기에 즐거울 만한 곳들, 노래와 웃음, 살인광들, 엄청나게 근육을 키운 남자들, 머리털이 곤두서는 것 같은 체험, 정열적인 사랑의 장면들, 온갖 종류의 탈옥 행위로 정부기관들의 주의를 끄는 사람들의 모습이 완전히 생생한 색깔로 사람들에게 제공된다. 그런 것을 계속 보여 줌으로써 착실하고 근면한 국민들이 양산될 것이라고 생각하는가? 정신 나간 사람이 아니라면 아무도 그렇게 생각하지 않을 것이다.

『**지금까지 존재했던 것은 이미 이름이 지어져 있으며**』. 그것은 이름이 지어져 있고, 또 알려져 있다(전 1:9). 『**그가 사람이란 것도 이미 알려진 것이라.**』 여기서 그 히브리어 단어는 그 옛날의 "아담"이다. 『**지금까지 존재했던 것**』이란, 아담 이후로 인간의 역사에 대한 언급일 것이다. 그것은 잘 알려져 있고 기록되어 있다. 이제 그것은 과거 역사다. "사람들이 역사로부터 배우는 유일한 것은 바로, 사람들이 역사로부터 전혀 배우지 못한다는 사실뿐이다." (여기서 상황을 철학적으로 분석해 본다면 그 지식은[인식론] 전통이나 직관이나 합리주의가 아니라 계시에서 나오는 것이다.) 사람은 그 이름이 "적갈색 흙"을 뜻한다는 사실을 통해 "알려져" 있다. 그러므로 그의 이름은 "진흙"인 것이다. 그가 하는 모든 일은 결국 파멸한다. 그는 원래 셈족이므로 "붉은"색이었다(솔 5:10). 그 색깔은 "검은"색과 대조하여서는(솔 1:5) "희다"고 말해진다(솔 5:10). 아담은 『**흙으로**』 만들어졌고, 또 『**땅에서**』 났다(고전 15:47). 이것은 전도서 3:11을 아주 분명하게 설명해 주기 때문에, 오직 RV, ASV, NASV, RSV, NRSV, NIV, NKJV만이 그 구절을 이해하는 데 완전히 실패할 수 있을 것이다.

사람이라는 이름은(아담) 인간의 본성에 대한 기본적인 진리를 영원히 확정해 준다. 사람이라는 이름은 "진흙"을 뜻한다. 사람은 흙에서 나왔으며, 그의 신체는 80%가 물이다. 물과 흙이 섞이면 "진흙"이 되며, 이것은 그 무엇의 "척도"도 아니다. 원래 사람은 창조물 중에 최고였지만(히 2:7,8), 그때조차도 그는 그 무엇의 척도가 아니었다. 그는 『**천사들보다 조금 낮게**』 지어졌고 하나님께서 천사들을 지으셨다. 『**사람**』은 그 무엇의 척도도 아니다. 사람은 하나님의 형상으로 지어져 있지 않다. 과거에 하나님의 형상으로 지어졌던 것뿐이다(창 5:1-3). 이제 사람은 깨끗한 상태로 태어나지 않으며(욥 14:4; 15:14), 그의 첫태생은(창 4:1,2) "살인자 카인"이었다(요 8:44). 요컨대 사람을 창조하신 분께서 사람에 대해 제시하신 성경적 묘사는 20세기 사람들이 인간에 대해 이야기하고 있는 바와 정반대다. 역사상 그 어떤 300년 동안 벌어진 전쟁보다도 더 많은 전쟁이 20세기에 일어나(1912년부터 1992년까지 60번), 20세기가 "폭력의 세기"라고 불리게 된 이유를 이것이 설명해 줄 수 있을 것이다. 『**이미 알려진 것**』인데도 "알지" 못하는 바보들은 교육협회, 자유인권협회, 국제연합, 과학문화기구, 텔레비전 라디오 방송, 의회, 신문·잡지 편집자들, 그리고 그들이 내놓는 주장을 4분의 1 이상 믿을 만큼 우둔한 자들뿐이다.

욥기 9:2은 사람이 하나님과 다투어서는 성공할 수가 없음을 분명히 밝히며, 바울도 이에 대해 고린도전서 1:25과 10:22에서 "아멘" 하고 화답한다. 욥이 마침내 일 대 일로 하나님과 마주하며 『**다툴**』 기회를 얻었을 때, 그는 물러나 베옷을 입고 재 속에서 회개한다(욥기 9:3,14 주석).

『**이미 이름이 지어져 있**』는 또 다른 것들 중에는 별들이 있고(시 147:4) - 과학자들은 제2차 세계대전 이후까지 그것들을 찾아내지도 못했고, 지금은 단지 그것들 중 일부에 이름을 붙이고 있을 뿐이다 - 또 모든 동물들이 있다(창 2:19).

만일에 『**사람**』이 내년에 43가지 새로운 종들을 발견하고서 그것들에게 어떤 이름들을 지어 붙여 주며 이 본문을(『**지금까지 존재했던 것은 이미 이름이 지어져 있으며**』) 논박하려 한다 하더라도 그것은 아무런 의미도 없다. 이 우둔한 진화론자들의 뒷다리가 포도넝쿨에서 풀려나기도 전에 하나님께서는 별들에 이름을 붙여 놓으셨다(시 147:4).

11절을 보면 그 구절은 철학의 운명을 다루고 있다. 사람들은 자기들의 철학을 꾸며낸 후에, 또 그 철학들을 어떻게 적용할 것인가에 대해 이야기한다. 이것은 당연히 윤리와 도덕을 다루게 마련인데, 동료 인간과 주고받는 행동(이것은 특정한 "사회 환경" 속에서의 삶의 방식 또는 "성적인 성향"이라고 불린다)과 무관하게 철학을 적용할 수는 없기 때문이다. (모든 대학 교과과정의 핵심은 일련의 단어들을 고안해 내어 죄를 정당화하는 것이다. 죄인들에게 호소하기 위해서는 그것을 "말쑥하고 아주 멋진 것처럼" 만들어야 한다. 그 "사회 환경"이란 말은 사실 일종의 외판원 같은 것이다.)

『**사람이 더 나은 것이 무엇이냐?**』 전도서 8:7과 3:22을 보라. 〈킹제임스성경〉 비평가들 모두는 습관대로 여러분을 자기들의 무지의 수준으로 끌어내린다. 그들 모두는(RV, RSV, NRSV, ASV, NASV, NIV, NKJV) 본문을 전혀 이해할 수가 없어서 히브리어 "데바림"을 "것" 대신에(『**헛된 것을 증대시키는 많은 것이 있음을**』) "말"로 번역한다. 그것이 전부가 아니다. 바로 이들 부패한 알렉산드리아인들이(3:11에서 "그 단어는 그처럼 일관성 있게 번역되어야 한다."면서 "올람"을 "세상" 대신에 "영원"으로 번역해야 한다고 주장했던 자들이다) 이사야 42:16, 예레미야 22:4; 32:27; 40:16, 에스겔 38:10, 아모스 6:13, 그리고 그 밖에 구약의 백 군데에서는 그 똑같은 단어 "데바림"을 "것들," "것"이라고 번역했다. 이것이 바로 그들이 "일관된 번역"이라고 부르는 것이다. 그들은 여기서 자기들이 그렇게 고치는 이유에 대해 거짓말을 한 것이다. 진짜 이유는 그들이 성경을 기록된 대로 놔두고서는 이해를 못했기 때문이었다. 그래서 그들은 다른 표현을 고안해 내어 여러분을 자기들의 무지의 수준으로 끌어내리려 한 것이다. A.D. 200년 이래로 그 이단이 실행한 표준처리 절차이다(오리겐이 누가복음 2:14에서 한 일을 보라).

부패하고 "보다 읽기 쉬운" 성서들은 11절에서 『**많은 것**』을 빼버리고 "많은 말들"을 집어넣는다. 그러나 이 장에서 언급된 주제는 "것들"이었다. 무언가를 말하는 내용은 전혀 없었다. 열거된 항목들은 바로 "것들"이었으며, 헛된 것들을 증대시키는 "것들"이었다.

1. 재산을 얻은 후에 그것을 향유할 능력이 없는 것.

2. 사람을 흙으로 돌아가게 하는 죽음(6절).

3. 영원히 채워지지 못하는 육체의 식욕.

4. 사람이 자기 손에 넣을 수 없는 것들을 탐내며 마음으로 방황하는 것.

5. 사람이 자기를 흙으로부터 만들어 내신 분과 성공적으로 다툴 능력이 없는 것.

이상이 바로 『**헛된 것을 증대시키는 많은 것**』이다. 많은 "말들"을 내뿜는 누군가에 대해서는 전혀 논의하고 있지 않다. 항상 RV, RSV, NRSV, ASV, NASV, NIV, NKJV에 있는 모든 단어와 구절을 성경으로 바로잡으라.

〈브로드만 주석〉은 11절을 다음과 같이 설명한다. "더 많은 말들이란 하나님과 논쟁하려는 인간의 노력을 언급하는 것이다." 아니다. 실제로 전혀 그렇지 않다. 여러분은 성경에서 하나님과 논쟁하며 단 5분이라도 말을 할 수 있던 사람을 아무도 찾아내지 못할 것이다. 그 주석가는 단지 11절을 10절에 제한시키고 2-9절에서 벗어나게 하려고 애쓰고 있는 것일 뿐이다. 그리고 사람이 만약 많은 말들로 하나님과 다툰다면 결코

『**헛된 것을 증대시키**』지 않게 될 것이다. 오히려 사람이 징계를 받거나 혹은 이전에 갖지 못한 조명을 얻음으로써 겸손하게 되는 결과를 가져올 것이다. 이것이 사실임을 밝혀 주면서 또 이 구절에서 "것들" 대신에 "말들"로 대체하는 짓을 철저하게 정죄해 주는, 다음의 엄중한 성경 구절들을 부디 주목해 보기 바란다. 출애굽기 32:12(모세), 마태복음 16:22(시몬 베드로), 사도행전 22:20(바울), 사도행전 10:14(베드로), 요한복음 13:37(베드로), 출애굽기 5:2(파라오), 창세기 20:5(아비멜렉). 성경의 단 한 곳에서라도 사람이 하나님과 다투면서 11절에서처럼 『**헛된 것을 증대시키**』게 된 경우는 전혀 없다. 〈킹제임스성경〉은 심지어 11절에 문단 구분 표시까지 해놓아, 여러분이 RV, ASV, NASV, RSV, NRSV, NEB, NIV, NKJV의 개정위원회 사람들처럼 바보가 되지 않게 해준다.

성경에서는 사람이 하나님과 다툴 때,

1. 복을 얻는다(모세).
2. 겸손해진다(시몬 베드로).
3. 익사하게 된다(파라오).
4. 몰랐던 무언가를 알게 된다(아비멜렉, 창 20:3).

신구약 어디서든 하나님과 여러 말을 하며 다투었는데 "헛된 것을 증대시킨" 경우는 하나도 없다. 31,000구절 중 단 한 번도 없다.

과거 B.C. 1800년에 욥은 사람이 하나님과 다투게 될 가능성이 있음을 인식하고 있었고(욥 9:3), 사람이 하나님과 다툰다면 사람은 하나님께서 물으시는 질문에 대답할 수 없을 것임을 알아차렸다(욥 9:4). 이것은 정확히 신약에서 벌어진 일이다. 이스라엘의 종교지도자들이 예수 그리스도와 "다투었을" 때(마 5:46,47; 7:16; 8:26; 23:33; 21:25; 22:18,45,

요 18:11,23 등), 그들은 아무 대답도 못하였다. 사람이 하나님과 다툴 "가능성"이야 있지만, 그 동기가 올바르지 못하다면(겔 14:1-12) 언제나 "금방 야단맞고" 나오게 될 것이다. 『**주여, 그럴 수 없나이다**』(행 10:14)는 하나님과 논쟁하고 있는 것이다. 열한 가지 부패한 가짜 성경들이 뭐라고 하든 간에(RV, ASV, NASV, RSV, NRSV, NEB, TEV, NIV, NWT, TLB, NKJV), 그 다툼은 『**헛된 것을 증대시키**』지 않는다.

앞뒤에 헛된 것으로 둘러싸여 있다면 사람이 다른 것들보다 어떻게 더 낫겠는가? 『**이 생애에서 인간에게 무엇이 좋은지 누가 알...리요?**』 물론 하나님은 아시며, 전도서 기록자 자신도 알고 있다. 다만 그가 12장에 이르러 짐을 부리기까지는 주먹을 아끼고 있는 것이다. 구약을 보면 사람이 하나님을 두려워하고 그분의 계명들을 지키는 것이 좋은 것이다(미 6:8). 신약에서도 사람이 하나님을 두려워하고(빌 2:12, 히 12:28) 그분의 계명들을 지키는 것이(요일 3:22; 5:2; 3:23; 4:21, 요이 1:4) 좋은 것이다. 솔로몬왕은 단지 자기가 설교하고 있는 대상인 불가지론자들에게 임시로 순응하고 있는 것이다. 아직은 비장의 무기를 보유하고 있다. 그는 3:1과 3:22의 오래된 반복구로 다시 돌아가 있다. 『**해 아래서 사람의 뒤에 무슨 일이 있을지 누가 그에게 말해줄 수 있으리요?**』(전 6:12) 하지만 이사야 40-48장의 저자는 그것을 알고 있다고 공언한다(사 41:22-24; 42:9; 43:10-12; 44:6-8; 45:21; 46:10). 이사야 40-48장의 저자는 심지어 "해 아래 새로운 무언가를" 창조할 수 있다고 공언한다(사 42:9; 48:7). 학자들이 "제2의 이사야" 운운하며 이사야 40-66장을 어떤 알려지지 않은 기록자의 글이라고 하고 싶어 하는 것도 놀랄 일은 아니다.

기분 전환을 위해서 지금 잠시, 전도서의 저자를 바벨론 포로기나 포로기 이후에 살았던 어떤 "코헬렛"이라고 하는 학자들이(책 서두의 "개관" 부분 참조) 재정신인 사람들이었다고 가정해 보자. 여기서 학자들은 잠언서의 절대적인 것들에 대한 믿음을 잃어버린 이스라엘 민족의 침울한 상태 어쩌구 하면서 이야기하는데("전도서 개관" 참조), 그것은 바로 전능하신 하나님께서는 이스라엘 민족이 알 필요가 있는 것은 무엇이든 알려 주실 수 있었다고(위에 제시한 이사야 구절들을 보라) 이사야가 그 민족 전체에게 이야기한 "후에"(이사야는 포로기 이전 사람이다) 『**해 아래서 사람의 뒤에 무슨 일이 있을지 누가 그에게 말해 줄 수 있으리요?**』라는 진술이 기록된 것이라고 주장하는 것이다. 이게 앞뒤가 맞는 소린가?

라멕이 살인을 저지르고서 변명을 해댄 이후로(창 4:24) 예언은 인간의 장난감이 되어왔다. 로마카톨릭 점쟁이 진 딕슨은 "그녀와 함께 침대로 올라가서 그녀를 휘감고서 사랑과 지혜가 충만한(!) 눈으로 그녀의 눈을 들여다본" 한 뱀에게서 정보를 얻어 예언하기를, 1955년 미국에서는 처음으로 여자 대통령이 생겨날 거라고 했는데, 안 그랬다. 그래서 다시 예언하기를, 영국과 프랑스와 독일과 일본이 러시아와 싸우려고 로마에 본부를 세울 거라고 했더니, 역시 안 그랬다. 그러자 그녀는 다시 교황이 암살당할 거라고 말했다. 그런데 그것도 되질 않았다. 아무것도 된 게 없다.

리처드 맥클린틱은 1968년 테드 케네디가 대통령에 입후보할 거라고 말했는데, 안 그랬다. 그래서 그는 길 잃은 원자력 잠수함 속에서 110명이 죽을 거라고 했다. 역시 안 그랬다. 그는 다시 또, 마오쩌뚱이 1971년에 죽을 거라고 했다. 그것도 되질 않았다. 말콤 베센트는 리처드의 수정 구슬을 집어 들고서, 1980년이 되면 뉴욕에서는 사람이 살 수 없게 될 것이며 1979년에 중국과 미국 간에는 전쟁이 있게 될 것임을 내다보았는데, 그렇게 되지 않았다. 그 다음으로는 데이비드 뷰바르라는 한 침례교 목사가 차 잎사귀들을 보더니, 미국과 러시아가 1985년까지는 달에 사람을 이주시킬 거라고 했다. 그런데 안 그랬다. 그 선지자는 다시 예언하기를, 1986년까지는 사람들이 손전등같이 생긴 장치를 가지고서 스스로를 안 보이게 만들 수 있을 거라고 했는데, 그것도 되지 않았다. 그 후에 조셉 드루이즈라는 또 다른 선견자가 등장해서는, 1977년 혁명 후에 일본이 중국과 합병할 것이며 디트로이트는 경찰국가인 한 작은 나라의 수도가 될 것이라고 말했다. 그런데 또 안 되었다. 그 다음엔 크리스웰이 트럼프 카드를 늘어놓더니, 1976년에 하와이가 해일과 지진으로 황폐화될 것이며 1978년에 미시간 호의 물을 빼서 토지로 사용하게 될 것이라고 말했다. 하지만 그런 비슷한 일도 일어나지 않았다. 그래도 크리스웰은 계속해서 말하기를, 1980년에 뉴욕이 물에 잠기게 될 것이며 1985년까지는 노스다코타 주에서 일부다처제가 합법화될 것이라고 했다. 그의 타율은 0.000이었다. 첫 번에 잘 안 되거든 그냥 즉시 그만두게나! 크리스웰은 또다시 자기 손바닥에서 "생명선"과 "사랑선"과 몇몇 손금들을 잘 보더니, 1985년에 텍사스 주가 3개 주로 쪼개질 것이고 1980년에 미국의 수도가 워싱턴 D.C.에서 캔자스 주의 위치타로 옮겨질 것이라고 말했다. 그의 예언들은 거의 RV, RSV, NRSV, ASV, NASV, NEB, NIV, TEV, NWT, NKJV의 본문들 정도로 신뢰할 만한 것임이 판명되었다.

한 번만 보아도 모든 20세기 예언자들은 뉴스광들임을 알 수 있다. 그들은 텔레비전 방송에 취해 있다. 그들의 예언 중 어떤 계시에 기초한 것은 아무것도 없다. 그들의 예언은 주간 신문과 라디오 방송에 기초하고 있다. 전형적인 뉴스미디어 애호가 중 하나로 은사주의 예언자인 "테릴 형제"가 있는데, 그는 약 30년 동안 바보 같은 이야기를 해왔다. 그의 위에 "기름부음"이 있을 때 무아지경에 빠진 "테릴 형제"에게서 나온 전형적인 "예언"은 다음과 같은 식이다. "아, 그래요, 여러분! 하나님께 영광을! 내가 보건대 올해 고등학교들에 많은 문제가 있을 겁니다. 예, 진실로 하나님께서 이렇게 말씀하십니다. '오 내 백성아, 두 자리 수 인플레이션에 속지 말라.' 하나님께서 내게 보여 주셨습니다. 올해 흑인 마약사용자들과 마약단속반 사이에는 큰 충돌이 있을 겁니다. 아, 그래요, 하나님께 영광을! 하나님께서 그걸 지금 내게 보여 주고 계십니다! 달러 가치는 1940년 당시만큼도 되지 않을 겁니다!"

노스트라다무스(1503-1566)는 4행시로 된 예언 354편을 기록했다. 노스트라다무스는 "성경을 광범위하게 사용하면서" 러시아와 미국이 내가 글을 쓰고 있는 1994년 이후 몇 년 안에 함께 연합하여 한 폭군을 대항할 것이고, 그 폭군은 호전적인 아랍의 지도자일 것이라고 했다. 그는 아랍권이 그때 중국과 동맹을 맺을 것이고, 중국인들과 아랍인들은 모종의 침략을 행할 것이며, 프랑스와 독일에서 반격이 있을 것이지만, 그때 결국 중국과 아랍의 동맹을 치는 것은 독일인들이 될 것이라고 했다. 그는 또 이때에 로마카톨릭 교회가 유럽에서 암흑시대의 지배권을 다시 얻어 모든 왕들과 통치자들, 수상들, 대통령들, 주지사들, 국회의장들을 지배하는 "본래의 위치"를 회복하게 될 것이고 유럽과 아프리카와 아시아의 여왕이자 지배자가 될 것이라고 했으며, 그 후 1999년 7월에는 한 새로운 지도자가 전쟁의 신인 마르스의 표적을 지니고서 출현할 것이고

1999년 12월 21일에 아마겟돈 전쟁이 일어날 것이라고 했다.

그러나 어떤 예언자이든 간에 휴거나 재림의 날짜를 정확히 못 박을 수는 없는데, 그것은 여러 가지 연대 체계들 때문이다(그레고리력, 프톨레미력, 로마력 등). 나는 그리스도의 출생을 각각 B.C. 4년, B.C. 3년, B.C. 2년, B.C. 1년으로 제시해 놓은 책들을 보았는데, 그 연대기 학자들은 산더미 같은 자료에 손을 얹고서 저마다 자기의 날짜 계산이 절대적으로 옳고, 완벽하게 과학적이며, 그래서 무오하다고 주장하고 있었다. 1991-1992년경에 나는 이런 자들 중 미네소타 주 미니애폴리스 시에 있는 한 얼간이와 서신을 주고받은 적이 있는데, 그는 미국의 모든 그리스도인들에게, 성경 전체를 이해하는 열쇠는 바로 자기가 전능한 컴퓨터로 계산한 자기의 연대 체계를 채택하는 것이라고 확신시키려고 애쓰고 있었다.

나는 또 시드니 스미스라는 제칠일안식일 예수재림교인이 쓴 작품을 읽어 본 적이 있는데, 그는 아담이 안식일에 창조되었고, 노아의 홍수는 안식일에 시작해서 안식일에 끝났으며, 아브라함은 안식일에 칼데아 우르에서 불러냄을 받았고, 솔로몬의 성전은 안식일에 봉헌되었다고 "확실히 증명했다." 바로 그 탁월한 연대기 학자는 그리스도의 십자가 처형이 "금요일"에 일어났다고 했다. 그는 요한복음 19:31의 "큰 안식일"이 무엇인지도 몰랐던 것이다. 1980년 이후로 나는 휴거의 정확한 날짜를 정한 네 명의 은사주의자를 보았다. 그들은 각기 1989년, 1990년, 1991년, 1992년으로 날짜를 잡았다. 그들 중 한 명은 천년왕국 끝에 사탄이 끝없이 깊은 구렁에서 나오는 정확한 날짜와, 대환란 중에 엘리야와 모세가 휴거되는(계 11장) 정확한 날짜까지 잡아 놓았다. 물론 지금까지 판명된

바로는 "정확한 날짜"에서 아직 "몇 년만" 어긋났다.

이제 알렉산드리아 이단에게로 돌아가 보자.

NASV는 12절에서 "그의 무익한 인생의 몇 년 동안"이라고 하는데, 그렇게 바뀐 것이 누군가를 교화시키지도 못하고 "원래의 내용"에 무언가를 더해 주지도 못한다. 또 9절의 『**마음의 공상**』(the wandering of the desire, "욕망의 방황")을 "혼이 바라는 것"이라고 고쳤는데, 그것은 쓸데없이 만지작거린 것일 뿐이다. 어떤 사람이든지 혼이 바라는 것보다는 "육신"이 바라는 것이 더 많다. (NASV 번역자들은 오역을 시도하는 거의 모든 구절에서 두뇌뿐만 아니라 경험도 부족하다는 것을 드러낸다.) NASV만큼이나 부패한 NIV는 "the roving of the appetite(욕구의 배회)"라고 써놓았는데, 그 영어 표현은 거의 〈킹제임스성경〉의 고어체 단어라는 "prevent(앞서다)," "trow(생각하다)," "wist(알다)" 정도로 최신식이다. 테일러(〈리빙 바이블〉)는 실제로 아주 멀리 가버리는데, 전도서 6:9의 히브리어 본문을 모두 내던져 버리고서 "손 안의 새 한 마리는 숲 속의 새 두 마리의 가치가 있다"라는 미국 속담을 대신 써 넣는다. 그 구절에는 "새"도 없고, "숲"도 없고, "손"도 없는데 말이다. 그는 또 10절에서 "모든 것은 운명으로 결정되어 있으며"라고 하는데, 이것은 거의 정신이 돈 것이다.

10절에 보면 『**지금까지 존재했던 것**』이라고 현재가 아닌 과거 시제를 쓰고 있다. 또 10절의 『**그**[it, "그것"]』는 전도서 6:4,5의 "낙태된 자"에 연결되지만, 낙태된 자는 욥기 3:16에서 『**아기**』라고 정의되므로, 『**그가 헛되이 왔다가**』(4절)와 『**그는 해를 보지 못하였고**』(5절)에서 『**그**』를 "그것"이라고 고쳐서 무슨 특별한 도움이 되는 것은 아니다. 반복하건대, 〈킹제임스성경〉에 붙어 있으라! 테일러와 RSV가 "그것"이라고 한 것이 〈히브리어-영어 행간대역성경, *Interlinear Hebrew-English Bible*〉(제3권, 연합출판사, 1978)에서는 『**그**』로 되어 있다.

전도서 7장

7:1 좋은 이름이 값진 향유보다 낫고, 죽는 날이 출생하는 날보다 낫도다.

본문은 다른 구절들과는 따로 떨어져 있다. 물론 뒷부분까지 읽으면 일련의 "더 나은 것들"을 제시하는 내용 중 처음 부분임이 밝혀진다. 『**주는 것이 받는 것보다 복이 있다**』(행 20:35)는 말씀과 마태복음 26:7을 비교해 보면, 이 구절이 훌륭하게 예증된다. "주는 일"에 관해서는 그 어떤 사람도 하나님을 능가할 수 없으므로(롬 11:35), 그리스도께서는 마리아가 드리는 것 역시 그분을 능가하도록 허락지 않으셨다. 그분은 마리아에게 『**좋은 이름**』을 주셨는데, 그 이름은 그녀가 그분께 드린(마 26:7) 값진 향유보다 더 나은 것이다. 『**좋은 이름이 값진 향유보다 낫고**』.

여러분이 드리는 것이 하나님께서 주시는 것을 능가할 수는 없다.

『**죽는 날이...**』. 이것은 "부정적인 사고방식"이라 불리는 것이다. 그리스도의 경우로 보자면, 그리스도인 그 누구에게도 그분의 출생을 기념하라는 명령은 주신 적이 없다. 생일을 열심히 지킨 사람들은 이교도 이방인 통치자들이었다. 창세기 40:20의 파라오와 마가복음 6:21의 헤롯을 보라. 여러분에게 주신 명령은 그리스도의 죽으심을 기념하라는 것이었다(고전 11:26). 『**좋은 이름**』에는 좋은 평판이 따를 것으로 생각하기 쉽지만, 주의 깊게 살펴보면 항상 그런 것은 절대로 아니며, 평판이 심지어는 인격과도 관계가 없다. 바울의 이름은 일종의 사형 선고였다(고후 2:16). 그 이름이 바리새인들과 유대교인들과 네로에게는 지독한 악취였다. 그리스도께서도 그 당시 종교지도자들 가운데서는 마귀들린(요 7:40) 신성 모독자(막 14:64)라는 "평판"을 얻으셨다. 이 시대에 헌신되고 성경대로 믿으며 구령하는 그리스도인은 문제를 일으키고 말썽을 피우는 위험한 이단의 두목으로 역사에 기록될 수도 있다. 그에게 이런 딱지를 붙이는 자들은 보수주의, 근본주의를 표방하는 주요 기독대학과 신학대학의 교수진과 간부들일 것이다. 질투가 사람을 분노케 하기 때문이다(잠 6:34). (증거 자료를 원하면 〈신약교회사〉를 보라.) 반대로 교황 요한 바오로, 넬슨 만델라, 스탈린, 교황 피오 12세 같은 잔인한 살인마들은 잭 케네디, 존 레논, 마더 테레사, 엘비스 프레슬리, 마이클 잭슨, 마이클 루터 킹 주니어, 고르바초프, 마돈나 등의 이름처럼 "좋은 이름"으로 기록될 수 있다.

역사 속에는 좋은 이름들 목록이 두 가지가 있다. 로마서, 갈라디아서, 에베소서 같은 신약성경이 진리를 말하는 것일진대, 역사 속에는 두 가지 서로 다른 "Who's Who" 인명사전이 있는 것이다. 앞 문단에서는 그 『**좋은 이름**』 목록 중 한 가지를 열거하지 않았다. 바로 하나님의 "좋은 이름" 목록인데, 다음과 같을 것이다. 베드로, 야고보, 모세, 요한, 엘리야, 다윗, 요셉, 바울, 크리소스톰, 폴리캅, 이그나티우스, 존 페이튼, 제이콥 스페너, 조나단 고포스, 하랄란 포포프, 리처드 움브란트, 존 웨슬리, 조지 휫필드, 프랭크 노리스, 밥 존스 시니어, 레스터 롤로프, 샘 존스, 허드슨 테일러, 아도니람 저드슨, 윌리엄 부스, 마틴 루터, 찰스 피니 등. 세상의 "좋은 이름" 목록은 다음과 같을 것이다. 폴 세잔느, 마릴린 먼로, 프랭클린 루즈벨트, 교황 피오 12세, 빙 크로스비, 밥 호프, 매직 존슨, 캐시우스 클레이, 리하르트 바그너, 소크라테스, 호레이스 만, 벤 프랭클린, 간디, 에이브러햄 링컨, 케네디 가, 그레이스 켈리, 에디 머피, 레오나드 번스타인, 교황 요한 23세, 프로이트, 아인슈타인, 다윈, 교황 바오로 6세, 캐더린 헵번, 제시 잭슨, 마더 테레사, 넬슨 만델라, O.J. 심슨 등.

세상과 친구가 되는 것은 하나님과 원수가 되는 것이다(약 4:4).

7:2 초상집에 가는 것이 잔칫집에 가는 것보다 나으니, 이는 그것이 모든 사람의 마지막이며 살아 있는 사람이 그것을 자기 마음에 유념할 것이기 때문이라.

3 슬픔이 웃음보다 나으니, 이는 슬픈 안색으로 인하여 마음이 더 나아짐이라.

4 현명한 자의 마음은 초상집에 있으나 어리석은 자의 마음은 환락의 집에 있느니라.

5 현명한 자의 책망을 듣는 것이 어리석은 자들의 노래를 듣는 것보

다 사람에게 더 나으니라.

6 어리석은 자의 웃음은 솥 밑에 가시나무 타는 소리 같으니 이것도 헛되도다.

3절은 스토아 학파의 철학이다. "꿋꿋하게 입술을 다물고 웃음을 참으라." 3절은 잠언 15:13과 어울린다. 이사야 22:12-14은 4절에 대한 주석이다. 『**살아 있는 사람**』은 죽은 사람의 장례식을 『**자기 마음**』에 유념할 것이다(삼하 1:12; 11:26, 왕상 13:30; 14:18 등). 죽음은 사람들로 하여금 "생각"을 하게 만든다. 죽음은 두 다리 가진 모든 성인들을 철학자로 만든다. "진정으로 철학을 연구하는 사람들은 오직 죽음만을 연구한다." 살아 있는 자들은 죽은 고인이 그들과 가까운 사람일 때, 그리고 그들이 사랑하던 사람일 때에 죽음을 진정으로 마음에 유념하게 된다(창 37:34; 50:3,10 등). 『**슬픔이 웃음보다**』 낫다면 솔로몬이 처음에 생각한 대로 지혜와 지식을 늘리는 사람은 『**슬픔을 늘리는**』 것이므로(전 1:18) 지혜는 결국 좋은 것이 된다. 지혜는 어리석음보다 "뛰어나다"(전 2:13). 사람의 "외양"이 "내면의 상태"에 영향을 받듯이(전 5:17), "외양"이 내면의 상태에 영향을 줄 수도 있다. 『**슬픈 안색으로 인하여 마음이 더 나아짐이라.**』 하지만 이것은 진짜 슬픔을 말하는 것이지, 마태복음 6:16에 언급된 금식하는 바리새인의 흉한 얼굴을 말하는 게 아니다.

『**웃음**』에 관해서는 전도서 2:2에서 이미 주석했다. 여기서 우리는 사람의 몸이야 어느 곳에 가 있든 말든 간에 그 마음은 그곳에 거할 수 있다는 것을 배우게 된다. 『**현명한 자의 마음**』 역시 마찬가지다(4절). 내면에 있는 사람은 허망하고 육신적이고 천박한 쾌락을 생각할 수도 있고

(『**그가 마음에 생각하는 대로 그도 그러한즉**』, 잠 23:7), 아니면 마음이 건전하여 삶과 죽음, 죄, 성화, 하나님, 심판, 천국, 지옥, 의, 예수 그리스도, 성경이라는 위대한 주제들을 묵상할 수도 있다. 이 두 가지 종류의 생각을 하기 위한 "배경 음악"이 필요하다면(5절), 모두 분명히 얻을 수 있다.

4절에 나오는 두 사색가 중 『**환락의 집**』에 있는 어리석은 자라면 베니 굿먼, 아르티 쇼우, 루이 암스트롱, 스탠 켄톤, 시드니 베켓 등의 음반과, 프랭크 시나트라, 도리스 데이, 패티 페이지, 빙 크로스비, 다이너 쇼어 등의 보컬 연기 음반, 그리고 라이브 크루, 프린스, "키스," 마이클 잭슨, 제니스 조플린, 롤링 스톤즈, 비틀즈, 톰 존스, 스티브 원더 등의 카세트 테이프를 사면 된다. 더는 열거하지 않을 것이다. 이것으로도 세상의, 세상에 의한, 세상을 위한 『**어리석은 자들의 노래**』가 뭔지 알기에는 충분하다.

4절에 나오는 두 사색가 중 나머지 한쪽의 경우라면(『**현명한 자의 마음**』) 즉시로 바흐, 하이든, 모차르트, 헨델의 작품들과, 보케리니, 비발디, 슈타우미츠, 알비노니, 쿠프랭, 텔레만, 파헬벨의 몇몇 작품과, 슈베르트의 8개 교향곡, 베토벤의 9개 교향곡, 브람스의 4개 교향곡, 차이콥스키의 6개 교향곡 등을 모을 것이다. 모차르트, 베토벤, 멘델스존, 브람스, 비발디의 플룻, 오보에, 비올라, 바이올린, 호른, 피아노 협주곡 열몇 개를 더하면 『**어리석은 자들의 노래**』와 대조하기에 충분할 것이다.

음악은 전 세계적인 언어다. 음악은 말을 한다.

하지만 본문에서 『**어리석은 자들의 노래**』는 "현명한 자들의 노래"와 대조되는 것이 아니라, 『**현명한 자의 책망**』과 대조되어 있다. 성경에서 이것은 "설교"를 말하는 것이며(딤후 4:2), "가르침"을 말하는 게 아니다(전 12:8-11 주석). 본문은 "성경적 설교"를 말하는 것이다. 이에 대해 조금이라도 의심이 간다면 디모데후서 4:2와 디도서 1:3; 2:15를 비교해 보라. 어떤 사람이든 간에 사랑이나 음행, 결혼, 성도착, 마약, 자살, 비애, 사회 문제를 노래하며 높은 보수를 받는 연예인들에게 귀를 기울이며 30시간을 보내는 것보다는, 성경대로 믿는 설교자 앞에 1시간 동안 앉아 있을 때(눅 10:40,41의 마리아) 더 많은 진실을 배울 수 있다. 이를 예증해 보려면, 빌리 선데이, 드와이트 무디, 밥 존스 시니어, 샘 존스, 마르틴 루터, 찰스 스펄전, 올리버 그린, 팀 리의 설교들을 듣고서 배울 수 있는 것을 열거해 놓은 다음, 다이너 쇼어, 킹 시스터즈, 패티 페이지, 도리스 데이, 프랭크 시나트라, 빙 크로스비, 에디 피셔, 로레타 린, 행크 윌리엄즈 등의 노래를 400시간 동안 듣고 배울 수 있는 것과 비교해 보라.

마약 중독자이며 음행하는 그래미상 수상자가 평생 만들어 낸 금빛 음반 10장을 듣는 것보다는, 융통성 없이 성경을 신봉하고, 죄를 강력히 지적하고, 설교단을 탕탕 치고, 나무껍질을 벗겨내며 가죽을 찢는 듯이 외치는 훌륭한 설교를 한 번 듣는 것이 더 가치가 있다.

『**솥 밑에 가시나무 타는 소리 같으니**』(6절). 요엘 2:5을 보라. 그 소리는 공허하고 경박하고 민감하게 타닥거리는 소리다. 그 소리에는 "내용"이 없다. 우리가 다윗의 말을 믿는다면(삼하 23:6) 『**가시나무**』를 태우는 불은 어리석은 자를 태울 것이다.

지금까지 그저 "헛될" 뿐임이 밝혀진 것들을 모아 놓으면 제법 목록 하나를 만들 수 있다.

1. 해 아래서 행해지는 일들(전 1:14).

2. 쾌락을 즐기는 것(전 2:1).

3. 현명함(전 2:15).

4. 재산을 다른 누군가에게 남겨주어야 하는 것(전 2:21).

5. 얻은 것을 "선한" 자에게 건네주게 될 악인의 수고(전 2:26).

6. 사람의 육체적 생명(전 3:19).

7. 사람이 옳은 일을 함으로써 시기를 받는 것(전 4:4).

8. 사람이 자기 혼자만을 위해 사는 것(전 4:7).

9. 지도자가 진가를 인정받지 못하는 것(전 4:16).

10. 돈에 대한 사랑(전 5:10).

11. 재산을 향유할 능력이 없는 것(전 6:2).

12. 채워지지 않는 식욕(전 6:7).

13. 온갖 마음의 공상으로 여러 가지 것들을 갈망하고 탐욕을 부리는 것(전 6:9).

14. 어리석은 자의 웃음(전 7:6).

이것은 14가지 요지를 담은 메시지다. 이 설교자가 설교를 결론지으며 『**헛되고 헛되도다... 모든 것이 헛되도다.**』(전 12:8)라고 외치는 것은 놀랄 일이 아니다. 그는 그 주제로 시작해서(전 1:2) 그 주제로 끝을 맺는다. 그의 메시지는 다름 아닌 설교인 것이다.

7:7 실로 압제는 현명한 사람을 미치게 만들고 뇌물은 마음을 파괴하느니라.

8 일의 끝이 시작보다 나으며 영 안에서 인내하는 사람이 영 안에서 교만한 자보다 낫도다.

9 성내는 것을 네 영 안에서 서두르지 말지니, 이는 성내는 것이 어리석은 자들의 품에 머무름이라.

10 "옛날이 지금보다 나았던 이유가 무엇이냐?"고 너는 말하지 말라. 이는 네가 이 일에 관하여 현명하게 묻는 것이 아님이라.

사람이 이 땅 위에서 진행되고 있는 일에 대해 진정으로 연구한다면(전 7:13) 우리가 4:1과 5:8에서 언급했던 불의로 인해 마음이 심하게 동요될 것이고, 몸 속에 붉은 피가 흐르는 사람이기만 하다면 더 나아가 결국 주 예수 그리스도처럼 분노하게 될 것이다(막 3:5). 그리스도께서는 화는 내되 죄는 짓지 않으셨다(엡 4:26). 하지만 분명히 가구를 내던지고 동물들과 사람들을 채찍으로 후려치실 정도로 분노하셨다(요 2:15). 7절의 일차적인 의미는 현명한 사람이 그 지혜를 잃어버리고서 전도서 2:2,12과 9:3에서와 같은 의미로 『**미치게**』 되는 것이겠지만, 여전히 그 두 가지 의미가 모두 올바르다. RV, RSV, NRSV, ASV, NASV, NIV, NEB, NWT, NKJV는 즉시로 그 단어를 제거해 버렸다. 〈"뉴"킹제임스 성경〉(NKJV)이 자유주의자들과(RSV, NRSV) 지속적으로 한패가 되고 있는 것을 눈여겨보라. 요한복음 1:18에서도 하나님께서 존중하신 본문을 망가뜨려 "독생하신 하나님"(NASV)이라고 한 여호와의 증인들과 한패를 이룬다. 이것은 모두 NKJV가 1613년, 1630년, 1660년, 1762년에 이루어진 영어성경 교열과 같은 순수한 개정을 한 것이라는 경건한 구실하에 자행된 일이다. 물론 그 주장은 사실이 아니다. NKJV는 성경적 진리를 변개한 영역본이다. NKJV는 『**미치게**』 대신에 "판단하게"를 집어넣고, 다른 변개본들은 『**미치게**』 대신에 "어리석은 자로"를 집어넣는다. 〈리빙 바이블〉은 "어리석게"라고 한다. "분노하게"라는 의미의 『**미치게**』와 "실성하게"라는 의미의 『**미치게**』라는 두 가지 적용은 〈킹제임스성경〉 본문에서 찾을 수 있는 것으로서, 두 적용 모두 올바르다. 이에 대해 의심이 간다면 사무엘상 20:34과 사무엘하 4:8-12, 그리고 사무엘하 1:5-15로 돌아가서 어휘사전 대신에 성경을 읽으라. 성경을 고수하라. 학자들이나 자기네 놀이터에서 놀라고 하라.

7절의 『**뇌물**』에 해당하는 영어단어는 "gift"(선물)이지만 잠언 15:27; 29:4에서처럼 "뇌물"의 의미로 쓰인 것이다. 뇌물은 『**마음**』을 파괴하는데, 그것은 『**그가 마음에 생각하는 대로 그도 그러**』하기 때문이다(잠 23:7).

8절은 바울과 그리스도의 생애, 그리고 모든 진정한 그리스도인의 생애에 있어서 사실이다(빌 1:21, 고후 5:1-10). 머피의 법칙에 "나쁘게 시작하는 일은 점점 더 나빠진다."라는 말이 있다. 둘째 문장은 분명하다. 로마서 2:7,8과 12:12에서 훌륭한 실례를 발견할 수 있다. 『**...네 영 안에서 서두르지 말지니**』(9절). 이것은 "설교"이지, 배교한 많은 근본주의자들이 주장하는 것처럼 "가르침"이 아니다. 이에 대해서는 잠언 12:16과 야고보서 1:19,20에서 주석을 해주고 있다(엡 4:26 주석 참조).

『**...너는 말하지 말라**』(10절). 이 구절은 "현상론"이라고 하는 철학의 주제가이다. 현상론이란 간단히 말해서, 과거의 경험은 전혀 무익하다는 가르침이다. 과거의 경험이란 것은 어떤 판단을 위한 근거로서 전혀 사용될 수가 없다는 것인데, 그 이유인즉 상황은 아주 빠르게 변하기에 각 사람이 자기 자신을 위한 "진리"를 발견해 내야 한다는 것이다. 그러나 그 "진리"란 자기 죄들을 덮어 가리기 위한 변명거리에 불과하다.

이것은 물론 자살 행위다. 옛날의 경험은 자신의 경험이 아니므로 중요하지 않다고 말하는 이러한 태도는 현대의 모든 미국 공립학교에서 변명거리 삼아 가르치고 있는 철학이다. 이 철학은 초기에는 밀, 베이컨, 홉스, 흄, 벤담으로 대표되다가, 후에는 버트런드 러셀, 존 듀이, 지오반니 젠틸레, 윌리엄 제임스 등 미국을 구렁 속에 빠뜨린 실용주의자들이 그 자리를 대신했다.

10절은 일종의 경고다. 첫째로, 사람들은 과거를 원래 모습보다 훨씬 "장밋빛"으로 착색하여 미화하는 경향이 있다(출 14:11,12 주석). 어느 정도 떨어져서 보면 상황들이 좋게 보이는 것이다. 그렇기 때문에 실제로는 현재가 과거보다 더 나은데도 현재에 대해서 하나님께 감사하지 않거나 현재에 대해 불평을 시작하기가 쉽다. 둘째로, 과거보다 현재가 내적으로 더 평안하다면 그것은 오직 하나님과의 관계 때문이다. 그 관계가 상황을 더 낫게 만든 것이다. 정부의 정책과 기상 조건, 경제적 요인들이 물질적인 유익을 누리는 데에 영향을 끼칠 수는 있겠지만, 영적인 유익을 누리는 것은 하나님께서 주관하신다. 이 문제에 있어서 내가 알기로 가장 주목할 만한 사례는 미국 남북전쟁(1861-1865)이다. 그 전쟁에서 승자인 북부는 경제적, 정치적으로 더욱 진전을 이루게 되었지만, 영적으로는 파산하여 무일푼이 되어 버렸다. 로마는 항상 승자의 편에 선다(제1,2차 세계대전, 베트남 전쟁 등). 승패가 확실해지기까지는 대립하는 두 편에 양다리를 걸치고 있다가, 결국 확실해지면 승자를 향해 민첩하게 움직인다. 남북전쟁 후에 교황은 미합중국 북동부를 양도받았다(버몬트, 뉴햄프셔, 뉴욕, 뉴저지, 메릴랜드, 코네티컷, 매사추세츠, 로드아일랜드 주). 이로써 "순례자들의 자존심"이요, 제1,2차 대각성 운동이 일어났던 그 지역은 미국 내에서 가장 타락한 자들의 보금자리가 되었다. 오하이오, 미시간, 일리노이, 인디애나, 위스콘신, 미네소타 주 역시 북군 편에서 "연합을 유지"하고 있었는데, 그리하여 바티칸은 그들도 통째로 삼켜 버렸다. 1865년 이후로 40년도 지나지 않아 북부에서는 성경적 기독교가 사라져 버렸다. 남부의 노스캐롤라이나, 테네시, 텍사스 주에서는 아직도 성경적 기독교가 번영하고 있으며, 앨라배마, 조지아, 미시시피, 아칸소, 루이지애나 주도 텔레비전 방송과 신문의 노력에도 불구하고 아직 완전히 짓밟히지는 않았다.

제프 데이비스의 고향 앨라배마 주 몽고메리가 1965년 군대에 의해 탈환되어야 했던 그 기간 동안 워싱턴 D.C.는 세계의 살인범죄 수도가 되었다. "패자"는 살인사건이 한 달에 한 번도 채 안 되는 곳으로 남았지만, "승자"는 하루에 12건의 살인이 벌어지는 곳이 되어 버렸다. "승자"에게서 나타난 것은 교황과 주술, 마피아, 크리스천 사이언스, 금융상의 재난(뉴욕), 그리고 오직 아이티, 스페인, 쿠바, 멕시코 사람들과나 맞먹을 정도인 성경에 대한 무지였다. "패자"에게서는(캔톤, 애크론, 해먼드, 포트워스, 마이애미, 잭슨빌 등) 성경대로 믿으며 미국 내에서 가장 큰 사역을 하는 목사들과, 미국 내에서 약간이라도 부흥 같은 것을 이룬 모든 기독교 지도자들이 나왔다(잭 하일스, 밥 존스 시니어, 존 R. 라이스, 빌리 그래함, 제리 폴웰). 승자에게서 나타난 것은 "찬미 마리아"와 로자리오 묵주였고, 패자에게서 나타난 것은 기도와 〈킹제임스성경〉이었다. 이로 인해 오늘날까지도 노스캐롤라이나, 앨라배마, 조지아, 테네시, 사우스캐롤라이나, 미시시피, 아칸소, 텍사스, 플로리다 주에서는 그 "옛적 신앙"이 끊이지 않고 영향을 끼치고 있는 것이다.

1866년에서 1890년까지 미국 남부 사람들은 온갖 곤궁함으로 인해, 전쟁 전 남부 지역의 "좋은 옛 시절"을 이야기하며 불평했을 수도 있다. 하지만 영적으로 "좋은 옛 시절"은 전쟁 후에 왔다. 교회는 완전히 무일푼이면서 "부요한" 줄로 알 수도 있고(계 3:17-19), 록펠러처럼 부자이면서(계 2:9) 자신이 "최저소득층"이라고 생각할 수도 있다.

〈평신도 주석〉(존슨), 〈브로드만 주석〉(웨인 피터슨), 〈뉴 바이블 주석〉(조지 헨드리), 〈위클리프 주석〉, 그리고 더멜로우, 제미에슨, 엘리콧, 윌리엄즈, 레인지 주석에서 본문을 설명해 놓은 것을 공부해 보면 그들이 얼마나 피상적인지 알 수 있다. 그들 모두는 10절에 주어진 명령이 예레미야 6:16에서 하나님께서 주신 명령과 완전히 상반된다는 것을 알아채지 못했다. 그 피상적이고 우직한 학자들은 "현재에 대해 하나님께서 미리 정하신 시대 추세와 계획들을 거슬러 반역하는" 것 어쩌고저쩌고 하며 말하는 데 너무도 몰두한 나머지, 아담에 관한 첫째 되고 근본적인 법칙을 잊어버렸다. 그것은 바로, 인간 붕괴의 법칙이다. 시간이 지남에 따라 지속적으로 엔트로피가 증가하고, 질적 저하가 이루어진다는 것 말이다(열역학 제2법칙). 이전에 문명화된 거의 모든 나라에서는 사람들이 도리와 인격을 갖추고 있었지만, 시간이 지나자 이런 것들이 붕괴되고 타락해 버렸다. (딤후 3:1-7을 보라. 이 법칙은 현 시대, 즉 교회 시대에도 적용되는 것이다.)

여러분은 여러분이 사는 세대의 행로가 아닌, 『**옛 길...이 어디 있는지 물어**』야 한다. 전도자의 경고는 단지 이성주의적인 경고로서, 과거에 사는 것이 좋지 않았는데 현재에 대해 불평하는 일을 말하는 것일 뿐이다.

이 구절에 담겨 있는 "교리"는 그게 전부다.

7:11 지혜는 유업과 함께하면 좋은 것이니, 그것으로 해를 보는 자들에게 유익이 있도다.

12 이는 지혜도 보호하는 것이 되고 돈도 보호하는 것이 되나, 지식의 월등함은 지혜가 그것을 지닌 자들에게 생명을 주는 것이기 때문이라.

13 하나님의 **일을 생각해 보라. 그가 굽게 하신 것을 누가 곧게 할 수 있겠느냐?**

14 번영의 날에는 기뻐하고 역경의 날에는 생각할지니, 하나님**께서 또한 이것과 저것을 병행하게 하셔서 사람으로 그의 뒤에 있을 일들을 알 수 없게 하셨음이라.**

『**해를 보는 자들에게**』는 해를 보지 못하는(전 6:5) 자들과 대조되는 것이다. 지혜는 그것을 가진 자를 신체적 공격과 온갖 정신적, 감정적 공격으로부터 보호해줄 수 있다는 의미에서 『**지혜**』는 『**보호하는 것**』이 된다. 잠언 25:28에서는 지혜가 없는 사람을(그 경우에는 자제하는 지혜를 말한다), 공격받고 무너져 약탈당하는 성읍에 비유한다. 『**돈도 보호하는 것이 되나**』 역시 같은 의미에서 그렇다. 돈으로 보안장치와 경호원을 살 수 있고, 변호사 비용과 재판 비용을 지불할 수 있으며, 음식과 의복을 사서 굶주림이나 기상 조건으로부터 보호받을 수도 있고, 여러 가지 곤경에서 도움을 받을 수 있다. 그러나 『**주를 두려워함이 지혜의 시**

작』이므로 지혜는 돈보다 더욱 유익하다. 지혜는 여러분이 죽임당하지 않도록 지켜줄 수 있다. 지혜는 여러분에게 "생명"을 줄 수 있다. 누군가가 아무리 부유하다 해도 하나님을 두려워하지 않는 것으로 인해 하룻밤 사이에 그 혼이 떠나갈 수가 있다. 그의 수입으로는 혼을 거둬가는 이를 매수할 수 없다. 신약적인 의미에서 이 "지혜"는 그리스도일 것이다(잠 8:12-36, 고전 1:24, 골 2:3). 12절의 뒷부분은 『**지식의 월등함**』에 대해 말해 주는데, 그것은 『**지혜가 그것을 지닌 자들에게 생명을**』 준다는 사실이다. 지혜가 없다면 돈이 있어도 생명을(그리고 돈지갑도) 잃을 수 있지만, 돈이 없더라도 지혜가 있으면 생명을 구할 수가 있다. 그러나 그 『**생명**』은 데살로니가전서 3:8에 나오는 것과 같은 생명이다(잠 11:4 주석). 문자적인 사례는 전도서 9:13-15에 주어져 있다. 역사적으로는 히스키야가 이 본문을 사실로 입증해 준다(사 37,38장).

영적인 견지에서 보면, 생명을 주는 것은 지혜다. 돈은 그저 생명을 보호해 줄 뿐이다.

『**그가 굽게 하신 것을 누가 곧게 할 수 있겠느냐?**』 그 답은 이사야 42:16에 나온다. 바로 하나님께서 하실 수 있다. 마귀는 『**꼬부라진 뱀**』이며(사 27:1), 하나님 외에는 아무도 마귀를 처리할 수 없지만 하나님께서는 하실 수 있다. 풍경화가라면 누구나 알듯이 자연계 속에 직선이라고는 하나도 없지만, 하나님께서는 자연계를 바로잡으실 수 있다.

14절은 성경에서 가장 위대한 구절들 가운데 하나다. 그 구절은 두 가지로 적용된다. 첫째로는 구원받지 않은 사람에게 역경에 대한 하나의 철학적 관점을 갖도록 하는 충고를 해준 것이고, 둘째로는 성도에게 충고를 해준 것인데, 성도에게도 그런 관점이 필요하기는 하지만 성도의 경우는 그 이상의 의미가 될 수 있다. 바울은 『**역경의 날**』에 기뻐하며 (고후 12:10, 빌 2:17), 다윗은 고난을 당한 것에 대해 하나님께 감사한다. 솔로몬은 하나가 다른 하나를 무효화시켜 버리는 두 가지 반대되는 "날들"을 제시함으로써, 사람으로 하여금 어느 쪽에든 오래 머무를 여지를 남겨 놓지 않았다. 하지만 신약의 그리스도인에게 "역경의 날"이 주어지는 것은 다음 사실을 배우게 하기 위해서다.

1. 모든 사건은 아버지께서 좌우하신다는 것(롬 8:28).

2. 역경이 자비 가운데 주어지며 하나님께서 통제하신다는 것(욥 1:12; 2:6).

3. 역경에는 한계가 있다는 것(벧전 5:10, 히 12:5,6).

4. 역경은 성도를 정결케 하며(빌 3:10, 히 12:11) 상급의 근원이 된다는 것(롬 8:17, 딤후 2:12).

솔로몬은 이런 문제들에 관해서는 전혀 아무것도 모른다. 그가 할 수 있는 것은 그저, 불가지론자에게 곤경을 다루는 법을 보여 주는 것뿐이다. "밝은 곳이 없다면 어두운 곳에 윤을 내라." 하나님께서는 그 어떤 사람도 자기의 미래를 상세히 예측할 수 없게 만드신다. 예수님께서는 시몬 베드로에게 "다가올 일들"에 관해 경고해 주실 수 있었고(눅 22:31), 유다는 그가 태어나기 500년 전에 기록된 자신의 사망 증명서를 읽을 수 있었으며(슥 11:13), 하나님께서는 바울에게 그의 죽을 시기를 알려 주셨지만(딤후 4:6-10), 번영과 역경이 서로 끊임없이 교체됨으로써 사람은 아무도 『**그의 뒤에**』 오는 것이 좋은 날일지 나쁜 날일지, 곧 번영일지 불황일지 말할 수 없다. 어쩌면 둘 중 하나일 수도, 둘 다일 수도 있다. 솔로몬이 『**때와 기회**』라고 부르는 것은(전 9:11,12) 갑자기 찾아와서 역경을 번영으로 뒤바꾸고, 번영을 역경으로 뒤바꾸어 버린다. 충격적인 사례로서 욥기 20-30장을 읽어 보면, 거기서는 번영했던 것이 완전히 붕괴되어 버렸다. 또 창세기 40,41장에서는 번영이 갑자기 찾아와서, 완전한 파산 상태를 하룻밤 사이에 부요함으로 뒤바꾸어 버린다. 두 경우 모두 예측이 불가능했다.

7:15 나의 헛된 날들에 내가 이 모든 일을 보니 자기의 의 가운데서 멸망하는 의인이 있고, 자기의 사악함 가운데서 생명을 연장하는 악인도 있느니라.

16 지나치게 의인이 되지 말며 스스로 너무 현명하게도 되지 말라. 어찌하여 네가 스스로 패망해야겠느냐?

17 지나치게 악인이 되지 말며 너는 어리석게도 되지 말라. 어찌하여 네가 너의 때가 되기 전에 죽어야겠느냐?

18 너는 이것을 잡고 또 정녕 이것에서 네 손을 떼지 않는 것이 좋으니 이는 하나님을 **두려워하는 자가 이 모든 일에서 빠져 나올 것임이라.**

19 지혜는 성읍 안에 있는 열 명의 용사들보다 현명한 사람을 더 능력 있게 하느니라.

20 선을 행하고 죄를 짓지 아니하는 의인은 땅 위에 한 명도 없느니라.

21 또한 사람들이 하는 모든 말에 주의하지 말라. 네 종이 너를 저주하는 것을 네가 들을까 하노라.

22 너 자신도 자주 그와 같이 남을 저주했던 것을 네 마음이 아느니라.

『**나의 헛된 날들에 내가 이 모든 일을 보니**』(15절). 이것은 전도자가 그의 회중과 합류하면서 자기 인생의 가치를 평가하는 개인 간증의 말이다. 『**...의인이 있고 ...악인도 있느니라.**』 이보다 참된 말도 없을 것이다. 조우 보나노(뉴욕 마피아 두목)는 3백만 달러를 가진 채 86세의 고령으로 물러났다. 그는 대부 마세리아를 없애도록 조우 발라치에게 고용되었고, 알 카포네와 친하게 지냈으며, 라스베이거스의 도박장을 털고서 총격전을 벌였고, 두 명의 졸개들에게 돈을 주어 밀고자를 고기 갈고리에 꿰고 전기가 흐르는 가축몰이 막대기로 몸을 지져서 죽이게 했다. 『**자기의 사악함 가운데서 생명을 연장하는 악인도 있느니라.**』 지금도 뉴욕 범죄조직 가운데에는 조우 보나노의 이름을 따서 불리는 한 단체가 있다.

욕 잘하고 시거를 잘 피우는 코미디언 조지 번즈는 90세가 되어서도 여전히 활동했다. 무신론자요 성경 조롱자였던 조지 버나드 쇼는 95세에도 건강했다. 반대로 스테판은 30세가 되기 전에 돌에 맞아 죽었고, 데이비드 브레이너드는 아메리칸 인디언들에게 복음을 전하다가 30세가 되기 전에 폐렴으로 죽었다. 그리스도께서는 35번째 생신을 맞기도 전에 십자가에 못박혀 죽으셨다. (본문을 이해하는 데 어려움이 있는가?) 하나님께서는 레스터 롤로프를 데려가시고 로버트 틸톤을 남겨 두셨다. 하나님께서는 밥 존스 시니어를 데려가시고 팻 로버슨을 남겨 두셨다. 하나님께서는 도슨 트라우트만(네비게이토 선교회, 1940-1950)을 데려가시고 로버트 슐러를 남겨 두셨다. 『**그분께 말하기를 '당신은 무엇을 하는가?'**

할 자가 아무도 없느니라.』

알 카포네의 경호원이었다가 나중에 시카고 마피아의 우두머리가 된 토니 아카르도는 2백만 달러 돈 뭉치 위에 앉아 호화스러운 사치품을 지닌 채 물러났다. 그는 1989년에 86세가 되었다. 알 카포네는 토니를 "방망이"라고 불렀다. 그것은 토니가 알 카포네의 적들 중 하나를 야구 방망이로 때려 죽였기 때문이다. 아카르도는 1949년 2월 발렌타인 데이 대학살에 관여하고 있었다. 아카르도는 매춘부들을 뇌물로 매수했다. 그는 또 라스베이거스의 경영주 모우 달리츠를 죽이도록 명령을 내렸는데, 자신의 졸개들 4명이 달리츠를 총으로 쏴 죽이는 데 실패하자, 아카르도는 병원의 한 간호병을 뇌물로 매수하여 중증환자 집중치료 병동에서 달리츠를 독살하게 했다. 달리츠는 주사를 3번 맞은 후 독살당했다. 토니 아카르도는 70년 동안 갈취하고 횡령하고 강탈하고 사취하고 거짓말하고 도둑질하고 살인하고 매춘업을 했지만, 미 연방수사국, 마약단속기구, 경찰, 비밀 검찰부는 그에게 손가락 하나도 대지 못했다.

이제 16절에 제시된 철학에서 잘못된 점을 찾아내기 전에, 올바른 점을 먼저 살펴보자. 첫째로, 바리새인들은 『**지나치게 의인이**』 된 자들이었다. 그들은 로마서 10:1-4과 로마서 9:30-33에 써 있는 대로, 자기들의 의로 스스로를 멸망시켰다. 둘째로, 로마의 의는 자기 몸을 채찍질하고, 굵은 베 속옷을 입고, 문자 그대로 나무 십자가를 만들어서 지고, 무릎에 피가 날 때까지 맨 무릎으로 기며 돌아다니는 것으로 드러나며, 그렇게 하는 자들을 멸망시킬 것이다. 가혹한 수도 생활은 사람을 멸망케 하는 것이다. (저자의 〈신약교회사〉 11장에 상세한 사례들이 나와 있다. 말씀보존학회 간, 245-257쪽.)

셋째로, 너무 의로워서 자기 의견 말고는 다른 그 누구의 의견도 참을 수 없는 사람이라면("그는 엄청난 죄인이다. 그는 내가 지으려 하지 않는 죄들을 저지른다."), 그에겐 엄청난 문제가 있다. 그 사례는 바로 알렉산드리아 이단인데, 그들 모두는 자기가 너무도 "경건하고, 의롭고, 진지하고, 헌신되었다"고 생각하며, 그래서 자기가 역사상 가장 위대한 책을 판단하고 고칠 자격을 완벽히 갖추었다고 생각한다. 그들은 자기가 성별된 삶을 살았고 또 아무도 본 적이 없는 종이 뭉치를 믿기 때문에 바로 자기가 최종권위라고 생각하는, 완고하고 거만한 기독교 지성인들이다. 그들은 자기와 똑같이 생각하는 자기네 패거리들의 의견을 관대히 대해줌으로써, 자기가 지닌 고집불통의 자만심을 덮어 가린다. 그러나 그들이 참아주는 것은 오직, 자기와 똑같은 짓을 하는 자들뿐이다.

본문에서 유일하게 잘못된 점은 바로, 그리스도인은 아무도 『**지나치게 의인이**』 될 수 없다는 점이다. 그는 지나치게 자기 의에 찰 수 있을 뿐이다. 그가 정말로 "의롭다면" 자기 의가 얼마나 정당하든 간에 그것을 부끄러워할 것이며, 그것을 의식하려 하지도 않을 것이다. 욥은 솔로몬이 전도서를 기록하기 1,000년도 더 이전에 이것을 알고 있었다(욥 9:21). 하나님께서는 가능하든 불가능하든 간에(요일 1:8-10) 그리스도인에게서 "죄 없는" 삶을 원하신다(살전 4:3,4). 그러나 "죄 없는" 삶은 "담배, 술, 마약, 도색잡지, 긴 머리, 짧은 옷, 과도한 장신구를 없애는" 등의 일로 한정되지 않는다. "죄 없는" 삶에는 다음과 같은 것들이 포함된다.

1. 지속적으로 기도하는 마음.
2. 원수들을 용서하는 마음.

3. 험담하고 비방하는 데서 입을 조심스럽게 지키는 것.

4. 자기 자신을 생각하지 않고 하나님의 임재를 깊이 의식하는 것.

5. 갖가지 슬픔과 고통을 겪는 사람을 깊이 동정하는 것.

6. 형제가 승리나 축복을 얻을 때 자신은 얻지 못했어도 함께 기뻐하는 것!

7. 돈을 쓸 때 무엇을 살지, 어디로 사러 갈지, 얼마나 많이 쓸지를 항상 하나님께 묻고서 쓰는 것.

8. 십일조 이외에도 기꺼이 드리는 것.

9. 가족이 있을 경우, 가족을 부양하는 것.

10. 목자가 있을 경우, 그를 위해 기도하는 것.

11. 친구들과 친척들, 정부 관료들, 예수 그리스도의 대적들 앞에서 공개적으로 담대하게 그분을 선포하는 것.

12. 약속 시간을 어기지 않는 것.

13. 지나치게 먹거나 지나치게 자지 않는 것.

14. 누군가의 집이든 땅이든 돈이든 탐내지 않는 것.

15. 돈을 제때에 지불하는 것.

약 7가지 항목이 더 있지만, 우리가 바울이 신약에서 말한 의에 대해 이야기할 때 그것은 무언가 생각을 하게 해줄 것이다(딤전 2:10; 5:10; 6:18, 딤후 3:17, 딛 2:7,14; 3:8; 3:14). 그것은 "주권적 은혜" 아래서 "하나님의 은혜의 경륜" 가운데 "바울 서신"에 제시된 것으로서, 돌판에 기록된 십계명보다 더 많은 "행위"를 담고 있다. 보통 현대의 "두 배로 성별된" 기독교 근본주의란 것은 골로새서 2:21에 있는 것들처럼 "회의"에서 통과된 일련의 규칙과 규정들일 뿐이며, 거의 의지 숭배나 매한가지다(골로새서 주석). 자기가 이해하지 못한다고 해서 히브리어 본문을 스무 군데씩 고치고, 성경대로 믿는 그리스도인들을 "럭크만파"라고 부르고, 권위의 문제를 일으켜 지역 교회들을 쪼개 놓아 어떤 학교의 학자들로 교회 강단을 좌지우지하도록 만드는 "성별된" 근본주의자는 거의 유다 이스카리옷만큼 의롭고 성별된 것이다.

때가 되기 전에 죽은 악인들의 예로는 시므이(왕상 2:46), 엘과 오난(창 38장), 시스라(판 4장)가 있다. 웃사(삼하 6:7)는 16절을 성취시킨다. 세상으로 나와도 본문 17절에 해당하는 사례들이 있다. 빈센트 드루치(1885-1927)는 북부 시카고 범죄 집단의 청부 살인자였다. 알 카포네는 드루치를 죽이기 위해서 다른 청부 살인자들을 두 번 보냈지만, 드루치는 두 번 다 그들을 먼저 쏴 죽였다. 그러나 그는 결국 35살이 되기 전에 사살당했다. 32살 때 그는 무기 소지로 인해 체포되었고, 투박스런 한 젊은 경관의 감시 하에 경찰차 뒷좌석에 타고서 경찰서 유치장으로 끌려갔다. 경찰서로 가는 도중에, 성미 급한 드루치는 그 경관에게 욕설과 저질스런 말들을 해대기 시작했다. 그러자 경관은 드루치의 옆구리에다 장전된 0.38구경 권총을 콱 틀어박으며 입 닥치라고 조용하게 말했다. 그러나 그 "바보"는 계속 지껄여댔고, 경관은 계속 총을 들이대고 있다가 끝내는 안전장치를 풀면서 나지막하게 "입 닥쳐." 하고 말했다. 그때 드루치는 경관의 얼굴을 힘껏 쳐 날렸고, 그가 쥐고 있는 권총을 빼앗아내려고 했다. 경관은 결국 드루치의 몸에 총구멍 세 개를 뚫었고, 드루치는 "그의 때가 되기 전에" 죽었다.

18절은 10절과 14절에 대해서 약간의 조명을 준다. 이 구절을 보면, 비록 솔로몬이 비관적이고 자연주의적이고 인본주의적인 생각을 하고 있지만, 그의 마음속 깊은 곳에는 아직 실제로 설교하고 있지 않은 다른 무언가를 담아두고 있다는 사실을 알 수 있기 때문이다. 『하나님**을 두려워하는 자가 이 모든 일에서 빠져 나올 것임이라.**』 이 진술은 "현명한 자와 어리석은 자," "의인과 악인," "부자와 가난한 자"(전 7:15; 6:2,8; 7:4; 5:12,16; 4:8,13), 그리고 지금까지 거론했던 모든 사람들보다 누군가가 더 뛰어나다는 사실을 보여 준다. 그 누군가는 바로 하나님을 두려워하는 사람이다. 제미에슨은 『**이 모든 일**』을 오직 두 부류, 즉 16절과 17절에 언급된 경우뿐이라고 생각하는데 그것은 잘못이다. 그는 "문맥에 따라 해석"한다며 그처럼 올바른 적용에서 벗어난다(시 12편 주석 비교). 〈킹제임스성경〉 번역자들은 다른 파괴적 비평가들이 이 덫에 걸려들지 못하도록 18절에 『**또**』를 놓아두었다. 그렇게 함으로써 『**이것을 잡고**』가 16절과 17절에 대한 언급이고, 그 다음 『**또... 이것에서**』는 여러분이 손에 간직해 두고 있어야 하는(딛 1:9, 시 149:6) 추가 사항임을 알 수 있게 했다. 여러분이 굳게 붙잡아야 하는 사항은 바로 하나님을 두려워하는 사람이 지나친 의인들, 지나친 악인들, 현명한 자들, 어리석은 자들, 부자들, 가난한 자들, 결혼한 자들, 독신자들, 그리고 1장부터 7장까지 언급된 다른 모든 사람들보다 더 뛰어나다는 사실이다.

『하나님**을 두려워하는**』 것에 대해서는 욥기 28:28과 잠언 1:7,29 주석을 보라. 19절과 20절은 문맥에서 완전히 벗어나 있다. 그러므로 그 구절들을 18절이나 21절에 한정시켜 적용하려는 시도는 모두 엉망이 되어 버릴 것이다. 『**지혜는... 열 명의 용사들보다... 더 능력 있게 하느니라**』(19절). 예를 들어, 열 명의 용사들이 술 취해 있다면(왕상 20:16) 다니엘 5장에서 벨사살이 밤에 죽임당한 그 도살장처럼 와해되어 버릴 것이다. 용사들이 사도행전 12장과 사무엘상 26:12에서처럼 근무중에 잠들거나 사무엘상 2:4에서처럼 무기가 없는 경우도 마찬가지가 될 것이다. 아벨 성읍에 있던 『**열 명의 용사들**』은 한 현명한 여인이 해낸 일을 해낼 수 없었을 것이다(삼하 20장). 그 능력을 그 현명한 여인 개인이 지닌 사기 때문이라고 제한시킬 수는 없다. 이 구절은 18절과 전혀 아무런 상관도 없었다. 20절과도 연결되지 않는다.

『**자기의 사악함 가운데서 생명을 연장하는 악인도 있느니라**』(15절). 이 본문과 관련해서 상세한 사례들을 더 보려면 욥기 21:7 주석에 써 놓은 내용을 보라. 지금쯤이면 여러분은 전도서에 나오는 본문들이 아주 여러 번, 욥기와 잠언의 본문들로 상세히 설명되고 예증된다는 것을 알아차렸을 것이다. 욥기는 전도서와 연관해서 공부해야 할 책이다. 왜냐하면 세상에서 가장 오래된 책인 욥기에서 바로 자연 세계와 영적인 세계 사이에 쳐 있는 휘장을 걷어 놓고서, 솔로몬이 말한 『**때와 기회**』(그리고 악인의 장수)를 설명해 주기 때문이다. 욥기에서는 "기회"와 "행운," 그리고 "역경과 번영"의 배후에 무엇이 있는지를 보여 준다.

그리스도께서는 그분의 의 가운데서 일찍 죽으셨다. 그것은 야고보와(행 12장) 베드로(벧후 1장), 바울도(딤후 4장) 마찬가지였고 여로보암의 아들도 그랬다(왕상 14:13). 크래머, 래티머, 리들리, 후스, 사보나롤라, 존 버치, 발타세르 휩마이어, 마이클 새틀러, 브루이즈의 피터, 로잔의 헨리, 조지 위셔트, 윌리엄 틴데일 역시 그랬다.

솔로몬왕은 15절을 마음에 두고서 아리스토텔레스가 말을 내뱉기 약 500년 전에 그가 주장한 "중용"의 정신을 적용한다. 여기서 그 사상은, "일찍 죽고 싶지 않다면 의에 관해서든 악에 관해서든 전문가가 되지 말라"는 것이다. 칼빈주의자들은 불가능한 일이라고 생각했을지라도 분명히 여러분은 『**때가 되기 전에**』 죽을 수가 있다(17절). 히스키야는 그의 "때"가 15년만큼 변경되었다(사 38:5). 칼빈주의 5대 강령 신봉자들은 이것을 결코 다루지 못했다. 칼빈주의 5대 강령의 창시자가 성경을 어떻게 판독해 내는지 보고 싶다면 마태복음 27:9에 대한 그의 주석을 살펴보라. 다음과 같다. "어째서 예레미야의 이름이 기어들어갔는지, 나는 모른다고 고백하겠다. 또 조사하려고 많은 수고를 들이지도 않겠다. 본문 자체가 명백하게 보여 주는 바는 스가랴 대신에 예레미야의 이름이 실수로 적혔다는 것이다." 귀에 익은 소리가 아닌가? 지금 어디에 서 있는지 알고 있는가?(창 3:1)

『**선을 행하고 죄를 짓지 아니하는 의인은 땅 위에 한 명도 없느니라**』(20절). 많은 사람들이 선을 행하지만 그 다음 죄를 짓는다. 또 선을 행하는 와중에도 여러 번 죄를 짓는다(사무엘하 6:7의 웃사를 보라). 로마서 3:12은 자연인에 대한 언급이며, 로마서에서는 그것이 그리스도의 의, "새 사람"과 대조를 이루고 있다. 여기 전도서의 본문은 자연인이 "해 아래서" 관찰할 수 있는 것을 다루고 있다. 그는 모든 성도에게 아킬레스의 발꿈치처럼 작지만 치명적인 약점이 있음을 보았던 것이다. "일천 명 중에서" 얻어낸 한 남자(28절) 역시 여러 번 죄를 지었다.

노아는 술에 취했고, 모세는 사람을 죽였고, 다윗은 간음을 했고, 시몬 베드로는 저주하며 맹세했고, 도마는 자기 주님을 부인했고, 바울은 하나님께 다섯 번 경고를 받은 후 선교의 부르심에 불순종했다. 요셉은 은잔에 대해 거짓말했고, 다니엘은 왕이 신성모독죄를 범하도록 허락했고, 엘리야는 바알과 하나님 사이의 대결에서 민족 전체를 상대한 후에 한 여자 때문에 죽을까봐 겁을 냈다. 한 유명한 목사는 말하기를 "기도할 때도 나는 죄를 짓고, 설교할 때도 나는 죄를 지으며, 나의 엄숙한 회개에도 회개가 필요하고, 나의 눈물도 그리스도의 보혈로 씻겨져야 한다."고 했다. 참으로 그렇다. 정직한 사람이라면 누구나 알듯이, 우리의 눈물은 대부분 자기연민 때문에 흘려진다.

『**또한... 주의하지 말라**』(21절). 우리에게 우리 원수들이 저지른 것과 똑같은 죄들이 있음을(롬 2:3) 상기시킨다는 점 외에는 이 구절과 이전 구절 사이에 아무런 연관성도 없다. 사람들에게 너무 가까이 접근해서 조사하려고 애쓰지 말라. 엿듣는 와중에, 여러분이 전에 누군가를 두고 말했던 것과 똑같이 그들이 여러분을 두고 하는 말을 듣게 될 것이기 때문이다. 잠언 30:10은 이 주제를 다른 형태로 말한다.

미 연방수사국과 마약단속기구 "감시반"이 광범위하게 사용하는 최신 발명품은 바로 도청장치다. 바비 케네디가 법무장관이 되기 전까지는 이것이 불법이었으나, 이제 미국에서는 사생활 침해라는 말이 농담에 불과하게 되었다. 법을 집행하는 기관들에서는 마약 매매에 연루된 범죄조직들을 체포하려 했을 때, 경찰의 감시만으로는 더 이상 제대로 일을 수행하지 못할 것이라는 사실을 재빨리 간파하고서 그들의 대화를 도청하게 되었다.

그런데 참으로 이상한 것은, 도청하는 자들이 무수한 시간 동안 이런 대화 속의 "모든 빈말들"을 귀 기울여 듣고서도 여전히 『**사람이 말하는 어떠한 빈말이라도 심판 날에는 그에 관하여 설명하게 되리라.**』(마 12:36)는 사실을 믿지 않았다는 것이다. 오늘까지도 그들은 인간이 하나님보다 더 똑똑하다고 생각한다. 자기들은 대화를 기록해 둘 수 있지만 하나님은 그러지 못하신다고 생각하는 것이다.

마피아 대부인 파울 코스텔라노(1915-1985)는 "협박" 혐의로 체포되기 전에 무려 70시간이 넘는 사적인 대화가 도청당해 테이프에 녹음되었다. 미 연방수사국은 그의 먹고 자는 습관과, 그가 자기 집 가정부와 저지른 짓과, 그가 여러 동업자들과 했던 비밀 거래와, 나이트클럽 소유주들을 협박하여 고리대금업을 하는 데 투입했던 조직 체계를 알고 있었다. 대학과 기독대학의 문 닫힌 방 안에서 말하는 모든 말들 역시 그리스도의 심판석에서 드러나도록 "감시 테이프"에 저장되어 있다.

할리우드의 가장 불결한 매춘부들 중 하나가 죽기 직전(마릴린 먼로, 1962년 8월 5일) 그녀는 미키 코헨의 부하들에게 도청당했다. 그 테이프들에 무슨 일이 벌어졌는지는 오늘까지 아무도 모르지만, 마릴린이 "자살하기" 전 12시간도 채 안 되었을 때 바비 케네디가 그녀의 아파트에서 그녀와 말싸움한 것이 녹음되었고, 그가 그 집을 부수며 "어딨어? 어딨냐구!" 하고 고함치는 소리가 들렸다. 그는 자기가 그곳 로스앤젤레스에는 있지도 않았다고 말했다. 그 잃어버린 테이프들에는 침실에서의 몇몇 대화가 담겨 있었고, 군데군데에 미사일 위기와, 대통령이 카스트로에게 주문한 살인 사건, 시카고 마피아 두목의 여자 친구와 대통령 간의 정사 등 비밀 정보들이 들어 있었다. 존 케네디는 마릴린 먼로와 불의의 관계를 갖고 있었다. 같은 때에 미 중앙정보국은 마릴린을 시켜 인도네시아의 수카르노 대통령과 관계를 맺게 하여 그와 "타협하려" 하고 있었다. 마릴린의 "자살"에 관해서는 서로 모순된 4가지 소문이 돌게 되었다.

미래의 어느 날 모든 테이프들은 재생될 것이다(전 12:14).

7:23 내가 이 모든 것을 지혜로 입증하고 말하기를 "내가 현명하게 되
리라." 하였으나, 그것은 나로부터 멀리 있었도다.
24 그것이 멀찍이 떨어져 있고 아주 깊이 있으니, 누가 그것을 찾아
낼 수 있으리요?
25 내가 지혜와 사물의 근거를 알고 탐구하고 구하고자 내 마음을
썼으며, 또 어리석은 자의 사악함, 곧 어리석음과 미친 것을 알고
자 하였도다.
26 마음이 덫과 그물 같고 손은 포승줄 같은 여자는 죽음보다 더 쓴
것을 내가 알았노니, 누구든지 하나님을 **기쁘시게 하는 자는 그녀**
에게서 피할 것이라. 그러나 죄인은 그녀에게 붙들리리라.
27 보라, 전도자가 말하노라. 내가 그 이치를 찾아내려고 낱낱이 살
펴 이것을 깨달았노라.
28 그러나 그것은 내 혼이 찾으나 얻지 못한 것이니, 내가 일천 명
의 남자 중에서는 한 명을 얻어 냈지만 모든 여자 중에서는 한
명도 얻지 못했느니라.
29 보라, 이것이 내가 알아낸 유일한 것이니, 하나님**께서는 사람을**
정직하게 지으셨으나 사람들은 많은 계략들을 고안해 냈다는 것
이라.

솔로몬은 자신이 방금 말한 것을 『**지혜로**』 입증했다. 이는 그가 조사하고 시험하여 "논리적 실증주의"에 기반한 "경험적" 결론에 도달했다는 뜻이다. (B.C. 1000년 이래로 철학이 약간이라도 진보했다고 생각하는 우를 범하지 말라. 전혀 진보되지 못했다.)

그는 이제 곧 24,26,28,29절에서 말하려고 하는 내용도 또한 입증했다. 『**그것이 멀찍이 떨어져 있고 아주 깊이 있으니, 누가 그것을 찾아낼 수 있으리요?**』(24절) 아무도 찾아낼 수 없다. 설령 찾아냈다 하더라도 그 지식을 얻은 후 그것을 가지고 뭘 해야 할지 알지 못한다(신 30:12,13, 롬 10:6,7). 이것을 굳이 영적인 영역인 『하나님**의 깊은 것들**』(고전 2:10)에만 국한시킬 필요는 없다. 이 격언은 우주 어디에 있는 그 무엇에든 적용할 수 있다. 내셔널 지오그래픽 사에 있는 그 누구도 땅의 심장 속에 무엇이 있는지 찾아내지 못했다. 그들은 다만 그곳이 융해된 니켈로 이루어져 있다고 추측해 볼 뿐이다(나는 또 다른 두 가지 추측을 내놓은 것도 들어보았다). 나는 지구의 속이 비어 있다고 단언하는 한 사람을 알고 있다. 한 번도 거짓말한 적이 없고 죽어서 내려갔다가 다시 올라온 그분의 이야기에 근거해서, 나는 사람들의 혼이 땅 속에 있는데 그들 중 일부는 고통 중에 있고(눅 16:28) 일부는 『**위로를 받고**』 있다는 사실을 알고 있다. 20세기의 어떤 핵물리학자는 솔로몬이 퇴적암, 변성암, 화성암, 마그마 층에 대해서 알지 못했기 때문에 무식했다고 생각한다. 그러나 땅 속 깊은 곳에 핵이나 맨틀이 있음을 알아내고서는, 끝없이 깊은 구렁, 스올, 아브라함의 품, 낙원이 있음을 알아내지 못했다면 그것은 또 어찌되는 것인가? 1960년에 미국 보건교육후생성의 블랙우드 박사는 "그 어떤 과학기구로도 지표면 밑으로 2,3마일 이상을 뚫고 들어가지는 못했다."라고 말했다.

『**그것은 나로부터 멀리 있었도다... 누가 그것을 찾아낼 수 있으리요?**』

지구 핵, 맨틀, 해저에 관한 문제에서 그치지 말고, 인공위성 카메라를 쏘아 올려 목성, 금성, 화성, 토성, 수성에서 벌어지는 일을 알아낼 수 있는지 생각해보라. 물론 사람들이 쏘아 올려 보기는 했지만, 그래서 무엇을 알게 되었는가? 기록된 역사 6천 년 동안 지구상에서 인간이 지녀왔던 문제 중 단 하나도 해결하지 못하는 변변찮은 것들뿐이었다. 그 일은 신문의 호응을 얻어 국민들에게 약 59억 달러나 되는 세금을 부과했으나, 이 또한 별로 쓸데없는 사진 몇 장을 보여 줄 수 있을 뿐이었다. 그것을 쏘아 올렸을 당시에 그들이 할 수 있는 것은 추측뿐이었는데, 지금도 역시 추측밖에는 못한다. 추측하느라고 59억 달러를 들인 것이다.

여러분이 정말로 "깊고" "멀찍이 떨어져 있는" 무언가에 대한 사실을 알아내는 데 성공했다 한들, 그래서 어쨌단 말인가? 심해생물조사용 잠수정 트리에스테 호는 마리아나 해구 속으로 35,820피트만큼 내려갔다 (1960년 1월 23일). 곧 6.78마일을 내려간 것이다. 그들은 『**아주 깊이**』 있는 것을 찾아내고자 내려갔다. 그러나 무엇을 알아냈는가? 그들은 그곳 온도가 약 2℃라는, 누구에게든 아무짝에도 쓸모없는 사실을 알아냈고 또 그곳 압력이 평방피트 당 16,883파운드라는, 아무것에도 조명을 주지 못하는 사실을 알아냈을 뿐이다. 그들은 약 2백만 달러를 썼지만 카인이 아벨을 쳐 죽인 이래로 지구상에 있는 단 한 개의 문제도 해결하지 못했다.

마찬가지로 여러분은 지각이 화강암층으로 되어 있으며, 그 내부의 핵이 액체로 되어 있다는 것을 안다. 그래서 어쨌단 말인가? 지구 무게는 6.588×10^{21}톤이고, 지구 내부는 아마도 가열되고 있으며, 지구 표면적은 1억 9,695만 평방마일이고 지구 부피는 2,590억 입방마일이다. 그래서 어쨌단 말인가? 그것은 여러분의 어깨 위에 지구를 올려놓으면 목에 "쥐가 날" 거라는 의미밖에는 없다.

무엇을 찾아냈는가? 무언가 알아냈다면 그것을 가지고 뭘 할 수 있는가? 여러분처럼 그것을 가지고서 아무것도 못하는 사람들에게 그것을 가르치며 생계비를 버는 것 말고 뭘 할 수 있단 말인가? 아인슈타인 이래로 물리학자 그 누구든 "중간자," "퀘이사(준성)," "쿼크," "블랙홀"에 관해 무언가를 발견함으로써 국제적 테러, 국가 도산, 마약 거래를 조금이라도 늦출 수 있었던가?

"M-82 은하는 과거 B.C. 150만 년에 엄청난 폭발을 했고, 1.3373019초마다 파동이 오는 '펄서' 하나가 1967년에 발견되었다!" 와~! 그것은 워싱턴 D.C.에서 매일 10건씩 발생하는 살인 사건을 중단시킬 수 있을 것만 같다. 남부 아일랜드의 카톨릭 테러분자들이 그 소식을 들으면 하룻밤 사이에 평화가 도래할 것이다. 그런가? 우주의 나이는 150억 년이 되었고(혹은 160억, 170억, 180억, 190억 년이 되었다. 수백만 년씩 더하든지 빼든지 하라. 과학은 아주 "정확"하기 때문이다.) 태양의 나이는 110억 년이 되었다(혹은 90억, 100억, 120억 년이 되었다). 그래서 어쨌단 말인가? 그래서... 아무것도 없다. 카톨릭 국가인 크로아티아가 제2차 세계대전 기간 동안(1942년) 강제로 카톨릭 교회에 합류시키려다가 죽여 버린 세르비아인들 25만 명에 대해 크로아티아에 복수하려는 세르비아인을 한 사람도 막을 수가 없다.

원하는 만큼 『**멀찍이**』 가서 사실들을 알아내라. 태양의 질량이 지구 질량의 332,946배라는 것을 배우고, 태양에서 매초 450만 톤의 수소가 타버린다는 것을 배우라. 그것 참 놀랍지 않은가? 그런데 그러한 정보를 가지고 무엇을 할 것인가? 땅 위의 모든 빛과 열과 에너지의 근원이 진화하고 있다고 증명해 볼 텐가?

『**그것을 찾아내려고**』(전 8:17). 멀리멀리, 더 멀리 나가보자. 별들만큼 『**멀찍이**』 떨어진 것이면 어떨까? 맨눈으로 볼 수 있는 별은 3,000개 정도다. 태양 다음으로 가장 가까운 별은 켄타우루스 자리 알파별인데, 25조 마일 거리에 있다. 우리의 태양계는 매초 170마일 정도의 속도로 2억 년에 한 번씩 은하중심 둘레를 돌고 있다. 와, 우리는 "똑똑해지고" 있다. 우리는 가장 큰 운석들이 얼마나 거대한지도 알고 있다. 우리는 달 표면의 가장 큰 분화구들, 달 표면의 가장 높은 산들, 달의 온도, 태양의 가장 큰 흑점들, 최장 일식·월식 시간, 혜성이 지구에 가장 근접하는 시간과 거리, 블랙홀과 초신성이 무엇인지, 목성·금성·화성·토성의 대기층 종류에 대해서도 알고 있다. 그런데 그래서 우리가 "현명"하게 되었는가?

사실을 직시하라. 2,000년 동안의 과학적인 연구와 환상적인 과학적 발견들로 이루어낸 것이라고는, 무언가 찾아냈다고 하는 것들을 배우려는 순진한 자들의 돈을 갈취하는 직업 몇 개를 만들어 준 것밖에 없다. 찾아낸 것은 아무것도 없다. 해답을 얻으려면 어디를 보아야 하는지조차 모르고 있다(신 30:12,15). 인간들은 잘못된 곳을 들여다보았다(롬 10:6,7). 1930년 이후로 5천억 달러를 들였지만, 역사가 기록되기 시작한(B.C. 4000) 이래로 인간이 지녔던 문제를 단 한 가지도 해결하지 못했다.

1. 종교적 불화의 문제
2. 기근과 기아의 문제
3. (마약 거래를 포함하여) 위법 행위의 문제
4. 치명적인 질병의 문제
5. 전쟁의 문제
6. 죽음의 문제

7. 죄의 문제

인간이 6천 년 동안 "진리"를 찾아 탐구했지만, 요한복음 14:4-8과 요한복음 17:7을 완전히 무시함으로 인해, 처음부터 자신을 괴롭혀왔던 문제를 아무것도 해결하지 못하게 되고 말았다. 인간은 A.D. 1000년, B.C. 1000년, B.C. 2000년, B.C. 3000년에 그랬던 것과 마찬가지로, 오늘날도 이 문제들을 해결하는 데 있어서 속수무책이다.

『**멀찍이**』 떨어져 있는 것을 찾아내려고 가장 멀리 여행한 사람은 오하이오 주 애크론의 파크 톰슨이었다. 그는 국제연합이 승인한 299개국을 포함하여 309개 나라와 여러 지역들, 지리학적으로 중요한 지대들을 방문했고, 1989년에는 남극에 갔다. 톰슨은 32년 동안 37번의 여행을 했다. (나는 24살 이후로 평균 잡아 일 년에 4만 마일을 여행했다. 다 합치면 약 188만 마일에 달할 것이다. 지구 적도 둘레를 약 78번 돈 셈이다.)

25절은 전도서 2:1-3과 완전히 맥을 같이 한다. 솔로몬이 『**사물의 근거를**』 깨달아 알았을 때, 거기에는 풀지 못하는 문제뿐이었다. 자신의 "이성"을 사용하여 자신의 기원에 관한 문제들을 풀려는 인간의 시도들은 완전한 공허함에 이르게 된다. "이성"은 사람들이 열심히 서로를 죽이지 못하도록 막을 수도 없고(1912년에서 1992년 사이에 54차례의 전쟁이 벌어졌다), 매일 2,000건씩 벌어지는 낙태, 국제적 테러, 식인 풍습과 사탄 숭배를 멈출 수도 없다. 여러분은 이 땅 위의 어떤 사물들에 대해서 그 『**근거**』를 알아내려 하고 있지만, 지식을 늘리고(전 1:18) 압제자와 압제받는 자들을 관찰하고(전 4:1) 또 『**때와 기회**』(전 9:11)를 살펴보다 보면, 금세 다음의 결론에 이르게 될 것이다. "하늘은 깨달음을 위한 장소요, 땅은 믿음을 위한 장소다." (얼마 안 있어 이 사실을 더 잘 이해하게 될 것이다.)

『**...여자는 죽음보다 더 쓴 것을 내가 알았노니**』(26절). 죽음은 명예로울 수도 있고 때로는 안락한 것일 수도 있다. 일본 속담에, "명예로운 죽음은 불명예스러운 삶보다 낫다"는 말이 있다. 그러나 교활하고 음흉하며 욕심 많고 탐욕스러운 여자에게 붙잡히고 끌려 들어가는 것은 쓰라린 것이다. 잠언 7장에 나오는 청년은 그 덫에 걸려들었다. 삼손도 그 덫에 걸려들었다. 솔로몬 자신도 그 덫에 걸려들어 그의 아내들이 『**그의 마음을 돌이켰**』고(왕상 11:3), 그의 사후이기는 했지만 그로 하여금 왕국을 잃어버리게 만들었다. 『**죄인은 그녀에게 붙들리리라.**』 나도 젊었을 때에 "붙잡혔다가" 다행히 풀려났다. 내가 할 수 있었던 말은, 아도니베섹이 재판관기 1장에서 했던 이 말뿐이었다. 『**내가 행한 대로** 하나님**께서 내게 갚으셨도다**』.

존 딜링거의 "여자 친구" 안나 세이지는 딜링거가 살든 죽든, 수중에 4만 달러를 모으는 데 깊은 관심을 보였다. 그녀는 군인들에게, "우리가 극장에서 나올 때 나는 빨간 드레스를 입고 있을 거예요."라고 말했다. 그녀는 그 후 딜링거와 "데이트"를 했고 같이 영화를 보러 갔다. 그들이 극장에서 나왔을 때 그녀의 파트너의 피가 온 거리에 낭자하게 되었다. 안나는 본문의 훌륭한 사례다. 셰익스피어 희곡에 나오는 맥베스 여사도 마찬가지다. 두 명의 후보자를 더 뽑는다면, 성 바돌로매 대학살의 카톨릭 살인자 캐서린 드 메디치와, 카톨릭교도였던 영국 여왕 피의 메리를 들 수 있을 것이다.

만약에 여러분이 이런 여자의 손에서 빠져나온 적이 있다면 여러분을 구해 준 것은 바로 전능하신 하나님이셨다는 사실을 인정하게 될 것이다. 『**많은 강한 자들이 그녀로 인하여 죽임을 당하였느니라**』(잠 7:26). 아름다운 미소를 가진 여자들이 미국의 신문 가판대 위 40개 이상의 신문 1면에 매주, 매달 정기적으로 나온다.

나는 과거 1951년에 내가 그리스도께로 인도했던 한 사람의 병원에 다녀왔다. 그는 이제 71세인데 암으로 죽어가고 있다. 그의 아내는 1955년에 그를 내버렸고 비록 그가 재혼하지 않고 줄곧 그녀와 화해할 길을 찾았으나 여전히 그와 아내는 화해하지 않은 채로 남아 있다. 그가 36년 동안 얻은 결실은 아무것도 없었다. 그녀는 그의 집과 자동차, 자식들, 봉급을 가져가 버렸고, 그는 조그만 이동주택에서 무일푼으로 살다가 죽어가고 있다. 그의 자식들은 모두 성장해서 떠났지만, 그녀는 "당신이 정말로 날 사랑한다면 무엇무엇을 달라."는 식으로 그와 30년 동안 시간을 끌면서도 결코 그를 집 안에조차 들이지 않았다. 『**마음이 덫과 그늘 같고 손은 포승줄 같은**』 그 악녀는 남침례교에 다닌다는 "기독교인"이었다.

『**내가... 이것을 깨달았노라**』(27절). 그리고 그는 "일천 명 중의 하나"인(솔 5:10을 보라) 한 남자를 지명한다. 다음은 그가 찾아내지 못한 것이다. 『**모든 여자 중에서는 한 명도 얻지 못했느니라.**』 문맥이 말하는 바는 그가 1,000명의 남자들 중에서는 한 명의 "정직한" 사람을 찾아냈으나 1,000명의 여자들 중에서는 정직한 사람을 하나도 찾지 못했다는 것이다. 솔로몬은 실제로 1,000명의 여자들과 깊은 관계를 가져본 후에 이렇게 말하는 것이다(왕상 11:3). 솔로몬이 "성차별주의적" 편견이 있었기 때문이라고 생각하는 것은 어리석은 발상이다. 편견이라는 것은 말

그대로 사실 여부를 점검해 보기 전에 어떤 것을 "미리 판단"하는 것을 뜻한다. 솔로몬이 내린 판단은 경험을 통한 직접적인 정보로부터 얻은 권위 있는 것으로서, 여자 동성연애자들, 여성해방운동가들을 불쾌하게 만들지는 모르겠으나, 분명코 편견이 아니다. 솔로몬은 그를 비평하는 현대인 그 누구보다도 더 많은 시간을 들여서 더 가까이서(그리고 더 다양한 환경에서) 여자들을 관찰한 "재판관"이었기 때문이다(왕상 3:9). 그가 혹시 여자들 편을 들어서 약간의 편견을 가졌을 수는 있다. 열왕기상 11:1-5을 보라.

『하나님**께서는 사람을 정직하게 지으셨으나 사람들은 많은 계략들을 고안해 냈다는 것이라**』(29절). 아담은 올바른 상태에서 시작했다(전도서 이 구절의 『**사람**』에 해당하는 단어가 바로 "아담"이다). 그러나... 그 이야기의 나머지는 여러분이 잘 알고 있다. 아담에게서 나온 인류는 창세기 3장에 나오는 비참한 사건 다음에 등장하므로, 인류는 『**사람들**』이라는 복수형으로 둘째 문장에서 나온다.

인간이 자기의 타고난 지적 능력이라고 부르는 것이 실제로는 타락하고 자기 기만적인 구상과 간계일 뿐임을(딛 3:3, 딤후 3:13, 엡 2:3; 4:22) 이 구절은 지적하고 있다. "옛 사람"은 부패했다. 그는 너무나 썩어 버려서 그의 "마음"과 "양심"이 다 더럽혀져 있다(딛 1:5). 아담의 후손들의 마음은 하루 24시간 내내 자기 보존, 자기 번식, 자기 욕구충족에 몰두해 있다. 때때로 마음이 종교적인 것에 기울기도 하는데, 그때 그것은 자기 의에 기반을 두고 있다(롬 10:1-5).

하나님께서 (마귀에게 점유당한 아내를 제외하고) 사람에게 주신 가장 최악의 원수는 바로, 교활하고 죄악에 유연하며 어떻게든 자기를 보호하고 음모를 꾸미며 간교하고 자기중심적인 그 "마음"이다. 구약성경에 등장하는 최고의 사례는 다름 아닌 야곱이다. 사람이 "많은 계략들을 고안해내고 있는" 모습을 보고 싶다면, 옛 사람 야곱이 자기 아버지 앞에 무릎 꿇고 앉은 모습이나(창 27장), 물구유 곁에 서 있는 모습이나(창 30장), 에서를 만나기 위해 준비하는 모습을(창 32장) 지켜보면 된다. 다윗은 사무엘하 11:10-16에서 짤막한 극본을 하나 고안해냈고, 게하시도 열왕기하 5:20-22에서 그렇게 한다. 빌라도는 울부짖는 군중들과 "생산적이고 의미로운" 관계를 만들어 나가보려고 노력하지만(행 3:13) 결국 엉망으로 끝을 맺는다(행 4:27). 빌라도는 올바르게 행동하는 것 말고는 아무 해답도 없는 해결불능의 문제를 직면한 현대인들의 전형적인 모습을 대변한다. 빌라도는 현대인들처럼 올바르게 행동하는 것이 자기 수입과 이미지, 직업, 명성, 권력에 지장을 준다면 차라리 죽어 지옥에 가는 쪽을 택했다. 결과적으로 그는 긍정적 사고의 힘이란 아무 짝에도 쓸모없는 것이고(마 27:17) 화를 내도 아무것도 해결되지 않으며(요 19:10), "사회정의"에 대한 인간의 분별력에 호소해 보아도 쓸데가 없다는(요 18:31) 사실을 배우게 된다. "이성적 판단"이란 것은 그의 기대를 저버렸고(마 27:17), "타협"조차도 그를 그 궁지에서 헤어 나오게 하지 못했다(요 19:1-3). 그는 자기를 그 딜레마에서 구출해 낼 그 한 가지 일을 하지 않았다. 현대인 역시 진리를 다루느니(요 14:6; 18:38) 차라리 지옥에 가는 쪽을 택하려 한다. 정직하지 않은 것이다.

『**많은 계략들**』. 사람이 고안해 낸 것들 대부분은 한 가지 분명한 목적으로 고안되었음을 보게 되는데, 그것은 바로 하나님을 거짓말쟁이로 만드는 것이다. "에어컨"은 창세기 3:19를 세상에서 없애려는 것이고 "사형제도의 폐지"는 창세기 9장과 민수기 35장을 없애려는 것이다. "여성해방운동"은 고린도전서 11:7-10과 에스더 1:22를 세상에서 없애려는 것이고, "반유대주의"는 창세기 12:1-4를 제거하려는 것이며, "공민권법"은 창세기 9장, 스가랴 14장, 사도행전 17장 등을 제거하려는 것이다.

〈평신도 주석〉은 수년간의 신문방송에 완전히 세뇌당하여 26절에 대해 말하기를 "지혜의 책 기록자들의 성차별주의가 나타나 있다. 그 생각을 완전히 치워버릴 방도는 없다."(115쪽)라고 한다. 머리가 빈 사람이 아니라면 완전히든 부분적으로든 간에 그 생각을 치워 버릴 생각을 하지 않을 것이다. "성차별주의"는 남성과 여성 간의 차이점들을 식별하고 판단할 수 있다는 것이다. "성차별 반대"는 그 차이점들을 구별할 능력이 없다는 것이다. 이것은 노망이나 동성애, 또는 그 둘 다의 산물이다. 노망이 든 사람이나 동성연애자가 아닌 이상, 그 어떤 바보가 전도서 기록자의 "성차별주의"를 치워 버리려 하겠는가?

"그들[즉 지혜의 책 기록자들]은 흉계를 지닌 여자의 유혹에 대해 경고하면서 많은 분량을 기록했지만, 악한 남자(evil man)의 흉계들에 대해서 여자에게 경고를 주는 내용은 없다"(같은 쪽). 정말 없는가? 그렇다면 잠언 2:10-15; 6:12-19; 10:19; 11:2은 무엇인가? 또 잠언 13:3-10; 26:20-25은 어떤가? 잠언 23:6,7도 놓쳐 버렸는가? 그러면 솔로몬이 『**어리석은 자들의 친구**[companion]**는 멸망하리라.**』고 말했을 때(잠 13:20) 그것이 무슨 뜻이란 말인가? 여성인 처녀들이 시편 45:14에서는 『**동료**[companion]』라고 불린다. 『**악인**[evil man, "악한 남자"]』에 대해서는 지혜의 책들에서 (특히 욥기) 너무도 철저하게 이야기하고 있다. 욥기 15:20-35; 18:5-21; 20:5-29; 26:11-13을 보라. 지혜의 책들에서는 『**악인**』(악한 남자)를 이야기하는 구절들이 악한 여자를 이야기하는 구절들의 다섯 배가 넘는다. 시편 10,11,12,34,36,64,140편도 보라. 이 구절들에 있어서 문제는(뉴스미디어의 입장에서 읽는다면 문제다) 이 구절들이 "직접적으로" 여자들을 향해 기록되지 않았다는 것이다. 모든 성차별 반대자들은 그 어떤 기록물을 보든지 간에 성별과 피부색 이외에는 아무것도 의식하지 못한다. 그들은 그 구절들이 여자들을 수신인으로 하여 기록되지 않았다면 숫자에 넣지 않는다. 〈평신도 주석〉의 저자가 기대한 것은 오직 한 가지, 바로 똑같지 않은 둘을 똑같이 취급하는 일이었다. 이것이 바로 지금의 시대정신이다. 그것은 곧 일어날 다니엘의 칠십 째 주, 야곱의 고난의 때를 알리는 서곡이다. 똑같지 않은 것을 똑같다고 인정해야 하게 만든다. 요컨대, (정부의 명령에 따라) 제정신인 상태를 버려야 한다는 것이다.

현대 기독교 주석가들은 남성과 여성이 똑같다고 생각한다. 『**아담이 속은 것이 아니라, 여자가 속아 범죄하였음이라**』(딤전 2:14). 이 사실은 은혜의 언약 하에 있는 신약 그리스도인에게 제시되어 있다. 그 기록자는 예수 그리스도의 순교자였고 이제껏 살았던 사람들 중 그리스도를 가장 훌륭히 따랐던 사람으로서, 그 현대 주석가들과 비교하자면 손전등들 앞의 태양처럼 빛나는 사람이었다. 그는 『**여자가 남자를 위하여 창조**』되었기 때문에(고전 11:9) 『**여자의 머리는 남자**』라고 말했다(고전 11:3). 여러분이 그것을 믿지 않는다면, 여러분은 회심하지 않아 지옥으로 가고 있는 이교도이든지 아니면 뉴스미디어의 세뇌를 통해 복제되어 타락해 버린 변절자 "그리스도인"이든지 둘 중 하나다.

전도서 8장

8:1 누가 그 현명한 사람과 같으며, 누가 사물의 해석을 아는가? 인간
의 지혜는 그의 얼굴을 빛내 주나니, 그의 얼굴의 무모함이 바뀌
리라.
2 내가 네게 권고하노니 왕의 계명을 지키고, 하나님께 서약한 것을
지키라.
3 그의 목전에서 조급하게 물러가지 말라. 악한 것을 지지하지 말라.
그는 자기를 기쁘게 하는 것은 무엇이나 행하느니라.
4 왕의 말이 있는 곳에는 권위가 있나니, 누가 그에게 말하기를 "당
신은 무엇을 하나이까?"라고 할 수 있느냐?
5 계명을 지키는 자는 누구나 악한 것을 생각지 않으리니 현명한 사
람의 마음은 때와 판단을 분별하느니라.

『**누가 사물의 해석을 아는가?**』(1절) 그런 사람은 많지 않다. 헬라어 히브리어 학자들은 "원본"은 고사하고 자기들의 오역본조차 해석하지 못한다. 그들은 만약 원본을 가질 수 있다 해도 그것 역시 여기가 틀렸네, 저기가 틀렸네 하면서 갈가리 찢어 놓을 것이다. "무오하게 완전 영감받은 원본"을 믿는다고 하는 자들은 자기들이 이해할 수 없거나 자기들이 좋아하지 않는 모든 단어와 모든 구절을 고친다. 하나님께서는 그 때문에 기록된 지 50년도 안 되어서 원본을 없애 버리신 것이다.

내가 과장해서 말하는 것처럼 생각된다면, 우리의 〈히브리서〉 주석서를 사 가지고, "경건한" 학자들이 100% 모두, 해석하고 주석하는 데 있어 완전히 실패한 모습을 살펴보라. 그들은 50군데가 넘게 〈킹제임스 성경〉을 고친 다음, 자기들이 고쳐 놓은 것도 해설하지 못한다. 사람이 성경을 혼잡케 하면 하나님께서 그의 정신을 혼잡케 하신다. 그자가 얼마나 똑똑하든, 얼마나 일을 열심히 하든, 얼마나 많은 것을 발견하고 얼마나 많은 것을 모았든 간에 마찬가지다.

내가 보기에 이 사실을 가장 분명하게 보여 주는 예는 〈신약신학사전, *The Theological Dictionary of the New Testament*〉이라는 어마어마한 작품이 아닐까 생각된다(총 12권, 도합 10,000페이지). 여기엔 800만 가지가 넘는 내용이 담겨 있지만, 그 저자들 중에 그리스도의 보혈이나 천년왕국, 그리스도의 심판석, 이스라엘의 회복, 적그리스도, 거대한 깊음, 구령, 선교, 구제선교, 지역 교회의 본 모습, 재림의 행로를 이해하는 사람은 십분의 일도 채 안 된다. 『**리비아단**』이 뭔지도 모르고, 천년왕국 때의 구원과 대환란 때의 구원에 대해서 이해하지도 못하며, 물침례의 의미도 모르고, 혼이 어떻게 생겼는지도 모른다. 그들이 800만 가지 내용을 모아 놓고 어떻게 해석하는지를 잘 보여 주는 예로서 제5권 585쪽에 나오는 "구약 속 민족의 삶에서의 음행" 부분을 인용해 보겠다.

"남자 편에서의 혼외 성관계는 이 개념에 포함되지 않았고, 동족인 누군가의 아내를 취하는 것이 아닌 한 금지되지 않았다."

그 "권위 있는" 학자들은 히브리어 본문으로든 (A.D. 300년 이후에 기록된) 헬라어 〈칠십인역〉으로든 그 어떤 영어·독일어 개정본으로든, 신명기 22:22,28, 레위기 18:17,18; 20:11,17을 읽을 줄 몰랐다. 해석은 고사하고 성경을 읽을 줄도 모른다.

그들은 모두 똑같은 실수를 범했다. 그들은 해석의 열쇠가 히브리어 헬라어 어휘사전에서 단어를 찾아보는 것이라고 생각하는 우를 범했다. 그들은 틀렸다.

해석의 열쇠는 바로 성경의 저자이신 성령이시다(창 40:8, 단 2:25-28, 고전 2:10, 눅 24:45, 벧후 1:20). 그들은 『**지식의 열쇠**』를 치워 버렸다(눅 11:52). 그들은 완전히 하나가 되어 성령님(요 16:13)을 제거하고서 그 자리를 『**많은 책**』(전 12:12)으로 대체시키기로 결의해 버렸다. RV, RSV, NRSV, ASV, NASV, NIV, NEB 등은 모두 자기들의 죄를 다루는 베드로후서 1:20을 고쳐 버렸다.

『**얼굴을 빛내 주나니 그의 얼굴의 무모함이**』(1절). 모세와 스데판의 얼굴은 앞 문장을 예증해 준다. 사람의 얼굴을 "빛내 주는" 것은 『**기름**』이다(시 104:15). 그 성경적 진리는 여전히 해석의 문제를 다뤄 주고 있다. 『**기름**』은 해석자이신 성령의 모형이다. 시편 104:15에는 하나님의 말씀(『**빵**』)과 성령이 나란히 놓여 있어 성경 해석의 열쇠가 무엇인지를 보여 준다.

『**무모함이**』(1절). 이것은 잠언 28:1이나 로마서 10:20의 담대함과는 달리, 자아로 충만하여 무모하고 주제넘게 행동하려 드는 사람의 험악하고 교만하고 완고한 얼굴 모습이다. 창세기 34:25에 나오는 것은 이런 종류의 담대함이다.

『**지혜**』는 (문맥이 성경과 성령에 대한 것임을 주목하라) 인간의 노기를 식히고, 그의 급한 성미를 진정시키며, 그의 학식을 겸손케 하고, 지성을 뽐내는 "턱끝"을 내밀지 않게 해준다.

성경에서 2절의 예로는 열왕기상 2장의 시므이와 여호수아 9장의 기브온인들이 있다. 이 구절에서 솔로몬은 직접적으로 시므이에게 말하고 있다. 시므이는 (열왕기상 2:4에서) 『**그의 목전에서**』 물러갔고, 왕이 『**자기를 기쁘게 하는 것은 무엇이나**』 행할 수 있다는 사실을 확실히 깨닫게 되었다. 솔로몬은 브나야에게 살인청부 명령을 내려 시므이를 없애 버렸다.

시드키야는 이 구절의 진리를 쓰라린 경험을 통해 배웠다(대하 36:13). 제미에슨은 해석하는 일에 있어서 무능하다. 제미에슨은 그 『**왕**』이 하나님이라고 한다. 분명코 아니다. 시므이의 경우에 그것은 솔로몬왕이었고, 시드키야의 경우에는 느부캇넷살왕이었다. 제미에슨은 성경을 버리고서 성령님 대신 스스로 해석자 자리에 들어앉아 버린 것이다. 4절이 "왕권신수설"에 대해 가르치고 있음을 주목하라. 이것은 현대인들이 도저히 참을 수 없어 하는 것이다. 주석가들이 2절을 다룬 것을 읽노라면 권위를 가진 세속 왕을 제거해 버리려 함을 알 수 있다. 그들이 그렇게 하는 이유는 성경 해석과 연관된다.

『**왕의 말이 있는 곳에는 권위가 있나니**』(4절). 왕은 그가 명령한 것을 수행할 권세가 있다. 왕이 여러분을 죽이고 싶어 하는가?(삼하 1:15; 4:12)

그때는 가족에게 유언을 해두는 게 낫다. 왕이 여러분의 눈을 뽑아내고 싶어 하는가?(렘 34:3; 39:7) 그때는 흰 지팡이와 동전 바구니를 마련해 두는 게 낫다. 왕이 여러분의 자식들을 노예로, 여러분의 아내를 첩으로 삼고 싶어 하는가?(사 39:7, 단 1:3, 렘 38:23) 느부캇넷살은 하나님의 종으로서(렘 25:9) 이런 일을 행할 권세를 하나님께 받았다(단 5:18,19).

"왕권신수설"은 제임스 1세가 몰락한 군주정치를 포장하려고 끄집어낸 말이 아니었다. 로마서 13:1-5은 오늘날뿐 아니라 다윗 시대에도 유효했다. 그 당시에 그것은 아주 존중되어서, 다윗은 자기를 죽이는 일에 몸 바친 왕에게 손도 대지 않으려 했다(삼상 26:9; 24:6). 현대인들은 결코 이 같은 존경과 경의를 표하려 하지 않는다. 그들은 군주정치를 증오한다. 재미있게도 군주제는 하나님께서 온 세상을 다스리기 위해서 예정하신 정부 형태다(계 19:10-16, 시 110:1,2; 2:6-10).

독일인들이 그들의 왕을 제거하자(카이저 빌헬름) 하나님께서는 그들에게 아돌프 히틀러를 주셨다. 러시아인들이 그들의 왕을 암살하자(짜르 니콜라스) 하나님께서는 그들에게 레닌과 스탈린을 주셨다. 미국이 그들의 왕을 내팽개치자(영국의 조지왕) 하나님께서는 그들에게 에이브러햄 링컨을 주셨다. 그는 그들에게서 조지왕이 낸 사상자 수의 3배를 이루어 냈고(1861-1865), 조지왕이 제거하지 못한 헌법을 제거해 버렸다. 어떤 세뇌당한 "근본주의자"가 제임스왕과 그의 "왕권신수설"에 대해 흥분해서 말하는 것을 듣거든, 성령님께서 그 문제에 대해 그리스도의 몸에 속한 신약 시대 그리스도인에게 말씀하신 것을 보여 주라(벧전 2:17). 그 본문에서 성령님께서 존경하라고 하신 그 『**왕**』은 바로 네로였다!

여기서 문제는 4절이다. 여러분이 알듯이, 하나님께서는 유대인의 이름을 가진 한 왕(한 세속 왕)이 영국의 보좌에 오르기까지 기다리셨다. "제임스"라는 말은 "야곱"이라는 말이다. 야곱은 하나님과 함께한 『**통치자**』였다(창 32:28). 이것이 바로 "이스라엘"이라는 말의 뜻이다. 그래서 〈킹제임스성경〉의 헌사에 이렇게 쓰여 있는 것이다. "지극히 높으시고 위대한 통치자 제임스 국왕 폐하께." 배교한 근본주의자들은 성경의 하나님이 역사의 하나님이시라는 사실을 부인하며, 하나님께서 영어 이름을 따라가실 수는 없다고 생각한다. 그들은 4절을 "세속" 왕에게 적용하길 원치 않는다. 그렇게 되면 결과가 참담해지기 때문이다. "세속" 왕과 관련 없는 그들의 성경에는 권위가 없다는 것, 곧 그들이 우려하는 "킹제임스성경 유일주의"인 것이다.

절대적인 시간이 영국에 의해 결정되었고(그리니치), 절대적인 위치가 영국에 의해 결정되었으며(경도), 절대적인 온도도(영국 열량단위) 영국에 근거를 두고 있는데, 성경 하나가 갑자기 똑같은 곳에서 현대의 전세계 공용어로 튀어나온 것이다. 이 성경은 『**왕**』의 명령 하에 번역되었으며 『**왕의 말이 있는 곳에는 권위가 있**』다.

영국 역사에 헨리, 존, 리처드, 토머스, 윌리엄이라고 불리는 수많은 왕들이 있었으나, 하나님께서는 유대인의 이름을 가진 첫 번째 왕을 골라내셨다. 이렇게 하신 이유는 다음의 역사적인 진술과 일치하게 하시기 위해서다. 『**그들에게** 하나님**의 말씀들이 맡겨졌음이니라**』(롬 3:2). 이 『**그들**』이 누구인가? 물론 그것은 문자적이고 실제적인 유대인들이다. 그런데 그 문맥인 로마서 3:1을 보면 그들은 "유다"가 아니라, 야곱(제임스)에게서 나온 문자적이고 실제적인 열두 지파다. 예수 그리스도께서는 『**구원이**』 "유다"가 아니라 『**유대인에게서**』 나온다고 말씀하신다.

바울이 사용한 "유대인"이라는 말은(갈 2:14) 유다나 남쪽의 두 지파에 대한 언급이 전혀 아니었다. 바울은 베드로가 유대인이라고 말했는데(갈 2:15), 시몬 베드로의 출신 지역은 남쪽의 두 지파가 아니었기 때문이다. 베드로는 북이스라엘인 갈릴리 출신의 이스라엘 사람이었다. **『이스라엘』**은 야곱의 새 이름이었다.

하나님의 말씀을 지킨 것은 초대 교부들의 에베소 교회(A.D. 90-150)가 아니라 필라델피아 교회였다(A.D. 1500-1900, 계 3:8). 주석가들은 그 말에 권위가 있는 "세속" 왕을 없애고 싶어 하지만 〈킹제임스성경〉의 열매들은 반대자들의 입을 막기에 충분하다. 하버드, 예일, 콜럼비아, 프린스턴, 다트머스, 밥 존스 대학, 테네시 템플, 리버티 대학의 설립자들은 RV나 ASV, NASV, RSV, 또는 그 출처인 헬라어 원문을 가지고 설교하던 사람들이 아니었다. 〈리빙 바이블〉, NASV, NIV의 열매는 낙태가 8배 증가하고 강간과 살인이 4배 증가하고 음란물과 마약이 20배 증가한 것과, 부부 2쌍 중 1쌍꼴로 이혼하는 것, 국제 테러, 국가 도산, 그리고 A.D. 1400년의 스페인 로마카톨릭교도들에게나 비길 정도로 성경에 대해 무지한 것이었다. 1933년 이후로 미국에서는 전국적 부흥이 단 한 번도 없었다. 빌리 선데이는 기독교 "고등교육"과 접하지 않은 채로 살다가 죽은 주요 프로테스탄트 설교자 중 마지막 사람이었다.

존 웨슬리와 조지 휫필드(그리고 조나단 에드워즈와 윌리엄 테넌트)는 〈킹제임스성경〉을 읽고 설교하는 것을 통해 구원받았다. 드와이트 무디와 찰스 피니 역시, 집시 스미스나 R.A. 토레이와 마찬가지로 〈킹제임스성경〉을 읽고 설교하는 것을 통해 구원받았다. 샘 존스, 윌버 채프만, 찰스 풀러, M.R. 디한 박사, 밥 존스 시니어, 월리 크리스웰, 조지 트루엣, 찰스 스펄전, 멜 트로터, 클라렌스 라킨 등도 모두 마찬가지다. NIV로는 그 십분의 일도 이루지 못했다.

『**왕의 말이 있는 곳에는 권위가 있나니**』(살전 1:5을 보라).

『**계명을 지키는 자는 누구나**』(5절). 문맥상 이것은 그가 복종하기로 맹세한 계명이다(2절). 방금 논의한 의미상 디모데후서 1:13; 2:15; 4:1-4가 그 참조 구절이 될 것이다. 신약의 이 세 가지 의무는 모두 하나님의 "말씀들"에 관한 것임을 주목하라. 『**현명한 사람의 마음**』(5절). 현명한 사람은 지금 "군중"(7절)과 분리되어 있다. 앞에서는 "때"를 그때가 지나서야 알 수 있다고 했는데(전 6:12; 3:22; 9:10 비교), 여기서 갑자기 『**때와 판단**』을 분별할 수 있는 한 사람이 나타난다. 어째서 이렇게 되었는가? 그것은 바로 문맥 때문이다. 문맥에 나온 것은 『**해석**』과 『**왕의 말**』, 계명을 지키는 것, 그리고 붓는 『**기름**』이었다. 사실을 직시하라. 성경과 성경의 저자이신 분 없이는 그 어떤 사람도 때를 분별할 수 없으며(마 16:3) 판단을 분별할 수 없다(고전 6:2-6).

8:6 모든 목적에 때와 판단이 있으니, 그러므로 사람의 불행이 그에게 크도다.

7 그는 이루어질 일을 모르나니, 그 일이 일어날 때를 누가 그에게 말해 줄 수 있으랴?

8 영을 다스리는 능력이 있어 영으로 머무르게 하는 사람이 없고 죽음의 날에 능력을 가진 사람도 없으며 그 전쟁에는 면제되는 사람도 없고, 악에게 넘겨진 자들을 악이 구해 내지도 못하리라.

9 내가 이 모든 일을 보고서 해 아래서 행해진 모든 일들에 내 마음
을 썼더니, 한 사람이 다른 사람을 지배하므로 자기 자신에게 해
가 되는 때가 있으며
10 또 내가 악인들이 장사되는 것을 보았는데, 그들이 왔다가 거룩한
곳으로부터 갔으나 그들은 자기들이 그처럼 행했던 그 성읍에서
잊혀졌으니, 이것도 헛되도다.
11 악한 일에 대한 징벌이 속히 집행되지 않으므로 사람들의 아들들
의 마음이 그들 안에서 악을 행하기로 완전히 정해졌도다.

이 구절들을 하나의 문맥으로 만들려는 시도는 모두 실패할 것이다. 이것들은 그때그때 "메모해 둔" 내용을 후에 모아 놓은 것으로서, 5년 정도 간격을 두고 하게 된 생각들을 나타낸 것이다. 어떤 주석가든지 일단 그 모든 것을 한 묶음으로 묶으려 한다면 거기서 얻을 수 있는 몇몇 중요한 진리를 놓치게 될 것이다.

〈브로드만 주석〉은 6절과 7절을 지워 버리고서 NEB를 따라야 된다고 한다. NEB에는 "비록 사람이 미래에 대한 무지로 크게 괴로움을 당하나, 미래에 무엇이 올는지 누가 그에게 말해 줄 수 있으리요?"라고 되어 있다. 이것은 정확히 그 구절이 의미하지 않은 바이다. 그 성경 번개본은 전도서 4:14에서도 다음과 같은 내용을 제시했었다. "그의 미래 왕국에서는 빈민이 태어나지만, 감옥을 떠나는 사람이 왕이 되는 것은 당연하니라." 이것은 거의 역사상 가장 엉터리 같은 번역이다. 이것은 단지 저자가 그 구절을 창세기 40,41장과 맞추려고 든 것일 뿐, 전혀 사리에 맞지 않다. "당연하니라"라고 해놓고 그것이 6천 년 동안 오직 단 한 가지 경우에만 적용될 수 있다고 하는 것이나, 감방에 든 전과자가 다음 대통령이 되는 게 "당연하다"고 하는 것이나 모두 정신 나간 소리다. 그 우스꽝스러운 역본 NEB는 전도서 5:3에서 "지각 있는 사람은 일을 자기 책임으로 두나"라고 하는데, 현존하는 것이든 없어진 것이든 그 어떤 히브리어 본문에도 그런 말은 없었다. 그 역본이 또 전도서 6:10에서는 "사람"(아담)을 완전히 제거해 버리고, 7:7에서는 『**압제**』를 없애고서 "현명한 사람을 미치도록 몰고 가며 강한 사람의 영을 파괴하는" 것이 "비방"이라고 한다.

이 땅에서 72년이 넘게 살아온 내가 고백하건대, 현명한 사람으로서 비방에 몰리다가 미쳐 버린 사람이나, 강한 사람으로서 비방에 대해 걱정하는 사람은 한 명도 만나 보지 못했다. 나는 박사들, 변호사들, 친척들, 설교자들, 예수회 당원들, 신문 기자들, 교수들, 배우자들, 대학생들, 캠벨주의자들, 이단 지도자들, 목사들, 선교사들, 은사주의자들, 극단적 칼빈주의자들에게서 44년이 넘게 끊임없이 비방을 당했지만, 내가 할 말은 이것뿐이다. "물고기들이 놀고 있나?" 염려하려고 노력해도 염려할 수가 없었을 것이다. 나는 내가 "강한 사람"이라고 생각조차 하지 않는데도 그렇다.

『**사람**』은 그를 붙들어 처벌하는 하나님의 심판이 일어나는 『**때**』가 언제인지 말해 줄 수 없다. 이것은 전도서 8:11로 볼 때 분명하다. 『**사람도 자기의 때를 모르나니**』(전 9:12). 사람들의 아들들은 『**재앙이 갑자기 그들에게 닥치면 재앙의 때에 덫에 걸리**』게 된다(전 9:12). 이것이 바로 전도서 8:7의 의미이다. 『**그 일이 일어날 때를 누가 그에게 말해 줄 수 있으랴?**』 NEB 번역자들은 성경을 읽는 데 너무도 게을러서 성령님의 주석을 찾아내지 못했기에 구절을 변개시킨 것이다. 〈리빙 바이블〉은 세상에 있는 모든 악한 여인들을 한 "창녀"만으로 한정시킨다(전 7:26). 그렇게 하여 이세벨, 데릴라, 피의 메리, 캐서린 드 메디치, 그리고 1700년 이래로 미국과 영국에서만 해도 매 10년마다 약 50만 명씩 등장하는 여자들을 거기서 제외시킨다. 그 성서의 저자인 테일러는 경험과 상식이 결핍되어 있음을 알 수 있다.

『**그는 이루어질 일을 모르나니**』(7절). 사람이 개괄적인 상황은 예측할 수 있어도 『**그 일이 일어날 때를 누가 그에게 말해 줄 수 있으랴?**』(전 6:12 주석 참조.) 암흑시대의 한 예언자가 그를 죽이려고 몇몇 귀족들과 더불어 음모를 꾸민 왕 앞에 불려왔다. 그 예언자가 방에 들어오면 왕의 경호대 중 몇 명이 그를 붙잡아서 60피트 아래 창밖으로 던져 버리자는 계획이었다. 들어가면서 폭력 조직이 둘러서 있는 것을 본 그 예언자의 머릿속에서는 재빠른 계산이 이루어지고 있었다. 왕이 말했다. "오 예언자여, 짐이 부탁하건대, 그대가 죽는 날이 언제인지 우리한테 말해 줄 수 있겠는가?" 그러자 예언자는 미소를 지으며 공손하게 절한 다음, 두 손을 포개고 눈을 지그시 감고서 약 20초가량 "무아지경"에 빠지고 난 후에 대답했다. "폐하! 신께서 그날은 말씀해 주지 않으셨사옵니다. 하지만 말씀하시기를, 제가 죽은 다음 날 폐하께서 세상을 떠날 거라고 하셨사옵니다!"

ASV는 전도서 7:7의 『**압제**』를 "강탈"로 바꾸는데, 그것은 압제의 한 종류일 뿐이다. 그들은 정신병적으로 "짧은 본문"에 매달려 삭제하는 경향이 있을 뿐 아니라, 단어를 재번역하여 여러 상황을 포괄하지 못하도록 의미를 축소시키는 경향도 있다. NIV는 7:9에서 "성내는 것"이 사람의 품에(이곳에 그의 마음이 있다 - 마 15:19) 머무르는 게 아니라 사람의 무릎에, 곧 앉아 있는 동안에만 있게 만든다. 사람이 일어서면 놓아둘 무릎이 없게 된다. NIV는 우둔한 일을 한 번 더 하여, 성경에서 『**향유**』라는 말을 완전히 제거해 버렸다. 전도서 7:1과 요한복음 11:2에서 NIV는 그것을 "향수"로 대체시킨다. 그러나 구약에 나오는 그 누구도 누군가에게 향수를 붓지 않았고, 현대에도 그것은 마찬가지다. 사람들은 향수를 뿌리거나 손가락으로 두드릴 뿐, 향유처럼 문질러 바르거나 "쏟아 붓지"(솔 1:3) 않는다.

RSV, ASV, NIV, NASV는 전도서 7:19에서 성읍을 보호할 『**용사들**』을 없애고서, 성읍을 방어하는 데 실제로 아무것도 할 수 없는 "치리자들"로 대체시킨다. 장군들, 대통령들, "의장들," 그리고 왕들까지도 "전투에 용맹한" 『**용사들**』이 없다면 그저 전쟁포로에 지나지 않게 된다. 다윗이나 베냐민 지파에게(판 20:44) 있던 것과 같은 『**용사들**』이 치리자에게 없다면 치리자는 아무도 『**능력 있게**』 하지 못한다. 치리자 자신이 힘센 용사가 아닌 이상, 현명한 사람이 치리자에게서 능력을 얻을 수는 없다.

RSV는 하나님께서 일하는 사람의 마음에 "응답하시지" 못하게 하고(전 5:20), 그 사람이 그냥 기쁨에 "사로잡히게" 한다. 전도서 6:11에서 RSV는 부패한 ASV와 RV를 따라서 『**것**』을 "말"로 고쳤다. 또한 7:11에서는 지혜가 『**유업과 함께하면 좋은 것**』이 아니라 그냥 "이득"이 된다고 했다. 여기의 그 히브리어 단어(토브)는 ASV, NIV뿐만 아니라 RSV에서도 스무 번이 넘게 "좋은"이라고 번역되었다. 사실상 이 단어(토브)는 구약에서 150번도 넘게 나온다.

〈리빙 바이블〉의 사적인 해석은(아무리 여러 번 의역을 해도 비슷해질 수가 없는 해석이다) 전도서 5:13에서 "위험한 투자로 저축해 넣은 것이 못쓰게 되는 것이라"를 제시한다. 역시 〈킹제임스성경〉 본문이 포함하는 여러 가지 상황들을 주의 깊게 없애 버린 것이다. RSV도 이 변개를 따라 5:14에서 "그러한 재물을 잘못된 투기로 잃었나니"라고 한다. 그러나 그렇게 잃을 수도 있지만 도둑맞을 수도 있고, 재물에 『**녹이 슬**』(약 5:3) 수도 있고, 낭비될 수도 있고, 태풍이나 회오리바람이나 지진에 의해 멸망할 수도 있다. 〈리빙 바이블〉, RSV 번역자들은 ASV, NIV 번역위원회와 똑같은 문제를 지니고 있는데, 바로 그들 중 누구도 "해 아래" 삶에 대해 알고서 이야기할 만큼의 경험이 없다는 것이다. 투자하지 않고서도 재물을 잃을 수 있다. 전도서의 저자가 그 예이다(왕상 10:17; 14:26). 또 다른 예로, 예루살렘의 왕 시드키야가 있다. 그의 재물은 "악한 수고로 말미암아 망했다." 한 군대가 쳐들어와서 빼앗아 갔기 때문이다(렘 52장).

〈브로드만 주석〉은 전도서 7:18,19을 설명하려고 하면서 『**이 모든 일**』(18절)을 축소시켜 바로 앞에 언급된 두 가지에만 한정시킨다. "보다 읽기 쉬운 번역본"들을 만드는 이단들은 계속해서 진리를 제한하고 숨기고 그 일부를 제거하여 진리가 많은 경우에 적용되지 못하게 한다. NKJV는 전도서 7:19에서 자유주의 RSV를 따라 "치리자들"을 집어넣는다. 이 타락한 성서들이 그 표현을 채택한 것은, 최소한 "헬레니즘 사회에서"는 "열 사람이 하나의 통치위원회를 형성했다"는 이유에서다(〈브로드만 주석〉, 120쪽).

솔로몬이 전도서를 기록했을 당시 "헬레니즘 사회" 같은 것은 존재하지 않았다. NKJV는 솔로몬이 아닌 다른 누군가가 페르시아 제국 시대 이후에 전도서를 기록했다는 신화적인 이단 가설을 채택한 것이다. 바로 교회협의회에 속한 모든 구원받지 않은 자유주의자들이 확신하는 바를 따른 것이다. 〈브로드만 주석〉 저자인 웨인 피터슨은 전도서의 한 구절이라도 솔로몬이 썼다고 믿지 않는다. 그는 "헬레니즘 사회"의 한 저자가 그리스 성읍을 묘사하면서 전도서 7:19을 기록했다고 한다.

프린스턴 대학의 조지 헨드리는(〈뉴 바이블 주석〉, 575쪽) 그 주장에 정신이 팔려서, 그의 주석서 전체에서 솔로몬을 언급하길 거부한다. 그는 전도서 "저자"를 그냥 "전도자(Ecclesiastes)"라고만 함으로써 솔로몬을 제거해 버린다(위의 책, 574,575쪽). 자유주의자들은 "코헬렛"이란 말을 선호하는데 결국 똑같이 썩은 것이다.

〈위클리프 주석〉은 전도서 7:1의 『**값진 향유**』가 향수가 아닌 "향기나는 기름"이란 사실이 잘 알려져 있음에도 불구하고(〈브로드만 주석〉, 119쪽) 『**향유**』를 RSV의 "향수"로 바꾼다.

〈평신도 주석〉에서 존슨은 성도들에게 의인이 되지 말라고, 그럴 시에는 순교자들처럼 끝을 맺게 된다고 경고한다(그 책, 114쪽). 이런 세속적인 충고가 스테판이나(행 7장) 야고보나(행 12장) 바울과(딤후 4장) 어떻게 조화를 이룰 수 있을지 나는 모르겠다.

알렉산드리아 이단들은 전도서 8:7의 『**때**』를 고쳐서 자기들의 무지에 맞춘다. 이 구절의 모든 히브리어 본문은 〈킹제임스성경〉처럼 되어 있다. "히브리어 원문에는," "헬라어 원문에는" 하면서 외치던 그 이단들은 원문이 〈킹제임스성경〉을 지지하면 원문을 내버린다.

『**능력이 있어 영으로 머무르게 하는 사람이 없고**』(8절). 하나님께서 사람의 영을 취해 가고자 하시면 별 수 없이 그렇게 되고 만다(전 12:7).

오직 예수 그리스도만이 자신의 생명을 내어놓고 또다시 얻을 권세를 가지셨다. 부처, 마호메트, 노자, 공자, 조로아스터, 교황들은 자기들 생의 마지막 해에도 자기가 죽는 달조차 예언할 수 없었다. 예수 그리스도께서는 자신이 죽는 날을 아셨다(눅 13:32). 『**죽음의 날에**』 다시 먹고, 다시 자고, 다시 싸우고, 다시 숨쉬고, 다시 움직이고 할 능력을 가진 사람은 아무도 없다. 그는 무능력하다. 『**그 전쟁에는 면제되는 사람도 없고**』. 그 전쟁은 여러분이 태어날 때 시작되고 죽을 때 끝난다. 역사적으로 말하자면, 그 전쟁은 창세기 3장에서 시작되었고 요한계시록 20장까지 끝나지 않는다. 그 전쟁은 『**사망과 지옥도 불못에 던져지**』는 그때에나(계 20:14) 끝나게 된다. 여러분이 영구적 신체장애로 인해 군 복무에서 면제될 수도 있고, 잘못된 행실로 인해 불명예스러운 면직을 당할 수도 있고, 자원입대 순위에서 밀려 면제될 수도 있으나, 이 전쟁은 묘지에 들어서지 않는 한 면할 길이 없다. 구약의 신명기 20:8에는 겁에 질려 있다는 이유로도 전쟁에서 면제될 수 있었지만, 삶과 죽음이라는 이 전쟁에서는 아래로 내려가지 않는 한 면할 길이 없다. (물론 그리스도께서 오실 때 살아 있는 사람이라면 예외가 될 것이다. 그 경우에는 곧장 위로 올라갈 것이다.) 이 전쟁에서 사람들은 자원했든 안 했든 관계없이 죽게 될 것이다. 이 전쟁에서 사람들은 누구에게 총을 쏘았든, 아니면 지하 벙커에서 잠을 잤든 관계없이 죽게 될 것이다. 사망은 요한계시록 6:8에서 "전사"처럼 의인화되어 있다. 『**죽음의 세력**』을 가진 자는(히 2:14) 성도들과 전쟁을 한다(단 7:21).

지상에서 가장 길었던 전쟁은 프랑스와 영국 간에 일어난 전쟁이었다(1338-1453). 그 전쟁은 100년이 넘게 지속되었다. 그 혼란 속에서 면제되려고 애쓰는 모습을 상상해 보라! 십자군 전쟁이 기간은 더 길었지만, 그것은 1096년에서 1291년 사이에 개별적인 전쟁들로 이루어진 것이었다.

9절은 문맥과 동떨어진 진술이다. 『**이 모든 일**』은 앞에 나온 내용이 아니라 뒤에 나오는 내용에 대한 언급이다(사도행전 2:16에서와 똑같은 상황이다).

『**한 사람이 다른 사람을 지배하므로 자기 자신에게 해가 되는**』(9절). 즉 그 지배하는 자에게 해가 된다는 것이다. 이렇게 되는 주된 원인은 전도서 10:6,7에서 찾아볼 수 있다. 인격과 신념도 없고 정직함도 없는 사람이 지배하는 것보다 더 불행한 일도 없다. 그런 사람이 신념을 가지고 열심히 일하는 신하들을 지배하면(잠 28:15) 혁명이 일어나든지 경제적 붕괴가 일어나게 될 것이다. 사울은 다윗을 다스릴 권세를 가졌고, 그것은 사울의 완전한 파멸로 이어졌다. 다스리는 자가 어떠해야 하는지에 비추어 볼 때(삼하 23:3), 파라오가 이스라엘 사람들을 다스리며 보좌에 앉은 일은(출 5-10장) 일종의 대참사였고, 결국 그를 완전히 끝장내고 말았다. 여자에게 남자를 다스리는 권한이 주어지면 - 이것은 신구약 모두에서 주어진 변경할 수 없는 하나님의 명령에 완전히 반대되는 것이다(창 3:16, 에 1:22, 고전 11:3,7,9) - 그녀는 자신의 가정을 망치게 될 것이다. 남자가 자기의 보금자리를 다스릴 수 없거나 다스리지 않으면 그는 그것을 망치게 될 것이다. 이 법칙은 무오하며 사례를 열거할 필요도 없다. 여성해방운동은 결혼한 2쌍 중 1쌍꼴의 이혼율을 만들어 냈고, 인도나 중국 · 일본의 젊은이들을 성자들처럼 보이게 할 만한 결손가정 범죄살인율을 이끌어 냈다.

『**또 내가... 보았는데**』(10절)는 예언적인 환상이다. 두 가지 경우에 문자적으로 그 일이 일어나는데, 바로 앗시리아인 산헤립의 경우와(왕하 19:36,37) 에스겔 39장의 곡과 마곡의 경우다(두 내용이 서로 다른 것이라면 요한계시록 20장의 곡과 마곡이 또 한 가지 경우가 될 것이다). 제미에슨은 열왕기상 2:28의 요압의 경우를 예로 들지만, 본문의 주어는 『**악인들**』 곧 복수형이다. 『**그들이... 잊혀졌으니**』. 벌링거는 예언적인 내용을 다루는 본문에 속아서 전체 구절을 다음과 같이 재배열해 버린다. "나는 악인들이 무덤으로 가고 의인들이 죽음으로 거룩한 곳에서 떠나는 것을 보았노라." 그는 이 구절이 무슨 내용인지 파악하지 못했다.

전도서 8:11은 성경 전체에서 가장 위대한 구절들 중 하나다. 개인이나 인류 전체의 역사 속에 일어나는 끔찍한 일들에 대해서 이 구절이 실제적으로 설명해주기 때문이다. 이 구절은 히브리서 12:3, 야고보서 4:1, 잠언 14:2; 4:23, 욥기 28:28과 나란히 설 만한 주옥같은 구절이다. 만약 내가 구약 23,144구절 중 모든 성도들이 기억해야 할 20구절 목록을 뽑아서 주어야 한다면, 이 구절이 그중 하나가 될 것이다. 그리고 아마도 9번째나 10번째쯤이 될 것이다.

젊은이가 다섯 번째로 도둑질을 하는 이유는 앞서 4번 동안 가벼운 벌로 때울 수 있었기 때문이다. 사람들이 사형제도를 폐지한다면 범죄자는 일 년도 못되어 6,7번째 시도를 할 것이다. 그는 경찰이 감히 자기에게 곤봉을 휘두를 수 없기에 결코 자기가 다치지 않는다는 사실을 안다(1992년, 로드니 킹). 『**악한 일에 대한 징벌이 속히 집행되지 않으므로**』(11절). 그 어떤 두 나라를 합친 것보다도 더 높은 범죄율을 지닌 미국에서는 아이가 학교에 성경을 가지고 오면 쫓아내고, 그 후 그 아이가 복역하러 감방에 들어갔을 때에나 공짜 성경을 준다. 그 결과 범죄율은 세계 최고가 되었고, 감옥은 너무도 붐벼서 범죄자들이 선고받은 형의 반도 채우기 전에 두 배의 범죄자를 출감시켜야만 하게 되었다. 고등학생들을 위한 방탄조끼가 생겼고, 매일 십대들 2,000명이 낙태를 하며, 치료불능의 성병이 검사받지 않은 채 퍼지고 있다. 불법 마약 거래량은 1989년 이전에 6억 달러어치였는데, 이제 거의 두 배로 늘었다.

미국의 마약 밀매범, 강간범, 살인범, 노상강도, 성도착자 그 누구도 지난 40년 동안 학교에서 체벌을 받지 않았다. 학교 제도에서 그것이 금지되어 있기 때문이다.

나는 단지 컴퓨터 앞에 앉아서 1천만 달러 이상을 횡령한 한 사람을 알고 있다. 그는 기꺼이 형무소에 들어가서 8년을 복역했다. 형을 마쳤을 때 그는 42세였고 매주 10,000달러 정도의 봉급을 받으며 여생을 편안히 보냈다. 이러한 상황에 1천만 달러를 훔치는 일에 대해 왜 걱정하겠는가? 무장강도 전과자 로드니 킹은 체포 거부로 4백만 달러를 벌 수 있다는 사실을 알았고 체포를 거부했다. 로스앤젤레스 시는 그에게 4백만 달러를 지급했고, 그는 즉시 집에 가서 아내를 마구 때렸고 음주 운전으로 다시 체포되었다. 그러나 아무도 그에게 형을 선고하지 못했고 경찰 기록에 그의 이름을 올리지도 못했다. 그는 피부색으로 인해서 신문방송사들에 의해 보호받았다.

『**집행되지 않으므로 사람들의 아들들의 마음이...**』(11절)

딘 콜(휴스턴, 1973)은 어떻게 해서 감히 27명의 젊은 십대 소들을 납치하여 그들에게 마약을 먹이고, 그들을 묶어 놓고 고문하고, 남색하여 죽게 한 것인가? 그는 3년 동안 그렇게 했다(1970-1973). 그 이유는 간단한데, 그가 첫 번째, 두 번째, 세 번째 소년을 고문해서 죽게 했을 때 하나님께서 그를 죽이지 않으셨기 때문이다. 웨인 헨리가 22구경 권총으로 여섯 번 그를 쏴 죽이지 않았더라면 얼마나 많은 십대들이 더 희생당했을 것인가? 그가 그때 죽지 않았다면 다음 20년 동안 최소한 900명은 더 죽였을 것이다. 짐 존스는 이보다 더 많은 사람을 하루에 죽였다. 그들은 모두 광적인 성도착자들이었다.

아돌프 히틀러는 어떻게 해서 6백만 명의 유대인들을 어렵지 않게 죽이고, 세상을 전쟁의 소용돌이로 몰아넣어 2,200만 명의 사상자를 낼 수 있었던 것인가? 그 이유는 간단하다. 그가 라인랜드 안으로 진입해 들어왔을 때(1936년) 아무도 그를 막지 않았기 때문이다. 그래서 그는 비엔나로 행진했고 또 아무도 그를 막지 않았다. 그래서 그는 프라하로 들어갔고 또다시 아무도 그를 막지 않았다. 〈킹제임스성경〉은 1611년에 이미 그 이유를 말해 주었다(전 8:11).

죄인들을 멸망시키는 것은 하나님의 진노(요 3:36, 신 9:7,8,22)만이 아니다. 하나님의 자비가 그들을 멸망시키기도 한다(시 136편 주석). 사람이 열 번이 넘게 문제없이 범죄하도록 하나님께서 그냥 놔두신다면 사람은 스스로 멸망할 것이다. 주목하라! 『**오 땅아, 들으라. 보라, 내가 이 백성에게 재앙을 가져오리니 그들의 생각의 열매에까지라. 이는 그들이 내 말들과 내 법에 경청하지 아니하고 그것을 거절하였기 때문이라**』(렘 6:19).

하나님께서 그분의 말씀을 거절하는 민족이나 개인에게 하실 일은 단지 그들을 풀어주고 자기 멋대로 가도록 홀로 내버려두시는 것이다. 그러면 그들의 정욕과 생각과 상상들이 그들 자신을 죽이게 될 것이다. 이런 일이 어떻게 이루어지는지는 에스겔 14:1-4에 상세히 나와 있다.

성경은 사람들의 마음이 『**완전히 정해졌**』다고 말씀한다. 무엇을 하기로 정해졌는가? 하나님의 말씀을 거부하는 사람이거나(렘 6:10) 자기 눈을 감아 버리고 신문방송이 꾸며낸 디즈니월드를 믿으며 그 속에 사는 사람이라면, 그들의 마음이 "동료 인간을 돕기로" 정해졌다고, 또 "세상을 보다 살기 좋은 곳으로 만들기로" 정해졌다고 하겠지만, 성경은 이렇게 말씀한다. 『**악을 행하기로 완전히 정해졌도다.**』(눅 11:13에 나오는 예수님의 주석과 롬 3장에 나오는 바울의 주석을 보라.)

오래전(1910년) 아이오와 주에 자신이 무신론자라고 공언하는 한 농부가 있었는데(그는 단지 주의를 끌고 싶었던 것이다), 한 침례교 목사에게 이렇게 편지를 썼다. "목사님, 10월입니다. 나는 아이오와 주의 농부들 가운데 제일 큰 은행계좌를 갖고 있지요. 나는 일요일마다 일하고, 일요일마다 씨를 뿌리고 밭을 갈았습니다. 나는 일요일에 절대로 교회에 가지 않았고, 성경은 일 년에 하루도 보지 않았습니다. 이제 10월인데, 나는 아이오와 주의 농부들 가운데 제일 큰 은행계좌를 갖고 있다 이겁니다. 자, 이 사실을 어떻게 설명하시겠습니까?"

그 목사는 한 문장으로 답장을 썼다.

"하나님께서는 10월에 결산하지 않으십니다."

하나님께서는 전도서 12:14에 있는 대로, 바로 거대한 백보좌에서(계 20장) 전 인류를 모아 놓고 여러분과 결산하실 것이다.

피타고라스(B.C. 572-497)와 에피쿠로스(B.C. 341-270)로부터 시작하여 아인슈타인(1879-1955)과 버트런드 러셀(1872-1970)에 이르기까지, 대학 교육을 받은 주요 철학자들 중에서는 이런 것을 5분 동안이라도 믿은 사람이 한 명도 없다.

8:12 죄인이 일백 번 악을 행하고 그의 날들이 길지라도, 하나님**을 두**
려워하는 자들, 곧 그분 앞에서 두려워하는 자들이 잘될 것임을
내가 분명히 아노라.
13 그러나 악인은 잘되지 못할 것이며 그의 날들도 길지 못하여 그
림자와 같으리니, 이는 그가 하나님 **앞에서 두려워하지 않음이라.**
14 세상에서 행해지는 헛된 것이 있나니, 곧 악인의 행위에 따라 당
하는 의인들도 있고 또 의인의 행위에 따라 당하는 악인들도 있
다는 것이라. 내가 말하노니 이것도 헛되도다.
15 그리하여 나는 희락을 칭찬하노니, 이는 해 아래서 먹고 마시고
즐거워하는 것보다 더 좋은 것이 사람에게 없음이라. 해 아래서
하나님**께서 사람에게 주시는 그의 생애의 날들 동안 그의 수고에**
서 그것은 사람과 더불어 있어야 하리라.

12절은 11절에 대해 재고해 본 후의 결론이다. 솔로몬왕은 몇 분간의 시간을 들여서 그가 방금 기록한 진실을(11절) 숙고해 본 뒤에 추신으로서, 악인들에게 『**징벌**』이 속히 집행되지는 않더라도 머지않아 "그들의 몫을 받게 될" 것이라고 결론을 내린다. 여기서 생각이 쪼개지는 것을 주목하라.

『**죄인이... 그의 날들이 길지라도**』(12절)와 『**그의 날들도 길지 못하며**』(13절). 주석가들이 이 두 개의 모순된 진술을 마주쳤을 때 무슨 일이 벌어질지는 불 보듯 뻔하다. 그들은 히브리어 헬라어 학자들이 달성해 놓은 무지의 수준으로 성경 학도들을 끌어내리려 한다.

이곳은 하나님을 두려워하는 문제를 두 번째로 거론한 부분이다(첫 번째는 전 7:18에서였다). 이번에는 하나님을 두려워하는 사람의 날들이 길지 않을 수도 있다는 암시를 주고 있다(14절이 이를 확증해 준다). 그럼에도 불구하고 그가 『**잘될**』 것이다(12절). 그 다음에는 악인의 날들이 『**길지**』 못하여 『**그림자와 같으리**』라고 한다(욥 7:6,7 주석 참조). 성령님께서는 성경 개정자들의 어리석은 짓을 막으시려고 다음의 말씀들을 기록해 두셨다.

『**내 날들은 기울어지는 그림자 같으니**』(시 102:11).

『**사람은 헛것과 같고 그의 날들은 지나가는 그림자 같나이다**』(시 144:4).

『**그림자처럼 허비된 헛된 인생의 모든 날**』(전 6:12).

『**땅 위에서 우리의 날들이 그림자임이라**』(욥 8:9).

이상 네 구절 중 어디에도 "악인"에 대한 언급은 없다. 그 구절들은 악인이건 의인이건 이 땅 위에 사는 모든 인간에 대한 진실을 말하고 있다. 이 사실을 한 번 더 확증하시려고 다음과 같이 기록하셨다. 『**그는**[사람] **또한 그림자처럼 사라지고 머물지 아니하도다**』(욥 14:2). 모든 인간의 삶은 그림자와 같다. 인간의 삶 모두는 그림자와 같다. 인간들의 삶은 그림자와 같다. 모든 사람의 날들은 그림자와 같다. 이해되었는가? 성경 개정자들, 성경 주석가들, 히브리어 헬라어 학자들 외에 누가 이것을 이해 못하겠는가? 그러나 학자들은 마치 바디매오가 반 고흐의 그림을 보듯이 본문을 응시하다가, 재빨리 하나님을 거짓말쟁이로 만들어 버린다.

1. NASV: "그는 그의 날들을 그림자처럼 길어지게 못하리라."
2. NIV: "그들의 날들은 그림자처럼 길어지지 못하리라."
3. RSV(NRSV): "그의 날들도 그림자처럼 늘이지 못하리라."

여러분은 방금 전에 악인이든 의인이든, 경건한 자이든 불경건한 자이든 모든 사람의 삶이 "그림자"와 같다는 것을 들었다. 다섯 번이나 들었기에 놓칠 수 없을 것이다. 그런데 지금 그들은, 악인들은 예외가 되고 악인들의 날들은 여러분의 날들과 같지 않다고 하는 것이다. 그 배교자들은 "히브리어 본문"에 매달린답시고 〈킹제임스성경〉의 이탤릭체 단어들을(그의 날들이 그림자와 같다고 연결해 주는 단어인 "which are"를 말함 - 역자 주) 참을 수 없어한다. 이 단어들은 본문이 성경 전체의 계시와 일치하기 위해 필요한 단어들이었다.

성경적 진리는 악인의 날들이 "그림자와 같아서" 길지 못할 것이나, 만일에 그 날들이 길게 되면(12절) 그가 잘되지 못하리라는 것이다(13절).

그 뒤 14절에서는 곧바로 두 가지 경우를 다루고 있는데, 바로 죄인이지만 수명이 길게 된 사람과, 하나님을 두려워하지만 수명이 길지 못한 사람이다. 『**악인의 행위에 따라 당하는 의인들... 또 의인의 행위에 따라 당하는 악인들...**』(14절). 이것은 전도서 7:15과 일치하는데, 이번에는 그 사실이 죽음에만, 곧 『**자기의 의 가운데서 멸망하는**』(전 7:15) 것에만 한정되지 않는다는 점이 다르다. 이번에는 사람들의 생애 동안 그들에게 벌어지는 일들을 말하는 것이다. 솔로몬이 단지 "영적으로" 말한 것이 아니라면 - 아마도 아닐 것이다 - 그가 첫 번에 생각했을 때, 곧 의인이 잘되리라고 했을 때는 그 문제를 정말로 철저히 생각해 보지 않은 것이다. 그 문제를 "재고"해 본 결과, 하나님을 두려워하는 사람이 항상 "잘되지는" 않는다는 것을 보게 되었다.

그리스도인이라도 사업이 망하여 파산을 선언해야 할 수가 있다. 나는 개인적으로 그런 경우 네 사람을 알고 있다. 그리스도인이라 할지라도 배우자가 그를 버리고는 부당하게 위자료를 받아내려고 소송을 걸 수 있다. 그리스도인이라도 교통사고로 팔다리를 잃을 수 있고, 자식들을 먼저 땅에 묻어야 할 수도 있다. 네잇 세인트, 존 비치, 세베대의 아들 야고보, 워치만 니같이 헌신된 그리스도인이라도 보통의 범죄자와 똑같이 처형될 수 있다. 하랄란 포포프, 레스터 롤로프, 리처드 움브란트와 같이 구령하고 성경대로 믿는 그리스도인이라 할지라도 마약 밀매범, 도둑, 강도, 횡령범들과 함께 감옥에서 시간을 보내는 수가 있다.

구원받음으로써 여러분의 모든 문제가 해결되는 것은 오직 영원에서다. 구원받은 것으로 여러분의 모든 문제가 이 땅에서 해결되지는 않는다.

이와 반대로, 욕 잘하고 돈에 미친 타락한 자들 중 일부는 한 번도 감옥에 갇히거나, 다리가 부러지거나, 병원에서 이렇다 할 만큼 긴 시간을 보내지도 않고서 "칠십"이 넘게 사는 수가 있다. 바울은 그의 평생 동안 병이 있었지만, 조지 버나드 쇼와 버트런드 러셀 같이 성경을 거부하는 무신론자들은 팔십 평생을 살 동안 1년에 1주도 병원에서 보내지 않았다. 시편 73:12에 따르면 불경건한 자들이 부유하고 『**세상에서 번성**』한다. 이것은 잘 알려진 사실인지라, 욥은 (악독에 젖어서) 은행 강도가 수입을 얻는 것은 하나님께서 그가 은행 강도짓을 하도록 도와주시기 때문이라고 말한다(욥 12:16). 샘 존스는 "하나님께서 돈을 어떤 부류의 사람들에게 주셨는지를 보면 그분이 돈에 대해 어떻게 생각하셨는지 알 수 있다"고 말했다. 마약에 찌들고 음행하는 불가지론자들은 30년 내내 "건강하고 부유하고 현명"했던 데 반하여, 존 롤링즈, 밥 그레이, 레스터 롤로프, 제럴드 플레밍 같은 성도들은 한때 30년 내내 매주 미납 청구서들로 인해 진땀을 빼야 했다. 불경건한 사람들은 뉴스미디어에 의해 지지를 받고 보호받은 반면(즉 고르바초프, 만델라, 존 레논, 엘비스 프레슬리, 간디, 제시 잭슨, 알베르트 아인슈타인, 존 케네디, 마틴 루터 킹 주니어 등), 존 카레라, 아브로 맨하탄, 폴 블랑샤르, C.I. 스코필드, 클라렌스 라킨, 이안 페이슬리, 잭 칙, 레스터 롤로프, 알렉스 던랩 같은 사람들은 평생 동안 언론의 안 좋은 평과 편파적인 보도, 노골적인 비방, 와전된 말과 조롱밖에 받은 것이 없었다.

솔로몬은 철학적인 유람여행의 이 시점에서 자기의 입장을 변명하는 일을 포기해 버린다. 그는 이전에 하나님을 두려워하는 사람이 잘될 것이므로 그 사람이 『**모든 일에서 빠져나올**』 것이라고 입증했었지만(전 7:18), 이제 그의 판을 뒤집어 망쳐 버린다. 그는 하나님을 두려워하는 사람이 잘되지 않고, "빠져나오는" 대신에 응급실, 감방, 또는 무덤에서 끝맺은 것을 인식하게 되었다. 그래서 그는 이제 이렇게 말한다. 『**그리하여 나는 희락을 칭찬하노니**』(15절). 그는 또다시 전도서 3:13; 5:18과 같은 궤도 위로 돌아간다. 그는 이제까지의 진리탐구 과정 중 방금 전에 정죄했던 그 대상을 칭찬하고 있다. 『**나는 희락을 칭찬하노니**』를 7:2-5에 써놓은 것과 비교해 보라. 15절은 보헤미아주의(전통이나 인습에 사로잡히지 않고 자유분방한 생활을 하는 태도 - 역자 주)를, 17절은 불가지론, 또는 신플라토주의를 나타낸다. 이사야의 시대에 있던 어떤 사람들은 하나님께서 그들을 전도서 5:2-5로 부르신 직후에 솔로몬의 철학을(15절) "문자 그대로" 채택하여 지냈다(사 22:13). 두 본문을 살펴보라. 에피쿠로스 학파의 "먹고 마시고 결혼하기" 철학이 나온 다음에 주께서는 이렇게 말씀하신다. 『**이 죄악은 너희가 죽을 때까지 절대로 정결하게 되지 못할**

것이니라』(사 22:14).

먹고 마시고 환호하는 것은 분명히 사람을 위한 "지고 선"이 아니다. 사람은 (15절에 나오는 솔로몬의 진술과는 달리) "해 아래서" 더 나은 무언가를 가져야만 한다. 『**전도자**』는 그의 청중을 계속 이끌어가고 있다. 그는 자기 메시지의 결론부에서 "가장 좋은" 것이 무엇인지 말해 줄 것이다(전 12:13). 여기서는 그러지 않는다.

8:16 내가 내 마음을 써서 지혜를 알고자 하며 세상에서 행해진 일을 보고자 할 때 (자기 눈으로 낮에나 밤에나 잠을 보지 못하는 자도 있도다.)

17 그때 내가 하나님**의 모든 일을 보았노니, 해 아래서 행해진 일을 사람이 깨달을 수 없다는 것이라. 이는 비록 사람이 그것을 찾아내려고 수고할지라도 찾지 못하리니, 정녕 현명한 자가 그것을 안다고 생각할지라도 그는 그것을 찾아낼 수 없을 것이기 때문이라.**

이 구절들에서는 또다시 전도서 3:11; 3:22; 6:12; 7:24에 귀를 기울인다. 나아맛인 소팔은 묻기를, 『**네가 찾는다고 해서** 하나님**을 찾아낼 수 있겠느냐?**』라고 했다(욥 11:7,8). 여러분이 그분을 찾고 만날 수는 있으나(신 4:29, 사 55:6), 소팔의 질문과 같은 의미에서 그분을 "찾아낼" 수는 없다. 왜냐하면 그가 의미한 것은 『**네가 전능하신 분을 완전히 찾아낼 수 있겠느냐**』는 것이었기 때문이다(욥 11:7). 해 아래서 행해지는 일을 주관하시는 분에 대해 완전히 알아낼 수가 없는데, 해 아래서 진행되는 일에 대해 어떻게 완전히 알아내겠는가? 못한다. 하나님께서 하시는 일은 그분 외에는 아무도 모른다.

럭크만의 법칙: "만일 당신이 충분한 정보가 있으므로 무슨 일이 진행 중인지 알 수 있다고 생각한다면, 당신은 충분한 정보를 갖지 않은 것이다."

여러분이 현대의 정차종교 집단들이 하나님 없이 혼잡하게 해놓은 것들을 다 설명하려고 한다면 제정신으로 빠져나올 수가 없다. 『**사람들의 아들들의 마음이 악으로 가득 찼으며... 미친 마음을 품다가**』(전 9:3). 레스터 롤로프는 "미국은 그 환자가 운영하는 정신병원이다."라고 말하곤 했다.

『**비록 사람이 그것을 찾아내려고 수고할지라도 찾지 못하리니**』(17절).

조사 대상이 되고 있는 것은 전도서 1:14; 7:13; 3:11에서처럼 『하나님**의... 일**』이다(17절). 『하나님**의 모든 일**』을 보지 않고서도 지혜를 알게 되는(16절), 그런 일은 절대로 없다. 솔로몬은 유신론자다. 단 한 번도 그는 하나님이 없는 것 같은 암시를 주지 않으며, 단 한 번도 하나님의 존재를 증명하려는 시도를 하지 않는다. 그는 하나님의 존재를 당연한 것으로 받아들이며, 하나님의 통치를 당연하게 받아들인다. 솔로몬은, 세상의 일이 아주 빠른 속도로 맹렬하게 진행되므로 "시대에 뒤떨어지지 않으려고" 애쓰다가 잠을 못 자는 사람들이 있음을 주목하고 있다. 야곱은 그의 장인의 가축 돌보는 일을 걱정하느라 잠을 이루지 못했다. 느부캇넷살은 악몽으로 두 번 잠을 이루지 못했다. 바울은 주님을 섬기는 중에 많은 밤을 완전히 뜬눈으로 보냈다(고후 11,12장). 고전적인 경우로는, 주님께서 하만을 바보로 만드시려고 친히 아하수에로를 깨워두시는 것을 들 수 있다(에 6:1). 어떤 일을 위해서는 사람이 깨어 있어야 하며(삼상 26:12), 그 일을 돌보는 동안 잠들어서는 안 된다(잠 6:4). 토머스 에디슨은 매일 밤 평균 3,4시간을 잤노라고 말했다.

사람이 자발적으로 잠 안 자고서 가장 오래 버틴 기록은 453시간 40분이었다. 이것은 캘리포니아 주의 로버트 맥도널드라는 사람이 해낸 것이다(1986년 3월 14일부터 4월 2일까지). 그는 흔들의자에 앉아서 그렇게 했다.

솔로몬이 계속 여러 개의 동그라미 속에서 맴도는 것을 눈여겨보라. 그는 결론처럼 보이는 것에 도달할 때마다(예를 들어 15절) 항상 곧장 다른 문제 속으로 뛰어드는데(예를 들어 17절), 이것은 마치 원형의 경주 트랙과 같아서 시작한 곳에서 끝내게 된다. 인간의 지성이 초자연적 계시와 창조주 하나님의 간섭하심을 배제하고서 인생에 대해 추론하는 경우에는 결국 총계를 냈을 때 아무것도 생산한 것이 없게 되는 것이다. 이것은 온갖 고등교육제도 속에, 그리고 모든 지성인들, 천재들, 박애주의자들, 좋은 세상 만드는 자들, 정치인들, 민중 운동가들 가운데에 기본적이고도 근본적인 것이 결핍되어 있음을 지적해 준다. 그들은 "인간이 만물의 척도"라고 생각한다. 그러나 인간은 아무것의 척도도 아니다. 그들은 인간이 자기의 환경과 운명을 지배할 수 있다고 생각하지만, 실제로 인간은 자기의 혀조차 제어하지 못한다(약 3:8, 렘 10:23). 솔로몬은 계속 맴돌고 있다.

이 기본적이고도 근본적인 오류는 (자기중심주의, 자기 사랑, 자만심에서 나온 것으로서) 너무도 널리 퍼져 있어서 세상 교육뿐만 아니라 온갖 형태의 기독교 고등교육까지 더럽히고 감염시켜 버렸다. 현대의 기독교 학자들은 실제로 아무도 본 적이 없는 잃어버린 종이뭉치를 믿는다는 이유로, 자기들이 세속 학자들보다 더 우수하다고 믿을 만큼 우둔한 자들이다. 초자연적인 본성을 지닌 최종권위가 거부되는 곳에는 그 두 가지가 모두 유유상종으로서 나타난다.

『**찾지 못하리니... 그는 그것을 찾아낼 수 없을 것이기 때문이라**』(17절).

사람이 자기가 답을 찾아냈다고 생각할 바로 그때, 모든 것이 그의 손 안에서 케케묵은 과자처럼 부서져 버린다. 1880년 이후로 "땅 위의 평화"를 위해서 기도하지 않은 교황은 아무도 없었다. 그러면서 그들 모두는 자기가 그 평화를 가져오는 화평의 통치자라고 추켜세웠다. 100년 동안 하나님께서는 교황들이 이런 노선을 따라 했던 단 하나의 기도도 존중하지 않으시고 다 거절하셨다. 대신에 주님은 교황들에게 아프가니스탄 전쟁을 비롯하여, 파키스탄, 방글라데시, 이라크, 이란, 레바논, 독일, 프랑스, 필리핀, 팔레스타인, 이집트, 사이프러스, 일본, 폴란드, 시칠리아, 이탈리아, 한국, 알래스카, 그리스, 보스니아, 멕시코, 에디오피아, 캄보디아, 라오스, 베트남, 러시아, 쿠바, 노르웨이, 루마니아, 핀란드, 몰다비아, 크로아티아, 오스트리아, 영국, 버마에서의 전쟁들을 포함, 총 60차례의 전쟁들로 응답하셨다.

교황의 기도는 아무런 가치도 없다.

국제연맹(1920)이 "우리는 답을 가지고 있다."라고 했지만 그러지 못했다. 30년 후에(1950년) 국제연합이 또 "우리는 답을 가지고 있다."라고 했지만 역시 그러지 못했다. 지금은 새 세계 뉴에이지 운동가들이 "우리는 답을 갖고 있다." 하고 소리치고 있지만 그들도 그러지 못한다.

초자연적 계시인 기록된 성경을 배제하고서는 답도 없고 해결책도 없다. 답은 학개 2:9, 시편 76:3, 요한계시록 20:1-4에서 발견된다. 인간의 미래에 대한 이 초자연적 계시를 제쳐두고서는 컴퓨터 설비를 갖춘 IQ 205의 천재들이라 할지라도, 하나님이나 인간이 무엇을 하고 있는지, 무엇을 해왔는지, 또 다음 1,000년 동안 무슨 일을 하게 될 것인지 전혀 찾아내지 못할 것이다.

그 똑똑한 사람들에게 내가 질문해 볼 테니, 그들 중 누구라도 초자연적 계시를 제쳐두고서 『**사물의 근거**』를 풀어내는 모습을 보여 달라. 나는 구원받지 못한 의사, 법률가, 철학자, 정신병리학자, 수학자들이 아무도 해결하지 못한 3가지 사례를 들겠다.

사례 1. 어느 고아원의 한 꼬마 그리스도인 소녀는 귀머거리와 벙어리로 태어났다. 그 소녀는 글씨와 수화로 의사소통하는 법을 배웠다. 어느 날 한 "멍청이"가 "보육"과 "보강된 교육과정"이란 명목으로 그 고아원에 와서 "인간은 만물의 척도" 따위를 강의했다. 그 강의 후에 그 꼬마 소녀가 자기 선생님을 통해 몇 가지 질문을 했다. 그 질문들은 다름이 아니라 그가 하나님과 개인적인 관계를 가지고 있는가에 관한 것들이어서, 그 "정치적 행동가"는 당혹해 했다. 결국 그와 저 14살의 귀먹고 벙어리인 소녀 사이에 대화가 발전되었고, 급기야 그 꼬마 소녀 때문에 이 대학 졸업자는 안달을 하다가 냉정을 잃게 되었다. (1970년 이후로 대학 졸업자들은 극히 민감하고 신경이 예민하여 뉴스미디어의 기준에 따르지 않는 것들에 대해 과민 반응을 보인다.) 너무 안달한 나머지, 그는 그 소녀에게 수화로 이런 말을 내던졌다. "그래, 그럼 봐라. 정말 하나님이 존재하고 또 그 하나님이 선하다면 왜 널 그렇게 만들고 나는 이렇게 만들었겠나?" 그 소녀는 웃으며 칠판 쪽으로 가서 분필을 집어 들고는 큰 글씨로 이렇게 썼다. 『**그러하옵니다,** 아버지**여. 이는 그렇게 하시는 것이 아버지 보시기에 선함이니이다**』(마 11:26). (롬 9:20을 보라.)

더 나은 답이 있는가? 그 답을 듣고 싶다. 여러분한테도 더 나은 답이 없고, 모든 의사, 법률가, 교수, 정신병리학자, 좋은 세상 만드는 사람들, 정치인, 사제, 설교자, 교황, 철학자에게도 더 나은 답이 없다.

사례 2. 22살의 미국인 보병이 베트남의 벼논 근처에서 발견되었다(1968). 그의 부대는 그가 없는 것을 24시간 동안 몰랐다. 그 부대가 박격포 장벽으로 인해서 방향을 바꾸어야 했기 때문이란다. 결국 동양인들이 그를 붙잡아서 발가벗기고는 그를 말뚝에 잡아 맨 다음, 사슴에게 하듯이 몸통의 가죽을 벗겨 놓았다. 그는 바닷가재처럼 새빨갛게 되어 말뚝으로 고정되어 있었다. 밤새도록 비명을 지른 후 그는 신음하다시피 애걸하고 있었다. "나 좀 쏴 주세요... 제발 나 좀 쏴 주세요... 나 좀 쏴 줄 사람 누구 없어요?"

문제: 유치원에서 대학원까지 배운 것들 중 이런 상황에 그에게 도움이 될 만한 것이 있는가? 철학자들의 조언 가운데 이 젊은이의 문제를 설명해 줄 만한 것을 하나만 제시해 보라. 그 젊은이가 그런 죽음을 당할 만한 무슨 일을 했는가? 여러분은 이렇게 죽고 싶은가? 여러분은 그런 식의 죽음을 당할 만한가? 왜 아닌가? 다른 사람은 어떤가? 여러분은 이 일이 생기기 전에 그 젊은이가 그런 죽음을 당할 만큼 끔찍한 무슨 일을 했다고 확신하는가? 여러분은 좀 더 낫게 살았는가? 과연 그런가? 『**현명한 자가 그것을 안다고 생각할지라도 그는 그것을 찾아낼 수 없을**』 것이다.

나는 어떤 가상적인 사례를 들지 않았다. 나는 실제로 벌어졌던 일을 말하고 있다. 그 같은 일은 1940년대 중국과 인도, 버마 현장에서 벌어졌다. 나는 상상해 본 것을 다루고 있지 않다. 나는 현실주의자다. 내가 참을 수 없는 것이 있다면 그것은 바로 진화와 통합이라는 디즈니월드에서 살고 있는 겁쟁이 대학 졸업자들이다.

사례 3. 나는 암으로 죽어가고 있는 53세 된 그리스도인의 집에 들어가 있었다. 그는 더 이상 아무것도 먹을 수 없었고, 정맥주사로 영양공급을 할 수도 없었다. 그는 체중이 180파운드에서 170파운드, 150파운드, 120파운드, 그리고 90파운드까지 떨어졌고, 그 다음 죽었다. 마지막 두 달 동안 그는 자기 집에서 말 그대로 굶어죽었다. 이것은 다카우와 부켄발트의 독방에서(1939-1945) 굶어죽는 것만큼 끔찍한 일이었다. 거기서는 음식이 없었기에 보이지도 않았지만, 이 경우에 그 사람의 가족들은 하루에 두세 끼를 먹고 있었고 냉장고는 가득 차 있었다.

이것을 설명해 보라. 여러분이 연구하고 배운 인문사회학 지식을 활용하여 그것을 설명해 보라. 못한다. "인본주의," "좋은 세상 만들기" 같은 것을 가지고서도 못한다. 입을 열 수가 없다. 이런 사람에게 무엇을 말하겠는가? 나는 그와 이야기를 해야만 했다! 가지고 있는 것이라곤 뉴스 미디어나 대학 교과과정에서 가르치는 인본주의 나부랭이뿐이라면 그에게 무엇을 말해 줄 수 있겠는가? 그런 것들을 가지고서는 삶에 대해 다룰 자격을 갖출 수 없다. 그런 것들을 가지고서는 그 암 환자를 하루라도 격려해 줄 수 있는 사실을 단 한 가지도 말해 줄 수 없으며, 또 왜 그는 그렇게 죽어야 했는지 그리고 왜 여러분은 살아 있는지 설명할 수도 없다. 초자연적 계시를 제쳐두고서는 아무런 도움도 줄 수가 없다.

16,17절에서 솔로몬이 처한 상황은 바로 그것이다. 불가지론이다.

현대의 "멍청이들"이 이런 사례들에 대해 뭐라고 "답변하는지" 알고 있는가? 나는 알고 있다.

1. 그들은 이렇게 말한다. "전쟁을 없애라. 그러면 2번의 사례 같은 일이 더 이상 벌어지지 않을 것이다."

그들은 거짓말쟁이들이다. 암흑시대 동안에는 전쟁이 전혀 없는 중에도 그런 희생자들이 끊임없이 발생했다. 선전 포고도 없고 전쟁터에 군대도 없었지만, 1,000년 동안 카톨릭이 아닌 사람들이 카톨릭교도들에게 그렇게 희생당했다.

2. 사례 1과 사례 3에 대해서는 이렇게 말한다. "암을 정복하고 선천적인 결함들을 치유하는 치료약 부분에서 과학적인 돌파구를 찾아라. 이를 위해 기금을 마련하라."

이 말의 뜻은, "내 돈주머니를 가득 채워라. 그러면 내가 당신의 질병 하나를 고쳐주어 다른 병이 당신을 죽이게 해주겠다."는 것이다. 하나님께서는 매 세기마다 항상 최소한 세 가지의 치명적인 질병을 놔두시어 "인구 과잉"을 억제하신다. 인간이 그중 하나를 정복해 내면 그분은 다른 하나를 만들어 내신다. 인간이 모든 선천적인 기형을 제거하여 아주 건강한 사람을 얻어 낸다면, 선천적인 기형이 없는 3천만 명의 사람들을 없애 버리게 될 것이다. 나폴레옹, 샤를마뉴, 히틀러, 짐 존스, 교황 피오 12세, 비토 제노비스(마피아), 루키 루치아노(마피아) 같은 살인자들은 아무도 선천적인 기형을 지니지 않았다.

사실을 직시하라. 그리스도의 사랑은 "헤아릴 수가 없고"(엡 3:8), 하나님의 평강은 "지각을 초월하며"(빌 4:7), 하나님의 길들은 "찾아낼 수가 없고"(롬 11:33), 하나님의 생각은 깊어서 "알 수가 없다"(롬 11:34).

『**비록 사람이 그것을 찾아내려고 수고할지라도 찾지 못하리니**』. 과거 B.C. 1000년의 솔로몬의 생각이 현대인보다 더 앞서 있었던 것이다.

전도서 9장

9:1 이 모든 것을 내가 내 마음에 생각하고 이 모든 것을 선포하였나
니, 곧 의인과 현명한 사람과 그들의 일이 하나님의 손 안에 있다
는 것이라. 사람은 아무도 그들 앞에 있는 모든 것으로 인해 사랑
도 미움도 알지 못하느니라.
2 모든 것이 모든 사람에게 똑같이 임하나니 의인과 악인에게며, 선
하고 깨끗한 자와 불결한 자에게며, 희생제를 드리는 자와 희생제
를 드리지 않는 자에게 한 가지 일이 있으니, 선인과 죄인이 마찬
가지며 맹세하는 자와 맹세하기를 두려워하는 자가 마찬가지라.
3 해 아래서 행해지는 모든 것들 가운데 이것이 한 가지 악이니, 곧
모든 사람에게 한 가지 일이 있다는 것이며, 또 정녕, 사람들의 아
들들의 마음이 악으로 가득 찼으며 그들이 살아 있는 동안에 미친
마음을 품다가 후에는 죽은 자에게로 간다는 것이라.
4 살아 있는 모든 자에게 참여하는 자에게는 소망이 있나니, 이는 살

아 있는 개가 죽은 사자보다 나음이라.

5 살아 있는 자들은 그들이 죽을 것을 알지만 죽은 자는 아무것도 모르며 그들은 더 이상 상도 받지 못하나니, 이는 그들에 대한 기억이 잊혀짐이라.

6 뿐만 아니라 그들의 사랑과 그들의 증오와, 그들의 시기도 이제 사라지고 해 아래서 행해지는 어떤 것에서 더 이상의 몫을 영원히 얻지 못하느니라.

『**이 모든 것을**』은 앞장의 17절에 대해서 무언가 말해야만 한다는 것을 보여 준다. 솔로몬은 8:14의 내용을 말한 뒤, 거기에 추가해서 무언가를 선포해야 한다는 의무감을 느끼고 있다. 바로 『**의인과 현명한 사람과 그들의 일이** 하나님**의 손 안에 있다는 것**』이다(1절). 만약에 이것이 그렇지 않다면 삶이란 덧없는 것(7:3,8; 6:3-6)조차도 아니요, 그야말로 완전히 목적도 없는 정신병원에 불과할 것이다. 인간이 고안한 그 어떤 체계든(원자론, 경험론, 논리적 실증주의, 실존주의) "하나님"을 끌어들이지 않는다면, 그 철학 체계는 터진 풍선처럼 붕괴해 버릴 것이다. 앞에 8:17에서 제시한 세 가지 사례가 이것을 완벽하게 예증해 준다.

1절은 무신론자와 불가지론자들 속으로 칼날을 깊숙이 찔러 넣기 위해서 기록한 것이다. 그들의 철학 속 어딘가에 "규명되지 않은 신비한 계획자"를 집어넣지 않는다면, 그 체계가 아무리 이성적인 듯이 보여도 그것은 실제로 비이성적일 뿐만 아니라 사리에 맞지 않고 비현실적이어서, 죽은 시체나 다름없다는 노골적인 진술인 것이다. 브라만교, 불교, 무신론, 불가지론, 인본주의, 신지학에서 "빠진 요소"는 바로 자신의 창조물을 적극적으로 다루시는 지적인 창조주 하나님이다. 그분의 존재를 증명할 수 없다는 변명으로 하나님을 거부해 버리면, 철학이든 종교든 그 전체 체계는 창밖으로 떨어져 버린다. 이렇게 되는 이유는 바로, 어떤 지적인 "영향력"이 정말로 존재하여 유전자 코드와 세포로부터 퀘이사(준성)와 은하계에 이르기까지 모든 것을 조종하고 있을 뿐만 아니라, 또한 역사가 이루어지기 전에 한 책에 기록된 "예정된" 계획에 따라 인간의 역사 속에 작용하고 있다는(사 40-48장) 증거가 도처에 존재하기 때문이다.

『**그들의 일이** 하나님**의 손 안에 있다는 것이라.**』

『**사람은 아무도... 사랑도 미움도 알지 못하느니라**』(1절). 이 구절은 몇 가지 방식으로 취할 수 있다. 『**그들 앞에**』를 어떤 방식으로 취하든 간에(즉 미래를 어림하려는 사람 앞에 지나간 과거 역사로 보든지, 또는 미래의 일이 벌어지기 전에 그 사람 눈 앞에 진열되어 있는 것으로 보든지 간에), 사람은 아무도 사랑의 행위든 증오의 행위든 간에 그것들이 언제 그에게 닥칠지를 결정할 수 없다(예를 들어, 2절). 그러나 구약에서는 신약의 경우보다 이것을 분별하기가 훨씬 쉬웠을 것이다. 왜냐하면 구약에서는 부와 건강이 의로운 생활의 결과였고(신 28:1-13, 창 13:2, 욥 11:13-20, 잠 3:2,18,22; 4:10,13,22 등), 반면에 가난과 병은(요 9:2,3) 악한 생활의 결과였기 때문이다(욥 36:14, 잠 10:27). 신약에서 우리는 믿음으로 행해야 한다. 하나님의 진노와 심판의 증거로 받아들일 만한 것들이(예를 들어, 롬 8:35와 고후 11:23-29) 결국 사랑의 증거들로 판명되는 것이다(롬 8:35, 히 12:4-12). 신약의 진리에 따르면, 이제껏 살았던 그리스도인 중 가장 위대했던 사람은(그리스도인들에게 자기를 "본"

으로 삼아 따르라고 했던 그 사람 - 고전 4:16) 교회나 주일학교, 선교지원부, 집, 한 평의 땅도 없이 죽었다. 그는 퇴직금이나 사회보장제도, 의료보험, 노후보험, 아내, 자녀, 손자손녀도 전혀 없이 죽어서 비석도 없는 무덤에 묻혔다. 바울이 받은 대우는 구약에서 "악인"의 생애를 특징짓는 것들이었다(전 6:3-5; 7:16,17; 2:23). 한 번은 어떤 그리스도인이 나에게 이렇게 말했다. "주님이 징계하시는 사람이 곧 사랑하시는 사람이라면, 나는 그분이 나를 그토록 사랑하는 일은 이제 그만 하시고 제발 다른 사람을 사랑해 주셨으면 좋겠어요!"

다윗은 구약 시대에 있었지만 이 문제와 관련해서는 시편 119:67; 119:71; 25:16; 88:7,15; 102:1; 116:10에서 보듯이 신약적인 직관을 지녔는데, 이는 그가 구약에 나오는 그리스도의 중대한 모형 중 하나였기 때문이다.

룻 S. 니콜슨의 시 한 편이 본문에다가 히브리어 학자들이 편찬한 어휘사전에서는 찾을 수 없는 조명을 줄 것이다.

"내가 어린 소녀였을 때, 아빠가 나한테 말씀하셨지. '네 약을 가지고 오렴, 그러면 낫게 될 거란다.' 그리고는 그 싫고 쓴 약의 양을 달아 보셨지, 비록 난 이해하지 못했지만. 이제는 어른이 된 딸, 나의 하늘 아버지께서 나를 보고 계신다. 내 혼이 약하고 아플 때를 지켜보신다. 위대한 의사이신 그분보다 누가 그 처방을 잘 알까. 주여, 내가 사랑하고 의지하나이다. 쓴 약을 달아 보시는 친절하신 그 손을. 그리고 언젠가 난 이해하게 되리라." 여러분 『**앞에**』 있는 것을 항상 다 이해할 수는 없다(본문을 보라 - 1절).

『**한 가지 일이 있으니**』(2절). 하나님께서는 율법 이전에 아브라함과 하신 대화에도 불구하고(창 18:23) 의인을 악인과 함께 끊겠다고 말씀하신다(겔 21:3). 『**선인과 죄인이 마찬가지며**』. 여기서 『**죄인**』이란 단어가 어떻게 사용되었는지를 주목하라. 구약 전체에 걸쳐 그렇게 사용되었고 (잠 11:31; 13:6,22, 전 2:26), 신약성경에서도(요 9:24) 주님의 부활 이전에(눅 7:37) 계속 그렇게 사용된다. 주님의 부활 "이후"에조차도 바울이 (시몬 베드로가 이방인과의 식사 장소에서 물러난 것을 두고 그에게 따졌던 일을 다룰 때) 이방인들을 유대인들과(그와 베드로) 구별하여 『**죄인들**』이라고 부른다. 또한 솔로몬이 창세기부터 신명기까지를 읽었다는 사실을 생각해 보라. 『**깨끗한 자**』와 『**불결한 자**』는 레위기 11장에 대한 언급이다. 희생제를 드리는 자와 희생제를 드리지 않는 자는 민수기 9장, 신명기 16장, 레위기 3-7장을 다루는 것이다.

만일에 2절을 언제 어디서든 그 어떤 상황과 조건에서든 선한 사람과 악한 사람 사이에 아무런 차이가 없다는 의미로 받아들인다면(『**맹세하는 자와 맹세하기를 두려워하는 자가 마찬가지라**』 - 전 5:1-6) 그 구절은 염세적인 무도덕주의의 근본이 되지만, 솔로몬은 분명히 그것을 의미한 것이 아니다. 그것을 의미한 것이라면 전도서 12:2; 7:8,26; 2:26을 기록하지 않았을 것이다. 2절은 그 주제가 들어 있는 문맥에 한정된다. "불결한 자와 악한 죄인들에게 일어나는 안 좋은 일들이 깨끗한 자와 하나님을 두려워하며 희생제를 드리는 성도들에게도 똑같이 일어날 수 있다"는 것이다. 이것은 전도서 8:14와 일치한다.

반복해서 말하지만, 경건한 성도라도 아플 수 있고 아픔이 계속될 수 있다(바울이 그랬다). 경건한 성도라도 사랑하는 이들을 장사지낼 수 있다(마리아와 마르다가 그랬다). 경건한 성도라도 투옥되고 죽임당하며 부당한 고소를 당할 수 있다(야고보와 바울이 그랬다). 경건한 그리스도인이라도 서른이 되기 전에 죽을 수 있다(천연두와 독감으로 수천 명이 그랬다). 경건한 그리스도인이라도 교통사고를 당해 평생 불구자로 지낼 수 있고, 평생토록 갚지 못한 부채를 짊어지고 살아갈 수도 있으며, 50세가 되기 전에 눈이 멀고, 40세가 되기 전에 귀가 먹으며, 60세가 되기 전에 신체적으로 무력하게 될 수도 있다. 『**의인과 악인에게... 한 가지 일이 있으니**』.

『**모든 것들 가운데 이것이 한 가지 악이니**』(3절). 지금 여기서 『**이것**』은 뒤에 나오는 『**마음**』과 『**미친 마음**』을 가리킨다. 솔로몬은 그가 이제 2절에서 언급된 『**한 가지 일**』에 대한 적용을 할 것임을 나타내려고, 『**한 가지 일이 있다는 것이며**』라는 말을 집어넣고 있을 뿐이다. (사도행전 2:16을 보라. 『**이것은 선지자 요엘로 말씀하신 바니**』라고 했는데, 인용된 말씀 중 아무것도 오순절에 성취되지 않았다. 베드로는 단지 이제 막 요엘서를 말하려 함을 나타내고 있을 뿐이다. "다음은 그 말씀입니다." 모든 은사주의자들은 벌링거주의자들이 에베소서 3:2에서 하듯이, 이 구절에서 영적인 자살 행위를 해버렸다.)

『**그들이 살아 있는 동안에 미친 마음을 품다가 후에는 죽은 자에게로 간다는 것이라**』(3절). 사람에 대한 이러한 관점은 예수 그리스도와 바울에 의해서 확고하게 굳어진다. 주 예수님께서는 (그분의 제자들에게) 말씀하시기를 『**너희가 악하다 할지라도**』(마 7:11, 롬 3:10-12)라고 하셨다. 죄는 미친 짓이다(출 14:5 주석). 미국에서 가장 미혹당하고 정신이 혼란하고 타락한 자들은 신문잡지업을 전공한 대학졸업자들이다. 그들은 죄와 도덕적 불결함에 대해 관대한 것이 진보의 표식이라고 철석같이 믿는다. 성경을 거부한 기원전 이교도들의 행동은 현대에도 그대로 벌어지고 있다. 미국 펜사콜라의 성경침례교회 서점에 있는 테이프 자료들을 통해 확인할 수 있다(〈사해 두루마리〉, 〈연방 학교제도〉, 〈소망도 하나님도 없이〉, 〈한 국가에 대한 저주〉, 〈성, 죄 그리고 사탄주의〉, 〈카톨릭 교황의 강제수용소〉, 〈미국의 음행하는 공산주의자〉, 〈과학적 광기〉 등).

『**후에는 죽은 자에게로 간다는 것이라**』(3절).

우리의 철학자 왕은 방금(불과 몇 년 전에!) 죽은 자가 산 자보다 낫다고 기록하였지만(6:5; 7:1), 이제는 산 자가 죽은 자보다 낫다고 한다.

이번에 그는 그의 결론의 근거를 『***사람의* 피부로 *사람의* 피부를 바꾸오니 정녕 사람이 자기 생명을 위하여 자기의 모든 소유를 주리이다**』(욥 2:4), 곧 자기 보존이 가장 중요한 것이라는 사실에 두고 있다. 사람에게 찾아오는 모든 재난에서는 살아남는 것이 "급선무"다.

제2차 세계대전 중에 폭약이 든 수뢰 하나가 순양함을 향해 돌진하고 있었다. 뱃전 왼쪽에 있던 사람들은 그 진로를 볼 수 있었다. 배 위에 있던 그리스도인 선원들은 수뢰가 빗나가서 터지기를 미친 듯이 기도하기 시작했다. 수뢰는 순양함의 뒷부분을 없애 버린 후, 50야드 떨어져 있던 같은 호위함대의 상선 하나를 폭발시켰다. 순양함 위에 있던 군인들은 "감사합니다, 하나님!" 하고 소리를 질렀다. "빗나갔어! 우릴 빗나갔어!" 납득이 가는가? ("나를 빗나갔어."는 "너를 맞혔어."라는 뜻이다.)

『**살아 있는 개**』와 『**죽은 사자**』의 원리는 잘 알려져 있다.

1. 사용되는 작은 재주가 사용되지 못하는 큰 재주보다 낫다.

2. 현재의 작은 기회가 더 이상 존재하지 않는 과거의 커다란 기회보다 낫다.

3. 올바르게 사용되는 작은 재능이 부주의하게 사용되는 커다란 재능

보다 더 많은 것을 이루어 낸다.

부정적인 관점에서는 "살아 있는 겁쟁이가 죽은 영웅보다 낫다"는 것이다. 제1차 세계대전 중에 한 가지 경우가 있었는데, 한 소령이 그 밑의 지휘관 중 하나에게 이렇게 말한 사실이 보도되었다. "명령에 따라 우리는 적군이 100야드 이내로 진입하기까지는 퇴각하지 않기로 되어 있다. 나는 좀 다리가 불편하니까 지금 출발하겠다."

물론 본문의 격언 속에는 윤리적인 문제들도 담겨 있다. 예를 들면, "넬슨 만델라 같은 살아 있는 개가 어윈 롬멜 같은 죽은 사자보다 낫다," 혹은 "마이클 잭슨 같은 살아 있는 개가 더글라스 맥아더 장군 같은 죽은 사자보다 낫다" 등이다. 나는 여러분이 이해했으리라고 생각한다.

그러나 전도서 7:1을 지지하는 이 논의는, 죽은 자에게는 의식이 없고, 따라서 고생과 고통으로부터 영원히 자유롭다는 점에 근거를 두고 있다(전 9:5,6; 3:19; 4:2). 자신으로부터 해방되어 "고통으로부터 해방되는 것" 이것은 부처의 주제가였다. 불교를 연구할 만큼 명상적이 아닌 사람들에게(그리고 죽기 싫어하는 사람들에게) 세상은 두 가지 대체물을 제공하는데, 그것이 바로 마약과 술이다. 마약과 술은 사람의 양심과 기억과 중추신경계를 마비시켜서 정신적, 육체적 고통에서 사람을 해방시켜 주는 목적을 갖고 있다. 정신을 희미하게 만드는 것이 바로 비결이다. 그것은 수면제의 목적이기도 하다. "생각하고 느끼는 것은 고통이다"(쇼펜하우어, 1788-1860).

신약의 구원이 이 모든 것을 완전히 뒤집어 놓고, 길모퉁이마다 기쁨과 즐거움을 끼워 넣고 있음을 눈여겨보라(요 15:11; 16:22, 행 13:52; 20:24, 롬 5:11; 15:13). 신약 시대 그리스도인은 생명을 『**풍성히**』 얻으며(요 10:10), "생각하는" 일에 집중하고(빌 4:8) "고난" 중에 즐거워한다(빌 2:17; 4:14, 골 1:24). 우리의 기쁨은 "의식을 잃는" 데에 있지 않다.

5절과 6절, 이 두 구절은 여호와의 증인들과 몰몬교도들, 제칠일 안식교도들이 근거 구절로 삼는 것들이다. 그자들은 사후의 생에 대한 솔로몬의 세속적 이론을 편들고서, 지옥에 관련한 신약 계시 전체를 거부해 버린다(마 25:41, 눅 16:19-23, 계 14:11 비교). 성경을 거부하는 이런 이단들은 전도서의 내용을 신약 "그리스도인"의 교리로 취해 버린다. 『**해 아래서 행해지는 어떤 것에서 더 이상의 몫을 영원히 얻지 못하느니라**』(6절). 이 말씀을 다음과 연결시키면 - 『**하나가 죽는 것처럼 다른 것도 죽으니... 그러므로 사람이 짐승보다 월등함이 없으니**』(전 3:19) - (그리스도 이후로) 구원받은 사람과 구원받지 못한 사람이 모두 죽어서는 의식이 없어지며 그들의 혼은 그들의 몸과 함께 부활 때까지 무덤에 누워 있게 된다는 "혼의 잠"을 주장하게 된다.

이러한 엄청난 사적인 해석은 다음과 같은 거짓말들을 만들어 낸다.

1. 예수 그리스도께서 죽으셨을 때 그분은 아리마대 요셉의 무덤에서 의식을 잃은 채로 계셨고, "땅의 심장" 속으로(마 12:40) 내려가지 않으셨으며, 지옥과(행 2:27,31) 낙원을(엡 4:9) 통과하지 않으셨다.

2. 성도가 죽으면 그는 『**몸에서 떠나 주와 함께**』 있지(고후 5:1-8) 않는다.

3. 바울이 죽었을 때 그는 아무런 『**유익함**』도(빌 1:21) 얻지 못했다. 왜냐하면 땅의 구덩이(무덤) 속에 떨어진 채로 머물러 있었기 때문이다. 성도가 죽으면 영광 가운데서 그리스도와 함께 "살지"(살전 5:10) 못한

다. 그냥 지하 6피트 깊이에 묻힌 관 속에 들어 있게 된다.

우리 교회의 한 청년이 몇 년 전에 여호와의 증인인 한 여자에게 말했다. (그 여자는 지옥은 무덤이기 때문에 모든 사람이 죽으면 지옥에 간다고 했었다.) "저런, 우리가 2주 전에만 그것을 알았더라면 얼마나 좋았을까!" 여호와의 증인이 "왜요?" 하고 묻자, 그 청년은 대답했다. "제 누나가 2주 전에 죽었거든요. 누나가 지옥에 가는 것인 줄 알았더라면 땅에 묻는 대신에 나무에 매달아 버렸을 텐데요."

만약에 지옥이 무덤이라면 베드로, 야고보, 바울, 요한은 1,900년도 넘게 지옥에 있었던 것이고, 그들이 이 세상을 떠난 후 지옥에서 드와이트 무디, 존 페이튼, 데이비드 리빙스턴, 마틴 루터, 존 웨슬리, 빌리 선데이, 파니 크로스비, 존 R. 라이스를 만난 것이다.

전도서 9:5,6을 가지고 "사람이 죽으면 어떻게 되는가?"에 관한 최종적인 성경적 계시로 주장할 수는 없다. 건전한 성경 해석의 첫 번째 규칙은 "절대로 완전한 진술을 불완전한 진술에 비추어 해석하지 않는 것"이다. 이 규칙을 어길 때 얼마나 큰 손상을 가져오는지 보고 싶다면, 대부분의 개신교 "교황들"이 마태복음 19:9을 마가복음 10:11에 비추어 해석하는 것을 살펴보라. 이것은 레위기 11장을 사용해서 골로새서 2장을 해석하려고 하는 것과 같은 일이다.

지금쯤이면 여러분은 전도서에 들어 있는 얼마나 많은 본문들이 죄인에게서 구원받을 기회를 없애 버리며, 또 죄에 대한 변명거리를 찾는 그리스도인에게서 하나님을 위해 살아갈 기회를 완전히 제거해 버리는지를 보았을 것이다(겔 14:1-14 비교). 성경은 그렇게 기록되어 있기 때문에 『**양날이 있는 어떤 칼보다도 예리**』한 것이다. 성경은 (수술을 할 때

절단하고 도려내는 일을 하듯이) 그 칼로 베어서 무언가를 고칠 수도 있고, (칼싸움으로 맞붙었을 때처럼) 그 칼로 베어서 죽일 수도 있다. 이제 마음이 더럽고 자기 의로 가득하고 음란하고 반쯤 미친 죄인들이 전도서를 가지고 "성경"에 호소하며 무슨 일을 할 수 있는지 다음을 지켜보라.

『죽일 때...가 있으니... 죽은 자는 아무것도 모르며... 사람이 짐승보다 월등함이 없으니... 즐거운 마음으로 네 포도주를 마시라... 오 청년이여... 즐거워하라... 네 마음의 길들과 네 눈의 보는 대로 걸으라... 내 눈이 원하는 것은 무엇이든지 멀리하지 아니하였고... 그러므로 쾌락을 즐기라... 현명한 자에 대한 기억이... 남아 있지 못하며... 모든 사람이 먹고 마시며... 누려야 함을 또한 아노니... 미워할 때, 전쟁의 때...가 있으니... 지나치게 의인이 되지 말며... 때와 기회가 그들 모두에게 일어나는도다... 먹고 마시고 즐거워하는 것보다 더 좋은 것이 사람에게 없음이라... 선인과 죄인이 마찬가지며...』(3:3,1 9:5; 3:19; 9:7; 11:9; 2:10,1,16; 3:13,8,1 7:16; 9:11; 8:15; 9:2).

이것을 기독교 교리문답이나 기독교 신조로 삼으면 어떻겠는가? 그것은 쾌락주의자의 천국이요, 포르노 작가들의 낙원이며, 호색가들과 무신론자들, 진화론자들, 불가지론자들, 단일 세계주의자들, 성도착자들을 위한 전당이다. 처음부터 끝까지 철저하게 "성경"뿐이다. 어떤 이단이든지 거짓말을 입증하려고 기다란 성경 구절 목록을 만들어 낼 수 있다. 나는 "물침례"가 죄인과 구원 사이에 놓여 있음을 입증하려고 성경 구절 6개를 인용한 물개들(그리스도의 교회, 캠벨파)의 전도지를 받아 보았다. 여러분이 그 구절들을 조사해 보지 않는다면 물이 구원받는 데 있어 필수적이라고 단언하게 될 것이다. 그 여섯 구절은 요한복음 3:5, 에베소서 4:5,

로마서 6:1-3, 갈라디아서 3:27, 고린도전서 12:13, 사도행전 10:47이었다.

요한복음 3장 전체에는 침례에 대한 언급이 전혀 없다. 나머지 다섯 구절 중 네 구절도 "물침례"와 전혀 관련이 없다. 마지막 구절(행 10:47)에서는 물로 침례를 받을 사람들 모두가 침례를 받기 "전에" 구원받았다. 모든 거짓된 이론 체계도 성경 구절들을 들이댄다. 극단적 세대주의, 극단적 칼빈주의, 몰몬교, 제칠일 안식교, 특히 로마카톨릭이 그렇다. 여러분이 〈로마, 그 엄청난 사적 해석자, *Rome, the Great Private Interpreter*〉(1960)라는 우리의 책을 보면 로마의 기본적이고 근본적인 "성경 교리" 7개가 모두 성경으로 뒷받침되어 나열되는 것을 볼 수 있을 것이다(성모 무염시태, 성모 몽소승천, 미사, 연옥, 베드로 수위설 등). 문제는 그것이 처음부터 끝까지 온통 거짓말이라는 데 있다. ("성경에 기반한") 로마의 종교는 코란이나 외경만큼이나 비성경적이다. 내가 만약에 (기독대학 교수진들이 매도하듯이) 정말로 이단 지도자였다면, 나는 교회 앞에다가 "그리스도께서 세우신 교회"임을 밝히기 위해 간판을 하나 내걸었을 것이고, 간판 위에다가는 마태복음 16:18을 써놓았을 것이다(『**너는 베드로라...**』 등등). 성경이다. 성경 말고는 아무것도 쓰지 않은 것이다. 그 다음에는 교인들이 따르도록 다음과 같은 "기독교 신조"를 내세웠을 것이다.

1. 『**춤출 때...가 있으니**』(전 3:4,1). 매주 일요일 밤마다 한밤중까지 디스코텍을 마련할 것이다.

2. 『**벧엘로 와서 범죄...하라**』(암 4:4-5). 매주 일요일 오전 11시마다 집단 매춘 파티를 열 것이다.

3. 『**죽일 때...가 있으니**』(전 3:3,1). 우리에게 협조하지 않는 모든 사

람을 죽일 것이다.

4. 『**강도들의 장막들은 번성하며**』(욥 12:6). "선교 사업"의 일환으로 매년 은행을 하나씩 털 것이다.

5. 『하나님**을 시험하는 자들까지도 구제를 받는도다**』(말 3:15). 매주 수요일 밤마다 10층 건물에서 뛰어내리기를 실행할 것이다. 물론 등에다 매트리스를 동여매고서 말이다.

어떤가? 성경 구절을 제시하지 않았는가? 성경 말고는 아무것도 쓰지 않았다. 하지만 이것들은 절대로 성경적이 아니다.

극단적 세대주의자들이 에베소서 3:2의 『하나님**의 은혜의 경륜**』(the dispensation <u>of</u> the grace of God)이라는 말에서 "은혜(grace)"를 "of"의 주어가 아니라 목적어로 취하여 "하나님의 은혜를 경영함"이란 뜻으로 바꾸었을 때, 그들은 정확히 모든 로마카톨릭 사제, 주교, 대주교, 교황들이 이미 A.D. 500년에 했던 것과 똑같은 짓을 한 것이었다. 이 이교도 바알 숭배자들은 디도서 3:5의 『**중생의 씻음**[the washing <u>of</u> regeneration]**과 성령의 새롭게 하심**[renewing <u>of</u> the Holy Ghost]<u>**으로**</u>』에서 "중생(regeneration)"과 "성령(the Holy Ghost)"을 주어가 아니라 목적어로 취하여 "중생을 씻음"과 "성령을 새롭게 함"으로 바꿈으로써, 두 가지 새로운 출생과 물에 의한 중생을 만들어 냈었다.

9:7 너는 가서 기쁨으로 네 빵을 먹고 즐거운 마음으로 네 포도주를 마시라. 이는 하나님**께서 지금 너의 일을 받으심이라.**

8 네 의복을 항상 희게 하고 네 머리에 향유가 부족하지 않게 하라.

9 네 헛된 평생의 모든 날, 그분이 해 아래서 네게 주신 헛된 모든
날에 네가 사랑하는 아내와 즐겁게 살지어다. 이는 이 생애에서
네가 수고로 해 아래서 얻은 네 몫이니라.
10 네 손이 찾은 할 일은 무엇이든 힘을 다하여 할지어다. 이는 네가
가는 음부에는 일도 없고 계획도 없고 지식도 없고 지혜도 없음이
라.

솔로몬은 전도서 5:19과 8:15의 주제로 다시 돌아간다. 사람들이 삽을 가지고 여러분을 잠자리에 넣어 주고 여러분은 거기에 머물러 있게 된다는(5,6절) 관점으로는, "기회가 있을 때 누리는" 것이 좋은 것이다. 그 관점으로는, 『**네가 가는 음부에는 일도 없고 계획도 없고 지식도 없고 지혜도 없**』기 때문이다.

신약에서 그리스도인들은 아래에 머물러 있지 않으며(요 11:25, 고전 15:49-54), 아래로 내려가지도 않는다(살전 5:10, 빌 1:21). 이것은 몰몬 교도들이나 제칠일 안식교도들, 여호와의 증인들, 모든 무신론자들, 불가지론자들, 인본주의자들에게 거부되는 향상된 계시이다. 그들은 사후의 생에 관해서 B.C. 1000년에 있던 구원받지 않은 이교도의 수준에 머물러 있는 것이다.

이제 곧 "지하에" 있게 된다는 관점에서 "해 아래에" 사는 사람에게 솔로몬이 추천하는 일곱 가지 사항이 나와 있다.

1. 『**너는 가서**』. 일어나 교실과 강당에서 나가서, 네 할 일이나 하라.
2. 『**기쁨으로 네 빵을 먹고**』.
3. 『**즐거운 마음으로 네 포도주를 마시라.**』

4. 『**네 의복을 항상 희게 하고**』. 아침을 위해 때를 묻히지 말라. 죄로 더럽혀지지 않게 하라(레 11:25,28). 항상 세탁하여 깨끗게 하라(막 16:5, 마 17:2, 계 3:4).

5. 『**네 머리에 향유가 부족하지 않게 하라.**』 성령의 모형이다. 마태복음 6:17에서 이것은 "기분 좋고 잘되고 있는 것처럼 보이라"는 뜻이다.

6. 『**네가 사랑하는 아내와 즐겁게 살지어다.**』 히브리서 13:4, 솔로몬의 노래 4:8-5:1, 특히 잠언 5:18-20을 보라.

7. 『**네 손이 찾은 할 일은 무엇이든 힘을 다하여 할지어다.**』 아무것도 열의 없이 하지 말라. 모든 업무와 계획된 일에 전적인 노력을 기울이라. "할 만한 가치가 있는 모든 일은 잘할 만한 가치가 있다." 일에 관한 극단론이다. 능력을 조금도 허비하지 말라.

『**이는** 하나님**께서 지금 너의 일을 받으심이라**』(7절). "바로 지금, 그대가 죽기 전, 그대가 아직 살아 있는 동안" 이라는 뜻이다.

미국에서는 상업화된 기독교가 이를 공표하고(1933년) 설교자들이 출세하는 데 정신을 쏟기 시작한 이후로, 그리스도의 몸이 "뇌물 경마"에 문자 그대로 수백만 달러를 퍼붓는 기부자들로 인해 골치를 썩게 되었다. 오럴 로버츠, 로버트 틸턴, 지미 배커, 지미 스웨거트 같은 사람들이 큰 수입을 올린 것을 보건대, 1933년 이후로 미국 그리스도인들은 모든 일에 영적 분별력이 전혀 없었음을 알 수 있다. 이것은 다음 사실을 보아도 알 수 있는데, 바로 변개된 성서를 한 가지 더 팔아먹기 위해서는 그저 1880년 이후로 150가지 변개본들이 똑같이 써먹었던 상투적인 말을 다시 반복하기만 하면 되었다는 것이다. ("마침내 보다 읽기 쉽고 이해하기 쉬운 역본이 나왔습니다! 고어체 단어들을 현대어로 표현했습니다!")

이 그리스도인들은 하나님께 속한 것을 취하여 돼지우리에 던지면서, 개들과 돼지들을 주의하라는 명령을 잊었을 뿐만 아니라(마 7:6), 또한 고린도후서 5:10의 말씀, 곧 그들이 몸에서 "떠난" 후에 행한 것이 아니라 바로 『**자기 몸으로 행한 것들을**』 받게 되리라는 말씀도 잊었다. 죽을 때 간직할 수가 없어서 기부한 것은 아무런 의미도 없다. 간직할 수 있는데도 남에게 준 것이 기록되는 것이다. 하나님께서는 사람이 간직할 수가 없어서 포기하게 된 것에는(전 2:18) 관심이 없으시다. 그분이 보기 원하시는 것은 사람이 간직할 수 있음에도 포기한 것이다(고후 8:2,3). 그 할리우드 백만장자들이 잊었던 또 하나의 구절은 고린도전서 3:13이다. 그 구절은 그리스도의 심판석의 불이 일들을 까맣게 태워서, 그 그리스도인이 이루어 놓은 일이 『**어떤 종류인지를**』 결론지어 줄 것이라고 말씀한다. 일의 크기는 고려대상이 아니다. 평판도, 출석교인 수나 등록교인 수도 고려대상이 아니다. 문제는 "양"이 아니라 "질"이다.

현대 기독교 교육자들은 『**이익이 경건**』이라고 오해하기 때문에 1880년 이후로 미국에서 나온 모든 영역본에는 그 표현이 제거되어 있다(딤전 6:5). 그 죄인들은 자기들의 자취를 덮어 버리고 자기들의 죄를 감춘 것이다(잠 28:13).

하나님께서 여러분이 "지금" 하는 일을 받으신다면(본문을 보라) 이 배교한 근본주의자들은 완전히 붕괴되고 만다. 아무도 보지도 읽지도 못한 잃어버린 종이 뭉치를 믿는다고 한 그들의 말은 실제로 그들의 필생의 사역을 태워버릴 용광로에 불을 지피는 것이기 때문이다.

솔로몬의 충고는 "실제적이다"(실용주의, 공리주의). 또한 그는 죄악된 본성에 속한 것은 아무것도 추천하지 않았다. 몇몇 주석가들은 9절에 마주치자, 경련을 일으킨다. 방금 전에 그들은 "코헬렛"이 "성차별주의"에 빠져 있다고 비난했기 때문이다(전 7:26). 그들은 일천 명의 아내를 가진 사람은 "일부일처제"에 따른 결혼 관계 속에 있는 "둘만의 사랑"을 이해할 수가 없다고 써 놓았다. 그들은 성경을 정죄하느라 바쁜 나머지 『**파라오의 딸**』(왕상 3:1)을 잊어버린 것이다. 그녀는 솔로몬의 노래에 따르면(솔 1:1-4; 6:9) 솔로몬의 "오직 하나"인 여자였다. 그녀는 또한 그리스도의 신부의 모형이었다.

성경에 나오는 초자연적인 계시들을 배제하고서 본다면, 이 생애에서 사람의 『**몫**』은(9절) 합법적인 수고와 먹는 것, 마시는 것, 입는 것, 사랑하는 것, 또 『**우리에게 모든 것을 풍요하게 주셔서 향유케 하시는**』 하나님을(딤전 6:17) 누리는 것이다. 반대로 하나님께서 거룩한 성경에 (초자연적으로) 계시하신 바에 따르면, 이 생애에서 사람의 『**몫**』은 다음과 같다.

1. 『하나님을 **두려워하고, 그의 계명들을 지키**』며 심판을 대비하는 것 - 구약의 계시.

2. 예수 그리스도를 구주로 믿고(행 16:31, 요일 3:23) 그리스도 안에 있는 사람들을 사랑하며(요 15:12, 요일 3:23) 심판을 대비하는 것(고전 3장, 고후 5장) - 신약의 계시.

나는 10절의 첫 문장을 문자 그대로 받아들이는데, 이는 바울이 로마서 12:11, 골로새서 3:23에서 그것을 확증하기 때문이다. 10절의 둘째 문장에 대해서는(『**음부에는...**』) 바울 서신이 그 내용을 바로잡기 때문에 나도 그것을 받아들이지 않는다. 하지만 앞부분의 "노력"은 분명히 극단적 세대주의자들이 "한 몸인 교회"라고 일컫는 대상을 위한 진리이며,

로마서로부터 빌레몬서까지 등장하는 내용만큼이나 건전한 "바울 서신 은혜의 교리"이다.

나는 펜사콜라 성경신학원에서 30년을 가르치는 동안(1964-1993) 매 학기 말에 학생들의 "노력"을 총점의 3분의 1 정도로 가치가 있는 것으로 평가하여 점수를 계산했다. 헬라어나 히브리어에서 낙제점수를 받은 사람이라 할지라도 그의 태도 곧 그 과목들을 통과하려고 보인 노력에 의해 70점으로 통과할 수 있다. 우리는 이것을 "태도"라고 부르지만, 결국 그것은 그 학생이 역경에 부딪쳐도 기꺼운 마음을 유지하고 확고한 자세로 그리스도께와 자기의 소명에 충실했던 것, 곧 그 교과를 숙지하고 수업에 주의를 기울이기 위해 보였던 "노력"에 해당하는 것이다. 나는 노력이 돈보다도, 교육보다도, 옷과 음식, 시설, 좋은 점수, 구령, 지성, 재능, 평판, 혈통, 심지어 성품보다도 더 중요한 것이라고 생각한다. 1949년에 나는 밥 존스 시니어 목사님이 이렇게 말씀하는 것을 들었다. "네가 할 수 있는 최선보다 덜 하는 것은 죄이다." 1950년에 그분은 이렇게 말씀하셨다. "모든 상황이 똑같다면, 그리스도인은 자기가 하는 그 어떤 일에 있어서든 죄인들을 능가할 수 있어야 한다." 나는 그 말이 옳다고 믿는다. 나는 그것이 글쓰기, 미술, 가르치기, 음악, 체력 단련, 설교, 군사로서의 위용, 그리고 모든 스포츠에도 적용된다고 믿는다.

나는 결승선 앞 100미터에서 완전히 탈진된 장거리 달리기 선수가 3등에서 10등으로 뒤처지면서도 비틀거리며 경주를 끝마치는 모습을 지켜보길 좋아한다. 나는 소프트볼 경기에서 젊은이가 날아오는 공을 처리하려고 철망으로 된 높이 6피트 울타리의 절반가량이나 뛰어올랐다가 완전히 땅에 엎드러지는 모습을 지켜보길 좋아한다. 나는 지하실에서 탁구

시합을 하는 아이가 공을 넘기려고 애쓰며 팔을 뻗치다가 난로 파이프에 머리를 꽝 하고 부딪치는 모습을 보길 좋아한다.

"노력," 그것은 나에게 감명을 준다. 다른 사람도 감명을 받는지는 모르겠지만(또 그렇든 말든 상관하지 않지만), 아무튼 그것은 나에게는 항상 그 무엇보다도 감명을 준다. 노력 없이 부유하고 성공하고 유명하고 존경받게 된 사람에 대해서는 아무런 가치도 느끼지 못한다. 나는 항상 "결과"보다도 "노력"에 매력을 느낀다.

"모든 영광을 하나님, 승리하신 우리 영웅께!"
온 세상이 천 년을 소리쳐 알렸네.
그러나 애쓰고 죽으심은 어찌된 "패배"인가?
눈물로 뒤덮인 그분의 "수고"여.
오, 명성을 얻는 영웅은 위대한 것이나,
이보다 더욱더 위대한 것은
치욕 속에 죽으신 한 전사의 창백한 얼굴이어라.
그 등은 저 벽에 기댄 채, 그 발은 저 못에 기댄 채!

『힘을 다하여 할지어다.』

나는 항상 "4위의 펠릭스"를 사랑했다. 펠릭스는 하바나 출신의 쿠바인 우편집배원이었다. 그는 미주리 주 세인트루이스에서 개최되는 올림픽 경기에서 뛰기를 원했다(1904년). 펠릭스는 돈이 전혀 없었기 때문에 바나나 운반용 보트를 타고 뉴올리언스까지 건너갔고, 뉴올리언스에서 세인트루이스까지는 우편배달부의 구두를 신은 채로 뛰어가서 간신히 경기 참여가 가능한 시간에 거기에 도착했다. "간신히 가능한 시간"이라는 말은 그가 경기 시작 전 "두 시간"의 휴식만을 취했다는 말이다. 그는 너무도 지쳐서 4등을 했다. 450마일 이상을 달린 후였다.

노력, 그렇다. 바로 노력인 것이다!

(그 경기의 심판이 내가 아니었기에 다행이다. 나였다면 말할 것도 없이 펠릭스에게 금메달을 주었을 것이다. 내 판단으로는 금메달은 그의 것이다.)

나는 항상 찰스 지미의 편을 들 것이다. 그는 다리가 없었지만, 75세의 나이로 올버니에서 뉴욕 시티까지 허드슨 강 130마일을 헤엄쳐 갔다.

『**힘을 다하여 할지어다.**』

올림픽 수영 금메달 4개를 딴 마크 슈피츠 같은 사람처럼 나를 구역질나게 하는 사람은 아무도 없다. 그는 긴 머리카락을 하나도 깎지 않고서 이런 성적을 냈다. (수영 선수는 누구나 물속에서는 머리카락에 무게가 실린다는 것, 그리고 수영하는 데 가장 없어야 좋은 것이 바로 무게라는 것을 잘 알고 있다.) 그가 머리를 "짧게 깎았더라면" 그는 몇 초 정도는 더 단축할 수 있었을 것이다. 하지만 마크는 자기 머리카락을 사랑했기에 잘라내지 못했다. 그리하여 자기의 두 번째 최고 기록으로 그럭저럭 금메달을 따냈고, 세계는 그를 영웅으로 떠받들었다(1972년). 그는 빈들거리는 사람이었다. 진정한 노력이란 것은 그에게 없었다. 그가 1972년 이후로는 완전히 시상대에서 탈락하여 20년이 다 지나도록 한 가지도 제대로 해낸 적이 없다는 사실이 나에게는 전혀 놀랍지 않다. 진정한 노력이 없었기 때문이다.

9:11 내가 돌이켜 해 아래서 보니 경주가 빠른 자에게 주어지는 것이 아니고, 전쟁이 힘센 자에게 오는 것도 아니며, 먹을 것이 현명한 자에게 오는 것도 아니고, 재물이 명철한 자에게 오는 것도 아니며, 은총이 재주 있는 자에게 주어지는 것도 아니니, 때와 기회가 그들 모두에게 일어나는도다.

12 사람도 자기의 때를 모르나니, 마치 물고기들이 재앙의 그물에 걸리고 새들이 덫에 잡힘과 같이 사람들의 아들들도 재앙이 갑자기 그들에게 닥치면 재앙의 때에 덫에 걸리는도다.

11절에 나오는 “돌이킴”은 전도서 5:18; 8:17; 4:1 같은 곳들에서 있었던 일이다. 솔로몬은 상당히 긴 시간이 지난 후에 자기의 생각으로 돌이키고 있다. 흔히 그렇다고들 장담하곤 하지만 『**경주가 빠른 자에게 주어지는 것이 아니고**』, 고대 전투에서 분명히 나머지 병사들이 한 용사에게 의존했지만 『**전쟁이 힘센 자에게 오는 것도 아니며**』, 현명한 사람들이라면 거의 항상 생계비를 벌기는 하지만 『**먹을 것이 현명한 자에게 오는 것도 아니고**』, 세속적으로 현명한 사람들이(눅 16:19) 보통 크게 성공하기는 하지만 『**재물이 명철한 자에게 오는 것도 아니며**』, 원래 규칙은 이와는 다르지만(잠 22:29) 『**은총이 재주 있는 자에게 주어지는 것도 아니**』다. 『**때와 기회가 그들 모두에게 일어나는도다**』(11절).

문제는 『**때와 기회**』가 『**갑자기**』(12절) 그 희생자들에게 닥친다는 것이다. 준비할 시간도 없고 경고도 주지 않는다. 『**사람도 자기의 때를 모르나니**』(12절).

1. 말들이 아무리 빨라도(사 30:16) 그 빠른 것이 악으로 달려가는 것

이라면(잠 6:18) 따라잡히게 될 것이다. 아사헬은 아브넬보다 더 빨랐지만(삼하 2:19-23), 그로 인해 생명을 내놓아야 했다. 『**경주가 빠른 자에게 주어지는 것이 아니고**』.

2. 사무엘상 17:4에서 『**힘센 자**』는 분명히 골리앗이었다. 열왕기상 20:27에서 『**힘센**』 군대는 이스라엘에 비해 그 수가 10배가 넘었다. 두 경우 모두 『**힘센 자**』는 참패당했다.

3. 미카야에게는 많은 지혜가 있었지만(왕상 22:14) 이로 인해 그가 얻은 것은 "고생의 빵"이었다(왕상 22:17). 엘리야는 그를 박해하는 왕 아합보다 10배 이상의 지혜가 있었지만 까마귀들에게 부양받아야 했다(왕상 17:3-5).

4. 바울은 확실히 명철한 사람이었으나 그는 19세기 빈민 보호소의 극빈자처럼 완전히 빈털터리로 죽었다.

5. 재주 있는 사람들이 나타났어도(노만 로크웰, 칼 에버즈, 프랭크 맥카르디, 맥스필드 파리쉬 등등. 그들은 피카소, 고갱, 몬드리안, 고야, 미로 등보다 그림을 훨씬 더 잘 그렸다) 그들은 뉴스미디어에 의해 예술가로 인식되지도 않았다. 그들은 더 잘 그리고, 더 잘 구상할 수 있다는 이유로 "삽화가"라는 꼬리표만 달고 살다가 죽었다. 예술가로 알려진 아마추어들, 곧 위에 나열한 두 번째 부류는 색칠은 고사하고 밑그림도 제대로 그릴 줄 몰랐다. 그들에게는 그들을 예술가라고 불러줄 만한 재능이 전혀 없었다. 하지만 뉴스미디어와 비평가들과 작가들이 재능 없는 작품들을 가지고 재능이 있는 것처럼 해석해 주었다.

"재주 있는 사람들"은 불행히도 모두 상업 예술과 연계되었다. 이것은 빈털터리가 철학자라고 생각하는, 부유하고 음행하는 급진 좌파세력들

(뉴스미디어)에게는 "금기 사항"이었다. 그림을 못 그리더라도 그 조건에 맞으면 언론사가 그를 예술가로 만들어 준다.

아무도 반 고흐가 만들어 낸 잡동사니에다가 100달러를 지불하려 들지 않을 것이다. 그의 평생토록 아무도 그렇게 해주지 않았다. 하지만 그는 죽은 후 50년이 지나서 (아마도 지옥에서) 백만장자가 되었다. 피카소 역시 멋대로 낙서하는 일을 전공한 만화가였으나, 언론이 대중에게 피카소가 예술가라는 생각을 주입시켰고, 그리하여 피카소도 백만장자가 되었다. 그는 색칠도 밑그림도 제대로 그릴 줄 몰랐다. 현대 예술작품이라는 것들은 아무런 재능의 증거를 찾아볼 수 없는 끔찍한 낙서로부터 억지로 무슨 의미를 읽어내기로 작정한 직업적인 저술가나 비평가들의 정신 훈련을 근거로 해서 팔린다. 돈 가진 젖먹이 수집가들을 위한 것이다.

『**은총이 재주 있는 자에게 주어지는 것도 아니니**』.

『**때와 기회**』는 지독하다. 죽음의 행군 때 있었고, 카바나투안과 다바오 유형지, "테니스 코트" 등에서 살아남은 한 미국인 전쟁포로는 전쟁이 끝난 후, 음식을 떨어뜨려 보급하는 미국 비행기에서 낙하하는 토마토 상자에 맞아 죽었다. 의회로부터 명예훈장을 받은 오디 머피(1925-1971)는 1971년 5월 31일 바로 그 기념일에 비행기 사고로 죽었다. 버지니아 주의 마틴빌 근처에서 일어난 이 추락사고 속에서 그는 불에 타 죽었다. 전쟁 중에는 그가 불타는 군용 트럭에서 50구경 기관총을 쏘아 댐으로써 독일군의 한 대대 전체를 한 시간이 넘게 저지시켰었다. 『**때와 기회**』는 마흔다섯의 원숙한 나이에 그에게 닥쳤다. 록키 마르시아노(1924-1969)는 아무도 당할 수 없는 권투 선수였다. 하지만 『**때와 기회**』는 45세에 링 밖에서 갑자기 록키를 때려눕혔다. 그는 1969년 9월 1일 아이오와 주 재스퍼 근처에서 일어난 비행기 사고로 죽었다.

『**때와 기회**』는 종종 사람들이 고속도로에 있을 때 그들을 덮친다. 조지 S. 패튼 장군(1885-1945)은 독일의 만하임 근처에서 시속 30마일의 속도로 달리던 1938년형 7인승 캐딜락 속에서 그것을 맞이했다. 그는 12월 21일에 죽었다. 조셉 P. 케네디 주니어(1915-1944)는 비행기 추락으로 죽었다. 〈바람과 함께 사라지다〉의 작가 마거릿 미첼(1900-1949)은 애틀랜타 시내의 피치트리 도로를 건너가다가 자동차에 치였다. 그녀는 혼수상태로 5일을 지내다가 1949년 8월 16일에 죽었다. 그녀는 50번째 생일을 맞지 못했다.

사실상 무신론자요 성경 조롱자였던 조지 버나드 쇼(1865-1950)는 정원에서 나무를 손질하다가 미끄러져 쓰러졌다. 두 번 수술을 받은 후에 그는 신장염으로 죽었다. 칼 월렌더(1905-1978)는 푸에르토리코의 수도 생쥬앙에서 두 호텔 사이에 지면으로부터 100피트 높이로 매달아 놓은 300피트 길이의 철사 줄 위를 걸어갔다. 그는 10살 이후로 계속 탄탄한 로프 위를 걸었었다. 두 번의 돌풍이 강하게 불었다(『**때와 기회**』). 그는 흔들림이 멈출 때까지 기다리려고 철사 줄 위에서 무릎을 굽혔다. 그러나 흔들림은 멈추지 않았다. 잠시 후 그는 100피트 아래로 떨어져 죽었다(『**재앙이 갑자기 그들에게 닥치면 재앙의 때에 덫에 걸리는도다**』). 그는 택시 지붕에 맞고 튕겨 나가서 시멘트 바닥 위로 떨어졌다.

미국에서 가장 생명을 잃기 쉬운 곳은 웨스트버지니아, 워싱턴 D.C., 플로리다, 미주리, 아칸소, 펜실베이니아 순이다. 뉴멕시코, 와이오밍, 네바다, 애리조나, 몬태나에서는 자동차 사고로 죽기 쉽다. 스포츠로 생명을 잃을 수 있는 가장 위험한 곳은 골든컵 수상비행기 경주대회, 인디애

나폴리스 500마일 자동차 경주대회, 그랑프리 국제 장거리 자동차 경주대회일 것이다.

가능한 한 일찍 죽으려면(35세가 되기 전에 죽으려면) 아프리카에 가면 된다. 아프리카의 평균 수명은 가봉이 25세, 차드가 29세, 토고가 31세, 부르키나파소가 32세, 중앙아프리카공화국이 33세, 웨스트카메룬이 34세이다.

자동차 사고를 제외하면 14세부터 24세까지의 젊은이들이 두 번째로 가장 많이 죽는 방법은 바로 "자살"이다. 미국에서는 평균 하루에 백 명 정도 되는 사람들이 자살을 함으로써 덴마크, 일본, 오스트리아 등을 손들게 만들었는데, 그중 대부분은 25세 이하이다. 이것은 미국 교육협회와 연방 판사들의 명령으로 학교들에서 진화론을 가르친 것의 열매이다(목표도, 목적도 없고, 삶은 우연이기 때문이다). 문필가였던 잭 런던과 어니스트 헤밍웨이는 둘 다 자살했다. 마약 중독자 "록 음악가"였던 짐 헨드릭스와 재니스 조플린 역시 그랬다. 주디 갈런드, 마릴린 먼로, 엘비스 프레슬리 모두 약을 먹고 죽었다. 클레오파트라도 자살했고, 아돌프 히틀러, 헤르만 괴링, 요제프 괴벨스, (코닥사의 창업가) 조지 이스트먼, (고대 그리스의 웅변가) 데모스테네스, 소크라테스, (고대 카르타고의 장군) 한니발 모두 그랬다.

1347년에서 1355년 사이에 7,500만 명이 넘는 사람들이 갑자기 『**때와 기회**』에게 죽임당했다. 그들은 갑자기 픽픽 쓰러져서 두 차례의 세계대전(1914-1918년, 1939-1945년)에서 죽은 것보다도 더 많은 수의 시체 더미를 쌓았다. 바로 흑사병이었다. 1832년에는 "기회"가 뉴욕과 뉴올리언스를 강타했다. 뉴욕에서 2,251명, 뉴올리언스에서 6,000명이 사망했다. 콜레라로 그렇게 되었다. 제1차 세계대전은 공교롭게도 유행성 독감으로 막을 내렸다. 전쟁을 치른 양측의 총 사상자수보다도 더 많은 사람들을 바로 이 질병이 해치웠다. 그 전쟁의 마지막 해(1918)에는 2천만 명이 독감으로 죽었다. 그중 50만 명은 미국인들이었다.

중국에서 1959-1961년에 있었던 가뭄은 3천만 명의 중국인들을 끝장내 버렸고, 또 90만 명은 홍수로(황하) 죽었다. 그것은 베트남 전쟁과 한국 전쟁, 그리고 제1차 세계대전에서 죽은 미군 수를 모두 합친 것보다도 더 많은 숫자다.

『때와 기회가 그들 모두에게 일어나는도다.』

1815년 4월 7일 인도네시아에서는 화산이 폭발하여 92,000명의 생명을 끊어 버렸다. 1970년 5월 31일 페루에서는 눈사태로 18,000명이 제거되었다. 여러분은 눈사태나 화산이 언제 그 힘을 과시할는지 예측할 수 없다(전 9:12).

여러분이 기회를 찾기 원한다면, 살아남을 기회는 다음과 같다. 세계에서 스웨덴 사람들의 수명이 가장 길다. 하지만 그 나라는 10년 동안(1960-1970) 유럽에서 가장 높은 자살률을 보유했었다. 스웨덴 사람들이 가장 장수하고, 그 다음은 노르웨이, 그 다음은 덴마크 순이다. 그러나 덴마크 역시 1987년과 1989년 사이에 자살에 있어서 오스트리아와 일본을 능가했었다.

『마치 물고기들이 재앙의 그물에 걸리고 새들이 덫에 잡힘과 같이』(12절). 사냥과 낚시에 관한 일반적인 상식처럼만 보이는 이 두 가지 일반적인 장소 사례들의 배후에는 한 불길한 존재가 서 있다. 욥기 18:8; 19:6, 시편 9:15; 10:9을 보라. 사탄과 하나님은 둘 다 그물을 던지고 덫을 놓는 일을 한다(롬 11:9, 딤전 3:7). 때때로는 사람들 스스로 자기들의 덫을 놓고(딤전 6:9), 또 거기에 붙잡힌다(시 106:36, 잠 18:7; 19:25). 시편 91:3에는 『**새 사냥꾼**』이 나온다. 사탄은 사람들을 잡기 좋아한다(눅 22:3,31). 그는 "사냥꾼"이고(창 10:9; 25:27) 또 "낚시꾼"이다.

9:13 내가 또한 해 아래서 이 지혜를 보았노니 내게는 대단한 것처럼 보였도다.

14 작은 성읍이 있어 그 안에는 사람이 별로 없었는데, 한 큰 왕이 그 성읍을 향해 와서 포위하고 그것을 향해 큰 보루를 쌓았도다.

15 그런데 그 성읍에는 한 가난한 현명한 사람이 있어 그가 그의 지혜로 그 성읍을 구하였으나, 아무도 그 가난한 사람을 기억하는 자가 없었도다.

16 그러므로 내가 말하기를 "지혜가 힘보다 낫지만 가난한 자의 지혜는 멸시를 받고 그의 말들은 경청되지 않는도다." 하였노라.

17 조용한 가운데 들리는 현명한 사람들의 말이 어리석은 자들 가운데서 다스리는 사람의 외침보다 나으니라.

18 지혜가 전쟁의 무기들보다 나으나 한 명의 죄인이 많은 선을 파괴시키느니라.

11,12절에서 했던 생각들과 이 부분 사이에는 또다시 간격이 있다. 이전에 언제든 "메모해 둔" 내용이었을 것이다.

제시된 사례는(14,15절) 거의 사무엘하 20:1-22나 열왕기하 18,19장에 들어맞으나, 완전하지는 않다. 『**지혜**』로 예루살렘 성읍을 구한 사람은 (비록 이사야의 조언을 따른 것이기는 했지만) 부자였다(히스기야). 이사야도 가난한 사람은 아니었다. 아벨 성읍도 한 현명한 남자[『**현명한 사람**(man, "남자")』]가 아니라 한 현명한 여인에 의해 구조되었으므로(삼하 20장), 정확한 유추가 못 된다. 여인은 협상으로 아벨 벳마아가를 구했고, 히스기야는 기도로 예루살렘을 구했다. 그런데 솔로몬은 그가 14-17절에서 벌어진 일들에 대해 알고 있었다고 말한다. 어떻게 그가 그 일들을 알 수 있었던 것인가?

제미에슨은 본문과 마주치자 이렇게 말한다. "여기 이 비유는, 세속적인 판단으로 세상의 재물에 있어서는 비록 가난하지만 하늘의 지혜와 능력에 있어서는 부유한, 하나님의 이스라엘을 묘사하는 것이다. 비록 지금은 멸시받아도 하나님의 참 교회는 그 안에 지혜가 되시는 그리스도를 가지고 있다..." 제미에슨은 빗나가서 그것을 신약의 영적인 비유로 만들어 버린다.

문제는 또다시 무지이다. 제미에슨은 성경에서 그 사건을 찾아낼 수가 없었다. 예레미야 시대든 히스기야 시대든 예루살렘은 "작은 성읍"이 아니었음이 분명하다. 예레미야 때는 그 성읍이 『**포위**』되고 『**그것을 향해 큰 보루**』가 쌓아졌으나, 그 후 구조되지 않았다.

제미에슨 같은 사람들은 솔로몬이 당시의 가장 현명했던 사람들은 물론, 그 당시 1,000마일 이내의 모든 주요한 통치자들과 친하게 사귀었다는 사실을 잊어버렸다. 본문에서 그는 시리아, 아라비아, 메소포타미아, 북아프리카, 페니키아, 그리스, 소아시아의 통치자들과 상대했던 시간들을 통해 직접 들었던 이야기를 그려내고 있는 것이다. 실제 사례는 예루살렘으로부터 200마일 이내에서 벌어진 사건이 아닐 수도 있다. 히람, 시바 여왕, 에단, 헤만, 칼콜, 다르다, 그리고 『**동방 나라의 모든 자손**』(왕상 4:30,31)은 분명히 솔로몬에게 많은 정보들을 전해주었을 것이다. 주석가들은 독자들을 자기들의 무지의 수준으로 끌어내리기에 급급하여, 『**땅의 모든 왕들**』이 솔로몬에게 왔다는 사실을 잊어버렸다. 그들이 아무런 정보도 갖지 않은 채 왔다든지, 솔로몬이 그들에게서 아무런 정보도 캐내지 않았으리라고 생각할 만큼 어리석은 사람도 있는가? 그들이 보러 온 그 사람은 『**잠언 삼천 편을 말하였고**』, 그 잠언들 중 하나가 잠언 29:8이다. 거기를 보라.

역사적으로 말해서, 세상은 결코 진짜 "현명한 사람"을(15절) 아주 오래 기억하지 않는다. 최소한 라디오, 신문, 텔레비전에 지배당한 나라들에서는 분명히 그렇다. 이탈리아, 스페인, 중앙아메리카, 인도, 중국이 처한 운명에서 미국을 건져낸 사람들을 기리기 위해서는 아무런 기념비도 세워지지 않았다. 1933년과 1945년에, 또 1951년, 1964년, 1990년에 하나님께서 미국을 쓸어버려 지도상에서 없애 버리시지 않게 했던 사람들을 기리기 위한 그 어떤 국경일도 제정된 적이 없다. 그들의 이름을 하나라도 댈 수 있는 대학 졸업자는 200명 중 한 명꼴도 못된다. (언론사를 통해) 세상에서 공로를 인정받는 사람들은 세속적인 의미에서 "세상의, 세상에 의한, 세상을 위한" 속물들이며, 『**세상이 그들의 말을**』 듣는다(요일 4:5). (언론사에게 사장되었으나) 미국을 구해낸 구조자들은 바로 샘 존스, 빌리 선데이, 모르드캐 햄, 존 버치, 샘 모리스, 하비 스프링거, 월터 윌슨 박사, J. 프랭크 노리스, 도슨 트라우트만, W.B. 라일리, T.T. 쉴즈, 퍼피 리빌, 뷰챔 빅, 윌리엄 워드 아이어, 찰스 풀러, 레스터 롤로프,

B.B. 크림, 잭 하일스, 조지 휫필드, 밥 존스 시니어 등이다.

그들은 진짜 지혜를 지니고 있었다. 그러나 『**아무도 그 가난한 사람을 기억하는 자가 없었도다.**』 밥 존스 시니어는 앨라배마 주 남동부의 하찮은 농부였다. 샘 존스는 파산한 술주정뱅이 변호사였다. 그가 감리교 설교자로서 첫 번째 "순회 교구"에 있었을 때 그는 일 년에 85달러를 벌었다. 빌리 선데이는 (1달러가 지금의 8달러에 해당되던 그때) 일 년에 8,000달러를 버는 직업을 떠나서 일 년에 1,000달러를 버는 청년그리스도인협회에서 일했다. 로드니 "집시" 스미스는 집시의 포장마차에서 태어났다. 모르드캐 햄과 댈러스 빌링톤은 상점 주차장만한 조그만 농지밖에 없는 켄터키 산지 출신이다.

『**아무도 그 가난한 사람을 기억하는 자가 없었도다... 가난한 자의 지혜는 멸시를 받고 그의 말들은 경청되지 않는도다... 조용한 가운데 들리는 현명한 사람들의 말이...**』(15-17절).

이것은 학자들로 하여금 설명을 찾아내기 위해 히브리어 어휘사전으로 뛰어들게 만드는 그런 종류의 구절이다. 그러나 몇 번이고 거듭해서 『**들을 귀 있는 자는 들을지어다**』, 동시에 『**귀가 있어도 듣지 못하고**』라고 하시는 말씀처럼(막 7:16; 8:18, 마 13:15, 행 28:27, 롬 11:8) 이 구절에는 아무런 문제도 없다. 현명한 사람의 말은 "경청되지 않으면서도" 또한 들린다. 즉 들어 주지 않는데도 또한 들리는 것이다. 리버티 대학의 엉터리 주석가들은 "내면적인 조용함을 지닌 사람들"이 그 현명한 사람의 말을 듣는다는 말이라고 결론짓는다. 본문에 "조용함"이라는 단어는 없다. 본문에는 『**조용한**』이라고 되어 있다.

주석가들이 주위를 더듬으며 헤매는 것은 사역의 경험이 부족하기 때문이다. 존슨(〈평신도 주석〉, 212쪽)은 『**조용한**』을 그대로 놔두지만, 그것을 “소음 없는 교실”에 있는 누군가의 조용한 말들로 만들어 버린다. NKJV도 이 주장을 받아들이도록 강요한다. 그 안에 『**사람이 별로 없**』는 『**작은 성읍**』 속에 무슨 교실이란 말인가? 도대체 어쩌다가 기원전의 한 교실에서 지혜가 발견될 것이라고 생각하게 되었는가? 플라토, 소크라테스, 제논, 에피쿠로스, 아리스토텔레스, 피타고라스, 필로가 가르치고 있던 그 어떤 교실에서도 지혜는 찾아볼 수가 없다. 『**주를 두려워함이 지혜의 시작이라**』(시 111:10). 어느 교실에서 이런 진리를 가르치던가? 헤라클리투스, 레우시푸스, 파르메니데스, 엠페도클레스, 아낙시메네스가 운영하던 교실은 분명코 아니었다. 현대 미국(1900-1990)의 모든 기독학교들에서도 하나님을 두려워하는 그리스도인, 하나님을 두려워하는 죄인 같은 건 없다고 가르친다. 두려움은 단지 “경외함을 가진 신뢰”라는 것이다(히 12:28 주석). 『**모든 지혜와 지식의 보화**』가 예수 그리스도 안에 감추어져 있다면(골 2:3), 도대체 바빌론 포로기 이후 어느 교실에서(존슨은 전도서가 포로기 이후에 기록되었다고 생각한다) 그것을 담아내고 있었단 말인가? 페르시아, 그리스, 시리아, 소아시아, 이집트의 그 어떤 학교도 결코 그러지 않았다.

전도서와 잠언의 저자에 따르면 『**현명한 사람들의 말**』은(17절) 구령자들의 말이다. 동일한 저자가 지은 잠언 11:30을 보라. 포로기 이후에 다니엘은, 『**현명한 자들**』은 『**많은 사람을 의로 돌이키는 자들**』이며(단 12:3) 『**창공의 광명처럼... 영원 무궁토록**』 빛나리라고 기록하고 있다. 여러분이 누군가에게 말씀을 증거할 때면, 그가 아무리 그 말씀을 무시하고 벗어나려 하고 듣지 않는 척하려 해도, 여러분의 말이 마음속에 꽂

히는 법이다. 여러분이 증거하는 동안 그가 여러분을 놀려대고 인용되는 성경을 조롱하고 그 말씀을 무시하는 것처럼 행동해도, 그는 밤에 조용한 가운데 눕자마자 여러분이 했던 모든 말을 듣게 될 것이고, 그 말씀들은 여러분이 입을 닫은 후 짧게는 다섯 시간 동안, 길게는 50년 동안 그에게 작용하게 될 것이다. 여러분이 인용한 그 책은 "살아 있다"(히 4:12,13). 하나님의 말씀은 『**매이지**』 않는다(딤후 2:9). 현명한 사람이 말을 한 후에(행 13:39) 그 말들이 경멸당하고(행 13:45) 무시될(살전 2:13) 수 있음을 주목하라. 그 말들이 들렸을 때 아무도 들어주지 않는다. 그러나 사도행전 13장에서 바울이 했던 그 말씀들은 그 회중에게 큰 영향을 끼쳐서 그들이 그 말씀들을 10년 동안 담아 두게 되었다. 사도행전 21:27-30을 보라. 아시아에서 온 그 유대인들은 바울이 회심시킨 어떤 이들보다 오히려 더 오래도록 그 말씀들을 기억했다. "조용"해지고 현명한 사람의 음성이 더 이상 들리지 않게 되었을 때, 그 말씀들이 "들리기" 시작하는 것이다. 복음을 거부한 그 유대인들은 남은 생애 동안 자기들 머릿속에서 사도행전 13:38-40의 말씀들을 들었다. 예레미야 38:16-20에서 시드키야와 예레미야 사이에 있었던 조용한 대화는 예레미야가 떠난 후 20년 동안 시드키야의 뇌리에 생생히 남아 있었다. 눈을 뽑히고 바빌론의 독방에 감금된 시드키야는 누가 들려주지 않는데도 그 모든 말씀들을 되풀이해서 들을 수 있었을 것이다. 사무엘과 사울 사이에 있었던 조용한 대화는(삼상 9:25) 철저히 들렸다. 그 말씀을 경멸하고(삼상 10:18) 무시했어도(삼상 13:12) 사울은 결코 그것을 잊을 수 없었다. 사무엘상 28:15을 보라. 나아만이 시리아로 돌아가서 자기 주인인 왕과 함께 림몬의 집에 들어가 경배했을 때, 그의 귀에는 팔레스타인 땅에서 엘리사와 했던 대화 말고는(왕하 5:18) 아무 소리도 들리지 않았다. 히브리 선지자로부터 하나님의 진리를 들은 후, 『**다스리는 사람**[시리아왕]**의 외침**』 따위는 종교적으로 그에게 아무런 의미도 없었다. 성경 거부자가 현명한 사람의 말들, 곧 "그가 듣지 않으려 했던 말들"을 "듣게" 되는 것은 그가 홀로 "조용히" 있을 때이다.

16절과 17절은 둘 다 참되며, 아무것도 "손볼" 필요가 없었다. 주석가들은 자기들이 무언가를 아는 사람이라고 인정받게끔 뭘 좀 발해야만 되겠다고 느꼈을 뿐이다. 하지만 그들은 전혀 몰랐다.

『**지혜가 전쟁의 무기들보다 나으나**』(18절). 무기는 사용하는 법을 알지 못한다면 전혀 유익이 못된다. 무기를 다루는 법을 알지 못한다면 그 무기로 적군뿐만 아니라 자기 자신도 해칠 수 있다. 무기들은 필연적으로 생기지 않을 수도 있는 적들을 만들어 낸다. 『**전쟁의 무기들**』은 잠입과 파괴 활동을 포함하여 확실한 군사 작전에 대항할 때는 무력하다. 베트남에서 미국은 허를 찔리고, 포위당하고, 침투당했다. 그런 전쟁에서 이길 승산은 3천만 분의 일도 안 된다. 이것은 마치 양손이 가죽 끈으로 허리 뒤에 묶인 채 섭씨 40도의 온도에서 타이슨 같은 사람과 권투로 대결하러 링에 오르는 것과 같은 일이다. 때때로 "지혜"가 있으면 군사적 충돌을 "피할" 수 있고(삼상 16:2-5, 삼하 20장), 그리하여 『**전쟁의 무기들**』을 사용할 필요가 없게 된다. 미국은 역사상 세 번 지혜의 부족으로 인해 불필요한 싸움에 말려들었다. 세 경우 모두 수십만 명의 생명을 잃고 재정적인 빚을 지게 되었고, 이 빚은 지금까지도 갚지 못한 채 남아 있다. 제1차 세계대전은 1992년의 크로아티아 · 세르비아 전쟁과 마찬가지로 전혀 미국의 일이 아니었다. 한국 전쟁도 1983년 레바논 전쟁과 마찬가지로 미국의 일이 아니었다. 베트남의 "군사 고문들"과 더불어 케네디의 눈멀고 우둔한 지도력을 증진시킨 일도, 남아프리카공화국을 공산당에게 넘기려고 애쓰며 했던 일(1989-1992)만큼이나 미국의 일이 아니었다.

사람에게 지혜가 있으면 때때로 무기의 공격을 피할 수 있고, 또 때로는 자기를 대항하는 원수의 무기를 돌이킬 수도 있다(삼하 23:21). 성경에는 자기 원수의 군대와 무기들을 사용해서 보좌에 앉은 한 사례가 나온다(다윗, 대상 12:16,19).

『**지혜가 전쟁의 무기들보다 나으나 한 명의 죄인이 많은 선을 파괴시키느니라**』(18절). 비록 지혜가 『**전쟁의 무기들보다**』 낫기는 하지만, 어떤 도시나 지방이나 국가를 파괴시키는 일은, 마틴 루터 킹 주니어, 테드 케네디, 빌 클린턴, 대법원 판사 윌리엄 더글러스같이 허울 좋고 교만하고 잘 속이고 자기중심적인 죄인 "한 사람"이 지혜를 뒤집어엎으면 끝난다. 이 자명한 이치는 여러 가지에 적용할 수 있다. "하나의 썩은 사과가 온 바구니를 망친다." 1900년 이후 현재 서구 문명의 영적, 도덕적 상태는 대략 열두 사람의 책임으로 볼 수 있다. 현대의 교육자들, 과학자들, 정치인들, 교황들, 대부분의 기독교인들은 이 열두 사람을 두고 "진보"와 "성숙"을 가져온 사람들이라고 생각한다. 그 죄인들은 다음과 같다.

1. 찰스 다윈
2. 지그문트 프로이트
3. 칼 마르크스
4. 알베르트 아인슈타인

5. 웨스트코트와 홀트
6. 교황 피오 12세
7. 어거스틴
8. 오리겐
9. 마틴 루터 킹 주니어
10. 프랭클린 D. 루즈벨트
11. 에이브러햄 링컨
12. 아돌프 히틀러

자연히 교황 보니파스, 교황 바오로 6세, 스펠만 추기경, 풀톤 쉰 주교, 니체, 헤겔, 네슬, 필립 샤프, 버트런드 러셀, 지오반니 젠틸레, 토마스 아퀴나스, 윌리엄 제임스, 애들러, 융 등등은 이 죄인들의 범행을 방조했다. 그리하여 한 죄인이 "열 세기 동안" 지속될 피해를 끼칠 수 있게 된 것이다.

아다만티우스 오리겐(A.D. 184-254) 같은 한 죄인은 "보수주의"와 "복음주의" 기독교인들 "열여덟 세대"를 파괴시킬 수 있다. 웨스트코트와 홀트 같은 한 죄인은 50년도 못되어 5,000명의 젊은이들을 사역에서 뽑아낼 수 있다. 칼 마르크스 같은 한 죄인은 5,000만 명이 넘는 중국 시민과 러시아 시민들의 목숨을 앗아가는 독재정부를 세울 수 있다. 그 시민들은 자기네 지도자들에게(레닌, 스탈린, 마오쩌뚱) 살해당했다. 교황 피오 12세 같은 사악한 살인자 한 사람은 600만 명의 유대인들과 자기네 교회(자기 지역 교구인 로마에서) 회원들 300명 이상이 도살당하는 일을 입을 다물어 원조할 수 있다. 그는 전 세계가 그를 영적인 지도자로 추앙하는데도, 자기 입을 테이프로 봉해 두었고 펜과 타자기도 내려놓았으며, 19년이나 지속된 자신의 임기 동안 단 한 번도 "유대인," "이스라엘," "반유대주의"라는 단어를 말해 본 적이 없다. 피오 12세는 바로 아돌프 히틀러와 바티칸 협약을 맺은 그 베를린 추기경이었다. 『**한 명의 죄인이 많은 선을 파괴시키느니라.**』

어떤 젊은이로 하여금 예수 그리스도를 위한 전임사역자 위치에서 나가떨어지게 하는 데는 다른 젊은이 한 명으로 충분하다. "한 명"이면 되는 것이다. 한 명의 젊은 여자가 젊은 남자로 하여금 선교지로 못 가게 막을 수 있다. 범죄와 낙태와 마약거래와 살인과 음란물과 음주를 최소화시키려는 국가법을 모두 어기고 전형적인 위헌적 "판결"을 내림으로써 시민들이 밤에 거리를 다니면 위험하도록 만드는 데는 한 명의 지방법원 판사로 충분하다.

미국에서 카터 정부 이후로 525명의 연방 관료들이 내놓아 축적된 전체 "판결들"은, 헌법의 조항이나 또는 의회에서 통과된 그 어떤 법률 조항에 대해서든 단 하나의 언급도 없이 "독립적으로" 즉석에서 고안해 낸 "사적인 법들"의 총체이다. 모든 경우에 판사 개인이("한 죄인이") 자기 자신의 판결을 최종권위로 만든 것이다. 그 판결들 중 98%는 강간범들, 노상강도들, 살인자들, 성도착자들, 음란물 제작자들, 치한들, 흑인들, 동성연애자들에게, 그리고 "성차별주의"나 "인종차별주의," "계급주의"적인 발언과 그러한 공식적 행위를 검열하고 싶어 하는 사람들에게 호의적이다. 헌법이나 권리 장전과는 아무 관계도 없는 판결들이다.

로마카톨릭 황제 프란츠 요제프의 로마카톨릭 대사였던 카운트 베르크톨드 한 사람이 전쟁을 일으킴으로써 1,500만 명이 넘는 사람들이 죽는 결과를 가져왔다.

찰스 다윈 같이 무지하고 오도된 멍청이 한 명이, 100년 동안 매년 5만 명씩 대학 졸업자들의 지성을(결과적으로 생명을) 파괴시키는 "도미노" 연쇄반응을 시작할 수 있다. 음란하고 자기중심적인 성도착자들의 정글 문화를 촉진시키는 것 말고는 어떤 일에도 무자격인 500만 명의 "지도자들"을 만들어 낸 것이다. 현대의 대학 캠퍼스는 찰스 다윈과 그의 수행원인 원숭이 인간들의 창조물이다.

전도서 10장

10:1 죽은 파리들이 약제사의 향유에서 악취를 내뿜는 것같이, 조그마
한 우매도 지혜와 존귀로 평판이 있는 사람에게 마찬가지니라.
2 현명한 사람의 마음은 그의 오른편에 있으나 어리석은 자의 마음
은 그의 왼편에 있느니라.
3 또한 어리석은 자가 길을 걸을 때 그의 지혜가 부족하여 모든 이
에게 자기는 어리석은 자라고 말하느니라.
4 치리자의 영이 너를 대항하여 일어나면 너는 네 자리를 떠나지
말라. 이는 굴복함이 큰 화를 진정시킴이라.
5 내가 해 아래서 본 한 가지 악이 있는데 치리자에게서 나오는 오
류와 같으니
6 미련한 자가 높은 지위에 있고 부자가 낮은 자리에 앉은 것이라.
7 내가 보았는데 종들은 말을 타고 통치자들은 종들처럼 땅 위를
걷는도다.

뒤이어 나오는 격언들은 서로 간에 거의 전혀 연관성이 없다. 잠언에 나오는 구절들처럼 깊이 생각해야 하는 격언과 같은 말씀들이 연이어 나온다. 〈평신도 주석〉은 서둘러서, 우리가 여전히 전도서 9:17의 "조용한 교실"에 있으며, 따라서 또다시 기독교 교육자를 지혜를 고안해 내는 자로 인정해야 한다고 다음과 같이 주장한다. "이 부분에 나열된 말씀에 대해서 누군가는 '한 교사의 노트'라는 명칭을 붙였다... 정말로 그 선생님이 여러 가지 설명을 덧붙이며 학생들을 가르치는 데 사용한 기본 교안이었을 수 있다"(그 책, 121쪽). 그러나 "코헬렛"이라는 단어의 뜻은 "교사"가 아니라 "전도자," "설교자"이다. NKJV는 예수 그리스도의 말씀들이(그들은 전 12:11의 『**목자**』에 해당하는 영어 단어 "shepherd"의 첫 글자 "s"를 대문자로 표기했다) 성경대로 믿는 설교자가 아니라 기독교 학자들에게 주어졌다고 생각하게 만든다. 그러나 그와는 반대로, "목자 되신 주님"의 말씀 곧 성경을 그대로 믿고 지키는 설교자들이 극소수나마 살아남은 것은 그들이 기독교 학문을 고의로 거부했기 때문임을 역사를 통해 알 수 있다. 1절부터 속담처럼 "향유 속의 파리"가 등장한다. 팔려고 내놓은 물건에 결함이 있다든지, 행동에 속임수가 있다든지 하는 식의 의미이다. 여기서 그 파리는 향유에 빠져서 죽었고, 거기서 그 시체가 썩어 향유를 부패시켜 버렸다. 『**...것같이, 조그마한 우매도**』. 그 파리는 4분의 1 갤런의 향유를 담을 만큼 커다란 병 또는 옥합 속에 들어 있을 수가 있다. 누군가의 평판을 망쳐 놓는 『**조그마한 우매**』의 사례들은 너무도 많아서 800쪽 되는 책으로도 다 열거할 수가 없을 정도다. (아무리 『**우매**』해도 언론이 감싸고 돎으로써 그들의 『**향유**』에 전혀 해를 끼치지 않는 경우들도 있지만 말이다.)

다윗의 『**우매**』함은(삼하 11:3) 그가 죽은 후에도 오래도록 기억되었다(왕상 15:5). 아브라함의 『**향유**』에 빠진 『**죽은 파리**』(창 12:13)는 바로 믿음과 신뢰가 부족하여 거짓말을 한 일이었다. 다니엘의 『**향유**』 속에 있는 죽은 파리는 이교도인 왕으로 하여금 그에게 경배하도록 허락한 일이었다(단 2:46).

소크라테스의 "지혜"에서는 여러분이 코를 틀어쥐지 않으면 안 될 고약한 악취가 난다. 그는 청년들의 속옷을 바라보며 성적으로 흥분했다(〈과학과 철학〉, 말씀보존학회 간, 90쪽). 지그문트 프로이트(1856-1939)는 성적 충동, 억제, 콤플렉스에 대한 온갖 이론들을 떠벌려 놓고서 자신은 담배를 피우는 습관을 억제하지 못해서 그것으로 죽고 말았다. 10년이라는 기간에 걸쳐 3번의 고통스런 수술을 받았지만 죽을 때까지 그 습관을 버리지 못하고 결국 그것으로 죽고 만 것이다. 칼 마르크스 역시 그에 대해 안다면 그의 이론을 존중할 사람이 아무도 없을 것이다. 그는 평생에 하루도 농부나 공장 노동자로서 일하지 않았고, 사생아들을 낳았으며 자식 2명을 영양실조로 굶어죽게 했다. 그는 계속 술이나 마시면서 이것을 "자본주의 제도"의 탓으로 돌렸다. 마르크스는 술주정뱅이였다. 그의 딸들 중 1명과 사위 1명은 자살을 했다. 그런데 10억 명의 중국인, 러시아인, 동유럽인들에게 그를 따르라고 강요했던 것이다.

성경에서는 요시야가(대하 35:21-23) 본문의 가장 적합한 사례가 된다. 물론 다른 인물들도 해당된다. 갈라디아서 2:11-15에서 시몬 베드로의 행동은 그 수제자의 향유에 확실하게 한 마리의 『**죽은 파리**』를 빠뜨려 주었다.

『현명한 사람의 마음은 그의 오른편에 있으나 어리석은 자의 마음은

그의 왼편에 있느니라』(2절). 전통적으로 어느 나라에서나 오른편은 힘을 나타낸다(행 2:33, 시 110:1,2). 이것은 거의 모든 나라에서 95% 정도의 인구가 오른손을 사용하기 때문이다. "내 오른손의 아들"(베냐민)에게서 왼손잡이 물매꾼들로만 이루어진 군대가 나온 것은 참으로 희한한 일이다(판 20:16). 영어로 왼손잡이를 "south paw"라고 하는데("south"는 "남쪽," "paw"는 짐승의 "발"), 이제 성경을 집어 들고서 왜 솔로몬이 오른편을 지혜와 의라고 했고 왼편을 어리석음과 악이라고 했는지 알아보도록 하자.

1. "paw"는 동물의 발을 뜻한다. 모든 고양이는 그런 발을 가지고 있다.

2. 표범과 사자는 고양이과의 동물이다(계 13:1-3).

3. 『**멸망의 아들**』은 표범과 사자에 비유된다(계 13장).

4. 그렇다면 "멸망의 아들"은 "고양이 인간"이라고 할 수 있다(스핑크스).

5. 성막과 성전에서 하나님께 나아가는 방향은 항상 동쪽에서 서쪽이다. 태양, 역사, 성령님의 이동방향과 정확히 같다(행 16:6).

6. 따라서 얼굴이 서쪽을 향했을 때(에스겔 8:16에 나오는 사탄의 방향을 주목하라.) 그 왼쪽 손은 남쪽이 될 것이다.

7. 만약 이 손이 고양이 같은 짐승의 손이라면 그의 왼손은 "south paw(남쪽 발)"가 될 것이다.

8. 『**멸망의 아들**』은 오른팔에 문제가 있으므로(슥 11:17, 렘 48:25) 그가 사용하는 팔은 왼팔이 될 것이다. "왼손잡이(south paw)"인 것이다.

전도서 10:2의 표현은 "비유적"이지만, 성경에서 두 번째로 가장 중요한 인물의 인격과 본성에 연관된 신약성경의 진리를 담고 있다.

잠언 6:12-14은 어리석은 자에 대한 어떤 사실을 알려 주는데, 바로 그는 일상생활 속에서 어리석음을 나타내는 특징들을 내보인다는 것이다. 그에게 어떤 지혜가 좀 있다 해도 그것은 그에게 아무런 유익도 되지 못하는데, 습관들이 고착화되어 있어서 꼭 그것들이 드러나기 때문이다. 그는 자기의 우둔함을 감출 수가 없다. 현대에는 어리석은 자를 그가 입은 옷이나 그가 하는 말이나 사귀는 친구, 또 특히 그의 "음악"을 보고 알아맞힐 수 있다. 진짜 바보는 항상 주의를 끌려고 애를 쓴다. 여러 가지 방식으로 그런 일을 하는데, "나는 무신론자다," "나는 불가지론자다"라고 대범하게 선언하는 경우도 있고, 옷도 제대로 입지 않은 채 춤을 추는 경우도 있다. 현대의 바보들은 자기가 더러운 농담을 하고 자기 자동차에 음란한 스티커를 붙이면 사람들의 주의를 끌게 된다고 생각한다. 어리석은 자들은 몹시도 남들의 이목을 끌고 싶어 한다. 그들은 자기에 대한 사랑 속에 빠져 있다. 때로는 짧고 현란한 복장, 원색적인 줄무늬 옷들, 기름을 덕지덕지 발라서 플라스틱 뚜껑을 뒤집어쓴 것 같은 머리, 동성연애자 같은 꼬락서니를 하기도 하는데, 이 모든 것은 "나 좀 보세요! 나는 바보예요!" 하고 외치는 것이다.

성경은 다음과 같은 사람들을 어리석은 자라고 말씀한다.

1. 자기는 무신론자라고 하는 사람(시 14:1).
2. 다른 사람의 아내와 간음하는 사람(잠 7:22).
3. 남을 중상하는 사람(잠 10:18).
4. 위험한 장난을 즐기는 사람(잠 10:23).
5. 마귀처럼 살면서 자신만만해 하는 사람(잠 14:16).

6. 자기 아버지의 훈계를 멸시하는 사람(잠 15:5).
7. 일하지 않고 공상만 하는 사람(잠 17:24).
8. 남의 일에 참견하는 사람(잠 20:3).
9. 육체의 부활을 믿지 않는 사람(고전 15:36).
10. 『**선지자들이 말한 모든 것을**』 믿지 않는 사람(눅 24:25).

이런 기준을 따르면, 현대의 세계적 위인들 가운데 98%가량이 가장 어리석은 자들이었음을 어렵지 않게 볼 수 있다.

성경적 정의에 따르면, 인본주의자들, 대다수의 영화·드라마 배우들, 수많은 농구·야구·축구 선수들, 교황들, TV · 라디오 뉴스 해설자들, 대부분의 정치인들, 신문 편집장들, 대부분의 신학대학 교수진들은 어리석은 자들이다.

이사야 19:11-13; 1:23; 3:4, 예레미야 2:26, 이사야 3:12; 29:10가 진리일진대, 이런 자들로 가득 찬 나라는 "바보들이 이끄는 바보들의 나라"이며, 이것은 전혀 지나친 표현이 아니다.

어리석은 자는 『**죄를 비웃으**』며(잠 14:9), 그렇다면 바보들을 하루에 50만 명 정도씩 쉽사리 찾아볼 수 있다. 모든 일터와 고등학교, 스포츠 경기장, 샤워장과 탈의장, 패스트푸드점, 온천, 술집, 철물점, 변호사 사무실, 그리고 모든 감방에서 사람들은 계속해서 더러운 농담들을 먹고산다.

4절은 전도서 8:2,3에서 살펴본 것처럼 문자 그대로 시므이의 경우이다(왕상 2:36-44). 여기서 "자리를 떠나는" 것은 더 높은 지위를 얻으려고 자기의 근거지를 뜨는 것에도 적용될 것이다. "그대로 있으라," "네 자리를 지키라," "하나님이 주신 자리에 머물러 있으라" 등등.

5절에서 말하고 있는 악은 1933년 이후 미국에서 너무도 흔한 것이라서 찾으려고 애쓸 필요도 없다. 미국의 치리자들은 최고법원 연방관료인 525명의 "판사들"이다. 이들은 모두 하버드 출신인데, 하버드 법과대학은 다음과 같은 내용들을 수차례 진술한 바가 있다.

1. 도덕, 윤리에 관한 절대적인 지침이나 원칙이란 것은 존재하지 않는다.

2. 모든 판결은 소송이 생겨난 동시대의 사회적 "환경"에 순응해야 한다.

3. 십계명은 더 이상 유효하지 않다.

4. 헌법은 다수의 권리를 빼앗고 소수집단에게 특권을 주고 싶은 모든 경우에 재해석되어야 한다.

5. 국가는 범죄자의 권리(즉 집을 부수고 들어가도 총 맞지 않을 권리, 경찰관을 공격하고도 죽지 않을 권리, 범죄 현장에서 도망하고도 저격당하지 않을 권리)를 없애는 법을 통과시킬 수 없다.

6. 강도나 살인범이 당신을 먼저 죽일 기회를 갖기까지는 그를 죽여서는 안 된다.

1964년 이후로 미 연방 최고법원의 판결은 뉴스미디어를 달래기 위한 것이었다. 뉴스미디어 종사자들이 확신하는 그들의 "헌법"은 흑인과 카톨릭교, 사회복지국가, 낙태, 음란물, 인종혼합, 진화론, 총포규제, 팔레스타인 해방기구, 크로아티아를 편들고, 성경과 도덕, 경찰, 유대인, 창조론, 언론의 자유, 거리설교는 적대시한다. 지방법원 판사들의 판결도 모두 이 "헌법"에 맞추어야 하는 것이다.

어떤 판사는 한 흑인에게 백인 경찰관의 가슴을 두 번 찌르기까지 죽지 않을 권리가 있다고 판결했다. 한 번 찔렀는데 그 범인을 죽인다면 범인에 대한 책임을 져야 한다는 것이다. 어떤 판사는 카톨릭 사제의 경우는 아이를 14번 학대한 후에도 가볍게 꾸짖기만 해야 한다고 판결했다. 같은 판사가 남의 돈을 써버린 지미 배커에 대해서는 15년의 징역을 선고했다. 어떤 판사는 공립학교에서 생명의 기원에 대한 이론으로서 창조론 한 가지만 가르친다면 그것은 헌법에 위배된다고 판결했다. 그러나 진화론 하나만 가르친다면 다른 이론을 가르치지 않아도 무방하다. 어떤 판사는 한 가정의 가장이며 모든 일을 잘 수행하는 사람이라 할지라도 백인 남자이면 직업을 가지고 있을 권리가 없다고 판결했다. 흑인에게 직업을 넘겨주어 그가 인종차별주의자가 아님을 증명해야 하고(이것은 인종차별주의이다), 여성에게 직업을 넘겨주어 그가 성차별주의자가 아님을 증명해야 한다는 것이다(이것은 성차별주의다).

『**치리자에게서 나오는 오류**』. 미국 건국의 아버지들이었다면 그런 악덕한 독재정치를 하루도 참지 못하고 혁명을 일으켰을 것이다.

『**미련한 자가 높은 지위에 있고**』(6절). 아카데미상 시상식, 국제연합 회의, 미스아메리카 선발대회, 그래미상 수여식, 국회, 특별히 로마카톨릭의 바티칸 공의회 등에서 볼 수 있는 광경이다.

성경에서는 사울이 훌륭하게 그 조건을 충족시키고(삼상 14:44), 벨사살 역시 그렇다(단 5:1-5). 샤를 1세(1601-1649)도 마찬가지다. 영국 의회의 믿음과 실행에 관한 모든 문제에 있어서 최종권위임을 자처한 샤를은 가장 본문에 잘 들어맞는 사례다. 샤를 1세는 자기의 왕권을 대담하게 부르짖으면서 실제로는 유럽대륙의 카톨릭 군대를 고용하여 자기 국민들을 죽이는 일에 종사하고 있었다. 『**미련한 자가 높은 지위에 있고**』.

샤를 1세는 살인자였다.

어리석은 루즈벨트 대통령은 그의 생전과 사후에 온갖 영예와 존귀에 둘러싸여 있다. 그는 "우리가 두려워해야 할 것은 오직 두려움 그 자체뿐입니다."라고 말함으로써 역사에 남았는데, 이것은 거의 인간의 입에서 나온 가장 어리석은 말이다. 그는 젊은이들을 "다시는 결코" 해외로 전쟁하도록 내보내지 않겠다고 약속한 후 4백만 명 이상을 보냈고, 그리하여 그중 1백만 명이 돌아오지 못했다.

하나님, 심판, 지옥, 나쁜 친구, 죄, 치명적 질병들, 직업적 살인자들, 빨간 신호등에 달리는 것, 정지 표지판, 일제 엄호사격, 융단 폭격, 고성능 폭약을 두려워하지 않는 모든 사람은(그가 대통령, 시장, 총독, 왕, 교수, 제후, 상원의원, 교황, 사제라 할지라도) 어리석은 자이다.

『**부자가 낮은 자리에 앉은 것이라**』(6절). 이것은 잠언 25:6,7, 야고보서 2:3, 누가복음 14:8-10에 나오는 일들을 언급하는 것이다.

본문에서 어리석은 자가 보좌를 차지했고(7절), 통치자들은 종들과 노예들의 지위로 전락했다. 여기 이것은 진짜 상황들이다. 90%의 주석가들은 구약성경의 4분의 3을 이해하지 못하므로 6절의 『**부자**』가 "지혜에 있어서 부요한 사람," 또 "영성에 있어서 부요한 사람"을 의미하는 것으로 만들려고 한다. 이런 사적인 해석은 터무니없는 것으로서, 누군가가 바울이 태어나기 1,000년 전인 전도서에다가 디모데전서 6장을 "교리적으로" 적용하려 드는 것일 뿐이다. 로널드 호킨즈의 〈리버티 주석, *Liberty Baptist Commentary*〉은 본문을 마주 대하자마자 본문은 전혀 다루지 않고 딴 소리만 쓰다가, 마지막에 다음과 같은 말도 안 되는 소리를 한다. "종종 지혜가 결핍된 군주들이 사람들을 다스린다. 많은 치리자들이

미련한 자를 높이고 지혜 있는 자를 모욕하며, 무가치한 자들에게 권세와 특권을 주려고 한다. 그런 상황 속에서 지혜가 있는 사람은 자기의 말을 조절해야 한다." 그렇게 둥글게 둥글게 말하면서 6절을 그것과 관계없는 4절에다가 묶어 버렸는데, 이로써 솔로몬왕을 그 마음이 잘못된 쪽에 있는(2절) 지혜가 결핍된 왕으로 만들고, (4절에 불복종하는) 시므이를 "지혜가 있는 사람"으로 만들었다.

이것은 성경을 고치는 자가 어떤 구절을 가지고서 존재하지도 않는 문맥 속으로 끌어들일 때 도달하게 되는 신학적 정신병원이다(시 12편 주석 참조). 로널드 호킨즈는 전형적인 알렉산드리아 이단의 방식을 따른 것이다. 구절을 이해할 수 없다면 4가지 선택사항이 있다.

1. 구절을 무시하고 주석하지 않는다.

2. "원어"로 달려가서 자신의 우둔한 생각에 맞게 구절을 고친다.

3. 구절과 바로 붙어 있는 문맥에서 구절을 뽑아내어 거짓을 사실처럼 만든다(딤후 3:16의 문맥을 제거한 것처럼).

4. 구절을 한 문맥 속에 고착시켜서 적용되는 상황을 제한시키고, 이로써 문맥은 다르지만 그와 같은 내용을 가진 다른 구절들과 전혀 들어맞지 않게 만든다.

호킨즈는 이 네 번째 것을 선택했다. 그는 성경이 제시하는 해석을 저버렸다. 구약에서 "부자들" 대다수는 올바른 삶을 통해 그들의 부를 얻었다(욥 33:23-30; 22:21-30; 8:3-7; 5:17-27 등). 특히 욥기 34:10-18을 주목하라. 거기에는 "통치자들"(18절)과 "잘못된 치리자"(30절)에 대한 언급이 나온다.

구약에서 부자가 되고 싶으면 올바르게 살면 된다. 잠언 8:20,21;

3:33; 14:11; 15:6; 19:14 등을 보라. 성경을 거부하고 성경을 고치는 근본주의자들이 걸려 넘어지는 이유는 간단하다. 야고보서와 잠언, 시편에 있는 수많은 구절들이 부자들을 나쁜 사람들로, 가난한 자들을 좋은 사람들로 취급하기 때문이다(눅 16:19-23도 마찬가지 예이다). 이 현상은 대환란 때의 상황이고, 근본주의자들 가운데 예언을 다루는 저술가들 그 누구도 아직껏 감히 환란 시대의 구원에 대해 논의하지 못했는데(웨버, 락우드, 린세이, 커반 등) 이 구절들은 모두 교리적으로 그때를 가리키고 있으므로(마 25:30-42, 마 5:4,5, 눅 6:21 등), 그들 모두는 풀어낼 수 없는 난관에 봉착한 것이다. 그리하여 성경을 거부하고 성경을 고치는 근본주의자들은 구절들을 영적으로 해석하여, 신학적으로 당시의 상황에서 벗어나게 만든다. 그런 본문들에서(산상설교, 야고보서 5장 등) 애통해하고 울고 굶주린 사람들은 마태복음 25:35에서처럼 실제로 애통하고 울고 굶주린 것이다. 이것이 구약과 신약에 대한 정확한 교리적 신학으로서 성경과 미래 역사에 조화가 되지만, 근본주의자들은 항상 성경의 내용 중 교회 시대 이외의 모든 것을 완전히 엉망으로 만들어 버린다. 이리하여 호킨즈는 전도서 10:6의 『**부자**』에게서 돈을 빼앗아 버렸다. 전도서 10:6의 『**부자**』는 잔치에서 "상석"이 주어져야 하는 부유한 통치자들이지만(7절), 그러는 대신에 말고삐를 붙들고서 연회장으로 걸어가고 있다. 말 그대로 부유한 통치자들인데 그것을 "현명한 자들"로 바꿈으로써, 배교한 성경개정자들은 자기들의 미신적 전통에 따른 신화적인 성경을 만들어 냈다. 종이(창 9:15) 잔치에 "말을 타고" 가며(에 5:12) 반면에 『**왕의 씨**』는(사 39:7) 그의 『**발판**』에(약 2:3) 앉아 있는 것은, 미국의 인종차별주의를 완벽하게 묘사해 주

는 것이다. 압살롬은 말을 타고 다윗이 걸어간 것이(삼하 15:30) 이 일의 완벽한 사례가 된다. 하만은 말을 타고 모르드캐가 걷는 것도 마찬가지다. 주님께서 에스더 6:8에서는 섭리적으로 그 상황을 뒤집으셨지만, 이 두 경우 모두 통치자들은(다윗과 모르드캐) "현명"하기만 한 것이 아니었고 둘 다 재물에 있어서 부유하게 되었음을 관찰해 보라(에 10:3, 대상 29:28).

아도니베섹이 손가락과 발가락을 잘랐던 왕들은(판 1:7) 지혜가 아니라 재물에 있어서 부유했고, 아도니베섹은 미련함으로 가득 차 있었다(판 1:8). 여로보암은(왕상 11:26) 『**높은 지위에**』 앉은 종이었다. 예후와 맞선 왕자들은(왕하 10:2-8) 머리가 잘렸다. 그들 중 누군가가 현명한 사람이었다는 암시는 어디에도 나와 있지 않다. 주석가들은 이 지구상에 존재한 적도 없는 신화적인 성경을 만들어 냈을 뿐이다.

이 본문과 함께 숙고해 보아야 할 엄청난 진리가 있는데, 이 진리는 성경에서뿐만 아니라 인류의 역사 전체에서 발견되는 것이다. 열등한 사람들은 더 우수한 사람들이 자기들에게 몸을 굽히기를 강렬하게 원한다. 그들에게 있어서 이 일은 목숨보다도 더 큰 의미를 갖는다. (자기들보다 더 우수하다고 알고 있는) 어떤 사람이 자기들에게 경의를 표하거나 자기들을 인정하게 만들 수만 있다면, 엄청나게 즐거운 하루가 되는 것이다. 폰티오 빌라도를 격분케 했던 일은 바로, 예수 그리스도가 자기에게 공손히 말하도록 만들지 못한 것이었다. 요한복음 18,19장의 대화를 살펴보라. 하만을 흥분시켜 죽음에까지 이르게 했던 일은 바로, 고집스럽고 존경심 없는 한 유대인이 그에게 경의를 표하지 않으려 한 것이었다. 느부캇넷살을 발끈하게 했던 일도(단 3장) 바로, 몇몇 젊은 녀석들이 굽히지도 않고 절하지도 않고 불에 타지도 않으려 한 것이었다. 아합이 최고 군주이면서도 그 삶을 즐길 수 없었던 이유는 외국 군대가 침략하려고 하기 때문이 아니었다(왕상 20:11). 그 문제는 그가 처리할 수 있었다. 그를 "확 달아오르게" 몰아붙인 일은 바로, 포도원을 가진 천한 농부 하나가 그에게 2에이커의 땅을 팔지 않으려 한 것이었다. 바리새인들로 살인하게끔(이것은 문자 그대로다 - 행 5:33, 요 5:16) 몰아붙인 일도 역시, 자기들은 존경을 받을 자격이 있다고 생각하는데 예수님이나 그분의 제자들이 그들에게 전혀 존경심을 보이지 않으려 한 것이었다.

말을 탄 종은 통치자가 발로 걷는 모습을 보아야 후련해 한다. 앞의 마지막 경우에는 십자가에 달린 모습을 보고 즐거워했다. 아무 일도 이보다 그를 더 기쁘게 할 수가 없다. 아무리 많은 부와 명성과 칭송도 이 변태적 가학성 욕구의 불만을 보상해 줄 수 없다.

성경을 공격한 학자들 역시 말안장에 앉고 싶어 한다. 우리가 그들을 존경하고 인정하며 칭송하지 않으면, 용서받을 수 없는 죄라고 여기고 이단이라고 외친다. 그 "말 위에 앉은 종들"은 성경의 권위에 굴복하려 하지 않는다. 그들의 지성이 말안장에 앉고 거룩하신 하나님의 거룩한 말씀들은 그들 발밑에서 걸어가기를 바라는 것이다.

10:8 구덩이를 파는 자는 거기에 빠질 것이요, 담을 허는 자는 뱀에게 물리리라.

9 돌들을 치우는 자는 그것으로 다칠 것이요, 나무를 쪼개는 자는 그로 인하여 위험을 당하리라.

10 쇠가 무딘데도 날을 갈지 않으면 그는 더 힘을 써야만 하나, 지혜는 지도하기에 유익하니라.

11 실로 마법이 없으면 뱀은 물 것이요, 말쟁이도 이보다 낫지 못하니라.

12 현명한 사람의 입의 말들은 은혜로우나 어리석은 자의 입술은 자신을 삼키리니

13 그의 입의 말들의 시작은 어리석음이요 그의 이야기의 끝은 사악한 광기니라.

14 어리석은 자는 또한 말이 많으니, 사람이 장차 무슨 일이 있을지 말할 수 없도다. 그의 뒤에 무슨 일이 있을지 누가 그에게 말해 줄 수 있으리요?

15 어리석은 자의 수고는 그들 모두를 피곤하게 하나니, 이는 그가 성읍으로 가는 길도 모름이라.

〈리버티 주석〉은 이전의 내용과 조화시키려고 8절을 4-7절에 묶으려 든다. "그런 식의 행동을 추구하는 사람들은 자신에게 커다란 해가 되어도 그 위험을 무릅쓴다. 아무도 독사의 습격이 언제 그의 살에 자국을 남길지 알지 못한다"(1277쪽). 9-11절에서는 진창과 유사 속에 빠져서 완전히 길을 잃어버린다. "의무를 회피하려 드는 사람들은 무딘 도끼로 일하는 사람과 같다. 그의 안전은 보장할 수 없으며, 그의 모든 수고에 대해 이익이 지속되리라고 기대할 수가 없다... 사람이 독사 같은 치리자에게 물리는 것을 피하기 위해서는 이로운 방향의 지혜가 필요하다... 그러면 뱀 같은 치리자가 주의 깊게 지혜의 마력을 사용하는 사람을 대적해서 치리하지 못하게 될 것이다."

그는 일곱 구절을(2-8절) 모두 한데 묶어 놓음으로써 얼토당토않은 사적인 해석을 제공한 것이다. 얼마나 환상적으로 성경을 변개시켜 놓았는지 주목해 보라. 〈리버티 주석〉은 "뱀"을 "치리자"로, "부자"를 "현명한 사람"으로, "반역자"(시므이)를 "현명한 사람"으로, 그리고 저자인 솔로몬을 "어리석은 자"로(4절 주석) 바꾸어야 했으며, 그 다음 10:11의 "뱀 부리는 자"가 "기도하는 사람"에 대한 언급이라고 주장하려고 이사야 26:16에서 "원본"으로 달려가야 했다. 〈킹제임스성경〉을 제거하려는 노력의 결말은 이런 것이다. 호킨즈는 (불신하는 마음으로 가득 차서) 11절을 4절과 5절과 함께 싸매어 버렸고, 그렇게 하기 위해서 이 주제와는 아무 상관도 없는 이사야서 한 구절 말고는 성경을 단 한 구절도 언급하지 않은 채, 55줄에 달하는 주석을 써야 했다(1277,1278쪽).

『**구덩이를 파는 자는... 담을 허는 자는**』(8절). 어떤 구절도 4,5,6,7절과는 전혀 연결되지 않는다. 이것은 앞의 내용과는 분리된 잠언으로서, 최소한 지켜야 할 기본적인 것을 다룬다(욥 6:27, 시 7:15; 9:15; 35:7; 55:23; 57:6; 94:13, 잠 26:27, 또 이와 관련하여, 신 19:14; 27:17, 잠 22:28; 23:10). 여러분은 심는 대로 거두게 된다. 최저소득보장에 대한 구약의 구체적인 계명을 어기면 그에 상응하는 응징을 받게 된다.

호킨즈는 전도서 10:8을 마주쳤을 때, 예레미야 18:20을 놓쳐 버렸다. 『**담**』(8절)은 『**돌들**』(9절)처럼 사람이 가진 유업의 경계를 나타내는 표시이다(왕상 21:3). 리버티 대학의 말대로 나봇이 "뱀 같은 치리자에게 마법을" 쓰려면, "굴복하고서"(4절) 아합에게 포도원을 바쳐야 했을 것이다. 이것은 〈킹제임스성경〉을 망쳐 놓기 시작할 때 빠져드는 쓰레기더미다.

여기에 네 가지 경고가 나와 있다.

1. 다른 사람을 해하려고 덫이나 올무를 놓지 말라. 자신이 거기에 빠지게 될 것이기 때문이다(잠 1:16-18).

2. 재산을 늘리기 위해 다른 사람의 재산의 담을 헐어내지 말라. 담 속에 뱀이 있는 수가 많기 때문이다. "울타리가 좋은 이웃을 만든다."가 1900년경 미국의 건전한 격언이었는데, 현대인들은 "인종과 성별과 가정과 교실과 재산과 소득수준의 벽을 모두 헐어 버려서 모든 사람이 침범할 수 있게 하자."라고 주장한다.

3. 가장 단순한 작업이 위험한 것일 수가 있고, 일꾼의 보상이나 업무상해보상이 없는 곳에서는 주의를 해야 한다. 성경에서는 부주의에 대한 책임을 본인에게 돌린다. 현대인들은 어떻게 벌어진 사고이든 간에 그 책임을 항상 남에게 돌린다. 여인을 강간하다가 저격당하면 그 상해에 대해 경찰관에게 책임을 돌리고, "주의"라는 표지판이 있는데도 다리에서 떨어져 목이 꺾이면 다리를 만든 회사에 소송을 걸며, 체육관에서 하키를 하고 놀다가 다치면 - 4인치 크기의 글자로 된 3개의 표지판으로 경고하였기에 다친 것에 대한 책임이 본인에게 있지만 - 체육관을 건축한 사람들을 고소한다. 그 결과 낙태, 마약중독, 성병, 성도착 등이 난무하고 감옥은 "무죄한" 사람들로 가득하다.

8절의 『**뱀**』은 침입자가 담을 헐어 내기 전에 그 뱀에게 마법을 쓰는데 실패하는 경우 11절에 나오는 뱀과 연관이 된다. 여러분이 보듯이 그 뱀은 담 속에 있다. 그 뱀을 보았을 때는 이미 너무 늦다(암 5:19). 인도에서는 음악과 춤으로 코브라에게 마법을 걸고는, 춤추는 소녀가 무릎을 꿇고 앉아서 코브라에게 입을 맞춘다.

4. 최저소득보장을 위해 세워 놓은 돌들을 함부로 다루다가는 다치게 될 수 있다(이것은 담에 대해 다루는 8절과 거의 같은 원리이다).

벌목하는 사람들은 모두 알겠지만, 나무를 쪼개는 일은(시 141:7 주석) 위험할 수도 있다. 진녹 오크나무를 도끼로 쪼개려고 하면 아주 날카로운 양날 도끼라 할지라도 얼굴 쪽으로 되튀게 된다. 또 때로 도끼날이 날아가서(왕하 6:5) 누군가를 죽이기도 한다(신 19:5). 또 도끼날이 나무의 미끄러운 부분에서 미끄러져 다리나 발을 찍어 응급실로 실려 가야 할 수도 있다. 나는 잎이 무성한 덩굴로 가려진 철사에 전기톱이 맞고 되튀는 바람에 윗입술을 다친 적이 있다. 다행히도 열 바늘만 꿰매면 되었다. 『**그로 인하여 위험을 당하리라**』(9절).

구절을 문맥 속에 둔다면, 그것은 경계를 표시하는 일련의 나무들을 잘라내는 것, 또는 다른 사람의 재산을 두른 나무 울타리를 베어내는 것에 대한 언급이다. 『**견고한 성읍들**』(민 32:36, 신 3:5; 9:1; 28:52, 삼상 6:18 등)에는 놋이나 철로 된 것뿐만 아니라 나무로 된 성문들도 있다. 『**견고한**』 성읍이라고 말할 때 항상 돌로 된 벽에 대한 언급은 아니다(렘 46:22). 시편 74편에서 솔로몬 성전을 지은 "나무 베는 자들"은 더 이상 『**유명**』하지 않게 되었는데(시 74:5), 그것은 누군가가 "나무를 쪼개었기" 때문이다(시 74:6,7). 나무를 쪼갠 그들은 확실히 『**그로 인하여 위험을**』 당했다. 사실 이런 일을 했던 사람들은 느부캇넷살의 군대에 있었다(렘 52장). 여러분은 느부캇넷살의 군대에 무슨 일이 일어났는지 알고 있는가? 예레미야 50장을 읽어 보라.

『**쇠가 무딘데도**』(10절). 그 교훈은 분명하다. 항상 힘만으로 일을 잘

처리할 수는 없다는 것이다. 이것은 경계를 파괴시키는 일이 아닌 합법적인 벌목에 있어서도 그러하다. 이 구절에서 지혜는 칼을 가는 숫돌이나 줄, 전기 연마기와 같은 것으로 묘사된다. 지혜는 육체적인 힘이 아니라 정신적인 힘과 관계되는데, 어떤 일이든 그 두 가지가 모두 필요하다. 머리가 좀 부족한 사람은 근육으로 부족함을 메워야 한다. 잔디 깎는 기계의 톱날이 풀을 자르는 대신 풀을 눕혀 놓기만 하고 잔디밭을 온통 울퉁불퉁하게 만들어 놓음으로써, 고르게 만들기 위해서는 다시 두 번씩 지나가야 하는 것보다 더 지겨운 일도 없을 것이다.

『**실로 마법이 없으면 뱀은 물 것이요**』(11절). 마법사의 통제를 받지 않은 뱀은 물기 마련이다. 그런데 바로 이 뱀과 같은 자들이 12-14절에 있는 "어리석은 자"다. 『**어리석은 자는 또한 말이 많으니**』(14절). "어리석은 자의 말"은 통제받지 않은 뱀과 같다(13,14절). 이는 그가 자연 상태로 있으면 그의 입으로 피해를 입히기 때문이다. 이 구절은 외부적인 힘(뱀의 경우에는 마술을 거는 자)에 의해 전혀 억제되지 않은 자연 상태를 다룬 것이다(잠 12:18; 12:9; 24:28; 11:12,13 등).

12절은 잠언에 나오는 구절들과 너무도 잘 조화를 이루기 때문에 성경 말고는 손에 아무것도 없을지라도 이 전도서와 잠언 둘 다를 누가 기록했는지 알 수 있다(잠 8:8; 10:19,20,21; 12:6; 15:1,2; 17:27,28; 18:4 등). "상냥하게 말하라. 스스로 내놓은 말을 먹어야 할지도 모르기 때문이다," "어떤 사람들은 입을 열 때마다 실언을 한다"와 같은 의미이다(잠 10,17,26장 주석 참조).

『**시작은 어리석음이요... 끝은 사악한 광기니라**』(13절). 예를 들어 소크라테스, 플라토, 아리스토텔레스, 마르크스, 프로이트, 헤겔, 쇼펜하우어, 교황 보니파스, 피히테, 니체, 교황 이노센트 1세, 볼테르, 히틀러, 루소, 교황 요한 23세, 다윈, 융, 애들러, 버트런드 러셀, 교황 바오로 6세, 넬슨 만델라, 교황 요한 바오로 2세 등이 이에 해당한다.

사례: "사람들이 어떻게든 술을 마실 방도를 찾아낼 것이기 때문에 금주법은 폐지하는 것이 현명합니다. 도덕의 문제를 법으로 규제할 수는 없는 것이지요." 이 말을 한 정신이상자는 즉시로 이렇게 말하게 된다. "마약도 규제하지 마시오." 무슨 차이가 있는가? 사람들이 마약도 원한다면 손에 넣을 방도를 찾아내지 않겠는가? 물론 그럴 것이다. "도덕의 문제를 법으로 규제할 수는 없는 것이지요." 그러면 코카인, 헤로인, 마리화나 거래를 어떻게 막겠는가? 못한다. 『**사악한 광기**』다. 미국에서 연방준비제도는 매년 9천만 달러꼴로 가짜 돈을 찍어 내고 매년 국가에다 고의로 4천억 달러가 넘는 빚을 지우는데, 수입 수출에 관한 법률, 이자율과 실업률을 낮추는 것에 대해 이야기하는 자는 누구인가? 파산에 관한 온갖 법률을 가진 미국이 1945년에 완전히 파산하여 부분적으로라도 결코 회복되지 못했는데, 일부 우스꽝스러운 대통령 후보자들이 "수지 균형을 맞추는 것"과 "연방 예산 적자"에 대해 말하는 것은 바로 『**사악한 광기**』다. 현실 판단 능력이 전혀 없는 어떤 자들이 28년 동안(1964-1992)의 결과를 관찰해 놓고서도 "인종 혼합"을 촉진하려는 꼴은, 지성을 가진 사람으로서는 도저히 이해할 수가 없다. 정신병자가 아닌 이상 누가 그런 일을 촉진하려 하겠는가마는, 바로 미국의 텔레비전, 라디오 방송과 신문 잡지들이 그렇게 하고 있다.

1992년에 미국에서는 급진 좌익의 국제사회주의자 2명이 일어나서 이전에 "도덕적 다수"라 불렸던 집단의 표를 얻기 위해서 "가족의 가치"에 관해 논의했다. 그러나 그 둘 중에, 평생 어떤 가정이든 계속 함께 지내도록 한 가지 도움이라도 준 사람은 아무도 없었다. 또 그 둘 중에, 어떤 가족이 가진 도덕적 규범과, 어떤 가족이 도둑이나 노상강도, 흉악범, 강간범, 살인범, 성도착자로부터 보호받을 권리와, 어떤 가족이 학교를 선택할 권리와, 어떤 가족이 자녀들이 사귀기에 바람직한 친구를 선택해 줄 권리를 보호해 주려고 한 가지 일이라도 하고 있는 사람 역시 아무도 없었다.

"가족의 가치"와 유대교-기독교의 전통에 대해서는 떠벌리면서도 미국인들에게서 연방준비제도를 없애 주는 운동을 벌인 후보자는 1961년 이후로 단 한 명도 없었다. 만일 그랬더라면 미 국민의 가족들이 이후 40년간 빚진 상태로 있지 않았을 것이고, (문자 그대로) 연방정부의 무력으로 아이들을 강제로 버스에 태워서 전혀 가고 싶지 않은 곳으로 데려가는 대신에 그들이 선택한 학교에 가도록 해주었을 것이며, 가족마다 자체의 가업을 세우고 가족의 가치기준에 따라 생계를 꾸려나갈 수 있게 해주었을 것이다. 또 모든 주부들로 하여금 자기가 가장 좋게 여기는 방식대로 재산을 보호할 수 있게 해주었을 것이고, 학교와 음식점, 모텔, 교회, 온천, 화장실 등에서 하루에 12시간 동안 성도착자들이 자녀들에게 방해받지 않고 자유롭게 접근하는 일을 막을 수 있었을 것이며, 신문 잡지와 라디오, 텔레비전, 성인영화, 책들로 음란물을 배포하는 짓을 검열할 수 있었을 것이다. 대통령 후보자들 그 누구도 미국 가정들이 자기의 가치기준을 지킬 수 있도록 하기 위한 일을 전혀 하려 들지 않았다.

『그의 이야기의 끝은 사악한 광기니라.』

진짜 최신의 현대적 표현으로 된 사례를 원한다면 다음을 보라.

(불구자 한 사람이 병원에서 그를 방문 온 사람과 이야기하고 있었다.)

"며칠 전 비행기 사고를 당했어요! 탈출을 해야 했지요!"

"오 저런, 안됐군요!"

"아뇨, 다행이었어요. 낙하산을 가지고 있었거든요."

"오, 잘됐군요! 정말 다행이었네요!"

"아뇨, 문제가 있었어요. 낙하산이 펴지질 않았거든요."

"오! 안됐군요!"

"아뇨, 결국 괜찮았어요. 내려오면서 아래쪽에 건초더미가 있는 걸 보았거든요."

"오, 잘됐군요! 건초더미가 있었다니 정말 다행이었네요!"

"아뇨, 문제가 있었어요. 건초더미 속에 쇠스랑이 있었거든요."

"오, 정말 안됐군요!"

"아뇨, 잘 됐어요. 쇠스랑을 빗나가서 떨어졌거든요."

"휴우! 다행이었네요!"

"아뇨, 다행이 아니었어요. 사실은 건초더미 옆에 떨어졌거든요!"

14절은 『**어리석은 자의 음성도 말이 많음으로 알려지느니라**』(전 5:3, 잠 10:19)라는 말씀을 보강해 주는 것이다. 이 경우에 그 어리석은 자는 미래를 예언하고 있는 중이다. 그러나 그는 미래를 알아낼 수 없을 뿐만 아니라, 하나님께서 그에게 알려 주신 미래에 관한 사실도 받아들이지 않으려 한다. 예를 들어, 신명기 28,29,32장, 예레미야 38:16-23, 아모스 7:16,17을 보라. 이 세 경우 모두 어리석은 자는 『**그의 뒤에 무슨 일이 있을지**』 정확하게 들었으나, 세 경우 모두 그것을 거부했다. 신약성경

마태복음 24장, 누가복음 17장, 디모데후서 3장, 그리고 요한계시록 스물두 장 전체에 관해서도 이러한 현상이 반복되고 있음을 보라. 『**누가 그에게 말해 줄 수 있으리요?**』 말해 줄 수 없다. 왜냐하면 그 어리석은 자가 들으려고 하질 않기 때문이다. 그는 말하느라고 너무 바쁘다(14절). NASV는 『**사람이**』를 "아무도 모른다"로 바꾸어 버렸지만, 그것은 분명히 사실이 아니다. 어리석은 자가 아닌 사람은 "알 수 있다." 그가 죽은 후 가까운 미래에 그의 개인적인 문제들이 어떻게 될 것인지만 알 수 없을 뿐이다(전 6:12; 3:11 주석). 솔로몬은 그의 죽음 후에 무슨 일이 일어날 것인지 알았다. 하나님께서 그에게 말씀해 주셨기 때문이다(왕상 11:11-14).

『**어리석은 자의 수고는**』(15절). 이제 주석가들은 골치를 썩는다. 첫 문장은 12,13,14절에 쉽게 연결될 수 있지만, 둘째 문장은 유별나기 때문이다. 상식이 결여된 제미에슨은 완전히 엉망이 되고 만다. 그는 성읍이나 거기로 가는 길에 관해서 자기의 무지를 드러낸다. 그는 영적 적용을 하여 그 성읍을 새 예루살렘이라고 함으로써 무지를 보상해 보려고 했다. 〈뉴 바이블 주석〉은 "실제적인 지혜, 실전에 쓸 수 있는 기능" 운운하는데, 역시 암흑 속에서 방황하는 것이다. 〈위클리프 주석〉은 "대부분의 사람에게 평이한 것이 어리석은 자에게는 감추어져 있다."라고 말함으로써, 본문의 『**어리석은 자**』가 바로 주석가 자신의 이야기임을 확인시켜 준다. 성경대로 믿는 사람들에게는 평이한 것이 주석가들에게는 감추어져 있는 것이다. 〈브로드만 주석〉은 본문의 성읍을 전도서 9:14에서 포위된 『**작은 성읍**』과 한데 묶어 버린다. 왕의 군대에서 무단이탈하거나 후방에서 뒤쳐져 버린 군인이 아닌 이상, 그 군대를 이끄는 『**큰 왕**』이 포위한 성읍으로 가는 일에 대해서 어찌 걱정하겠는가? 〈평신도 주석〉은 "어리석은 자는 마을로 가는 길도 찾을 수 없다는 이것은 근본적으로 명예를 깎아 내리는 것이다"라고 하는데, 전혀 무익한 소리다.

그 어떤 주석가도 이 구절의 의미를 알려 줄 성경 구절을 하나도 인용하지 못했다. 그들은 구절을 이해하기 위한 기본적이고도 본질적인 자료, 곧 성경을 고의로 제쳐놓았다.

첫 번째 문장은 쉽다. 어리석은 자는 무슨 종류의 일을 할 때이든 간에 일하기를 좋아하지 않기 때문에(잠 12:24; 15:19; 18:9; 19:24; 21:25; 22:13) 순식간에 기진맥진해진다. 이 『**게으른 자**』는 잠언 24:30에서 『**지각 없는 자**』라고 불리므로, 이 본문의 『**어리석은 자**』와 같다. 두 구절을 함께 연결시킨다면, 어리석은 자는 어떤 성읍으로 가는 길을 필사적으로 찾으려 하다가도 그 일이 곧바로 그를 지치게 하므로 그는 그 길을 찾아낼 수 없게 된다는 것이다. 면밀히 점검해 보면 그가 성읍이 어디인지 알 수도 있음이 드러나지만, 그는 거기로 가는 법을 알지 못한다. 이것은 다음 몇 가지 이유 때문일 수 있다.

1. 그는 도로지도를 갖고 있지 않거나, 고속도로와 도로망에 익숙하지 않다.

2. 그는 미리 알았더라면 탈 수 있었을 교통수단(버스, 택시, 비행기 등)을 놓쳤기 때문에 황급히 걸어야 하게 되었다.

3. 위험한 방해물을 마주쳐서(매복병들, 은폐된 폭발물, 도로 봉쇄 등) 제 길에서 벗어나야만 했다. 봉쇄되지 않은 길들을 알았더라면 이미 성읍에 도달했겠지만 말이다.

모든 주석가들은 전도서 9:14에서 "포위하는" 일에 대해 읽고 나서도 본문에 대한 그런 "군사적 적용"을 잊어버렸다.

A. 아브라함은 한 "도성"을 찾고 있었다(히 11:10). 그것은 "땅에" 속한 도성이었다(히 11:8,9). 그 도성은 땅 위에 있게 될 것이며(사 2:1-6) 그는 마침내 거기에 들어가게 될 것이다(겔 44-48장). 주석가들은 모두 히브리서 11:14-16을 읽을 줄을 몰랐기 때문에 그것이 "하늘에" 있는 도성이라고 생각했다. 그들은 그 『**도성**』(히 11:10)이 『**본향**』(히 11:14)이며, 『**말하는 사람들**』(히 11:14, 복수형)이 한 사람 아브라함이라고 생각했다. 그러나 아니다.

B. 이 도성은 그 속의 성전과 함께 과거에 두 번 파괴되었고(B.C. 589년과 A.D. 70년), 1994년 이후에 다시 한 번 파괴될 것이다(계 11:1-3).

C. 그 때에 그 도성과 그 근처에 사는 사람들은(마 24:16) 광야로 피난해야만 될 것이고, 그들은 거기서 만나로 부양받을 것이다(미 7:14, 계 12:3-10).

D. 그들은 사람을 죽인 자들처럼(신 21:1-9) 한 도피 성읍으로 도망하게 될 것이다(민 35:6). 이 성읍은 에돔 땅의 『**우스**』에 위치해 있음이 분명하다(애 4:21). 그곳이 세일 산과 파란 산이 있는 곳이고(합 3:3, 판 5:4, 신 33:2) 욥이 있었던 곳이기 때문이다(욥 1:1).

E. 이 성읍은 바로 시편 31:21; 60:9; 107:4-8; 108:10의 주제이다. 시편에서 주님이 『**피난처**』로 등장하실 때(시 9:9; 14:6; 46:1,7,11) 그분은 『**셀라**』 즉 『**반석**』과 연관이 되신다(신 32:4, 시 62:7,8; 91:2,9; 94:22). 지도상에서 이 성읍은 바로 『**우스 땅에**』 있는 바위 성읍 셀라(페트라)이다.

그러나! 『**어리석은 자**』는 『**성읍으로 가는 길도**』 모른다! 그 『**어리석은 자**』는 바로 저 주석가들과 〈킹제임스성경〉 비평가들이다. 그들은 "그들의 수고에 지쳐서" 본문 15절을 읽자마자 성경 찾아보기를 포기해 버렸다. 그들은 성경책 한 장 넘길 힘도 없었다. 『**그들 모두를 피곤하게 하나니**』. 그들은 모두 『**성읍으로 가는 길**』을 모른다.

그들 중 일부가 휴거 후에(『**야곱의 고난의 때**』에) 땅에 남게 되면, 그들은 『**성읍으로 가는 길**』을 찾는 사람을 아무도 도와줄 수 없을 것이다. 그들은 그 성읍이 어디인지도 모르므로 『**성읍으로 가는 길도**』 모른다. 그들 모두는 이 구절을 "주석"함으로써 자기들의 묘비를 기록한 것이다. 그들 스스로가 바로 이 구절의 『**어리석은 자**』임을 확인시켜 주었기 때문이다.

10:16 오 네 왕이 어린아이며 네 고관들이 아침에 먹는 나라여, 네게 화가 있도다.

17 오 네 왕이 귀족의 아들이요 네 고관들이 술 취하기 위해서가 아니라 원기를 얻기 위해 때 맞춰 먹는 나라여, 네게 복이 있도다.

『**아침에 먹는**』 고관들은 한밤중에서 새벽 3시 사이에 잔치를 벌이고 있는 것이다. 17절에 따르면 그들은 "파티를 열고" 있는 것이다. 『**때 맞춰 먹는**』 것은 식사 때와 식사 때의 중간이 아니라 정해진 식사시간에 먹는 것이다. 아침, 점심, 저녁 말이다.

솔로몬은 경험을 통한 조사로써 과식은 음주를 낳는다는 사실을 분명히 알아냈다. 〈브로드만 주석〉은 진리를 한 가지 마주치자 남의 이야기로 만들어 버린다. 19절로 나아감으로써 문단 구분 표시도 제거해 버리고 19절을 16절과 17절의 문맥으로 만들어 버린다. 그리하여 돈이(19절) "보편적인 진리"가 되지 않게 만든다. 그들은 19절을 가지고 "무가치한 치리자들"이 다스리던 고대 왕국들의 한 가지 특징일 뿐이라고 제한시킨 것이다. 그들은 NKJV의 디모데전서 6:10에서도 이처럼 자신들을 덮어 가렸다.

여기에 언급된 『**어린아이**』는 요시야 같이(왕상 13:2) "귀족의 아들" 중 하나가 아니다. 이 아이는 "왕의 씨"가 아니다. 이 아이의 몸속에는 왕의 피가 흐르고 있지 않다. 그는 전도서 10:6,7에 묘사된 치리자와 같다. 성령님의 정확한 주석이 이사야 3:4에 나온다. 양쪽 구절 모두 교리적으로 대환란을 다루는 것이다. 이사야 3:12에서도 다시 한 번 그 문제를 다룬다. 주석가들이 할 수 있는 일은 『**어린아이**』를 "유치한"이나 "미숙한"으로 오역해 버리는 것밖에 없다.

휴거가 가까워짐에 따라 정치 집단들과 뉴스미디어의 신들이 "권력에 오르는" 모습을 주목하라(사 3:12). "아동의 권리"와 "여성의 권리"의 결말은 아이들이 부모를 "다스릴" 권리가 되며, 여자들이 남편들을 "다스릴" 권리가 되는 것이다(사 3:12). 신약(로마서-빌레몬서) 그 어디에도 그들의 "권리"에 대해 부르짖는 사람들은 나타나지 않는다. 그렇게 하는 자들의 행실은 신구약 어디에서든 영적인 행실과는 전혀 관계가 없다.

17절에서 고관들은 새로운 음식 "맛"을 느끼려고 먹는 것이 아니라 『**원기를 얻기 위해**』 먹는다. 그들은 술 취하고 떠들기 위해서 마시는 것이 아니라, 실제로 갈증을 해소하기 위해 마신다.

10:18 심한 게으름으로 건물이 썩고, 손이 한가함으로 집이 내려앉는도다.

『**심한 게으름으로... 손이 한가함으로**』. (잠 12:24; 18:9; 15:19; 19:24; 22:13 주석 참조.)

다음 구절(19절)은 한 구절로 이루어진 한 문단이다.

10:19 잔치는 웃음을 위하여 있고 포도주는 즐겁게 해 주나, 돈은 모든 것을 해결하느니라.

이 간단한 독립된 문단은 이제껏 종이나 돌, 가죽, 질그릇 파편, 점토판에 기록된 것들 중 가장 위대한 진리 가운데 하나를 담고 있다. 이것은 〈브로드만 주석〉의 저자 호킨즈가 이 구절 홀로 돌출되지 않기를 바랐던 구절이다. 그는 이 구절을 "문맥 속에" 집어넣어 기원전의 옛날 일로 만들고 싶어 했다. 이 구절을 그냥 홀로 놔두면 너무도 폭넓게 적용되어 B.C. 1000년으로부터 A.D. 1990년까지 모든 세기에 적용되고, 호킨즈의 고용주 폴웰과 그가 속한 리버티 대학의 목구멍에까지 손을 뻗칠 것이기 때문이다.

『**잔치는 웃음을 위하여 있고**』(19절)라고 말한 후에, 잔치나 포도주보다도 더 많은 웃음과 즐거움을 가져다줄 수 있다고 단언할 수 있는 한 가지 항목이 등장한다. 그것은 바로 돈이다.

"돈이 곧 힘이다."

1850년 미국에서 노예를 샀던 것처럼 지금도 돈이 있으면 사람들을 살 수 있다. 모든 정치인들은 이것을 알고 있다. (기독교 지도자들도 그렇다.) 시 공무원들에게 "호의"를 베풂으로써 그들을 매수할 수 있으며, 모든 범법자들은 그것을 믿고 실행한다. 시 행정관들은 "일할 기회들"과 "시의 대규모 사업계획"에 대해서 "빚"을 지며, 빚을 준 자들에게 복종한다.

돈이 모든 것을 "해결한다"는 분명한 구절을 회피하기 위해서 NEB는 "돈이 모든 것의 뒤에 있느니라."라고 진리를 모호하게 만들어 버린다. 〈리빙 바이블〉은 "해결한다"는 이 현대적 표현을 없애 버리고서 "돈이 모든 것을 주느니라."로 바꾸어 버린다. 이런 것이 성경을 보다 이해하기 쉽게 만든다고 하면서 써놓은 표현들이다. 거짓된 선전인 것이다.

"돈이 곧 힘이다."

돈으로 판사들을 살 수도 있고, 돈으로 비뚤어진 변호사들을 고용할 수도 있고, 돈으로 경찰관과 보안관들을 매수할 수도 있다. 또 돈으로 부패한 성서들을 출판하고 판매할 수도 있고, 돈으로 젊은이들의 마음을 호화스런 캠퍼스로 끌어당겨 그들로 하여금 『**이익이 경건**』이라고 생각하도록 만들 수 있다. 또 돈으로 설교자들을 살 수도 있고, 미국을 지배할 수도 있으며(연방 준비제도), 돈으로 경쟁자나 적을 매수할 수도 있다.

『**돈을 사랑하는 것이 모든 악의 뿌리니**』(딤전 6:10). 이 구절은 〈킹제임스성경〉 이외의 모든 영역본들에서 사라졌다.

뉴욕에서 어떤 경찰관 두 명이(1990년 그들은 둘 다 약 2만 달러의 연봉을 받았다.) 방금 전 두 명의 마약밀매꾼이 급히 탈출한 호텔 방 침대 위에서 열려 있는 여행용가방 하나를 발견했다. 그 밀매꾼들은 마약 단속반이 그들을 찾으며 위층까지 왔다는 소식을 듣고는 창밖으로 뛰어내려 도망치는 바람에 침대 위에 여행용가방 하나를 내버려 둔 것이다.

열려 있는 그 가방 안에는 약 1만 달러가 들어 있었다. 통조림 캔 속의 생선 마냥 빽빽하고도 정연하게 10달러 지폐 500장과 5달러 지폐 1,000장이 들어 있었다. 여러분이라면 이 상황에서 어떻게 했겠는가? 돈을 도로 넣겠는가? 돈을 도로 넣어서 누구에게 주겠는가? 그들이 그것으로 무엇을 했겠는가? 그들은 각자가 석 달 치의 봉급을 눈 앞에 놓아두고 있었다. 그것을 그들의 호주머니에 넣어서는 안 된다고 되어 있는 법조문은 어느 책에도 없다. 『**돈은 모든 것을 해결하느니라.**』 그 돈이 누구의 것인가? "정부"의 것인가?

여러분은 일주일에 200달러를 받고 150명의 회중이 있는 목사직과, 일주일에 400달러를 받고 가족수당, 보험금, 여행경비가 나오며 100명의 회중이 있는 목사직 중에 어느 쪽을 택할 것인가?

"귀하의 기독교 서점에서 NIV와 NKJV의 판매를 촉진시키면 〈킹제임스성경〉을 취급하는 경우에 비해서 권당 더 많은 로열티를 제공하겠습니다."

"400만 달러를 들여 신축한 기숙사, 1200만 달러를 들여 신축한 체육관, 200만 달러를 들여 신축한 실내 수영장을 보십시오. 이곳에서 기독교 교육을 받으라고 성령께서 이끄시는 것이 느껴지지 않으십니까?"

"시의원 여러분께서 이 거리를 우리에게 주셔서 대중들을 차단시키고 우리만 사용할 수 있게 해주시면, 여러분과 동료분들께 도장, 배선, 벽돌 공사 부분에 대해 건축 계약서를 제공하겠습니다. 거래가 되겠습니까?" 기독교인들도 돈 문제에 관해서는 구원받지 못한 죄인들처럼 불량하다.

"얘야, 네가 정말로 설교자로 부르심을 받았다면, 네 엄마와 나는 네가 펜사콜라 기독대학이나 성서침례대학에 가는 것에 관해서는 기꺼이 학비를 지원해 줄 거다. 하지만 럭크만네 학교에 간다면 한 푼도 못 받을 줄 알아라!"

"얘야, 네가 저기 저 광신적인 침례교회에 안 다니고 또 집에 있는 동안 내내 찬송가 좀 그만 부른다면, 아빠는 너한테 새로 나온 코르벳 스포츠카도 한 대 사 주고, 네가 10시가 아니라 한밤중까지 놀다가 들어와도 허락하마."

"작년에 우리가 팔레스타인 해방기구 측에는 1,500만 달러어치의 무기들을 팔았지만, 당신네 유태인들이 현찰로 지불하기만 한다면, 올해 당신들에게는 할인해서 작년의 두 배만큼을 주겠소."

"이번 록 콘서트에 약간의 나체쇼와 지저분한 농담들, 음란한 제스처들, 그리고 사탄주의적인 요소들을 집어넣으면 2배로 수익을 올릴 수 있을 겁니다. 아시다시피 그런 것이 요즘 인기가 있으니까요. 사람들을 끌어모을 수 있는 건 바로 그겁니다. 계약서에 서명하시겠습니까? 시작하신다면 일 년에 3백만 달러입니다."

『**돈을 사랑하는 것이 모든 악의 뿌리니**』. 그야말로 "모든" 악의 뿌리다.

10:20 네 생각으로라도 결코 왕을 저주하지 말고 네 침실에서나마 부자를 저주하지 말라. 이는 공중의 새가 그 음성을 전하고 날짐승이 그 일을 퍼뜨릴 것임이라.

이것은 하나의 독립된 구절이다.

〈리버티 주석〉을 쓴 호킨즈는 이렇게 말한다. "선동적인 생각들을 하도록 자신을 내버려 두지 말라. 그 생각들이 마음속에서 일어나게 내버려 두면, 결국에는 경솔한 발언을 하게 될 수가 있다. 이 강한 벽에다가 자신의 머리를 들이박지 말라."

누구나 한 눈에 알 수 있듯이, 이것은 전도서의 그 어떤 내용과도 전혀 관련이 없는 설명이다. 그는 그의 주석에서 『**공중의 새**』, 『**날짐승**』, 『**음성**』에 대해서 아무런 설명도 하지 않는다. 그 주석은 본문을 전혀 다루고 있지 않으며, 본문과 아무 상관도 없다. 〈리버티 주석〉의 사적인 해석에 따르면 『**날짐승**』이 아니라 자기 자신이 『**그 일을 퍼뜨릴**』 것이다.

〈브로드만 주석〉을 쓴 웨인 피터슨은 20절을 마주치자 눈을 질끈 감아 버리고서는, 전도서 10장이 마치 열아홉 구절뿐인 것처럼 위장한다. 피터슨은 분명히 "히브리어 원문"으로 좀 골치를 썩고 있는 것이다. L.D. 존슨도 〈평신도 주석〉 124쪽에서 "히브리어 본문"으로 골치를 썩고 있다. 그는 "어떤 날아가는 생물이란... 이 잠언을 기록한 저자의 유머를 보여 주는 말"이라고 한다.

유머? 열왕기하 6:12에 성령님께서 『**침소**』라는 말까지 집어넣으시며 그 성경적 현상을 실제로 보여 주셨는데, 이것이 "유머"였다는 말인가? 그 시리아 왕더러 그것은 유머일 뿐이라고 하면 믿겠는가?(왕하 6:10,11)

어떻게 해서 모든 주석가들이 같은 말이 나오는 참조 구절을 놓쳤단 말인가? 자기 나라말로 된 성경도 못 읽으면서 "히브리어 원문"을 만지작거리며 뭘 하는 것인가? 하나님께서 사람의 마음속 생각을 모두 아신다면(겔 11:5, 마 9:4 - 신구약 모두에서) 누군가에게 그 정보를 중계해 주실 수 없겠는가? 하나님께서는 엘리사에게 그렇게 하셨다(왕하 6:12).

1. 하나님께서는 "영들"을 보내시어 사람들에게 정보를 알려 주신다(왕상 22:20-44).

2. 악한 영들뿐만 아니라(삼상 16:14-18) 성령께서도 보내지셔서 정보를 가져다주신다(눅 2:26, 막 12:36).

3. 영들은(성령님을 포함해서, 마 3:16) 『**날짐승**』으로서 등장한다. 모든 불결한 영들은 "새들"에 비유되거나(계 18:2, 레 11장) 또는 "파리들"에 비유된다(마 12:24). 파리들과 새들은 모두 날개를 가지고 있다.

4. 악한 영들은 정보를 넘겨줄 수 있다. 『**날짐승이 그 일을 퍼뜨릴 것임이라**』(20절). "파리"도 마찬가지다.

마귀들이 "타락한 천사들"이라면 설령 그것들이 카나리아만한 크기라 할지라도 한 사람 안에 천 마리나 되는 악령들이 들어갈 수는 없을 것이다(막 5장, 마 8:28). 막달라 마리아에게는 일곱 마귀들이 들어 있었다(막 16:9). 그러므로 모기들과 파리들이 신구약에서 "마귀들"을 가장 잘 나타내는 두 가지 예표인 것이다.

5. 아주 확실히 해주시기 위해서 성령님께서는 신약에서 세 번이나 『**날짐승**』이 사탄을 묘사하는 것이라고 말씀하셨다(마 13:4, 막 4:4, 눅 8:5).

모든 주석가들은 신약에 있는 그 세 구절을 모두 놓쳐 버렸다. 불결한 "영들"을 다루는 구절들에서 그들의 성경 해석은 "사탄적"이다. 성경에서 사탄이 등장할 때면 알렉산드리아 이단은 코브라 앞에 절하는 힌두교도처럼 사탄 앞에 납작 엎드린다. 한 예로, 1988년에 밥 존스 대학 성서학과장 스튜어트 커스터는 절뚝거리는 기독대학의 가련한 모습을 보여주었다. 그는 이렇게 써놓았다. "그의(럭크만의) 가장 이상한 해석들 중 하나는 마귀들이 따뜻하고 습한 곳을 좋아한다는 것이다"(〈킹제임스성경 논쟁에 관한 진실, *The Truth About the KJV Controversy*〉, 1981년, 밥 존스 대학 출판부).

성경은 어디에 있는가? 이것이 "이상한 해석"이라는 것을 입증하는 성경 구절은 하나도 제시하지 않았다. 단 한 구절도 없는 것이다.

스튜어트는 자기가 해석을 해줄 수 없었을 뿐만 아니라, 자기가 "이상하다"고 딱지를 붙인 그 해석을 논박하지도 못했다. 그는 신구약 어디에서든 자기가 말한 것을 입증할 만한 구절을 하나도 찾지 못했다. "성서"학과의 "장"이란 사람이 성경으로 "이단"을 논박하지도, 진리를 수호하지도 못했다.

성경에서 마귀들은 "물" 있는 쪽으로 향한다(막 5:13, 마 17:15). 그것들은 『**물 없는 곳**』을 싫어한다(마 12:43). 마귀의 마지막 운명은 불"못(lake)"이다. 이 마귀들은 이사야 34:14,15에서 "불결한 새들"로 확인된다(『**날짐승**』).

이 모든 것은 관두고서라도, 밥 존스 대학의 성서학과장은 실제적인 인생 경험도 충분치 않았다. 해군이나 상선을 타고 다니는 사람들이 성경을 읽어 보지 않고서도 더 나은 분별력을 가지고 있다.

그들은 부도덕과 타락의 중심지가 어디인지 알며, 또 말해 줄 수 있다. 스튜어트와 주석가들에게는 알려지지 않은 그곳들의 목록은 다음과 같다. 이집트의 카이로, 중국의 상하이, 뉴올리언스, 뉴욕 시, 호놀룰루, 홍콩, 로스앤젤레스, 마이애미, 파리, 시카고, 브라질의 상파울로, 마닐라, 세인트루이스, 팔레르모, 마르세유 등.

이 목록에 있는 모든 도시는 물가에 위치해 있으며, 그중 아홉은 열대 또는 아열대 기후 지역에 있다. 이 현상에 대한 커스터의 주석은 이렇다. "어떤 지리적 위치, 어떤 기후에서든 '유혹'은 부족하지 않다." 무엇으로 증명하는가? 전혀 근거가 없다. 교리적 진술이라면 성경에 따라서 마귀들이 선호하는 곳들에 대해 다루어야 했다. 커스터의 진술은 교리적 진술과는 전혀 관계가 없다. 스튜어트 커스터는, 앨라배마 주의 술집 지역에서 마귀들이 플로리다 주 바다 한가운데 있는 키웨스트에서만큼 많다고 하는 것이다. 머리가 좀 어떻게 된 것이다. 비록 1864년 이후로 텔레비전이 미국의 모든 시골지역까지 전자 밀림 속에 옭아매어 할리우드, 뉴욕, 시카고처럼 만들어 버린 것이 사실일지라도, 캐나다 온타리오 주 드라이든에 마귀들이 플로리다 주 해변의 마이애미에서만큼 많다는 것은 사실이 아니다. 내륙국 오스트리아의 온천장에서 죄의 유혹이(죄의 유혹은 마귀들과 아무 상관이 없을 때가 종종 있다) 뉴올리언스의 프렌치 쿼터에서와 똑같다고 생각한다면 그것은 판단력을 상실한 것이다. 뉴욕의 도심은 내륙에 있는 오클라호마 주 다코마 시와 같았던 적이 한 번도 없다. 커스터의 문제점은 그가 아무데도 가보지 않아서, 어디에서 무슨 일이 진행 중인지 전혀 모른다는 것이다. 그의 말은 그가 있는 밥 존스 대학 캠퍼스 안에 마귀들이 뉴욕시립대학 캠퍼스에서만큼 많이 있음을 암시한 것일 뿐이다.

전자기파들은(그리고 "공중의 새들"은) 사회 속에서 눈에 보이지는 않지만 실제적으로 작용한다. 그것들은 컴퓨터처럼 정보와 자료들을 다룬다. 현대 미국에서는 정보와 자료들을 옮기는 날개 달린 마귀들에 대한 교리가 확립되어 있다.

1. 머리가 돈 것을 "두뇌에 '박쥐'가 들어 있다(bats in the belfry)"라고 표현한다.

2. 바보를 "'새'의 머리(bird brain)"라고 표현한다.

3. 얼간이를 "뻐꾸기(cuckoo)"라고 부른다.

4. 위성 관측자를 "새 파수꾼(bird watcher)"라고 부른다.

5. 밀로스 포만 감독의 영화 〈뻐꾸기 둥지 위로 날아간 새〉.

6. 〈갈매기 조나단〉.

7. 알프레드 히치콕 감독의 스릴러 영화 〈새〉.

8. 도청당한 것을 "버그(bug)"되었다고 하는데, "버그"는 날개 달린 곤충을 뜻한다.

현대 근본주의자는 근본적으로 인본주의적 유물론자일 뿐이며, 초자연적인 것에 완전히 까막눈이다. 영들이 메시지를 옮기는 새, 파리, 모기, 벌 등과 같은 형태임을 이해하지 못하며, 자기가 이해하지 못하는 것은 존재하지 않는다고 주장한다.

전도서 11장

11:1 너는 네 빵을 물 위에 던지라. 이는 여러 날 후에 네가 그것을 찾
을 것임이라.
2 일곱이나 여덟에게 몫을 주라. 이는 어떤 재앙이 땅 위에 임할지
네가 알지 못함이라.
3 구름에 비가 가득하면 땅 위에다 비를 쏟을 것이요, 또 나무가 남
쪽으로나 북쪽으로 넘어지면 그 나무가 넘어진 곳에 그냥 있으리
라.
4 바람을 관측하는 사람은 파종하지 않을 것이요, 구름을 바라보는
사람은 거두지 아니할 것이라.
5 영의 길이 어떤 것인지, 아이를 밴 여인의 태에서 뼈들이 어떻게
자라는지 네가 알지 못함같이 만물을 지으신 하나님의 일들을 네
가 알지 못하느니라.
6 너는 아침에 씨를 뿌리고 저녁에 네 손을 거두지 말라. 이는 이것

이 잘될지 저것이 잘될지, 또는 둘 다 좋을지 네가 알 수 없음이라.

전도자는 그의 설교를 요약하려는 중이다. 그는 결론을 내릴 것이다. 2,3,5,6절에서 현재와 미래에 대한 철저한 불가지론이 나오는 것을 주목하라. 그 어떤 철학자도 현재와 미래에 대해 해석을 하려고 도전조차 하지 못했다. 여기 나오는 모든 것은 반지성적이다. 이것은 모든 현대 과학과 철학과 "보강된 교육과정들"의 입장에서 볼 때는 빙퉁그러진 것이다. 여러분은 던지고, 배포하고, 뿌리면서 무슨 일이 일어날지 모르므로 관대해야 한다(6절). "물 위에 빵을 던지는" 경우에는(1절) 『**여러 날 후에... 그것을 찾을**』 것이므로 예외가 되지만, 다른 모든 경우는 알 수가 없다(2,5,6절). 우리는 잠시 알렉산드리아 이단을 무시하고서, 은혜 아래 있는 신약 시대 그리스도인에게 아주 중요한 경건에 관한 문제들을 살펴볼 것이다. 우리는 잠시 동안 전도서 11:1-6에 나오는 가르침이 잠언 11:30의 현명한 사람, 곧 "구령자"에 대한 것이라고 생각해 볼 것이다. 1절의 『**빵**』은 『**생명의 빵**』, 즉 『하나님**의 모든 말씀**』(눅 4:4)으로 생각할 것이고, 우리 자신은 바로 그 빵으로 "수많은 무리를 먹이라"고 명령을 받은 요한복음 6:9의 『**한 소년**』의 위치에 있다고 생각할 것이며, 『**물**』은 수많은 사람들로(계 17:1,5) 생각할 것이다.

현대 성서들에서 누가복음 4:4이 지워졌으므로 우리는 본문을 이해하는 열쇠로서 그것을 다시 집어넣을 것이다. 또 5절은 새로운 출생에 적용할 것이다. 이것은 그 출생이 어떻게 이루어지는지 (신약이 제정되기 이전에) 그리스도께서 묘사하신 바에 따른 것이다(요 3:5-14). 그 다음에는 마가복음 4:3을 근거로 해서, 6절이 우리 모두가 따르기에 좋은 충고가 된다고 가정해 볼 것이다. 우리는 정확히 주님께서 뿌리신 것을(막 4:14) 뿌려야 하며, 젊은 나이와(『**너는 아침에 씨를 뿌리고**』) 늙은 나이에(『**저녁에 네 손을 거두지 말라**』) 뿌려야 한다. 그리고 이처럼 씨를 뿌린 결과는 『**추수의** 주』께(눅 10:2) 맡겨야 한다.

물론 다른 적용들도 있다. 독일인들의 말에, "뭘 조사하려고 하는가? 자선금이 어디로 흐르겠는가? 그대의 케이크를 물속에 던지라. 누구에게 유익이 될지 그 누가 알겠는가?"라는 말이 있다. 여기에 담겨 있는 생각은 분명하다. 아끼지 말고 기꺼운 마음으로 베풀라는 것이다.

첫 번째 경우에 물은 사람들을 나타낸다(계 17:1,15). 그들을 먹이면 그들이 여러분을 먹여줄 것이다(벧전 5:2, 요 21:15). 여러분은 자신이 내어준 것을 돌려받게 된다. 예를 들어 화물선을 내보내면 비록 『**여러 날**』이 걸릴지라도 거기에 물건들을 싣고 돌아오게 된다(왕상 10:22). 『**일곱...에게 몫을 주라.**』 그러면 일을 완성하게 된다. "일곱"은 어떤 일의 결말이다(말씀보존학회에서 출간된 〈일곱으로 일하시는 하나님〉의 "1장 일곱 체계"를 보라). 하지만 그것으로 모자라는 경우에는 - 『**칠십이요, 강건하면 팔십이어도**』(시 90:10) - 좀 더 진행하여 약간 추가하라(『**여덟에게**』, 2절).

하나님의 말씀을 뿌리는 것은 하늘에서 내려와 빵을 생산해내는 비나 눈에 비유된다(사 55:11,12). 씨를 뿌리면 4가지 서로 다른 반응들이 나타나기 때문에(마 13:9-23) 뿌릴 때마다 그 결과를 알 수는 없다. 주석가들은 모두 기본적인 것에도 익숙하지 않으므로, 우리가 그 4가지 반응이 무엇인지 열거해 주겠다.

1. 무관심한 사람들은 말씀을 "무시한다."

2. 말씀을 경청하고 또 논의하지만, 그 다음 "내버린다."

3. 말씀을 받아들이지만, 그 후에 "불순종한다."

4. 세 가지 범주로, 곧 30배, 60배, 100배로 열매를 맺는다(마 13:23).

또 말씀을 뿌리는 구령자는 성경에서 발견되는 『**단단한 음식**』에 연루되어 뒤엉킬 수 없다(히 5:12-14; 13:9). 구령자는 성경의 어려운 내용을 잘 알고 있을 수는 있어도 그것으로 『**처신**』할 수는 없다. 이것은 그리스도인을 열중시켜 말씀을 뿌리지 못하게 하는 모든 문제에 관해서도 마찬가지다(잠 24:27). 바티칸의 정책들, 10개국 연합의 유럽제국, 일루미나티, 빌더버거, 뉴에이지 운동, CFR, 신세계질서 등이 위협하며 떠오르고 있을지라도 구령자는 그런 것들에 지나치게 관심을 가질 수 없다(4절). 로마에 대해 지나친 관심을 가지면(아브로 맨하탄, 알렉산더 히슬롭, 폴 블랑샤르, 조셉 맥케이브) 혼을 이겨오는 일과 전도지를 배포하는 일에 게을러질 수밖에 없다. 반공산주의 운동에 목숨을 건 근본주의자들 중(빌리 J. 하기스, 칼 매킨타이어, 메이저 번디 등) 구령자는 아무도 없다. 고기압 저기압 지대와 한랭 전선에 대해 연구하며 일평생을 소진하면 결코 농작물을 하나도 심을 수 없게 되는 것이다. 날씨와 형세에 대해 체크하는 것은 좋은 일이지만, 그런 것들을 관측하고(4절) 기압과 구름 생성에 마음을 쓰며 시간을 보낸다면 경작하고 심는 일을 이루어 낼 수가 없다.

현대의 "예언 전문가들"(린세이, 커반, 웨버 등)은 구령자들이 아니다. 이것은 그들이 『**현명**』하지 못하다는 뜻이다(잠 11:30).

우리는 『**모든 물가에**』 씨를 뿌려야 하며(사 32:20), 『**구름**』과 바람이 우리를 시험하시는 하나님의 손 안에 있음을(마 14장) 기억해야 한다. 우리는 연구하느라 시간을 소진해서는 안 된다. 어찌되었든 연구는 쓸모없다. 우리가 이미 전도서 3:11과 8:17에서 알았어야만 하는 사실을 5절이 말해 주고 있기 때문이다. “밤이 오고 있으므로 일하라!” 여러분은 구름이 수분을 퍼붓는 일을 막을 수도 없고(3절), 강제로 나무가 이쪽 방향이나 저쪽 방향으로 쓰러지게 할 수도 없다(3절). “여러분은 쓰러진 곳에서 죽게 된다.” 재앙이 이 땅 위에 임하는 것은 정확히 소나기구름에서 비가 떨어지는 것이나 나무가 땅에 쓰러지는 것만큼 자연스러운 일이다. 여러분은 이 둘 중 어떤 것에도 영향을 주지 못한다. 이 책을 읽고 있는 여러분은 인생의 어느 시점에 있든지, 얼마나 지성적이든지, 얼마나 돈과 영향력이 많든지 간에 이제 앞으로 1,000년 안에 벌어지는 세 차례의 세계대전 중 하나도 막을 수 없다(계 6,19,20장). 이 책을 읽고 있는 여러분은 IQ가 얼마든지, 어떤 지위에 있든지, 얼마나 정치적인 세력을 지녔든지 간에 멸망의 아들이 로마에서 3년을 다스리고 또 40억 명 이상을 저주하며 예루살렘에서 3년 반을 다스리는 일을 막을 수 없다. 지금 이 땅 위에 살아 있는 그 어떤 사람도 팔레스타인 북서부의 아마겟돈에서 2억 명의 군대가 피가 낭자해서 죽는 일을 막을 수 없으며, 온 세상이 천년왕국 끝에 불타오르는 일을 막을 수 없다(벧후 3:10-12). 나무는 쓰러진 곳에서 3마일 밖에서가 아니라, 쓰러진 그곳에서 그대로 발견될 것이다. 사람은 자기가 무엇인가를 통제하고 있다고 생각만 해볼 뿐이고, 실제로는 성경이 통제하고 있다. 항상 그래 왔고, 또 항상 그러할 것이다.

『또는 둘 다 좋을지』(6절). 이 구절은 말씀을 뿌리는 것과 관련해서 이사야 55:11에 훌륭하게 적용된다. 『**이것이 잘 될지**』는 아침에 씨를 뿌리는 것에 대한 언급이고, 『**저것이 잘 될지**』는 저녁에 씨를 뿌리는 것에 대한 언급이다. 여러분은 어느 쪽이 잘 될지 모른다. 어쩌면 둘 다 잘 될 것이다(『**둘 다 좋을지**』). 어쩌면 한 쪽 농작물이 실패로 돌아갈 것이다. 어쩌면 두 쪽 다 기대하는 것만큼 잘 되지 못할 것이다. 하지만 어찌되었든 나가서 씨를 뿌리라. (상세한 적용을 보려면 저자의 〈20세기 순회 설교자의 회고록〉을 보라.) 주님께서는 『**온종일 불순종하며 거역하는 백성에게**』 그분의 손을 뻗쳤노라고 말씀하셨다(롬 10:21). 『**온종일**』, 즉 아침부터 저녁까지 계속인 것이다.

〈리버티 주석〉은 2절부터 8절까지를 주석하면서 성경 구절을 하나도 제시하지 못한다. 전도서 10:3-11을 주석하면서도, 뱀에게 마법을 거는 것을 규명하기 위해 이사야 26:16으로 간 것 외에는 마찬가지였다. 열다섯 구절의 의미를 배우기 위해 참조 구절을 하나만 제시하는 식으로는 결코 성경을 제대로 배울 수 없다.

〈위클리프 주석〉은 전도서 9:17-12:5의 서른일곱 구절을 주석하는 동안 누가복음 16장의 한 구절만을 제시한다. 그러면서 주석가들은 전도서 10:15에서는 『**그들 모두를 피곤하게 하나니**』를 "그를 피곤하게 하나니"로 고치고, 10:17에서는 『**귀족의 아들**』을 "자유인"으로 만들고, 11:1은 전혀 설명하지 않고, 11:2을 "재번역"하고, 12:1에서 〈킹제임스성경〉과 다른 "더 나은 표현"이란 것을 받아들이고, 12:5의 『**메뚜기도 짐이 되며**』를 제거하고서 "그것 자체를 질질 끌 것이요"라고 고친다.

("자기만 옳고 다른 사람은 모두 틀렸다"라고 생각한다고 비방받는) 이단 괴수 럭크만은 동일한 부분(전 9:17-12:5)에 대해서 150개의 참조 구

절을 제시했다. 그 차이를 알겠는가?

밥 존스 대학의 성서학과장 스튜어트 커스터가 우리를 공격하며 35쪽 분량의 반박문을 썼을 때(1983년) 그는 우리의 마태복음 주석서 한 권에서 나오는 21개의 가르침을 공격했다. 200개가 넘는 성경 구절로 뒷받침되는 이 21개의 "이단적" 이론을 반박하면서 스튜어트가 제시한 성경 구절은 하나도 없었다. 이단들을 『**엄히 꾸짖**』되(딛 1:13) 『하나님**의 말씀**』으로 하여(벧전 4:11) 『**반박하는 자들을 건전한 교리로... 설득**』하라고 성령님께 명령을 받은 후에, 이 가련한 배교자는 21가지 내용에 대해 럭크만이 말한 것을 반증하려고 하면서도 창세기부터 요한계시록까지 성경 구절을 하나도 대지 못했다. 밥 존스 대학의 "성서"학과장이라는 사람이 31,000개가 넘는 구절들을 가지고서 단 하나도 찾지 못한 것이다. 럭크만은 200구절이 넘게 제시했다. 이 양극화 현상을 어떻게 설명할 것인가? 바로 밥 존스 대학 지도부에 한 무자격자가 있는 것이다.

11:7 참으로 빛은 달콤하며 눈으로 태양을 바라보는 것은 즐거운 일이
라.
8 그러나 사람이 여러 해를 살고 그 모든 것들을 즐거워한다면, 그
에게 어두움의 날들을 기억케 하라. 이는 그 날들이 많을 것임이
라. 장래 일은 모두가 헛되니라.
9 오 청년이여, 네 젊음을 즐거워하라. 네 마음은 네 젊은 날들을
기뻐하며 네 마음의 길들과 네 눈의 보는 대로 걸으라. 그러나 너
는 알지니 이 모든 것으로 인하여 하나님**께서 너를 심판하시리라.**

10 그러므로 네 마음에서 슬픔을 제하고 네 육체에서 악을 버리라. 이는 어린 시절과 청년 시절이 헛됨이라.

여기부터는 계속해서 젊은 사람을 겨냥하고 있다. 이것은 그 저자인 솔로몬이 잠언에서 그랬던 것과 정확히 일치한다. 잠언 1:4; 7:7; 20:29; 1:8,10,15; 3:1,11,12,21; 4:3,10,20; 5:1 등에 나오는 『**내 아들**』, 『**청년**』이란 말에 주목하라. 전도서 11:9은 정확히 전도서 설교의 끝에서 도달하는 주제에 도달해 있다. 바로 심판이다(전 12:14).

솔로몬은 이제껏 현대의 모든 주요 종교, 과학, 사회 분야 지도자들의 관점을 가지고서 회의론, 불가지론, 실존주의, 실용주의, 쾌락주의, 유물론, 관념론, 공리주의, 현실주의, 경험론, 이신론을 거치며 회중을 인도해 왔다. 그가 "피해간" 내용은 다신론과 무신론이었다. 이제껏 살았던 사람들 중 가장 현명했던 그 사람은(왕상 4:29,30) 모든 현대 철학자들과 지도자들보다 훨씬 앞서 있었기 때문이다.

이제 『**전도자**』는 자연의 계시나 지적 사고작용으로 발견해 낼 수 없는 성경 교리 하나를 그의 설교 속에 집어넣으려 하고 있다. 조금이라도 불성실하고 경솔한 자라면(겔 14장) 이제 강당을 떠나든지 아니면 책을 덮어 버리든지 할 것이 분명하다. 그 교리는 바로 죽음 이후의 "심판"이라는 교리로서 교육받은 철학자들이 도저히 참을 수 없어하는 것이다(행 17:32,33). A.D. 50년에도 그랬고, B.C. 300년과 A.D. 1800년에도 그랬으며, 지금도 역시 그러하다. 교육받은 부류들은 항상 죽음 이후에 모든 사람이 개인적으로 하나님께 죄를 해명해야만 한다는 가르침에 대해서(히 9:27) 극심하게 분개했다. 대학 졸업자들의 "삶의 방식"과 "성적 성향" 속에는 자기의 사생활을 하나님께 설명드리기를 끔찍하게 생각할 만한 무언가가 있는 것이다. 석·박사들을 감정적 혼란상태 속으로 밀어 넣는 것은 바로 죽음 이후의 심판이라는 교리이다. 미국의 교육협회는 이 성경적 진리에 겁먹은 나머지 학생에게 그 심판의 기준이 무엇인지 보지도 못하게 하려 한다. 심판의 기준은 출애굽기 20장에 나와 있다. 대학 졸업자들은 동물처럼 생각한다(전 3:18). 그들은 짐승의 본능에 의해 좌우되는 짐승들이다. 그들은 스스로 짐승과 혈연관계에 있다고 신언하며, 고로 하나님께 개인적으로 해명할 의무가 없다고 생각한다. 죽음 이후 죄에 대한 심판이라는 교리... 현대인의 생활은 그것을 허용하지 못하는 것이다. 다가오는 심판은 "절대적인 의"에 기반을 두고 있다. 그 자리에서는 하나님의 의와(롬 10:1-5) 사람의 의가(욥 22:3; 40:8) 대항하게 된다.

『**참으로 빛은 달콤하며... 즐거운 일이라**』(7절). 절대적으로 참된 말씀이다(딤전 6:17). 상황이 너무도 비극적이어서 여러분도 욥처럼 흑암 속으로 돌아가고 싶어 하고 있다면(욥 3장), 한 번 태양을 보지 못하는 삶을 살아 보라. 맹인과 같은 삶을 살아 보고서 그것이 조금이라도 더 나은지 알아보라. 전혀 낫지 않을 것이다. 『**어두움의 날들**』(8절)은 눈이 안 보인다는 이유만으로도 더 이상 즐겁지 못할 것이다. 『**어두움의 날들**』에 대해서는 다음 장에 묘사되어 있다. 사람이 즐겁게 칠십 평생을 온전히 살지라도(8절) 『**어두움의 날들**』이 오고 있다. 사실 이 문제는 아주 다양한 양상으로 나타난다. 나는 감리교의 경건한 노사역자들이 기쁨 속에서 90대까지 살다가 그 후 약 90일 정도만 어두움의 날들을 보는 모습도 보았고, 성도들이 거의 완전한 건강 상태로 88세까지 살다가 그

후 마취나 산소마스크, 심장박동 조절장치, 개인 간호사나 병원비 청구서 같은 것이 전혀 없이 잠자던 중 죽는 모습도 보았으며, 또 성도들이 50년 동안 평생 목발을 짚고 절뚝거리거나 혹은 비틀린 몸으로 교정기 속에서 살다가 노년에도 여전히 그것을 참으면서 사는 모습도 보았다.

『**장래 일은 모두가 헛되니라**』(8절). 시계들이 똑딱거리는 소리와, 정각을 알리며 땡땡거리는 소리들과, 오후의 그림자들은 모두 어두움이 다가오고 있음을 알려 준다. 예언적으로 말하자면 여기는 모두가 대환란에 대한 언급이다(전 12:2-5). 교회 시대는 시편 90:6에 해당하며, 그리스도께서는 이 시대가 끝날 때까지 "그분의 젊음을 새롭게 하지" 않으신다(시 110:3). 자연스러운 일이지만 성경 개정자들, 주석가들, 원어학자들, 교수들은 100% 모두 이런 적용을 하지 못한다.

9절은 실존주의를 나타낸다. "사람이 자신을 무엇으로 만들었느냐가 바로 그 사람이다." "삶의 의미는 '의미 없는 것'을 '의미 있는 것'으로 만드는 의사결정들 속에 들어 있는 것이다." "당신은 당신의 결정들에 대해 책임을 지게 됨으로써 '신'이 되는 것이다." 이 구절은 한 번만 힐끗 보아도 바람둥이의 철학임을 알 수 있다. 그러나 제대로 다시 보면, 솔로몬이 이 철학을 단지 임시적으로 사용만 하고 있음을 알 수 있을 것이다. 청년에게 눈이 가는 대로 행하라고 말한 후에(전 2:10) 곧바로 『**네 육체에서 악을 버리라**』고 말하고 있기 때문이다. 욥도 눈이 가는 대로 걷는 것에 대해 말했다(욥 31:7). 『**네 마음은... 기뻐하며**』(9절), 그러나 『**네 마음에서 슬픔을 제하**』라(10절). 『**네 마음의 길들...대로 걸으라**』(9절), 그러나 『**마음은 만물보다 거짓되고 심히 악하**』다(렘 17:9). 청년이여, 즐겁게 살고, 좋아하는 것을 하라. 그러나! 그러나 『하나님**께서 너**

를 심판하시리라』는 사실을 잊지 말라!(9절) 그 구절은 보기만큼 "바람둥이적"이지 않다. 바람둥이들은 죽음 이후 있을 심판으로 하나님을 마주 대하는 일에 대해서 단 5초도 생각하길 싫어한다.

『**네 마음에서 슬픔을 제하고**』는 슬픔을 유발시키는 것들, 특히 "죄"를 마음으로부터 없애 버리라는 언급일 것이다. 제레미 벤담의 "부도덕 체크 기준"은 이 점에 대한 것이다. 벤담(1748-1832)은 자칭 현상론자(또는 공리주의자)로서, 자기가 인류를 위한 십계명을 "더 읽기 쉽게" 다시 쓰겠다고 결심했다. 벤담은 무신론자이자 진화론자였다. 벤담은 하나님이 주신 "부도덕 체크 기준"을 내버린 후에, 자신이 궁리해낸 4가지 체크 기준을 가지고서 자신과 그의 이론을 배우는 자들의 동물적 본능과 욕구를 억제시켜, 정욕과 탐욕과 음욕을 최소화시키기로 결심했다. 그 4가지 기준은 다음과 같다.

1. 종교적 제재
2. 물리적 제재
3. 정치적 제재
4. 대중적 제재

이 모든 말은, 사람이 시대 상황 속에서("상황윤리") 자기 행동의 결과를 숙고해 보아야 한다는 말을 길게 표현한 것이다.

1. 그 일로 인해 사제나 거룩한 어머니와 안 좋은 관계에 놓이지 않을까?
2. 그 일로 인해 응급실이나 성병 진료소로 가야 되지 않을까?
3. 그 일로 인해 체포되지 않을까?
4. 그 일로 인해 자신에게 돈을 빌려줄 어떤 중요한 사람의 기분을 상

하게 하지 않을까?

제레미 벤담은 단지 자기의 조그만 성경을 하나 새로 쓰기 위해서 로마서 12,13,14장, 고린도전서 3,4,5,6장, 그리고 데살로니가전서 5장을 멀겋게 희석시켜 버렸을 뿐이다. 이로써 하나님 대신에 자기의 두뇌를 종교적 최종권위로 만들려고 한 것이다(1770년). 하나님의 도덕 기준을 "재평가"하여 이처럼 그 권위를 무신론자에게 재분배한 결과, 그것은 현대 미국의 도덕적 상황을 야기하는 데 한몫을 했다. 바로 모든 사회집단과 모든 계층, 모든 윤리집단과 모든 연령층 속에서 온갖 도덕이 완전히 영속적으로 파괴되어 버린 것이다. 제레미 벤담의 철학은 사람 안에 있는 동물적 본능을 전혀 체크하지 못했다. 벤담은 어리석은 자였고 1770년 이후로 그를 신봉한 사람들도 모두 마찬가지다.

칸트의 "정언적 명령" 역시 똑같은 수준의 썩은 생선이었다. 이것 역시 똑같은 노선을 따라 만들어졌다. 바로 정신적 결함, 성경 거부, 하나님 역할을 하고픈 욕망, 그리고 인간 본성에 대한 지식의 결핍이 그 노선이다. 요컨대 시편 39:5에서 말하는 『**가장 좋은 상태에 있는... 사람**』일 뿐인 것이다.

칸트와 벤담은(또 헤겔과 데카르트, 스피노자, 산타야나, 사르트르, 러셀, 아인슈타인은) 자기들이 멋대로 했던 거짓말에 대해 자기들이 죽은 후 전능하신 하나님께서 그 책임을 물으실 것이라는 사실을(히 9:27) 전혀 믿지 않았다.

『**어린 시절과 청년 시절이 헛됨이라**』(10절). 그것은 이 두 시절이 모두 자기 의와 자기 연민, 자기중심주의로 특징지어지기 때문이다. "엄마, 나 피곤해," "엄마, 나 추워," "아빠, 나 배고파," "우린 언제 돼?" "왜

낮잠 안 자면 안 돼?" "왜 꼭 지금 잠자야 돼?" "나 하나 더 줘!" "왜 지금 먹으면 안 돼?" 어린 시절의 이 같은 순진무구한 잔재들은 결국에 청년 시절로 옮겨가서 다음과 같은 모습으로 나타나게 된다. "록 콘서트에 가면 왜 안 된다는 건데?" "옷 좀 짧은 게 뭐가 나빠?" "하지만 난 비키니 스타일이 좋단 말야!" "왜 난 지금 차가 있으면 안 되는데?" "걔는 나보다 용돈을 더 많이 받는단 말야." "난 우리 선생님이 싫어." "난 학교를 마치고 싶지 않다구." "왜 교회에 가야 되는데?" 십대일 때 우리는 남들이 우리를 어떻게 생각할지에 대해 염려한다. 그러나 마흔 살이 되면 우리는 남들이 우리를 어떻게 생각할지에 대해 염려하는 일을 그만둔다. 그리고 일흔 살이 되면 우리는 남들 중 아무도 전혀 우리에 대해 생각하고 있지 않았다는 사실을 깨닫는다. 우리가 그랬던 것처럼 그들도 모두 자기 자신들에 대해서 생각하고 있었던 것이다.

청년에게 주는 "좋은 소식": 눈 가는 대로 따라가고, 마음에 하고 싶은 대로 다 하라. 기뻐하고 멋대로 즐기라(7,9절).

청년에게 주는 "나쁜 소식": 네가 쳐다보고 마음에 욕망을 품었던 모든 것에 대해 하나님께서 너를 심판하실 것이다. 네가 똑똑하다면 그 치르게 될 대가를 생각해 보고 죄에서 떠나라.

전도서 12장

12:1 너는 이제 너의 젊은 날에 곧 재앙의 날이 이르지 않고 "나에게는
즐거움이 없다."고 말할 해가 가까워 오기 전에 너의 창조주를 기
억하라.
2 해나 빛, 달이나 별들이 어두워지지 않은 때, 비 뒤에 구름이 다
시 돌아오지 않은 때에 그리하라.
3 그 날에는 집을 지키는 자들이 떨겠고 건장한 남자들이 스스로
굴복할 것이며 그들의 수가 적으므로 맷돌질하는 자들이 그칠 것
이라. 또 창문 밖에 보이는 것들이 어두워질 것이며
4 거리의 문들이 닫혀지겠고 맷돌질 소리가 낮아질 것이요, 새 소리
로 인하여 그가 일어날 것이며 음악하는 모든 딸들이 조용하게
되리라.
5 또한 그때에 그들은 높은 데 있는 것을 두려워하겠고 두려움이
길에 있을 것이며, 아몬드나무가 번성할 것이요 메뚜기도 짐이

되며 욕구도 없어지리니, 이는 사람이 자기의 영원한 집으로 가
며 애곡하는 사람들이 거리들을 이리저리 다니기 때문이라.
6 **또한 은줄이 풀리고 금그릇이 깨지고 바가지가 우물에서 깨지고**
수레바퀴가 저수지에서 깨지리로다.
7 **그때에 흙은 예전에 있던 대로 땅으로 돌아가고 영은 그것을 주**
셨던 하나님**께로 돌아가리라.**

우리는 앞에서 이미(전 11:8 주석) 이 본문이 예언적으로는 다니엘의 칠십 째 주에 적용된다는 점을 지적했다. 여기서는 본문을 표준적인 방식대로, 곧 노년의 쇠약함과 신체장애를 시적, 비유적으로 묘사한 것으로서 다룰 것이다.

『**너의 젊은 날... 너의** 창조주를 **기억하라**』(1절).

밥 존스 시니어(1882-1968)는 그렇게 했다. 그는 6살이 되기 전에 구원받았다. 존 R. 라이스(1896-1981)도 그랬다. 요시야도 이 구절에 순종했고(왕하 22:1,2) 디모데도 그랬다(딤후 3:15). 이들 모두는 그 권고에 순종했다. 그러나 수백만 명의 청년들은 그러지 않는다(욥 20:11; 13:26; 36:14). 1933년 이후로 미국의 모든 공교육의 궁극적 목적은 초등학교 1학년부터 대학원에 이르기까지 모든 교육과정에서 하나님의 흔적을 몽땅 제거해 버리는 것이었다. 미국 교육협회는 젊은이가 창조주를 "기억하는" 것은 고사하고, 요람에서 무덤까지 창조주에 대해 "생각"하게 되는 것마저도 원치 않는다. 그들의 이상은 칼 마르크스가 러시아에 했던 일을 그대로 따르는 것으로서, 전 국민을 무신론자들로 키우는 것이다. 뉴스미디어에서는 이것을 "인본주의"라고 부른다. 그러한 모험으로 무엇을 이루어냈는지 보고 싶으면 현재 불가리아와 루마니아, 그리고 우크라이나로 가서 그러한 공교육의 결과들을 살펴보라. 70년간의 공산주의, 그것은 처음부터 끝까지 계속해서(1920-1990년) 전체주의 복지국가 제도였을 뿐이며, 4억 명 이상의 사회생활, 경제생활, 종교생활, 가정생활을 파괴시켜 버렸다. 이 일은 전능하신 하나님의 "속박을 벗어 버리고"(시 2편) 사람들을 해방시키려는 공교육의 집중적이고도 조직적인 노력으로 이루어진 것이다.

『**"나에게는 즐거움이 없다."고 말할 해가 가까워 오기 전에**』(1절).

청년은 빛 없는 열과 같고, 노년은 열 없는 빛과 같다. 노년에는 즐거움이 줄어들게 되며(삼하 19:35) 또 때로는 괴로움도 줄어든다. 질병과 죽음은 노년에 함께 하는 동반자들이다.

한 방송인이 이제 막 100세가 된 "노인"과 인터뷰를 하고 있었다. "어르신, 저는 아직 서른여덟밖에 안 되었는데 어르신께서는 오늘 100번째 생신을 맞으셨군요. 그렇죠?" 그러자 노인이 대답했다. "그래, 올해 딱 100살이 되었지!" 젊은이가 "내년 이맘때도 다시 어르신과 회견을 할 수 있게 된다면 좋겠습니다." 하자 노인의 대답은 이랬다. "안 될 게 뭔지 난 잘 모르겠구먼. 자넨 참 건강해 보이는데 말일세."

65세 된 어떤 노인에게 "요즘 뭘 하고 지내십니까?" 하자 대답이 이랬다. "음, 아직 공을 차고 있지. 하지만 요즘은 흙먼지가 좀 덜 일어나!"

또 80세 된 어떤 노인에게 "요즘도 계속 커피를 많이 드세요?" 하자 대답이 이랬다. "아니, 요즘은 대부분 엎질러."

병원 진료실과 병실에 드나드는 일과로 가득 찬 날들에 『**즐거움**』을 누리는 사람은 아무도 없다. 절단, 검사 계획, 이식, 수술, 코발트 치료,

잠 못 자는 밤, 의사들이 부과하는 엄청난 병원비를 즐길 수 있는 사람은 아무도 없다. 『**"나에게는 즐거움이 없다."고 말할 해가**』. 바닷가에서 수영을 하고, 방파제에서 낚시를 하고, 숲에서 사냥을 하고, 중국 음식점에서 외식을 하고, 디스코텍에서 춤을 추고, 가족과 함께 소풍을 가고, 국립공원에서 관광을 하고, 오페라나 클래식 음악회에 참석하고, 뒷마당에서 음식을 요리해 먹으며 지내던 그런 때와는 같지 않은 날들이 오는 것이다.

『**해나 빛, 달**』이 어두워지는 것의 예언적 의미에 대해서는 요한계시록 6장과 사도행전 2장을 보라. 『**어두워지지 않은 때**』. 이 경우에는 전도서 11:4의 구름, 곧 시끄러운 일들, 문제들, 재난, 위험, 위협, 난국, 대립과 같은 구름으로 덮여서 어두워지는 것을 말한다. 『**해**』는 『**세상의 빛**』인 예수 그리스도의 모형이다. 해와 달(달은 그리스도의 신부의 모형이다, 솔 6:10) 사이에 세상이 오게 되면, 해가 가려지는 일식 현상이 일어난다. 『**별들**』은 다니엘 12장에서 "구령자들"이다. 이로써 모든 주석가들은 욥기, 시편, 전도서에서 구절의 "교리적" 설명을 회피하려고 천 번이나 써먹었던 자기들의 노선을 여기서는 놓쳐 버린다. 이상하지 않은가? 구약의 "교리적" 진리를 회피하려고 신약의 "영적인" 적용으로 달려가기를 수도 없이 하더니, 그 후 정말로 그들의 영성을 보여 줄 부분과 마주치자 그들은 아무것도 적용하지 못한다. 그렇다면 그들을 "육신적"인 사람들이라고 판단해야 옳을 것이다. (전도서 10:15의 『**성읍**』에 대한 주석도 또 하나의 예로 들 수 있겠다.)

노년에 영적인 승리와 즐거움을 항상 누리는 것은 거의 불가능하다. 그것은 그리스도인의 경우에조차 그렇다. 노년에는 "비가 내렸다 하면

쏟아 붓는다."라는 말처럼 "햇빛 뒤에"가 아니라 『**비 뒤에 구름이 다시 돌아오**』게 된다(2절). 비와 비 사이에 햇빛이 비치는 순간이 없는 것이다. 다음번에 큰비가 내릴 때까지 "흐린" 날씨가 지속된다. 자기 몸이 머리끝부터 발끝까지 아프고 몸의 열은 39℃에 다다르고, 마귀가 신경을 가지고 북을 치듯 하는 상황에서 그리스도의 몸, 구령하는 일, 그리고 주님에 대해서 마음을 두고 생각을 유지하는 것이 어렵다는 사실을 여러분은 알고 있는가? 하나님의 자녀는 죽음의 침상에서도 모든 것이 명랑해야 하겠지만, 종종 그렇지 않은 것이 사실이다. 최소한 금세기에는 그러하다. 35-40년 동안 목회를 해본 사람은 이것을 더 잘 알고 있다. 금세기의 죽음의 침상들에 여러 번 있어 보았기 때문이다.

『**집을 지키는 자들**』은 팔이나 다리라고 생각할 수 있다. 다리는 "이 오래된 집"이 떨어지지 않도록 떠받치고 있다. 육상경기자의 경우 첫 번째로 망가지는 것이 다리이다. 그중에서도 때로는 발목이 먼저 망가지기도 하지만, 보통은 "무릎"이 먼저 망가진다. 떠받치던 집을 금방이라도 퇴비더미 속으로 떨어뜨리려 하는(스 6:11) 『**집을 지키는 자들**』의 좋은 사례는 다니엘 5:6에 나오는 벨사살에게서 살펴볼 수 있다. 어떤 주석가들은 『**집을 지키는 자들**』이 몸을 "지키며" 보호하는 팔과 손이라고 말하기도 한다. 위에 언급한 커피 마시는 노인 이야기에서처럼 노년에는 특히 손이 "떨리기" 때문이다. 『**집을 지키는 자들**』이 팔이라면 『**건장한 남자들**』은 다리가 될 수 있겠지만, 다리는 "구부러지지" 않는다(『**굴복할**』이 영어로는 "bow"로서 "구부러진다"는 뜻이 있다). 구부러지는 것은 사람의 "등"이다. 척추는 중추신경계를 그 속에 담고 있다. 내가 보기에 이 본문에서 『**건장한 남자들**』은 단순하게 말 그대로 건장한 "남자들"에 대한 언급인 것 같다. 이런 남자들, 예를 들어 프로축구 선수들, 하키 선수들, 레슬링 선수들, 역도 선수들도 결국에는 "굴복"하게 된다.

『**창문 밖에 보이는 것들이 어두워질 것이며**』. 이것은 백내장, 녹내장, 또 때로는 실명으로 고통을 겪기 때문이다. 『**거리의 문들이 닫혀지겠고**』. 1964년 공민권법 이후로 미국 도시들에서는 문들이 닫혀지고 자물쇠로 잠가졌다. 나는 1964년에 세인트루이스에서 해롤드 롤링과 함께 개인 심방사역을 할 때 스무 집을 방문하면 문에 자물쇠를 채워두지 않은 집은 두 집뿐이었다. 자물쇠로 채운 열여덟 집의 문은 또한 열더라도 우선은 3인치 정도까지만 열리도록 안전 사슬을 채워 놓았다. 1964년 이후로는 사람이 집 안에 있든 없든 문을 자물쇠로 걸어두지 않는 사람은 아무도 없게 되었다. 1979년에 펜사콜라의 한 나이 많은 부인은 내게 말하기를 "목사님이 아시듯이 요즘 우리는 모두 '죄수들'이나 다름없어요."라고 했다. 그녀는 도시 중심가 아파트에 살고 있는 70세 과부였다. 그녀의 집은 9달도 안 되어서 2번이나 습격을 당했고, 인접한 아파트 건물에 사는 사람들은 밤에 록 음악과 함께 술 파티를 열고는 새벽 3시까지 파티를 계속했다.

공민권법은 법을 준수하는 사람들은 술집 저쪽에 있는 "독방들"에 가두어 놓고, 온갖 악독한 범인들은 풀어주었다. 공민권은 네 부류의 사람을 위한 것이다. 바로 여자, 흑인, 성도착자, 범법자들이 바로 그 네 부류다. 사실상 개신교 남자나 법을 준수하는 "곧은 사람들"에게는 "시민의 권리"가 없는 것이다. 부패한 정부는 여자, 흑인, 동성연애자, 범법자들에게 특별한 지위를 줌으로써 5만 명의 사람들을 이용해서 3억 명의 사람들을 통제할 수 있게 된다. 흑인, 동성연애자, 여자, 중죄인들은 자기들에게 특권을 준 부패한 정부에 대해서 빚을 지고 있기 때문에, 정부에 의해 통제될 수 있고 명령에 따르게 된다. 이것이 바로 "시민의 권리"가 현재 가지고 있는 의미이다.

흑인은 경찰관이 그에게 무엇을 하라고 시키는 것이 아닌 이상, 명령에 따를 것이다. 여자도 자기 남편이 아닌 혼자 사는 남자에게라면 명령에 따를 것이다. 동성연애자도 자기의 "삶의 방식"을 실행할 자유를 허락받는 한은 어떤 명령이든지 따를 것이다. 범법자도 감옥에서 풀려나게 된다면야 명령에 따를 것이다. 그러므로 그저 "공민권"이라 불리는 특권을 그들에게 주기만 하면 된다. 그 어떤 정부도 통제할 수 없는 부류는 바로 백인 어른 남자 개신교도들이다. 그들은 아이를 규제하는 것, 열심히 일하는 것, 진취적인 것, 정부의 통제가 거의 또는 전혀 없는 것이 옳다고 믿는 사람들이다. 이들은 모든 독재자, 선동가, 뉴에이지 운동가에게 골칫거리다.

노인들은 대개의 경우 집 밖에서 활동하는 사람들이 아니다. 노인들은 약속이라도 한 듯이 집 밖에서보다는 집 안에서 더 많은 시간을 보낸다. 특히 도시에 사는 경우는 더 그렇다. 『**맷돌질 소리가 낮아질 것이요**』. 이것은 음식을 씹는 『**맷돌질하는 자들**』(3절)의 수가 적기 때문이다. 『**새 소리로 인하여 그가 일어날 것이며**』는 해가 뜨기 전에 일어나는 것에 대한 언급일 것이다(욥 7:4). 『**닭이 울 때**』는 아침이 되기 전이다(막 13:35). 노인들은 밤에 잠을 잘 이루지 못하고, 밤중에 몇 번씩 깨는 일이 비일비재하다. 『**음악하는 모든 딸들**』은 대체로 목소리(성대)와 귀에 적용된다. 이 기관들은 음악을 만들어 내거나 음악을 듣는다. 노인들은 노래를 부르는 일에 열광적이지 않으며, 클래식 음악에 대한 사랑을 계속 간직하고 있는 몇 안 되는 경우에도 과거 30-40대 때처럼 잘 듣지는 못한다. 『**그들은 높은 데 있는 것을 두려워하겠고**』. (예언적으로는 대환란 때인 계 6:13과 사 24:12,21에 대한 언급이다.) 실제적으로 말해서 모든 노인들은 계단과 사다리를 무서워한다. 그런 곳에서는 떨어져서 골반 뼈가 부서지기 십상이다. 60-70대에 골반 뼈가 부서지면 십대 때처럼 잘 붙지 않는다. 1940년대와 1950년대에 많은 노인들은 비행기 타는 것을 무서워했었다. 『**두려움이 길에 있을 것이며**』. (예언적으로는 계 8,9,14,16장이다.) 실제적으로 시멘트로 틈새를 메운 벽돌 포장도로 위를 걸어다니는 것은 위험하고, 다치기 쉬운 장소는 주위 도처에 놓여 있다. 갑작스럽게 튀어나와 있는 디딤판, 인도 가장자리의 높은 턱, 그리고 현대에는 교통사고도 한몫을 한다. 또 1964년 이후 미국과 같은 경우에는 이런 위험요소들에 더하여 노상강도, 강간범, 성도착자, 살인범들이 어떤 노인에게 20달러 정도라도 있다는 사실을 알게 되면 그 노인을 죽이려고 한다. 미국 경찰은 노인들을 비롯하여 사람들을 보호하려고 길에 나와 있는 것이 아니라, 범법자들이 보호받고 있는지를 보기 위해 나와 있다. 만약에 어떤 경찰관이 자기가 범법자의 시민권을 보호하려고 거기에 나와 있는 것이 아니라고 착각하는 실수를 범한다면, 곧바로 뉴스미디어의 공격을 받아 무언가로 고발당하고 체포되며 경찰직에서 해고당할 것이다. 그런 일은 지난 10년 동안 100번도 넘게 일어났다.

『**아몬드나무가 번성할 것이요**』. 근동 지방과 극동 지방에서는 사람들의 머리가 검기 때문에 이 점이 특히 현저하게 드러나 보인다. 그들의 검은 머리카락이 희끗희끗해지다가는(호 7:9) 그 후 "하얗게" 되는데(잠 16:31), 그 모습은 한창 번성한 아몬드나무를 닮았다. 『**메뚜기도**』. (예언적으로는 욜 1,2장에 나오는 대환란 때의 농작물 파괴를 보여 준다.) 주석가들은 메뚜기를 노인으로 바꾸어 버리고서는, 노인이 메뚜기같이 "걸어다닐" 뿐만 아니라 메뚜기같이 "보인다"고 말한다. 나는 60년도 넘게 풍자화가와 미술가로서 600점 이상의 수채화, 아크릴화, 유화를 그렸고 2,000점 이상의 파스텔화를 그려 보았지만, 도대체 그 둘이 어디가 닮았는지 전혀 알아내지 못했다. 메뚜기를 닮은 60세 이상의 노인을 보게 되는 날이 온다면 정말로 놀라운 날이 될 것이다. 성경 비평가들 중 이 부분에서 가장 정신이 나간 경우는 〈리빙 바이블〉을 만든 케네스 테일러일 것이다. 그는 이렇게 만들어 놓았다. "머리는 하얗고 시들어 버린 늙은이는 성적인 욕망이 없이 몸을 질질 끌며 가니..." NIV는 이 내용 중 3분의 1 정도를 취하여(RSV와 NRSV도 마찬가지다) "메뚜기가 몸을 질질 끌며"라고 해놓는다. 나는 65년이 넘게 메뚜기와 딱정벌레, 매미, 바퀴벌레, 개미, 지네들을 가까이서 관찰해 보았지만, 메뚜기가 자기 몸을 질질 끄는 것은 어떤 사람이 그것을 "철썩" 하고 때려서 으스러뜨린 다음뿐이었다. 메뚜기는 결코 몸을 "질질 끌지" 않는다. 메뚜기는 펄쩍펄쩍 뛰어오른다. 그래서 메뚜기가 영어로는 "그래스하퍼"(grass<u>hopper</u>, "hopper"는 "뛰어오르는 자"라는 뜻)인 것이다. 나는 늙고 쇠하여 머리가 허연 노인이 "펄쩍펄쩍 뛰어오르는" 모습을 언제 본 적이 있는지 전혀 기억이 나지 않는다. 여든이 되기 한참 전부터 펄쩍펄쩍 못 뛰게 된 경우는 더러 보았다.

NEB는 "매미의 배가 부풀어 오르며 케이퍼 나무 싹이 더 이상 맛을 잃으니"라고 한다! "히브리어 원문"을 따랐다는 이 구절 속에 『**메뚜기**』도 없고 『**짐**』도 없으며 『**욕구**』도 없다. 케이퍼 나무 싹을 먹다가 배가 불러서 싫증이 나버린 누군가에 대해 이야기하는 것이 되어 버렸다. 〈킹제임스성경〉에서 가려진 소위 "풍요함"이 "원문"에서 발견되는 모습이 참으로 놀랍지 않은가? 〈킹제임스성경〉을 고치는 파괴적 비평가들은 모두 자기들이 "원문"을 진지하게 다룬다면서 이런 우스꽝스러운 경거망동을 인정하는 것이다.

진실은 이렇다. 『**짐**』은 운반하기에 무거운 물건이다. 이것은 초등학교 4학년이면 다 배워서 아는 사실이다. 동물의 경우, 날뛰는 야생마나 도베르만, 셰퍼드 같은 개들에 비하면 메뚜기는 아주 가볍기 짝이 없다. 그러므로 메뚜기는 그것을 먹으려고(레 11:22) 집어서 입으로 가져가기에 너무도 가벼운 것이다. "케이퍼 나무 싹"이 아니다. [모든 배교한 근본주의자들은 침례인 요한이 먹은 『**메뚜기**』(막 1:6)도 "식물"로 만들어 버리길 좋아한다. 배교한 성경 비평가들은 완전히 예측이 가능하다.] 노인들은 때때로 너무 쇠약해서 음식 먹기도 힘들어한다. 그래서 메뚜기처럼 아주 가볍고 조그맣고 사소한 물건도 『**짐**』이 된다. 단순히 성경 본문을 있는 그대로 믿으라. 그리고 본문의 단 한 단어라도 망가뜨리는 모든 학자들의 추측과 의견, 이론, 연구, 제안, 신념, 해석들을 전부 박멸시켜 버리라. 이것이 성경을 배우는 가장 안전한 방법이다.

『**욕구도 없어지리니**』. 이것은 사무엘하 19:34,35에서 길르앗인 바실래를 통해서 잘 설명된다. 이것은 〈리빙 바이블〉이 20세기의 성 강박관념 노이로제 환자들에 맞추어 만들어 낸 것처럼 "성적인 욕망"을 말하는 것이 아니라, 색다른 음식, 좋은 옷, 세상의 존경, 좋은 책들, 여행, 명성을 바라는 욕구를 말한다. 『**욕구**』가(욕구 기간이) 끝나는 것이다. 『**사람이 자기의 영원한 집으로 가며**』. 이 집은 "잠시 동안의 집," 곧 여기 이 땅에서의 삶과 대조되는 것이다(욥 16:22; 17:13). 『**애곡하는 사람들이 거리를 이리저리 다니기 때문이라**』. [대환란 때는 20억 명이 넘는 사람들이 기근과 전쟁과 마귀들과 식중독으로 죽게 된다(계 5,9,16장).] 『**또한 은줄이... 금그릇이... 바가지가... 수레바퀴가**』(6절). 이에 대해서는 다양한 해석들이 있다. 어떤 사람은 금그릇은 "두개골"이라 하고, 은줄은 "램프"가 떨어져서 깨지지 않도록 은줄이 붙들어 준다는 비유적 표현이라고 한다. 한 주석가는 은줄이 은"처럼" 하얀 "척수"라고 한다. 『**우물**』은 마음, 『**바가지**』는 정맥, 『**수레바퀴**』는 대동맥을 나타내는 것일 수가 있다. 각각의 유사점을 정확히 연결시키고 각각의 비유를 정확히 풀어내려는 모든 시도는 결국 반쯤만 정확한 상태로 끝난다. 어떤 경우도 성경으로 뒷받침되어 연결될 수는 없다. 최소한 결정적이지는 않다. "기를 내보내고" "초감각 인식"을 하는 ("정신 텔레파시" 능력을 지닌) 대부분의 "환각 환자들"은 "은줄"을 배꼽에 붙어 있는 실제 "줄"이라고 주장한다. 이 줄은 태권도, 가라데, 쿵푸의 기합과 연관될 뿐만 아니라 "오봇"(보통의 경우 여자인 점쟁이의 크게 팽창된 배 - 이것은 그 부분에 물이 저장됨으로 인한 것이다)을 통한 점술과도 연관이 된다. 본문(6절)에서 언급된 사물들 중 두 가지(그릇과 바가지)는 물을 옮기는 데 사용되며, 세 번째 것인 『**수레바퀴**』는 이런 물통들에 물을 담기 전, 우물에서 물을 길어 올리는 데 필요한 것이다.

성경에서 『**금그릇**』은 성막에서 가지 일곱 달린 촛대의 꼭대기에 놓여 있다(슥 4:2). 성경에서 은은 "구속"과 연관이 있다. 『**은줄**』이 생명과 연관된 것이라면, 욥은 바로 그 줄을 풀고 또 끊으시기를 기도한 것이다(욥 6:9). 사실 욥은 30:11에서 이 줄이 풀렸다고 말했다. (〈킹제임스성경〉을 고치는 모든 사람들은 당연하게도 이 두 구절을 모두 놓쳐 버렸다.) 이 경우에 그것은 마치 활에 달린 줄과 같아서, 궁수가 활을 쏠 수 없으므로 그는 무방비 상태로 남겨진다. "언젠가 '은줄'이 끊어지고 나는 더 이상 지금처럼 노래하지 못하리. 그러나 오 그 즐거움이여..." 하는 노래도 있다. 그러나 그것이 정확하게 무엇인지는 여전히 말할 수 없다.

『**금그릇**』이 촛대 중심대의 꼭대기에 있으므로 그것은 두개골을 나타내는 것으로 볼 수 있다. 촛대에서 그 그릇은 기름으로 채워졌는데, 기름은 성령님의 모형이다. 촛대에서 금그릇은 촛대의 "관들"과 "가지들"을 위한 기름통 역할을 했다. 이 금그릇이 "깨진다면" "등불들"에는 더 이상 기름이 없게 된다. 올리브 기름은 "생명"의 모형이다(롬 11장). 그 생명도 원래는 "영원한 생명"인데(창 2:9 주석), 이는 그것이 성령님을 예표하기 때문이다. 우물에서 『**바가지**』는 원래 물을 채우는 것이지만 『**수레바퀴**』가 『**저수지**』에서 깨지면 더 이상 그것으로 물을 길어 올릴 수가 없게 된다. 이 모든 것을 종합해 보면, 단지 어떤 한 사람이 죽는 것 이상으로 보다 폭넓은 적용이 됨을 알 수 있다. 왜냐하면 사람 개인은 이미 5절에서 죽었는데, 계속해서 『**흙**』과 『**영**』에 대해 언급하기 때문이다(7절). 다음과 같이 생각할 수 있다. 하나님께서 인간에게서 물을 얻는 능력을 없애 버리신다면, 하나님께서 그분의 영으로 인간을 상대하는 일을 그만두신다면, 그때 "인류"는 멸망하고 『**사람의 영**』(전 3:21)은 짐승의 영처럼 땅으로 가는 것이 아니라 하나님께로 돌아갈 것이다(전 3:21). 교리적으로는 바로 대환란에 대한 언급인 것이다(마 24:22).

바가지가 우물에서 부서지면 물을 집으로 가져올 수가 없다. 밧줄(또는 사슬)을 감는 장치가 망가지면 물통을 저수지 안으로 내려서 물을 길어 올릴 수가 없게 된다. 깨진 그릇 안에는 생명을 담아 둘 수가 없다. 하나님께서 사람을 "끊어서 풀어 버리신다면" 사람은 죽게 된다. 깨진 그릇 안에는 기름을 담아 둘 수가 없다. 덧붙이자면, 모든 사람에게 있어서 호흡(즉 바람, "영") 다음으로 가장 필요한 것은 바로 "물"이다.

12:8 헛되고 헛되도다. 전도자가 말하노니, 모든 것이 헛되도다.
9 더군다나 전도자가 현명하므로 백성들에게 여전히 지식을 가르쳤으니, 곧 그가 주의를 기울이고 탐구하여 많은 잠언을 정리하였도다.
10 전도자가 합당한 말들을 찾아내려 애썼으니 여기 기록된 것이요, 정직하며 진리의 말씀들이라.
11 현명한 자의 말들은 찌르는 막대기들 같고, 집회의 선생들에 의해 박힌 못들 같으니, 한 목자에게서 받은 것이라.
12 내 아들아, 이것들로 더욱 각성하라. 많은 책을 만드는 것은 끝이 없고, 많은 공부는 몸을 피곤케 하느니라.

바로 여기 설교 끝 부분에 그 전도자가 최초에 했던 증언이 등장한다(전 1:2). 『**헛되고 헛되도다... 모든 것이 헛되도다.**』

하나님께서는 오늘밤에라도 사람의 영을 거두어 가실 수 있다. 이 땅 위에 사는 모든 사람은 오늘밤에 죽을 수가 있다. 그러면 사람이 아닌 원래의 상태로 돌아가게 된다. 재는 재로, 흙은 흙으로 돌아가며, 아무도 그를 그리워하지 않게 될 것이다. 하나님께 사람이 필요한 것이 아니다.

바로 사람에게 하나님이 필요한 것이다. 인간은 아무것의 척도도 아니다. 만물의 척도는 바로 하나님이시다.

8절에서 『**전도자**』라는 단어를 주목하라. 9절에도 나오고(『**전도자가 현명하므로**』) 10절에 또다시 나온다(『**전도자가 합당한 말들을 찾아내려 애썼으니**』). 10절에서 그 전도자는 사도 바울이 젊은 "전도자"에게 주었던 디모데후서 1:13의 명령에 순종하고 있다. 10절의 "전도자"가 바로 11절에 나오는 『**현명한 자**』이다. 왜냐하면 9절에서 『**더군다나 전도자가 현명하므로**』라고 말씀하고 있기 때문이다. 이것은 그 "전도자"가 11절에 나오는 『**집회의 선생들**』 중의 하나임을 의미한다. (교회는 "불러냄을 받은 집회"이다.) 어떤 집회를 주관하기 위해서는 그들의 주의를 얻고, 그 상태를 지속하고 유지할 수 있어야 한다. 말씀을 전하는 자는 그렇게 하면서 회중을 교화시키고 책망하고 바로잡고 훈계하고 위로하고 또 회중에게 동기를 부여해야 한다(딤후 4:2). 신구약 모두에서 "설교"는 바로 그런 것이다(딤후 4:2 주석 참조). 그런 일을 하는 "학자"나 "교사"는 어디서도 찾아볼 수가 없다. 학자는 "연구하고" 교사는 "가르친다." 단지 가르치는 것이나 학문적으로 연구하는 것으로는 아무것도 못을 박듯이 박히게 할 수 없다. 진리가 박히게 하려면 "설교"를 해야 한다. 예수 그리스도를 죽이고 싶어 했던 이유가 바로 설교 때문이었음을 주목하라. 그들은 "설교"를 듣기 위해 회중들이 모인 것을 두고(막 11:5, 막 2:2, 눅 4:44) 질투했다. 침례인 요한이 설교를 했던 것과 똑같이(막 1:7, 눅 3:18) 예수님께서도 "설교"를 하셨다. 예수 그리스도의 "가르침"과 "설교" 사이의 차이점을 보고 싶다면 마태복음 13장과 마태복음 23장을, 혹은 요한복음 15장과 요한복음 7:28,38; 12:44을 비교해 보라. "설교"는 교화시킬 뿐만 아니라, 격분시키고(행 7장) 분노케 하며(눅 6:11) 유죄를 선언하고(행 2장) 행동을 유발시키는 강제력이 있다(행 26:24).

"설교"에 관한 한, 현대 히브리어 헬라어 학자들은 아무도 "강력한 일격"을 가할 줄 모른다. 미국에서 인정받고 있는 주요한 기독대학, 종합대학, 신학교의 현대 성경 교사들 중 『**현명한 자의 말들**』(전 12:11)을 "설교함"에 있어서 쇠망치로 나비 날개라도 부서뜨릴 수 있는 사람은 한 명도 없다. 교회사 전체에서 볼 때 교사들 중에서 정말로 설교를 할 수 있던 사람은 아주 적다. 마틴 루터와 아노 게벨라인이 그러했던 두 사람이고, R.A. 토레이와 J. 프랭크 노리스, 이 두 사람 정도를 더 추가할 수 있겠다. 클라렌스 라킨과 C.I. 스코필드는 설교를 하지 못했고, 드와이트 펜티코스트와 제인 하지스도 마찬가지였다. 척 스윈돌과 존 맥아더가 강단에서 "설교하는" 모습도 전혀 신통치 못하다. J. 버논 맥기도 설교로 새둥지를 교란시키기에는 불충분했다. 웨버, 커반, 린세이는 평생에 하루도 결코 설교해 본 적이 없다. 스윈돌, 스탠리, 맥아더 등과 같이 그들도 그저 빌리 그래함 같은 사람들의 말씨와 말투를 배워서, 자기들이 가르치는 데에 그 복음전파자적 스타일을 모방했을 뿐이다.

한편 성경을 "가르치는 일"에 관한 한, 커티스 헛슨, 존 R. 라이스, 밥 존스 시니어, 해럴드 사이틀러, 바비 어틀리, 빌리 켈리, 팀 그린, 잭 하일스, 레스터 롤로프 같은 사람들은 아주 어설픈 성경 교사들이었다. 존 R. 라이스는 "사회의 비극"이었고, 커티스 헛슨은 도무지 "진리의 말씀을 올바로 나눌" 줄을 몰랐다. 반대로 다비, 코넬리우스 스탬, 에델버트 벌링거, A.T. 로버트슨 같은 사람들은 평생 시원한 그늘 속 강단에서도 전혀 설교해 본 일이 없다.

이런 사항들을 살펴본 것은 바로 커티스 헛슨, 해럴드 오켄가, 엘머 타운즈, A.V. 헨더슨, 제임스 프라이스, 트루먼 달라 등이 〈뉴킹제임스성경〉을 만들면서 전도서 12:11에 해놓은 짓 때문이다. 〈뉴킹제임스성경〉은 11절에다가 "학자들"이란 단어를 집어넣음으로써, 예수 그리스도께서 기독교 학자들에게 『**현명한 자의 말들**』을 주시며, 집회를 주관하는 설교자들이 그 말씀들을 얻기 위해서는 학자들에게로 가야 하고, 그래야 비로소 무슨 말씀을 전해야 하는지 알게 되는 것처럼 생각하도록 만들었다. 이런 거짓되고 사적인 해석을 "박힌 못"처럼 단단히 박아두기 위해서 〈뉴킹제임스성경〉을 만든 배교자들은 『**목자**』도 "Shepherd"라고 첫 글자를 대문자로 표기하여 목자이신 주님이 되게 함으로써 설교자를 없애 버렸다. 이것은 바라던 결과를 가져다준다. "'학자들'의 말들은 ~같으니."

저자의 〈히브리서 주석서〉나 〈시편 주석서〉를 한 번만이라도 읽어본다면 "학자들의 말들"은 마치, 마루 위의 양탄자나 지붕 위의 판자 하나조차 단 2년 동안도 고정시킬 수 없는 녹슨 압정이나 꼬여 버린 못과 같다는 사실을 알게 될 것이다. 기독교 학자들은 목자이신 주님께서 그분의 설교자들에게 주신 "말씀들"을 - 오순절에 베드로는 "가르친" 것이 아니라 "설교"를 했다(요 14:23, 막 6:12) - 그분의 입으로부터 훔쳐 날려서 해치워 버렸다. 요한복음 1:18, 누가복음 2:33, 마태복음 6:13, 요한복음 3:13, 누가복음 4:4, 마태복음 23:14 그리고 최소한 이외의 스무 군데에서 그랬다. "언제" 그랬느냐고, "어디가" 그러냐고 하는 사람이 있다면, ASV 한 권을 사서 살펴보라. 그래도 잘 모르겠으면 NIV도 한 번 보라. 그래도 분명히 모르겠다면 NKJV와 RSV, NRSV, NEB, NASV, 〈리빙바이블〉도 살펴보라. 주님이 기록하신 말씀들을 그분의 설교자들의 입으로부터 해치워 버린 곳은 디모데전서 6:5,9,10,20, 디모데후서 2:15, 고린도후서 2:17, 로마서 1:18,25과 이외에도 최소한 100군데가 더 있다.

이 가증한 학문과 흉악한 역본들은 1880년부터 1990년까지 소위 "구원받은" 보수주의, 근본주의 학자들의 작품이다. 그리고 현재(〈뉴킹제임스성경〉) 그들은 말씀들을 오역하고 변개하고 잘못 해석하고 삭제한 후에 자기들이 성경에 나오는 "말씀들"을 보존하는 자들이라고 인정받고 싶어 한다. 그들은 가능한 한 많은 말씀들을 제거하는 일에 100년 동안(1880-1990) 몰두하고 나서는 『**진리의 말씀**』(10절)을 보존하는 일을 자기들의 공로로 돌린다. 그것이 바로 기독대학, 신학대학, 성서대학이라는 곳들이다. 엄청난 위선인 것이다.

사람들은 나의 태도에 대해서 "방자하다," "그는 자기만 옳고 다른 사람은 다 틀리다고 생각한다!", "이 '하나님의 사람들'을 비평하는 그는 자기를 누구라고 생각하는가!", "이 무슨 터무니없는 태도인가!" 따위의 말들을 해대지만, 그 요란한 입을 다물라. 〈뉴킹제임스성경〉과 그것을 선전하는 광고물을 읽지 않고서는 진짜 "방자한" 것이 뭔지를 모른다. 가장 위대하고 가장 "경건"하다는 기독교 학자들의 학문적 업적 50권을 잘 연구해 보고 그들이 성경에다 무슨 짓을 해놓았는지 살펴보지 않았다면, 그 속 좁은 입과 편협한 혀를 닫아 두라.

"설교"를 하지 않는다면 어떤 집회도 주관할 수 없다. 히틀러는 "집회들"을 주관했다. 그는 "교사"가 아니었다.

"정통주의 요새들"이라 일컫는 학교들의 교실에서 학생들은 교사들을 단지 "참고 있다." 그들이 참는 이유는 자기들의 진로에 돈을 대주는 엄마 아빠가 학위를 얻으라고 자기들을 거기에 보냈기 때문이든지, 아니면 학교를 통해서만 얻을 수 있는 졸업장을 따기 위해서다. 학생들은 인간적으로 그들에 대한 존경심을 거의 가지고 있지 않다. 그런 일들에 종사하는 "교사"들은 전혀 "집회를 주관하지" 못한다.

『**현명한 자의 말들**』은 "못"과 같을 뿐만 아니라, 또한 못을 두들겨 박아 넣는 망치와도 같다(렘 23:29). (목자이신 주님으로부터 『**진리의 말씀**』을 받았노라고 하는 학자들은 모두 다시 망가져 버린다. 그들은 그 예레미야의 참조 구절을 전혀 찾지 못했다. 극히 전형적인 일이다. 목자이신 주님은 그들에게 아무것도 알려 주지 않으신 것이다. 사실 그렇지, 말씀들을 제거하려고 하는 위선자들에게 어찌 "지혜의 말씀들"을 주어 낭비하시겠는가?) 이 『**말들**』은 『**못들**』 같고 또 『**채찍들**』(goad) 같다. 그렇기 때문에 그 말들은 못으로 "박힌" 사람들에게 자국을 남기며, 잘못된 방향으로 가고 싶어 하거나 그냥 가만히 있고 싶어 하는 자들을 찌르고 괴롭힌다. 그것이 바로 채찍의 목적이다. 소몰이 막대기(ox goad)로는 칼로 하듯이 사람들을 죽일 수도 있다(판 3:31).

성경에 따르면, 성경 구절들을 사용하여 사람들을 죽일 수도 있음을 눈여겨보라. 『**내 입의 말로 그들을 죽였나니**』(호 6:5). 선지자들이 이런 일을 했지, 학자들이 한 것이 아니다. 히브리어 헬라어 학자들은 곡괭이로 맥주 깡통 하나도 움푹 들어가게 못한다. 학자들은 단 한 명의 예외도 없이 모두 성경의 참조 구절을 놓쳐 버렸다.

이제껏 살았던 사람들 중 가장 현명한 사람은 이제 회중의 지성에 따라 시간을 낭비하지 않는다. 자기가 지금껏 생각해 온 것대로 회중이 자기를 따라서 생각해 왔다면, 그들이 바로 학자인 체하는 사람들이란 사실을 그는 알고 있다. 그렇기 때문에 그의 설교 끝 부분에서 갑자기 방향을 바꾸어, 경험에 관해서가 아니라 기록된 말들에 관해서 이야기하고 있는 것이다. 주목하라. 『**잠언... 합당한 말... 기록된 것... 진리의 말씀... 많은 책... 많은 공부**』(9-12절). 그는 어떤 시대에든 진짜 고생이 어디에서 유래하는지를 알고 있다. 바로 지나치게 거대한 도서관 때문이다. "읽는 자(reader)가 지도자(leader)가 되기" 때문이다. 세상이 복음을 믿지 않고 회피할 수 있는 방법은 바로 형식적인 지혜(고등 교육)를 통해서다(고전 1:21). 진리에 대한 믿음을 파괴시키는 것은 바로 『**선과 악의 지식**』이다. 솔로몬의 글에서 여기까지는 "기록," "기록된," "책," "책들"이란 단어가 "한 번도" 등장하지 않았다. 전도서 12:9 이전 부분은 모두 "생각한 것" 아니면 "경험한 것"뿐이었다. 하지만 지금 갑자기 소름끼치는 한 단어가 튀어나온다. 신학교들과 대학들, 인권 운동가들, 환경 운동가들, 뉴에이지 운동가들에게는 마치 날벼락과도 같은 말이다. 바로 『**진리**』라는 단어다(10절). 앞의 열한 장 속에는 전혀 없었던 말이다.

『**진리가 무엇이냐?**』(요 18:38)

지도층인 모든 교육자, 철학자, 인본주의자, 과학자, 성직자, 사제, 대사, 정치가, 연방판사들에 따르면 진리가 해당하지 "않는" 3가지 사항이 있다.

1. 진리는 절대적이지 "않다."
2. 진리는 최종적이지 "않다."
3. 진리는 어떤 책에도 기록되어 있지 "않다."

피히테, 헤겔, 사르트르, 틸리히, 니부어, 아인슈타인, 마틴 루터 킹 주니어, 루즈벨트, 케네디 가, 빌 클린턴, 스피노자, 존 듀이, 페스탈로치, 텔레비전·라디오 방송에 따르면 진리는 다음 3가지 특징을 가지고 있다.

1. 진리는 완전히 "상대적"이다.

2. 진리는 구미에 맞게 조작하고 "고칠" 수 있다.

3. 진리는 시대와 장소에 따라 "변하므로," 자기의 정욕이나 혐오감의 요구에 맞추어 "재평가"하고 "재정의"할 수 있다.

『**진리가 무엇이냐?**』 이 같은 질문은 그리스 철학자가 철학을 가르치던 교실에나 한정되는 것으로 생각하기 쉽지만, 그렇지 않다. 그 질문은 "진리의 기준"과 "오류의 기준"에 대해 논의하는 "인식론"을 연구하는 동안에나 등장했어야 할 것 같지만, 여기서 그 질문은 한 사람의 "선동자"를 심리하는 와중에 등장한다. 여기서 그 판사는 울부짖는 군중을 마주하고 있으며, 그 "반역자"가 무죄라고 이미 세 번이나 선언하였음에도 이제 막 그를 처형시키려는 참이다.

세상에, 이 마당에 웬 철학적 질문이란 말인가! 지금 그 질문은 『**길이요 진리요 생명**』이신 분을(요 14:6; 18:38) 이제 막 살인하려는(행 7:52) 로마의 살인자의 입에서 나오고 있다. 스테판에 따르면 그것은 분명히 "살인"이었다. 두 명의 로마인이(빌라도와 헤롯, 행 4:27) 『**영광의** 주』를 살해했다(고전 2:8).

교훈: 지도층에 있는 교육받은 연방판사들은 "모든 것이 상대적"이라고 믿는다. 빌라도는 『**진리가 무엇이냐**』고 "묻지" 않았다. 그는 『**진리가 무엇이냐**』고 "말했을" 뿐이다(요 18장의 본문을 보라). 그는 대답을 들으려고 기다리지 않았다. 그가 보기에 자신은 답을 알고 있었다. 최소한 그는 자기가 그 답을 알고 있다고 생각했다. 그는 자기가 죽으면 곧바로 자기를 심판하기 위해 앉아 계실 분 앞에 직접 서 있으면서(말 3장, 히 9:27) 이렇듯 빈정거리고 있었던 것이다. 빌라도가 무시해 버린 그분은

말씀하시기를, 하나님의 말씀들이 바로 『**진리**』이며(요 17:17) 사람이 죽은 후 그 말씀들로 심판받을 것이라고 하셨다(요 8:26; 12:48). 진리는 결코 상대적이지 않다. 진리는 절대적이다.

대학에서 학위를 얻으려고 몰두하는 젊은이들은 자신들을 고립시키면서(잠 18:1-3) 죄에 대한 변명거리를 찾아낸다(잠 18:1,2). 그리하여 그들에게는 "모든 진리가 상대적"이 된다.

진화론을 과학으로 가르치는 대학 교수진 중에 모든 진리가 상대적이라고 믿지 않는 원숭이 인간은 한 명도 없다.

인간에게 맨 처음 주어진 절대적 진리를(창 2:17) 단지 "상대적인" 것이라고 여김으로써 인류는 지난 6천 년간의 고통과 고생과 죽음을 불러왔으며, 이것은 아직도 끝나지 않았다. B.C. 4000년 이래로 이 곤경 속에 있었고, A.D. 3000년이 되기까지 이 곤경에서 벗어나지 못할 것이다.

계시되어 있는 최종적이고 절대적인 진리에 의문을 제기하여 사람들에게 그러한 진리가 없어진다면, 참으로 모든 사람 자신이 신이 되어(창 3:5) 자기 맘대로 모든 것을(자기 이웃들, 친구들, 친척들, 직업, 고용주, 고용인들, 정부, 선생들, 성경 등) 측정할 수 있게 된다. 이 사람의 의견이 저 사람의 의견과 똑같이 훌륭한 것이므로, 그런 문화 속에서 상황을 결정짓는 요소는 『**진리가 무엇이냐**』가 아니라 "누가 총과 황금을 가졌느냐"가 되어 버린다. 이 경우에 진리는 누가 탄알을 가장 많이 가장 빨리 쏘아댈 수 있는가에 의해 결정된다. ("비가 오면 전쟁은 체육관에서 일어날 것이다.") 계시되어 있는 절대적인 진리가 없다면 모든 교회와 학교, 가정, 국가를 움직이는 지배 원리는 "마피아의 원칙"이라고 알려져 있는 그것이 될 것이다. 즉 "내가 먼저, 너는 나중"인 것이다. 이것이

미국과 유럽의 현주소다.

『**많은 책**』 가운데 책 한 권을 더 공부하고 싶다면, 필자의 책 〈반지성 선언, *The Anti-Intellectual Manifesto*〉(1992)을 읽어 보라. 『**진리**』가 (요 17:17) 존재하지 않거나 혹은 (기독대학 교수진이 "원본"에 대해 말하듯이) 이용 불가능하고, 『**모든 진리**』(요 16:13)나 『**진리의 말씀**』(전 12:10) 같은 것이 전혀 존재하지 않는다면, 바로 3가지 동물적 본능(자기 보존, 자기 번식, 자기만족)에 의해 지배받으면서 가장 많은 돈과 가장 많은 무기에 접근할 수 있는 죄인이 이 땅 위 모든 상황에 대한 최종적 절대 권위가 되는 것이다. 이 상황에서는 황금과 총이 "진리가 무엇이냐"를 결정할 것이다. 이것이 현재의 상황이며, 이것이 절대적인 진리를(요 17:17; 14:6) 부인한 결과다.

이것이 바로 찰스 다윈과 칼 마르크스 시대 이후로 유럽과 일본, 아시아, 멕시코, 중앙아메리카, 남아메리카, 영국, 캐나다, 오스트레일리아, 아프리카, 미국이 따르고 있는 "비행 계획"이다. 다윈과 마르크스는 이전에 성직자가 되려고 공부하던 자들이지만 둘 다 성경을 철저하게 거부해 버렸다. 이 변절자들은 둘 다 평생에 하루도 일하지 않았다. 그들은 둘 다 "책들"을 쓴 철학자들이었다(전 12:9-12). 현대인들은 이 미혹당하고 타락하고 자기 의에 찬 바보들을 본받다가 1913년에서 1992년 사이에 58차례의 전쟁을 일으켰다.

『**내 아들아, 이것들로 더욱 각성하라. 많은 책을 만드는 것은 끝이 없고, 많은 공부는 몸을 피곤케 하느니라**』(12절).

『**많은 책을...**』. 얼마나 많은가? 미국 의회 도서관에는 14,846,000권의 책들과 팸플릿들이 있다. 그러나 그 1,400만 권이 넘는 책들 중에 사람이 죽으면 어디로 가는지, 죽으면 그에게 무슨 일이 벌어지는지(전 3:22 주석) 알려 주는 책은 한 권도 없다. 오직 한 권의 책만이(미국에서 이 책은 판권도 없다) 그 정보를 제공해 준다.

〈킹제임스성경〉은 1960년 이전에 9억 권이 넘게 보급되었고, 1990년이 되기 전에 12억 권에 이르렀다. 이 성경과 경쟁하던 다른 성서들을 합친 것보다도 더 많이 팔린 것이다. 1880년부터 1990년까지 "진리"의 모조품들 150가지가 인쇄되었건만, 그 옛날의 검은 표지 66구경 프로테스탄트 종교개혁 박격포는 모조품들을 모두 합쳐 놓은 것보다도 더 많이 팔렸다. ASV, NASV, RSV, NRSV, 〈리빙 바이블〉, NIV, 〈현대인을 위한 기쁜 소식〉의 판매 실적을 모두 더해도 〈킹제임스성경〉의 90%도 되지 않는다. 이것은 110년 동안 〈킹제임스성경〉과 경쟁한 성서들이 모두 현대의 막대한 재정적 뒷받침을 받아 판매 촉진 광고 캠페인을 벌였다는 사실과, 또 모든 기독대학, 신학대학, 종합대학들이 〈킹제임스성경〉을 제거하는 일에 전적으로 종사해 왔다는 사실을 생각해 볼 때 더욱 주목할 만한 현상이다.

〈현대인을 위한 기쁜 소식〉은 20세기에 알려진 가장 진보된 최신 광고 기술의 지원을 받아서 4천만 권을 펴낼 수 있었다. 이 같은 세속적인 지원을 받으면서도 그것은 〈영생으로 인도하는 진리〉라는 제목의 여호와의 증인 책자 한 권의 판매 실적에도 도달하지 못했다. 하나님의 이름을 더럽힌 그 종교적 쓰레기는 4천3백만 권이 팔렸다. 그 두 개의 "베스트셀러"를 합쳐 놓아도 그 수는 다른 나라에 보급된 〈킹제임스성경〉 권 수의 10분의 1에도 미치지 못한다. 〈리빙 바이블〉과 NIV를 추가한다 해도 2분의 1에 도달하지 못한다.

마오쩌뚱도 "베스트셀러"가 있었다. 그의 철학적 억측을 50쪽에 걸쳐 두서없이 기록한 "붉은색의 책자"였는데, 8억 권이 팔렸다. 물론 그러한 인기는 그것이 강제적이었기 때문이다. 책을 사든지 아니면 총을 맞든지였다. 마오쩌뚱의 판매 실적은 총검과 총탄으로 후원되는 정부 관청의 명령에 의한 것이었다. 책을 사라, 안 그러면...!

『**많은 책을...**』. 상형문자들 중 가장 이른 시기의 것은 B.C. 3400년의 것들이다. (리키의 아프리카인 "루시"는 너무도 늦게, 3백만 년도 더 지나서 그 행동에 참여한 것이다. 리키는 아프리카인들이 공룡들과 동시대에 존재했다고 주장했다.) 그때 이후로 책들은 우가리트어, 칼데아어, 콥트어, 라틴어, 헬라어, 산스크리트어, 타밀어, 아라비아어, 페니키아어, 중국어, 일본어, 프리즈란드어, 바스크어, 영어, 독일어, 프랑스어, 아람어, 포르투갈어, 벵골어, 스페인어, 이탈리아어, 러시아어 등으로 기록되었다. 책들을 기록하는 데 사용되지는 않았지만 말로만 했던 언어도 수십 가지가 있다. 전 세계에서 가장 언어에 능통한 학자는 독일 사람 게오르크 헨리 슈미트인데, 그는 국제연합 용어부의 부서장을 지낸 바가 있다(1965-1971). 그는 동시에 31개 언어를 유창하게 말했다.

이제껏 책 한 권 값으로서 가장 높았던 가격은 바로 미국 학생들이 교실 안에서 읽거나 교실 안으로 가지고 들어오지 못하도록 금지되어 버린 그 책에 지불된 것이었다. 이 책에 대한 편견은 너무도 지나쳐서 그 중 한 권에 539만 달러가 지불되었다는 사실에도 불구하고, 또 3백 년이 넘도록 세계의 "베스트셀러"였다는 사실에도 불구하고 현재 미국 교실에서는 그 책을 놓아둘 수도 없는 것이다. 그 책이 무엇인지는 추측할 필요도 없다. 1455년 독일 마인쯔에서 인쇄된 성경 한 권이 도쿄의 일본인 책장사에게 팔렸는데, 바로 그 성경을 사기 위해서 위에 언급된 값을 지불한 것이다. 인쇄기로 인쇄되지 않은 책의 값으로서 가장 높았던 가격은 226쪽 분량의 한 책에 지불된 것으로서, 1,190만 달러였다. 그 책이 무슨 책이었는지 역시 추측할 필요도 없다. 성경은 누구에 의해 기록된 것이든 간에 항상 다른 어떤 책보다도 더 가치가 있다. 한 서독 사람이 런던에 있을 동안에 이 책을 샀다. 그 책은 〈색소니 공작, '사자' 헨리의 복음서〉라고 불렸다. 그 독일 사람이 이 책을 사는 데 들인 비용이 1,190만 달러였다. B.C. 4000년 이래로 어떤 철학자나 교육자가 기록한 것에 대해서는 아무도 그 가격의 20분의 1도 지불하려 하지 않았다.

정말로 『**많은 공부**』에 휩싸여 있기를 원하는 사람이 있는가? 그렇다면 세상에서 가장 거대한 책인 〈뉴 브리태니커 백과사전〉을 공부해 보라. 그 백과사전은 32권으로 되어 있고, 총 쪽수는 32,300쪽, 총 단어 수는 4천4백만 개에 이른다. 이 엄청난 양의 정보와 자료들은 글을 기고한 4,000명의 공헌으로 이루어진 것이다. 그 32,000쪽이 넘는 분량 중 이 땅 위에 사는 어떤 사람에게든 그가 죽은 후 그에게 무슨 일이 벌어질지 말해 주는 내용은 단 한 줄도 나오지 않는다.

가장 긴 소설은 루이스 헨리 페어고울(1885-1972)이 쓴 것이었는데, 27권에 달하는 분량이었다. 그 제목은 〈호의를 입은 사람들, *Men of Good Will*〉이었는데, 이 표현은 로마카톨릭 성서들에서 변개된 누가복음 2:14에 나오는 것이다. 가장 최고의 소설가는 바바라 코틀랜드라는 이름의 여자였는데, 그녀의 493가지 책들은 27개의 언어로 번역되어 5억 권이나 퍼져 나갔다. 최고의 판매액을 기록한 시리즈는 37개 언어로 번역되어 320,802,492권이 팔린, 얼 스탠리 가드너의 탐정소설들이었다. 판매

액에 있어서 유일하게 성경과 "경쟁을 시도한" 비종교 책자는 한 맥주 양조장에서 염가 종이 표지로 출판된 책이었다. 바로 기네스라는 맥주 회사에서 발행한 세계기록집(1955)인데, 35년이 지난 후 마침내 6천5백만 부의 판매 기록을 달성했다. 이것은 1940년 이전에 유포된 〈킹제임스 성경〉 권수의 10분의 1에도 미치지 못하는 숫자다.

〈기네스 북〉 6천5백만 권 중 이 땅 위에 사는 어떤 사람에게든 그가 죽은 후 그에게 무슨 일이 벌어질지 말해 주는 내용은 단 한 줄도 나오지 않는다. 솔로몬은 이제 그것을 말해 주려 하고 있다.

만일 여러분이 아인슈타인 광신자라면, 그가 쓴 72쪽짜리 책자에 110만 달러를 지불할 수도 있다. 이것은 어떤 무명의 수집가가 1987년 12월 2일에 지불한 가격이다. 그는 약 2달러 정도의 가치밖에 없는 물건을 그렇게 얻었다. 자기중심적이고 자부심 강한 한 사람은(아프리카 짐바브웨의 수집가 어니스트 로프투스) 1896년 5월 4일 12세의 나이에 일기를 쓰기 시작하여 1987년 7월까지 91년 동안을 쓴 다음 그것을 책으로 출판해 냈는데, 5달러만큼의 가치도 없는 것이었다. 사실 91년 동안의 그 기록 속에는 10센트 동전의 가치라도 쳐줄 만한 내용이 아무것도 없었다.

『**많은 책을 만드는 것은 끝이 없고**』.

알렉산드리아 이단으로 구성된 학자 연합은(저자의 〈성경에 관한 학식, *Biblical Scholarship*〉 참조) 1880년 이후로 해마다 성경보다 "더 새롭고 더 훌륭하고 개선된" 책을 한 권씩 만들어 냈다. 그것은 성경에 들어 있는 오류들을 고치기 위해 기록된 110권의 "성서들"이었다. 누룩이 퍼지고(갈 5:9) 희석되어 버린 이 성경 모조품들은 모두가 다, 〈킹제임스 성경〉에는 고쳐야 하는 실수들이 있으며 자기네 저자들이 그 실수들을 알고 있다는 전제 하에서 만들어졌다. 그들은 그러한 방침을 가지고 앉아서 110가지 서로 다른 개정본들을 출판해 냈고(때로는 한 개정본에서 고친 곳이 3만 군데에 이른다), 그러고 나서는 뻔뻔스럽게도 성경을 구입하는 사람들에게 이렇게 말했다. "아직도 좀 더 많은 연구가 필요합니다." 어릿광대놀음을 하는 자들의 이 비극적인 고백은 결국, 성경 한 권에서 3만 군데가 넘는 오류를 찾아낼 만큼 똑똑한 분들이 역사상 가장 명석한 히브리어 헬라어 학자들의 학문과 연구업적들을 모두 사용하고서도 110년이 지나도록 그 오류들을 다 바로잡을 수 없었다는 것을 사람들더러 믿으라는 것이다. 럭크만의 법칙: "이치에 닿지 않는 모든 일의 배후에는 돈 문제가 있다."

제정신을 가진 사람으로서 어찌 그 명단(버클리, 웨이마우스, 필립스, 몽고메리, 굳스피드, 웨스트코트, 라잇풋, 엘리콧, 홀트, 네슬, 알란드, 메쯔거, 테일러, 도드, 파스타드, 하지스, 프라이스, 윌밍턴, 타운즈, 헛슨, 그린, 샤프, 그리고 ASV, NASV, RSV, NRSV, NIV, NKJV 번역위원회들 등)에 속한 사람들 중 누군가가 정말로 〈킹제임스성경〉 속에서 한 가지 실수라도 찾아낸 것이라고 생각할 수가 있겠는가? 이 바보 같은 자들은 31,000구절에서 150군데를 바로잡고는 어째서 자기들의 "실수들"은 바로잡지 못한 것인가? 그들은 바로잡는다고 할 때마다 또 그 만큼의 실수를 저지르고 있다. 바로 지금 그들은 〈킹제임스성경〉을 바로잡았다던 150군데를 또 고치고 있는 것이다! 사실을 직시하라. 한 권의 성경이 그 모든 자들을 바로잡을 수 있다. 그 성경은 그들이 그것을 바로잡는 일에 종사하고 있는 바로 지금도 여전히 그들을 바로잡고 있다(히 4:12,13).

가장 빨리 팔리는 책이 〈킹제임스성경〉이라면, 가장 느리게 팔리는 책은 아마도 성경 비평과 연관된 책일 것이다. 확실히 그렇다! 도서 판매 역사상 가장 느리게 나가는 책은 1716년에 옥스퍼드 대학 출판부에서 펴낸 〈신약 콥트어에서 라틴어까지, *The New Testament from Coptic to Latin*〉라는 제목의 책으로서, 지난 191년 동안 139일에 한 권꼴로 팔렸다. 일 년에 세 권도 안 팔리는 것이다.

추신: 책의 원고가 가장 많이 거절당한 최고 기록은 〈성관계 유지의 선과 예술〉이란 책이 차지했다. 이 쓰레기는 21명의 출판 책임자들에게 계속 거절당하더니, 1974년에 어떤 자가 그것을 팔아 보려 하다가 파산해 버렸다.

솔로몬은 B.C. 1000년에 그것을 말했다. 『**많은 책을 만드는 것은 끝이 없고**』.

나는 책을 120권밖에 쓰지 않았다. 여러분은 얼마나 썼는가?

내가 손으로만 쓰고서 전혀 출판하지 않은 책까지 합치면 15권이 더 있다. 결국 책으로 옮겨져서 인쇄가 된 나의 카세트테이프들까지 합친다면 40가지가 더 있다. 그러면 175권이 되는 셈이다. 내가 쓴 모든 책은, 절대 진리는 불변하고 확정되어 있으며 계시되었고 이용가능하고 완전하고 "최종적"이라는 토대 위에서 쓴 것들이며, 이것은 초등학교 6학년이면 누구나 이해할 수 있는 부분이다. 나는 이 모든 책들을 세 가지 전제를 가지고 썼는데, 그 전제들은 "진리"와 관련이 있다고 하는 다음과 같은 자들이 믿는 바와는 완전히 대조된다. 탈레스, 아낙시만드로스, 소크라테스, 플라토, 부처, 모하메드, 노자, 지오반니 젠틸레, 윌리엄 제임스, 알베르트 아인슈타인, 밥 존스 주니어, 밥 존스 3세, 틸리히, 사르트르, A.T. 로버트슨, 헤겔, 아리스토텔레스, 모든 교황들, 제인 핫지스, 아더 파스타드, 아를린 홀튼, 호킨즈, 찰스 다윈, 지그문트 프로이트, 윌리엄 글랫서.

내가 쓴 모든 책은, 자신이 곧 『**진리**』라고 선언하신(요 14:6) 주 예수 그리스도께서 정의해 주신 그 『**진리**』(요 17:17)를 뼈대로 하였다. 그리고 살아 있는 것이든 이미 죽은 것이든, 과거의 것이든 현재의 것이든 미래의 것이든 그 무엇에도 진리가 결코 상대적이지 않다는 것을 『**사실 그대로**』 받아들였다(살전 2:13).

이제 『**전체 일의 결론**』을 들을 시간이다. 『**많은 공부**』는 그저 눈을 쇠약하게 하고, 잘 때 힘든 꿈을 꾸게 하며, 『**항상 배우나 진리의 지식에는 결코 이를 수 없**』게 한다(딤후 3장). 진리는 결코 상대적이지 않다.

철학자들 중의 철학자요, 세속 지혜의 왕이며, 모든 "생각 저장고"를 전부 다룸으로써 헬라 철학자들이 태어나기 400년 전에 그들의 인기를 가로채 버린 사상가는 이제 이렇게 말한다. "나는 그동안 충분히 썼고 충분히 말했다. 자, 판을 이만 끝내자." (진짜 현대 최신 역본에 따른 것이다.)

12:13 전체 일의 결론을 들을지니, 하나님을 **두려워하고, 그의 계명들을 지키라. 이것이 사람의 모든 의무니,**
14 **이는** 하나님**께서 선이든 악이든 모든 행위와 모든 은밀한 것들을 심판하실 것임이라.**

『**전체 일의 결론**』은 현대인에게는 너무도 혐오스러운 것이라서, 설령 전도서의 나머지 부분은 실용주의적인 관점에서 즉 죄를 정당화시키기 위해서 남겨 두더라도, 여기 10-14절만큼은 절단해 버려야만 한다. 회중 가운데 있는 모든 실용주의자, 인본주의자, 쾌락주의자들에게 있어서 솔로몬의 결론은 마치 끔찍한 재앙이 포효하는 것과 같다.

1. 『하나님을 **두려워하고**』. 앞서 열거했던 신사앙반들에 따르면, 하나님은 존재하지도 않는다.

2. 『하나님을 **두려워하고**』. 긍정적 사고에 빠진 모든 은사주의 기독교인들과 공립학교 제도에 따르면, 두려움은 "부정적인" 감정이며 "역효과를 가져오는" 것이다.

3. 『**그의 계명들을 지키라.**』 모든 진화론자들, 논리적 실증주의자들, 자유주의 현대주의 설교자들, 모든 뉴에이지 인본주의자들, 무정부주의자들에 따르면 그분은 아무 계명도 안 주셨다.

4. 『**그의 계명들을 지키라.**』 동성연애("대체된 성적 성향"), 음행("혼전 성관계"), 간음("성인 간의 합의"), 거짓말("상황윤리"), 도둑질("아동의 권리"), 가짜 신 숭배("동시대 예술을 통해 대화로 서로 다가서는, 종교통합을 위한 교섭") 등을 행하고 싶다면 상관없다. 상황이 어떻게 되었는지 알겠는가? 그들은 전문적인 거짓말쟁이들이다.

5. 『**이것이 사람의 모든 의무니**』. 환경을 지키고, 낙태 반대시위를 하고, 법을 지키는 시민들에게서 총을 몰수하고, 오존층을 보호하고, 복지국가를 세우고, 세르비아와 아일랜드 같은 곳의 전쟁에서 카톨릭을 재정 지원하는 "좋은 세상 만드는 사람들"에 따르면 아니다.

6. 『하나님**께서... 심판하실 것임이라.**』 헤밍웨이, 스타인벡, 모옴, 윌리엄 포크너, W.E.B. 두보이스, 칼 융, 써굿 마셜, 제임스 볼드윈, 존 케네

디, 윈스턴 처칠, 헤르만 울크, 프랭크 카프카, 앤드류 영, 찰스 다윈, 알베르트 아인슈타인, 칼 마르크스, 빌 클린턴, 스피노자, 사르트르, 엘드리지 클리버, 마틴 루터 킹 주니어, 윌리엄 페일리, 지그문트 프로이트, 조지 산타야나, 니체, 르네 데카르트가 쓴 어떤 책이든 믿는 사람이라면 그가 생각하기에 하나님께서는 그런 일을 하지 않으실 것이다.

위에 열거된 모든 사람들 그리고 볼테르, 루소, 칸트, 레싱, 트로츠키, 마크 트웨인, 토머스 울프, 유진 오닐, 스코트 피츠제럴드, 데오도르 드라이저, 싱클레어 루이스, 업톤 싱클레어, 윌리엄 제임스, 버트런드 러셀, 존 듀이, 고어 비달이 생각하기에 바울은 거짓말쟁이였고(롬 2:16), 요한도 거짓말쟁이였으며(계 20:11), 솔로몬도 거짓말쟁이였고(전 12:14), 모세도 거짓말쟁이였고(시 90:8), 저들이 생각하기에 주 예수 그리스도는 이 모두 가운데 가장 엄청난 거짓말쟁이였다(마 12:36, 눅 14:14, 요 5:29).

『**세상이 그 지혜로** 하나님을 **알지 못하였기에**』(고전 1:21).

위에 열거한 교육받은 사람들 중 아무도 솔로몬 설교의 『**결론**』에 관해서 평생 동안 감히 자기 입을 열지 못했다. 그들은 공공연히 신격의 제2위이신 분을 거짓말쟁이라고 부른 후 존경받을 만한 사람들인 것처럼 행세했다. 철학(골 2:8 주석 참조), 곧 "philosophy"는 "지혜를 사랑한다"는 뜻이다. 마태복음 22:37에 나오는 『**첫째며, 큰 계명**』에서 『하나님』이란 단어 대신에 "지혜"를 집어넣은 것이다. 이것은 결국 그들로 하여금 불못 속에, 그 용광로의(마 13:42) 문들이 닫히고 걸어 잠긴 채로(마 16:18, 계 1:18) 있게 만드는 일이다.

7. 『**선이든 악이든... 모든 은밀한 것들을**』. 위에 열거한 교육받은 백치들과 헉슬리, 스미스, 허버트 스펜서, 막스 플랑크, 앤 랜더즈, 스탈린,

헨리 오스본, 찰스 맨슨, 짐 존스, 울시 텔러, 빅터 크래프트, 짐 펜필드, 프롬, 티모시 오리리, 바쿠닌, 모든 동성연애자들에 따르면 하나님께서는 사람들의 은밀한 것을 알 길이 없으시다. 또 1880년 이후로 모든 교황은 유대인, 무신론자, 공산주의자, 불교도, 마호메트교도, 개신교도 그 누구든지 자기가 평생에 말하고 생각했던 것을 하나님께 설명할 책임이 있다는 점에 관해서 설교로든 회칙으로든 성좌선언으로든 간에 단 한 번도 입을 연 적이 없다. 죽음 이후의 심판과 개인적으로 하나님께 설명해야 하는 책임에 대해서 공개적으로 말하는 사람들은 오직 성경대로 믿는 설교자들뿐이다.

8. 『**선이든 악이든**』. 초등학교 1학년부터 대학교에 이르기까지 미국의 연방학교제도에서 가르치는 바에 따르면 "선"이나 "악" 같은 것은 없다. 이 음행하는 동물들의 메스꺼운 정글 속에서는 인종, 성별, 계급, 종교의 차이에 대해 말하는 것이 아닌 한, 그 무엇도 악하지 않다. 그 차이에 대해 말하는 것은 악으로 간주되지만, 다른 모든 것은 개인의 삶의 방식에 따라 "상대적"이다. 보는 사람의 관점에 따라서 악이 선이 되기도 하고, 선이 악이 되기도 한다(사 5:20). "각자에게 가장 좋은 것"이 뭔지를 찾아내어 각자 "가치를 규명"함으로써 "자기 자신을 받아들일" 수 있어야 한다. 즉 자기의 더러움을 정당화시킴으로써 맘 편하게 살 수 있어야 한다.

현대에 "선"이란 말은 단지 "가치 있다"는 의미일 뿐이다. 예를 들어, 가족의 가치라는 말은(부시, 1992) 거의 "대처분 할인 판매" 같은 말 정도의 의미밖에는 없다. 미국 건국의 아버지들이 소중히 여겼던 모든 가치들은(1600-1800년) 지난 50년간 미국의 뉴스미디어와 연방 판사들에 의해 완전히 파괴되었다. 이제 그러한 가치들은 존재하지 않는다. 그 가치들은 오직 연방 소비에트 정부(지방법원 판사들)의 지원을 받는 뉴스미디어식 가치들을 무시하는 사람들에 의해서만 지켜지고 실행된다. 뉴스미디어의 반대와 재판부의 위협을 무릅쓰고서 그렇게 하는 사람들 말이다.

유대교와 기독교의 가치들은 "가족의 가치" 운운하는 자들이 언급조차 하지 않는 두 가지 성경적 기본 교리에 기초를 두고 있다. 모든 정통 유대교인들과 모든 정통 기독교인들은 사람이 죽은 후에 심판을 직면하게 되리라는 것과, 또 그 심판의 기준들이 한 권의 책 속에 제시되어 있음을 믿는다. 이것이 바로 "유대교와 기독교의 유산"이다. 이 유산은 "가족 돌보기," "일부일처제," "자녀 훈육," "규율과 수고" 등으로 교묘히 위장된 채 몇 번이고 거듭해서 언급되어 왔다. 보수주의자라는 사람들조차도 1933년까지 미국을 비교적 깨끗하게 지켜 주었던 그 유대교와 기독교의 유산이 무엇이었는지는 감히 말하려 하지 않는다. 그 유산은 바로 죽은 후 심판대에서 하나님을 마주 대하게 된다는 가르침이었다. 『**반드시 너희의 죄가 너희를 찾아낼 것임을 알라**』(민 32:23). 가정의 규율은 단지 "그 진리"를 보강하기 위해 주어진 부록과도 같은 것이었고, 학교에서의 매질 역시 학생에게 "그 진리"를 생각나도록 하기 위한 것이었다. "그 진리"는 미국의 공립학교에서 더 이상 존재하지 않는다.

그리하여 솔로몬의 설교는 이 시대의 파국으로 끝을 맺는다. 현대의 청중들은 "초청 시간에" 그의 메시지에 대해서, 사도행전 7:54-58에 나오는 스테판의 회중이 반응한 식으로 반응할 것이다. 솔로몬은 히틀러가 10년 동안 해냈던 분량을 초과할 정도로 엄청난 "증오문학"과 "선동적 연설"과 "혐오 설교"를, 그의 설교 결론부분 단 두 구절 속에다가 집어

넣었다. 뉴스미디어가 맹신하고 소중히 여기며 지금 하루 24시간 내내 퍼뜨리고 있는 모든 희망과 신념들을 솔로몬은 완전히 짓밟아 버렸다. 그 "전도자"는 부정적 사고와 증오를 퍼뜨리며 편견으로 "무지한 군중"에게서 유익을 취하는, 편협하고 속 좁고 고집불통인 "혐오 설교자"로서 자기 이름을 철학 역사에 길이 선명하게 새겨 넣었다. 어디서 전에 들어본 적 없는가? 바로 1700년, 1750년, 1800년, 1850년, 1900년에 성경을 거부한 퇴물들이 길버트 테넌트, 찰스 G. 피니, 샘 존스, 모르드캐 햄, 빌리 선데이의 설교에 관해서 했던 말을 축자적으로 인용한 것이다. 그런 식으로 평했던 모든 자들은 대학 교육을 받은 자들이었다. 교육받은 부류들은 항상 거짓에 목을 매단다. 그들에게는 거짓이 "가치가 있고" "귀중하다"[〈반지성 선언, *The Anti-Intellectual Manifesto*〉(1992) 참조]. 시간이 지나도 바뀌는 것은 하나도 없다. 300년 동안의 교육은 교육받은 멍청이들 말고는 아무것도 만들어 낸 것이 없다.

전도서는 이 종착역에서 끝난다. 그 전도자는 그의 이론적이고 철학적인 설교에서 가치론(전 5:11), 주관론(전 5:20), 우주론(전 1:13), 자기중심주의(전 2:25), 회의론(전 2:11), 쾌락주의(전 2:10), 그리고 헬라의 궤변학파 철학을 다루었다. 그 다음 그는 실용주의를 다루어(전 2:25) 콩트, 피얼스, 헤라클리투스의 기선을 제하고, 경험론을 다루어(전 7:25) J.S. 밀, 라이켄바흐, 헉슬리, 포이어바흐를 패배시켰으며, 또 실존주의를 다루어(전 5:17,18) 사르트르와 키에르케고르를 때려눕혔다. 그 다음 솔로몬은 자연주의를 다루어(전 9:10) 루크레티우스와 홉스와 스펜서를, 인본주의를 다루어(전 3:22) 프로타고라스를, 관념론을 다루어(전 5:11) 칸트와 데카르트와 버클리를 상대했다.

(맥스 본과 하이젠베르그는 경주에 너무 늦어서 상대하지 않았다.) 이렇게 함으로써 솔로몬은 그가 죽은 후 400-600년이 지나서 튀어나온 이오니아, 이탈리아, 헬라의 철학자들을 무력화시켰다. 그들이 마침내 나타났을 때 그들은 『**어떤 새로운 것**』을 듣거나 말하는 일에 온통 사로잡혀 있었음에도 불구하고(행 17:21) 결국 "해 아래 새 것이 없다"는 사실을 발견하게 되었다. 오늘날도 그들은 바로 그것, 즉 무언가 "새로운 것"을 찾으려고 애쓰며 밤낮 텔레비전과 라디오 같은 바보상자들에 들러붙어 있다.

그것들은 여러분의 시간과 그들의 시간을 낭비시키고 있다. 영국의 존 왕이 대헌장에 서명하기 2,000년도 더 전에 그 문제는 결론이 났다(13절).

『**해 아래 새 것이 없도다.**』

헬라 철학자들은(그리고 그 이후 유럽의 철학자들은) 다른 누군가가(히브리인) 만들어 놓은 장난감들을 가지고서 모래 무더기에서 놀고 있는, 어리석고도 자기중심적인 어린애들일 뿐이다. 솔로몬의 지성은 그리스가 한 나라를 이루기 오래전에 이미 "전 영역"을 다루면서 그 경주를 완주했다. 그러나 그의 결론은 (성경대로 믿는 설교자들의 목록만 제외하고) 앞서 열두 문단에서 열거해 놓은 모든 사람들의 결론과 완전히 상반되게 끝났다.

"진리"를 원하는가?

여기 "그 진리"가 있다. 그 진리는 누군가의 신념, 누군가의 종교, 누군가의 느낌, 누군가의 철학, 누군가의 확신들에 따라 "상대적"인 그런 것이 아니다.

1. 『하나님**께서... 모든 행위와 모든 은밀한 것들을 심판하실 것임이라**』

(전 12:14).

2. 『**주께서... 우리의 은밀한 죄를 주의 얼굴빛 가운데 두셨으니**』(시 90:8).

3. 『**이런 일은** 하나님**께서...** 예수 그리스도**를 통하여 사람들의 은밀한 것들을 심판하실 그 날에 있으리라**』(롬 2:16).

4. 『**숨겨진 것이 드러나지 않을 것이 없고, 비밀로 간직된 것도 공개되지 않을 것이 없음이니라**』(막 4:22).

5. 『**주께서 이같이 말씀하시니라... 내가 너희 마음속에 생기는 일들을 일일이 아노라**』(겔 11:5).

6. 『**주께서는 나의 앉고 서는 것을 아시며 나의 생각을 멀리서도 이해하시나이다**』(시 139:2).

7. 『**사람이 말하는 어떠한 빈말이라도 심판 날에는 그에 관하여 해명하게 되리라**』(마 12:36).

8. 『**죄악의 일꾼들에게는 자신들을 숨길 수 있는 암흑도 없고 죽음의 그림자도 없도다**』(욥 34:22).

9. 『**심판의 보좌에 앉은 왕은 그의 눈으로 모든 악을 흩어 버리느니라. "나는 내 마음을 깨끗하게 하였도다. 나는 내 죄에서 정결케 되었도다."라고 말할 수 있는 자가 누구냐?**』(잠 20:8,9)

이것이 바로 평생을 들여서 『**해 아래서**』의 인간의 삶을 철저하고도 주의 깊게 연구함으로써 얻은 『**전체 일의 결론**』이다. 이 결론에 도달한 그 사람은 부유함과 죄와 철학과 종교와 사치품들과 성에 있어서 현대의 그 어떤 대학 졸업자들보다도 더 많은 경험을 가지고 있었다. 그의 『**결론**』은 바로 현대인들이 삶에든 죽음에든 전혀 "준비가 되어 있지 않다"

는 것이다. 현대인들의 온갖 "삶의 방식"들과 모든 어리석은 가치들은 한 가지 생각에 기초하여 세워졌다. 바로 설령 하나님께서 계신다 해도 의에 관한 절대적 기준을 가지고서 누군가를 심판하지는 않으실 것이라는 생각이다. 이것이 현대인들의 종교적 신념 중 첫 번째 "근본사항"이며, 그들의 "복된 소망"이다. 물에 빠진 사람이 구명조끼 하나에 의지하듯이, 현대인들은 이 한 가지 "신조"에 의존한다.

솔로몬 시대(구약 시대)에 "절대적인 기준"은 모세에게 주어진 십계명이었다(출 20:1-17). 여러분의 시대에(A.D. 33년에 확립된) 그 기준은 예수 그리스도의 생애와 사역이다. 그분은 신약에서 『하나님**의 의**』라고 규정되어 있으시다(롬 10:1-5; 3:20-25).

만일 여러분이 예수 그리스도보다 더 선한 삶을 살았다면 여러분은 안전하다. 하지만 그렇지 않다면 여러분은 불로 요리되듯 형벌을 받을 뿐만 아니라 완전히 타서 파삭파삭하게 된다(사 33:14). 만일 여러분의 사고 생활이 그분처럼 순수했고, 여러분의 죽음이 그분처럼 희생적이었고, 여러분의 말이 그분처럼 하나님을 기쁘시게 했고, 첫째 계명에 대한 여러분의 복종이 그분처럼 완벽했고, 동료 인간에 대한 여러분의 행위가 그분처럼 도움이 되었다면, 여러분은 아무것도 걱정할 필요가 없다. 하지만 그렇지 않다면 여러분은 심판을 직면하게 될 것이고, 여러분 자신의 의가 그분의 의보다 더 순수하고 더 거룩하다고 믿은 것에 대해서 하나님께 책임을 추궁당할 것이다. 그것이 바로 여러분이 직면하게 될 "대논쟁"인 것이다(계 20:11-15).

우리는 바로 이 때문에 구원받지 않은 사람을 가리켜 "잃어버린" 사람이라고 말한다. 또 바로 이 때문에 우리가 죄인들에게 예수 그리스도의 의를 신뢰하라고 애써 전하는 것이다. 우리는 참으로 그들이 "구원받는" 모습을 보기를 원하는 것이다.

『**누구든지 들을 귀 있는 자는 들을지어다**』!

피터 럭크만의 주석서

전도서

2003년 10월 6일 초판발행
2016년 3월 30일 개정판1쇄

지은이 피터 S. 럭크만
옮긴이 편 집 부
펴낸이 이 송 오
펴낸곳 말씀보존학회

서울시 강서 우체국 사서함 제90호
전화 (02) 2665-3743 ／ 팩스 (02) 2665-3302
Internet : www.biblemaster.co.kr
출판등록 1988. 12. 12. 제16-223호

값 18,000 원